Zu diesem Buch

Die Geschichte der Kryptologie, der Kunst der Ver- und Entschlüsselung, ist ein spannender Roman, in dem es um Verschwörungen und Intrigen, um Politik im verborgenen, um Geheimbünde, Geheimdienste und das große Geld geht. Konzerne und Regierungen wurden und werden durch Codeknacker lahmgelegt, Weltkriege durch den Wettlauf von Verschlüßlern und Entschlüßlern beeinflußt. Es ist ein Wettlauf, der zu immer raffinierteren Chiffriersystemen führt. Von sonderbaren Zeichen an den Häuserwänden bis zu Strichcodes und Chipkarten: Verschlüsselte Botschaften sind allgegenwärtig.

Welche Kodierungstechniken gibt es, welche Tricks, einen Geheimtext in Klartext zurückzuverwandeln? Welche Rolle spielen dabei Schlüsselwürmer, Zufallsgeneratoren und magische Zahlentripel oder «Kryptomaten» wie Thomas Jeffersons Rad, die sagenumwobene Enigma im Zweiten Weltkrieg oder der moderne Computer? Wie gesichert ist die Geheimhaltung der riesigen Datenmengen, die heute chiffriert über Informationsnetze ausgetauscht werden?

«Verschlüsselte Botschaften» ist ein Buch, das auf den Reiz des Geheimnisses, die Lust am Gedankenexperiment, auf fröhliches Fabulieren und sachliche Information setzt.

Rudolf Kippenhahn, geboren 1926, studierte Mathematik und Physik, promovierte in Mathematik, wechselte dann aber in die Astronomie über. Von 1965 an lehrte er als ordentlicher Professor an der Universität Göttingen. 1975 wurde er Direktor des Max-Planck-Instituts für Astrophysik in Garching bei München. Seit 1991 ist Rudolf Kippenhahn als freier Schriftsteller in Göttingen tätig. Weitere Buchveröffentlichungen: «100 Milliarden Sonnen» (1980), «Licht vom Rande der Welt» (1984), «Unheimliche Welten: Planeten, Monde und Kometen» (1987), «Der Stern, von dem wir leben» (1990), «Abenteuer Weltall» (1991), «Atom: Forschung zwischen Faszination und Schrecken» (1994), «Schwarze Sonne, roter Mond: Die Sonnenfinsternis» (1999, zusammen mit Wolfram Knapp) und andere.

Rudolf Kippenhahn

Verschlüsselte Botschaften

Geheimschrift, Enigma
und Chipkarte

Rowohlt
Taschenbuch Verlag

rororo science
Lektorat Jens Petersen

Veröffentlicht im Rowohlt Taschenbuch Verlag GmbH,
Reinbek bei Hamburg, Dezember 1999
Copyright © 1997 by Rowohlt Verlag GmbH,
Reinbek bei Hamburg
Umschlaggestaltung Barbara Hanke
(Foto: Deutsches Museum, München)
Alle deutschen Rechte vorbehalten
Druck und Bindung Clausen & Bosse, Leck
Printed in Germany
ISBN 3 499 60807 3

Inhalt

Im Gedenken an Arno Gutberlet (1906 – 1996),
den Lehrer meiner Schulzeit, den wir «Scheich» nannten
und dessen Unterricht in den Fächern Mathematik
und Physik mein Leben bestimmte.

Vorwort

In meiner Jugend habe ich mich nicht mehr für Geheimschriften interessiert als andere Jungen, die das Geheimnisvolle anzieht. Natürlich hatte ich die Sherlock-Holmes-Geschichte von den «Tanzenden Männchen» gelesen, doch kann ich mich nicht erinnern, daß mich Geheimschriften besonders faszinierten. Auch während meines Mathematikstudiums war mir nicht bewußt, wie eng die Beziehungen zwischen meinem Fach und der Kunst der Ver- und der Entschlüsselung sind. Erst als mir in den siebziger Jahren ein Freund von einer völlig neuen Entwicklung in der Kryptologie erzählte, begann ich mich mit ihr zu befassen – und fühlte mich unversehens von der Faszination gefesselt, die von ihr ausgeht. Ich lernte die Schicksale von Menschen kennen, deren Leben die Kryptologie geprägt hatte, sei es, weil sie sich der Ver- und Entschlüsselung verschrieben hatten, sei es, weil Geheimschriften sie schützten oder ihnen entzifferte Geheimschriften zum Verhängnis wurden.

Irgendwann hatte ich dann das Bedürfnis, etwas von dieser Faszination mitzuteilen. So entstand *Verschlüsselte Botschaften*. Je mehr ich mich mit dem Thema beschäftigte, um so tiefer wurde ich auch emotional in die Ereignisse des Zweiten Weltkrieges hineingezogen. Deshalb handelt ein Teil meines Buches von der deutschen Chiffriermaschine Enigma und von den Leuten, denen es gelang, ihre Verschlüsselung zu brechen.

Doch ging es mir nicht darum, Geschichte, und schon gar keine Kriegsgeschichte zu schreiben. Mich interessiert die Kryptologie an sich. Historische Vorgänge beschreibe ich nur, weil gerade in der Geschichte der Kryptologie offenkundig wird, wie eng Wissenschaft und menschliches Schicksal verknüpft sein können.

Ich hätte dieses Buch nicht vollenden können, wenn ich nicht von vielen Seiten Hilfe bekommen hätte. Mit vielen Freunden, aber auch mit Menschen, die ich erst bei meiner Materialsuche kennenlernte, habe ich diskutiert und viel dabei gelernt. Ich danke allen. Besonders hervorheben möchte ich die Herren Franz-Leo Beeretz,

Joachim Heinke, Reimar Lüst, Hartmut Petzold, Wolfgang Scondo und Helmut Steinwedel. Mein Dank geht ferner an die Präsidentin des Landgerichts Hamburg. Ich danke Herrn Rolf Spindler, der fotografische Arbeiten für mich ausgeführt hat. Ganz besonders aber möchte ich meinem Freund, dem Mathematiker Hans-Ludwig de Vries, danken, nicht nur weil er mich zu diesem Thema angeregt hat, sondern auch weil er, wie bei meinen früheren Büchern, den gesamten Text Seite für Seite kritisch mit mir durchgegangen ist. Schließlich danke ich den Mitarbeitern des Rowohlt Verlages für die vertrauensvolle Zusammenarbeit.

Alle Grafiken in diesem Buch sind mit dem Programm Corel-Draw! angefertigt worden. Zum Teil wurden dabei Bilder aus der zugehörigen Clipart-Bibliothek übernommen.

Göttingen, 17. März 1997   Rudolf Kippenhahn

1 Geheimschriften in Krieg und Frieden

> Ich bin mit allen Arten von Geheimschriften ziemlich vertraut
> und habe auch selbst eine bescheidene Monographie über
> diesen Gegenstand verfaßt, in der ich einhundertsechzig
> verschiedene Chiffrensysteme analysiert habe.
>
> *Sherlock Holmes*
> (in «Die tanzenden Männchen»)

«Wenn man mich zum Tode verurteilt, Ohashi-san, werde ich dich als Gespenst heimsuchen», sagte der Häftling zum Inspektor der Geheimpolizei. Während der vielen Verhöre hatte sich zwischen den beiden ein vertraulicher Ton eingestellt. Inspektor Ohashi war schon an jenem Samstag im Oktober 1941 dabeigewesen, als am frühen Morgen Männer in das Tokioter Haus des Journalisten Richard Sorge eingedrungen waren und ihn in Schlafanzug und Pantoffeln zur Polizeiwache gebracht hatten.

Seither hatte der Gefangene Zeit genug gehabt, über sein Leben nachzudenken. Während der ersten Wochen in der Zelle hatte ihn diese neue Erfahrung des Scheiterns in die Verzweiflung getrieben. Dann war der anfangs schwache, sich allmählich verstärkende Trost in ihm erwacht, daß er ja seine Aufgabe erfolgreich abgeschlossen hatte, ein Gedanke, der ihm die Ungewißheit über sein weiteres Schicksal erträglicher machte. Nach Hitlers Angriff auf die Sowjetunion hatte Sorge dem Vierten Büro in Moskau signalisiert, daß Japan die Sowjetunion von Osten her nicht angreifen werde. Es waren seine Meldungen gewesen, die es Marschall Shukow ermöglicht hatten, Divisionen, Tanks und Flugzeuge aus Sibirien abzuziehen und vor Moskau gegen die Deutschen einzusetzen. Hatte er, Richard Sorge, nicht Weltgeschichte gemacht? Aus den Fragen seiner Vernehmer konnte er schließen, daß es den Japanern nicht gelungen war, die chiffrierten Nachrichten zu entziffern, die sein Funker zu Tausenden an die sowjetischen Stationen in Schanghai und Wladiwostok übermittelt hatte.

Funker Klausen sendet nach Moskau

Die Luft liegt an diesem Sommertag drückend über Tokio. Max Klausen blickt auf das Blatt vor ihm auf dem Tisch. Es wird eine Weile dauern, bis der Text verschlüsselt ist. Er liest ihn – wieder eine Meldung von «Otto». Der Chef hat es ihm nie gesagt, doch Max weiß, daß «Otto» ein japanischer Mitarbeiter der Gruppe ist. Seine Nachrichten sind immer wichtig.

Seit dem 22. Juni 1941 dringen die deutschen Truppen immer tiefer in das Gebiet der Sowjetunion ein. Lange zuvor hat Max die Warnung, die sogar das richtige Datum des deutschen Angriffs enthalten hatte, nach Moskau gefunkt, doch hat dort niemand darauf reagiert. Wird sich die Sowjetunion in Kürze vielleicht nicht nur gegen Deutschland, sondern gleichzeitig – trotz des Nichtangriffsabkommens vom April – auch gegen die Japaner verteidigen müssen? Japan hat in diesen Tagen mobil gemacht. Werden die neu zusammengestellten Truppen Richtung Süden kommandiert oder nach Norden, gegen die Sowjetunion?

Die Meldung von «Otto» schafft Klarheit. Japan wird keinesfalls Rußland angreifen, da es mit den chinesischen Zwischenfällen genügend zu tun hat. Solange nicht sicher ist, wie sich die Verhandlungen mit Amerika entwickeln werden, will hier in Japan niemand einen Krieg mit Rußland.[*] Wenn Japan die Sowjetunion überhaupt angreifen wird, dann frühestens im nächsten Jahr. Inzwischen sind die deutschen Truppen weit auf russisches Terrain vorgedrungen. Es scheint, als wolle Hitler noch vor Einbruch des Winters in Moskau sein. Die Nachricht, daß von der japanischen Seite her kein Angriff zu erwarten ist, muß den Sowjets eine große Erleichterung bringen. Funker Max Klausen beginnt mit der Verschlüsselung.

Den ersten Schritt kennt er zwar auswendig, doch diesmal nimmt er ein Blatt Papier zu Hilfe, das er anschließend vernichten wird. Es

---

[*] F. W. Deakin, G. R. Storry: *Richard Sorge: Die Geschichte eines großen Doppelspiels*, München 1965, S. 259.

geht im ersten Schritt darum, den Buchstaben des Alphabets Zahlen zuzuordnen. Dazu muß er sein Schlüsselwort benutzen. Es ist das englische Wort für U-Bahn: *SUBWAY*. Er schreibt die sechs Buchstaben nebeneinander und ordnet vier weitere Zeilen darunter an, in die er der Reihe nach die restlichen Buchstaben des Alphabets und die Zeichen «Punkt» und «Schrägstrich» (als Zeichen der Worttrennung) einfügt. Er erhält damit die Tafel der Abbildung 1.1 oben.

Da er seine Texte immer in Englisch abschickt, nehmen bei ihm die in dieser Sprache am häufigsten vorkommenden Buchstaben a, s, i, n, t, o, e und r eine Sonderrolle ein. Der Spruch «a sin to err» (eine Sünde zu irren) besteht aus genau diesen Buchstaben – eine Merkhilfe, die Klausen nicht nötig hat. Diesen acht Buchstaben sollen die Zahlen 0, ..., 7 zugewiesen werden. Dazu fügt er sie in diese Tabelle, Spalte für Spalte, von links beginnend. Sobald er auf einen Buchstaben von asintoer trifft, schreibt er eine der Zahlen von 0 bis 7 der Reihe nach darunter. Nunmehr gleicht seine Tabelle der in der Abbildung 1.1 Mitte. Jetzt schreibt er unter die restlichen Buchstaben spaltenweise die Zahlen von 80 bis 99 und erhält die Tabelle der Abbildung 1.1 unten.

Nun hat jeder Buchstabe des Alphabets seine Zahl. Damit kann Klausen die Buchstaben der Nachricht in eine Zahlenfolge übertragen. Nehmen wir zur Veranschaulichung einen einfachen Funkspruch: Aus der Wortfolge «kein Angriff», also aus «no attack» im Englischen, wird 729456658088. Die zwölfstellige Zifferngruppe läßt sich ohne Mühe wieder in Zahlen oder Zahlenpaare auflösen, die Buchstaben oder Ziffern entsprechen. Ziffern, denen keine 8 oder 9 vorangeht, entsprechen einzeln einem Buchstaben der Tabelle. Tritt eine 8 oder eine 9 auf, so steht sie zusammen mit der nachfolgenden Ziffer für jeweils einen Buchstaben der Tabelle. Bei 729456658088 entsprechen 7, 2, 94 und 5 den Buchstaben (beziehungsweise Zeichen) n, o, / und a. Die zwei Sechsen sind das doppelte t. Die 80 stellt das c, die 88 den Buchstaben k dar. Damit ist «no attack» verschlüsselt. Das aber ist nur der erste Schritt, Klausen hat jetzt erst den *vorläufig* verschlüsselten Text vor sich.

s	u	b	w	a	y
c	d	e	f	g	h
i	j	k	l	m	n
o	p	q	r	t	v
x	z	.	/		

s	u	b	w	a	y
0				5	
c	d	e	f	g	h
		3			
i	j	k	l	m	n
1					7
o	p	q	r	t	v
2			4	6	
x	z	.	/		

s	u	b	w	a	y
0	82	87	91	5	97
c	d	e	f	g	h
80	83	3	92	95	98
i	j	k	l	m	n
1	84	88	93	96	7
o	p	q	r	t	v
2	85	89	4	6	99
x	z	.	/		
81	86	90	94		

Abb. 1.1: **Wie Max Klausen mit dem Schlüsselwort** *SUBWAY* **und dem Merkwort asintoer in drei Schritten eine Schlüsseltafel herstellte, mit der er die Buchstaben des Alphabets in Zahlen umwandeln konnte.**

Damit ist noch nicht viel gewonnen. Jeder Anfänger kann herausfinden, daß in längeren, auf diese Weise chiffrierten Nachrichten die Zahl 3 am häufigsten vorkommt. Sie entspricht dem sowohl im Deutschen als auch im Englischen häufigsten Buchstaben e. Damit hätte jeder Unbefugte den ersten Schritt zu einer Entschlüsselung getan. Deshalb beginnt Max Klausen nunmehr mit der eigentlichen Verschlüsselung. Er nimmt aus seinem Bücherregal das Statistische Jahrbuch für das Deutsche Reich vom Jahre 1935 und schlägt eine der mit Zahlen angefüllten Seiten auf. Er notiert sich die Seitenziffer sowie Zeile und Spalte in der Tabelle, in der die Zahl steht, mit der er beginnen will; es handelt sich um Angaben zur Tabakproduktion verschiedener Staaten. Dort steht die Zahl 4230, darunter 5166, 7821, 9421 und so weiter. Es besteht eine alte Vereinbarung zwischen Moskau und ihm, daß er mit der dritten und vierten Ziffer der ersten Zahl beginnen muß, um dann die anderen Zahlen anzufügen: 30516678219421... Diese Ziffernfolge ist sein eigentlicher Schlüssel. Also schreibt Klausen seinen vorläufig verschlüsselten Text hin und darunter den Schlüssel:

$$729456658088$$
$$305166782194..$$

Jetzt addiert er, wobei er, wenn eine Summe die 9 überschreitet, den Zehner nicht auf die vorangehende Stelle überträgt, also nicht $7 + 8 = 15$, sondern $7 + 8 = 5$ rechnet. In Abbildung 1.2 oben ist

```
  729456658088
+ 305166782194..
  024512330172

  024512330172
- 305166782194..
  729456658088
```

Abb. 1.2, oben: **Von einem numerischen, das heißt in Ziffern umgewandelten Klartext über einen Schlüssel (kursiv) zu einem numerischen Geheimtext.** *Unten:* **Vom numerischen Geheimtext zum numerischen Klartext.**

seine Rechnung vorgeführt. Nun muß er noch Seitenzahl sowie Zeile und Spalte des Jahrbuches mitteilen, damit der Empfänger den Schlüssel dem gleichen Buch entnehmen kann. Für die Seitenzahl genügen zwei Ziffern, denn wenn 34 angegeben ist, so kann es entweder 34, 134 oder 234 sein. Welches die richtige Seite ist, kann der Empfänger leicht selbst entscheiden. Für Zeile und Spalte genügen drei Ziffern, 236 für Zeile 23 und Spalte 6, so daß insgesamt die fünf Ziffern 34236 ausreichen, um den Anfang des Schlüssels zu kennzeichnen. Diese fünf Zahlen setzt Klausen an den Anfang seiner Nachricht, aber er verschlüsselt sie, indem er die erste Fünfergruppe des chiffrierten Textes hinzuaddiert, wieder ohne Zehnerübertragung, also 34236 + 02451 = 36687. Damit lautet seine Nachricht, in Gruppen zu je fünf Ziffern unterteilt, 36687 02451 23301 72. Diese Ziffergruppen funkt er in den Äther. Er weiß, daß der Empfänger als erstes die zweite Fünfergruppe von der ersten ohne Zehnerübertragung abziehen wird: 36687 − 02451 = 34236. Damit hat er die Seitenzahl (34 oder 134 oder 234) und die Zeilen- und Spaltennummern (23 und 6), also alle Information, die er braucht, um den Schlüssel zu bestimmen. Er muß ihn nun von der empfangenen Nachricht (ohne die erste zum Auffinden des Schlüssels nötige Fünfergruppe) abziehen, so wie es in Abbildung 1.2 unten gezeigt ist.

Damit hat er den mit der Tabelle verschlüsselten Text, den er leicht in den Klartext zurückübersetzen kann, denn auch er hat ja die Tabelle der Abbildung 1.1 unten.

Jede neue Nachricht sendete Max Klausen von einem anderen Ort. Einmal funkte er von seiner Wohnung aus, das nächste Mal vom Haus eines jugoslawischen Mitglieds des Spionagerings, und auch in den Wohnungen anderer Freunde baute er gelegentlich seinen Sender samt Antenne auf. So gelang es dem japanischen Geheimdienst nicht, den Sender inmitten der dichtbesiedelten Stadt anzupeilen und aufzuspüren, obwohl ihm längst die zahlreichen Funksprüche aufgefallen waren, die von Tokio aus in den Äther gingen.

Um nicht von Peilwagen lokalisiert zu werden, wechselte Klausen oft auch während einer Sendung die Position. Ständig mußte er das Funkgerät von einem Ort zum anderen schleppen und hätte dabei leicht einer Polizeikontrolle in die Arme laufen können. Aber es waren nicht die Funksprüche, die den Spionagering schließlich verrieten. Die Enttarnung gelang dem japanischen Geheimdienst zufällig, als er frühere Sympathisanten der kommunistischen Partei Japans näher unter die Lupe nahm.

Am Abend des 14. Oktober 1941 wollte sich Richard Sorge mit seinem japanischen Mitarbeiter Hotsumi Ozaki treffen – dem Gewährsmann «Otto» –, doch dieser erschien nicht zur verabredeten Zeit und war auch in den nächsten Tagen telefonisch nicht zu erreichen. Klausen wurde in der Nacht vom 17. auf den 18. Oktober verhaftet, und bei Sorge klopften die Männer vom Geheimdienst am frühen Morgen an die Tür. Der Prozeß gegen ihn und seine Genossen zog sich über drei Jahre hin. Ozaki und Sorge wurden am 7. November 1944 gehenkt, während Klausen zu lebenslänglicher Haft verurteilt wurde und seine Frau eine Gefängnisstrafe von drei Jahren erhielt. Beide wurden nach der Kapitulation Japans von den Alliierten befreit und in die Sowjetunion geflogen. Dann hörte man lange Zeit nichts von ihnen.

Erst im Oktober 1964, also nahezu zwanzig Jahre danach, meldete eine Ostberliner Zeitung* unter der Überschrift «Max Klausen lebt», daß der Berliner Korrespondent der Moskauer *Iswestija* das «bescheiden und zurückgezogen lebende Ehepaar Klausen mit Hilfe deutscher Genossen in der Hauptstadt der DDR aufgespürt» habe. Nunmehr überschlugen sich die Meldungen. Das Ehepaar war 1946 nach einem Genesungs- und Erholungsurlaub in die damalige sowjetische Besatzungszone gekommen und hatte dort unter dem Namen «Christiansen» gelebt. Später waren sie nach Berlin gezogen. Die Ostberliner Zeitungen schilderten die beiden als aufrechte Kommunisten und DDR-Bürger. Erst jetzt entdeckten die Medien der DDR, daß Max Klausen schon einmal wegen seines «vorbildlichen Aufbauwillens» aufgefallen war. Das *Neue Deutschland* grub in seinen Archiven eine bereits neun Jahre alte Meldung aus, in der vom Aktivisten «Maxe» Christiansen, Kaderinstrukteur der Köpenicker Yachtwerft, die Rede ist, der, wie ein Foto zeigt, mit einer Spitz-

* *Neues Deutschland* vom 29. Oktober 1964.

hacke Trümmern zu Leibe rückt. Damals hatte das Blatt noch nicht gewußt, um wen es sich bei dem Porträtierten handelte.

Angeblich war es nur seine Bescheidenheit gewesen, die ihn über seine Verdienste hatte schweigen lassen. Doch im Jahre 1964 war der Bann auf einmal gebrochen. Klausen gab Interviews und berichtete von der Arbeit mit Sorge in Japan. Plötzlich waren die Klausen-Christiansens aus der Versenkung aufgetaucht. Offensichtlich war die Nachricht von der Vergangenheit des Aktivisten Maxe Christiansen erst 1964 freigegeben worden, denn jede historische Auseinandersetzung mit der Arbeit des Spionagerings um Sorge mußte notgedrungen auch Stalins Fehler erwähnen, der ja schließlich Sorges Meldung über Hitlers Angriff auf die Sowjetunion in den Wind geschlagen hatte. Doch 1964 war das kein Tabu mehr. Nun war es dem Altkommunisten Gerhart Eisler, Mitglied des Zentralkomitees der SED und Vorsitzender des staatlichen Rundfunkkomitees der DDR, erlaubt, sich zu erinnern, daß er Sorge früher einmal begegnet war, dem Parteiveteranen Hermann Siebler fielen seine Treffen mit dem bisher totgeschwiegenen Richard Sorge wieder ein, und der Held der Arbeit Ehrenfried Navarra von der Werkzeugmaschinenfabrik in Gera verpflichtete seine Brigade anläßlich des Geburtstages von Sorge zu einem Leistungswettbewerb. Als Max Klausen am 15. September 1979 im Alter von einundachtzig Jahren starb, war er längst Träger des Karl-Marx-Ordens, des Rotbannerordens der Sowjetunion und anderer hoher Auszeichnungen.

Es war den Japanern nicht gelungen, die von Richard Sorges treuem Funker verschlüsselten Nachrichten zu entziffern. Das Verschlüsselungsverfahren war schon recht raffiniert und beruhte vor allem auf der Benutzung eines an sich harmlosen Buches. Das Statistische Jahrbuch wäre bei einer Hausdurchsuchung nicht aufgefallen.

Das Geheimnis der Wachstäfelchen

Die Art, wie der Funker Max Klausen in einer für Nichteingeweihte unleserlichen Form Meldungen nach Moskau funkte, erscheint dem Verschlüßler von heute recht primitiv. Der läßt den Brief an einen Partner in Australien von seinem Computer chiffrieren und sendet ihn dann über das Internet. Aber im Vergleich zu den Anfängen der Verschlüsselung von Nachrichten, die geheim bleiben sollen, benutzte Klausen schon ein sehr gutes System.

Die ersten Geheimnachrichten wurden bereits vor Jahrtausenden ausgetauscht. Um viele Ereignisse der Weltgeschichte ranken sich Legenden von geheimen Botschaften, zum Beispiel um die berühmte Schlacht bei den Thermopylen im Jahre 480 vor Christus.

Wer heute auf der Europastraße 75 von Thessaloniki nach Athen fährt, kommt, nachdem er den Olymp hinter sich gelassen hat, am Golf von Lamir vorbei, dort, wo die Autobahn nahe der Küste verläuft. Ein Gedenkstein auf einem Hügel erinnert an die Schlacht, in welcher der Spartanerkönig Leonidas vergeblich versucht hatte, sich gegen die persische Übermacht unter König Xerxes zu verteidigen. Leonidas hatte das Heer der Perser erwartet, denn ihr Kommen war ihm durch eine geheime Nachricht angekündigt worden.

Wie der griechische Geschichtsschreiber Herodot berichtet, schickte ein Grieche in persischem Exil Wachstäfelchen in seine Heimat, genauer Holztäfelchen mit einer Wachsschicht, wie man sie damals zum Schreiben benutzte. Der Mann entfernte die Schicht, schrieb die Botschaft von der bevorstehenden Invasion der Perser auf das Holz, bestrich die Täfelchen wieder mit Wachs und sandte sie an Leonidas. Die Nachricht war nun nicht mehr zu lesen und konnte ungehindert nach Griechenland gelangen. Sie wäre allerdings verborgen geblieben, hätte nicht zufällig Gorgo, die Frau des Leonidas, die Schrift unter der Wachsschicht entdeckt. So wurde Leonidas gewarnt.

Doch wie so oft in der Geschichte hatte die geheime Botschaft keinen entscheidenden Einfluß auf den Ausgang der Schlacht. Auf einem Schleichweg über die Berge führte ein griechischer Verräter die Perser zu Leonidas' Stellung am Thermopylenpaß, und seine Truppen wurden nun von zwei Seiten angegriffen. Sie kämpften bis zum letzten Mann.

In dem von Herodot überlieferten Fall wurde die geheime Nachricht so übermittelt, daß den Täfelchen niemand die brisante Information ansehen konnte, die sie enthielten. Wahrscheinlich war auf dem Wachs darüber ein belangloser Text eingeritzt, der von der eigentlichen Botschaft ablenken sollte.

Die geheime Botschaft an den Grafen Sandorf

Triest war 1867 eine österreichische Stadt, und in ihrem Norden sollte der größte Hafen der Habsburgermonarchie entstehen. Doch im Frühling jenes Jahres standen die Zeichen für die Verwirklichung des Planes nicht besonders günstig. Österreich hatte wenige Monate zuvor die Schlacht bei Königgrätz gegen Preußen verloren, und die ungarische Freiheitsbewegung war seit dem von Lajos Kossuth geführten und von den Österreichern niedergeschlagenen Aufstand nicht zur Ruhe gekommen.

Diese gespannte Atmosphäre bildet den Hintergrund von Jules Vernes Roman *Mathias Sandorf*: Der ungarische Graf Sandorf lebt vorübergehend in Triest. Brieftauben bringen ihm chiffrierte Nachrichten vom Unabhängigkeitskampf zu Hause. Die Botschaft, daß man dort zum Aufstand gegen Österreich bereit sei und nur auf ein Zeichen von ihm warte, gerät in falsche Hände. Der Text:

```
CAELHLREENERDSSETAIISESTSNBIETZIEBIMHENUEN
WBIESENEVSRSTOIDNSCEEHNTNDERRENANLGLGAIREE
NIFUGSNUXKEAXEBXHRIATDUE
```

Natürlich kann das keiner der österreichischen Agenten entziffern. Erst als ein Bösewicht den Schlüssel aus dem Schreibtisch des Grafen stiehlt, ist eine Dechiffrierung möglich.

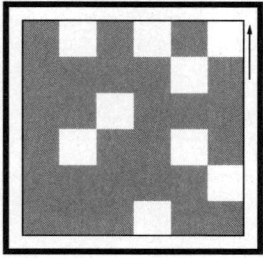

Abb. 1.3: Die von Jules Verne in seinem Roman *Mathias Sandorf* beschriebene Chiffrierschablone. Man legt sie auf ein leeres Papier und trägt die ersten neun Buchstaben der zu verschlüsselnden Nachricht in die ausgeschnittenen (im Bild weißen) Felder des Quadrats ein. Danach dreht man die Schablone im Uhrzeigersinn um neunzig Grad und schreibt die nächsten neun Buchstaben in die offenen Felder. So fährt man fort, bis die Schablone in allen vier Stellungen benutzt wurde. Auf dem Papier füllen dann die eingeschriebenen Buchstaben ein Quadrat von sechs mal sechs Feldern, die zeilenweise gelesen den verschlüsselten Text ergeben. Ist die Nachricht länger, beginnt man mit einem neuen Quadrat. Wird ein Quadrat nicht vollständig gefüllt, ergänzt man den zu verschlüsselnden Text durch willkürlich gewählte Buchstaben, damit alle sechsunddreißig Felder vollgeschrieben sind.

Der Schlüssel ist ein Quadrat aus sechs Zeilen und sechs Spalten. Von den sechsundddreißig quadratischen Feldern sind neun ausgeschnitten. Das ergibt eine Schablone, wie sie Abbildung 1.3 zeigt. Zur Entschlüsselung schreibt der Empfänger den Geheimtext in drei Quadrate von jeweils sechsunddreißig Feldern, so wie es in Abbildung 1.4 oben zu sehen ist. Nun legt er die Schablone auf das Quadrat der Geheimtextbuchstaben und liest durch die ausgeschnittenen Felder: allesistb (Abbildung 1.4 unten links). Dann dreht er die Schablone um neunzig Grad im Uhrzeigersinn (Abbildung 1.4 unten rechts) und liest: ereitbeim. Wieder neunzig Grad: erstenzei. Noch einmal eine Drehung: chendassi. Damit ist das erste Quadrat erschöpft. Zusammen mit den anderen Quadraten folgt der Klartext:

1 1 1
2 **2** 2
3 3 3
4 4 **4**
5 5 5
6 6 6
7 7 7
8 8 8
9 9 9
0 0 0

Geheimschriften in Krieg und Frieden

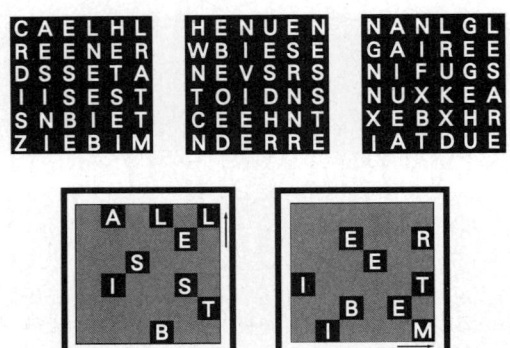

Abb. 1.4: Wie der verschlüsselte Text von Seite 22 entschlüsselt wird. Der Geheimtext ist oben in drei Quadrate geschrieben. Die Schablone der Abbildung 1.3 ist links unten in ihrer Grundstellung auf das erste Quadrat gelegt, rechts nach einer Drehung von neunzig Grad im Uhrzeigersinn. In diesen beiden Stellungen gibt sie die ersten achtzehn Buchstaben der ursprünglichen Nachricht wieder.

allesistbereitbeimerstenzeichendassieunsvontriestsendenwerdener
hebensichallefuerdieunabhaengigkeitungarnsxxx

Der Schluß der Botschaft wird um drei x ergänzt, Füllbuchstaben, um den Geheimtext in drei Quadrate einzupassen.

Wie Maria Stuart verraten wurde

Um das Jahr 1586 war Philipp II. König von Spanien. Er hatte das Weltreich seines Vaters, Karls V., übernommen, das Reich, zu dem Spanien, Sizilien und Unteritalien gehörten, alle Habsburger Besitzungen und darüber hinaus noch die spanischen Kolonien, die sich rund um den Globus verteilten. So hatte Karl V. voller Stolz ausrufen können: «In meinem Reich geht die Sonne nicht unter!» Als 1527 sein Sohn Philipp geboren wurde, zehn Jahre nachdem Luther seine Thesen an das Portal der Schloßkirche zu Wittenberg geschlagen hatte, begann sich der Protestantismus in den Ländern Europas zu etablieren. Auch der Züricher Pfarrer Ulrich Zwingli stellte sich gegen die päpstliche Lehre, und in der französischen Schweiz folgte ihm Johannes Calvin, dessen reformierte Kirche sich nach Frankreich, in die Niederlande, nach England und Schottland ausbreitete. Die Niederlande, noch in spanischem Besitz, ließ Philipp II. durch seinen Halbbruder Don Juan von Österreich verwalten, der schon 1571 in der Schlacht von Lepanto zusammen mit den Italienern den Katholizismus erfolgreich gegen die Türken verteidigt hatte. Nun, in die Niederlande versetzt, sah er es auch hier als seine wichtigste Aufgabe an, das katholische Dogma vor evangelischen Ketzereien zu schützen.

In England hatte sich Heinrich VIII. bereits in den dreißiger Jahren mit dem Papst überworfen, nachdem dieser seine Zustimmung zur Annullierung der Ehe mit Katharina, einer Tante Karls V., und zur anschließenden Hochzeit mit einer Hofdame verweigert hatte. Daraufhin erklärte sich Heinrich zum Oberhaupt der englischen Kirche und zwang die Geistlichkeit, ihn anstelle des Papstes als Autorität anzuerkennen. Damals entstand die anglikanische Kirche, die sich eng an die Lehren Calvins anschloß. Die Reform wurde vor allem unter der Herrschaft von Heinrichs Tochter Elisabeth I. durchgesetzt. So entwickelte sich England zur stärksten protestantischen Macht.

Auch in Schottland hatte Calvins Lehre Anhänger gefunden. Bei einem Aufstand war die katholische Königin Maria Stuart vertrieben worden. Sie fand Zuflucht im Land ihrer Verwandten Elisabeth, doch war das Verhältnis zwischen den beiden gespannt. Die Katholiken im Lande meinten, eigentlich sei Maria die rechtmäßige Königin von England, was dazu führte, daß Elisabeth sie zwanzig Jahre lang unter Hausarrest stellte.

Maria Stuart soll eine attraktive Frau gewesen sein, doch war dies sicher nicht der einzige Grund, weshalb Don Juan erwog, mit seinen Truppen in England zu landen, Maria zu heiraten und mit ihr an Elisabeths Stelle das Land zu regieren. Diesen Wunschtraum teilte er in seinen Briefen auch anderen mit, natürlich in verschlüsselter Form, doch das half ihm nichts: Offenbar hatte er nicht mit dem englischen Geheimdienst gerechnet.

Zur Zeit Elisabeths I. waren in England so viele Intrigen und Verschwörungen im Gange, daß eine geheime Polizei notwendig war, um das Staatswesen zu erhalten. Ihren Aufbau organisierte Elisabeths Minister Sir Francis Walsingham. Schon Jahre zuvor war er während einer Reise durch Italien auf die Bedeutung der Verschlüsselung gestoßen, die dort eine lange Tradition hatte. Er schuf eine Organisation, die allein auf dem Kontinent dreiundfünfzig Geheimagenten stationiert hatte. Wie nützlich das war, sollte sich bald zeigen. Einem Edelmann in den Niederlanden, der sich eingehend mit Geheimschriften befaßt hatte, wurde in jener Zeit ein chiffrierter Brief zugespielt. Innerhalb eines Monats gelang ihm die Entschlüsselung. Der Brief stammte von Don Juan d'Austria, der darin seinen Traum offenbarte, England zu erobern. Einer von Walsinghams Leuten in Holland erfuhr vom Inhalt des Briefes und erstattete dem Minister Bericht, der daraus den Schluß zog, daß es nunmehr höchste Zeit sei, Maria Stuart effektiver zu überwachen. Zufälligerweise erreichte ihn zur gleichen Zeit das Gesuch eines Häftlings namens Gilbert Gifford, der ihm seine Dienste anbot. Nachdem dieser seine Strafe abgesessen hatte, nahm sich Walsingham seiner an und gab ihm den Auftrag, das Geschehen um Maria Stuart zu beobachten. Es gelang, Gifford als Boten in Marias Personal einzuschleusen.

1586, Maria war nun schon zwanzig Jahre in englischer Gefangenschaft, ersann einer ihrer Anhänger den Plan, Elisabeth zu ermorden und dadurch einen Aufstand der englischen Katholiken auszulösen, mit dem Ziel, Maria zur Königin von England zu krönen. Auftragsgemäß schmuggelte der Bote Gifford alle Briefe Marias und ihrer Gefolgsleute aus dem Schloß heraus. Doch vorher fertigte er stets Kopien der verschlüsselten Nachrichten an, die er Walsingham brachte. Diesem stand ein versierter Kryptologe zur Seite, der die Briefe rasch dechiffrieren konnte. In einem Schreiben an den Urheber des Mordkomplotts soll Maria angeblich der Unternehmung Erfolg gewünscht haben. Mit der Entzifferung dieses Satzes war ihr Schicksal besiegelt. Zuerst nahmen Walsinghams Leute die Männer fest, die den Mord planten. Dann wurde die Königin Schottlands des Hochverrats angeklagt. Es ist nie geklärt worden, ob die Häscher, die bei Marias Verhaftung in ihrer Wohnung zahlreiche verschlüsselte Briefe vorfanden, ihr nicht auch gefälschte Dokumente untergeschoben haben. Maria jedenfalls beteuerte ihre Unschuld bis zuletzt. Am 8. Februar 1586 wurde sie auf das Schafott geführt. Der Henker mußte dreimal zuschlagen, bis er ihr Haupt vom Körper getrennt hatte.

Das Rätsel um den Mann mit der eisernen Maske

Wahrscheinlich war sie gar nicht aus Eisen, sondern aus Samt, und es ist auch nicht klar, ob das Geheimnis wirklich gelüftet worden ist. Die Geschichte: In den siebziger Jahren des 17. Jahrhunderts fiel den Bewohnern der Stadt Pignerol in der Grafschaft Savoyen ein Gefangener auf, der oft zwischen den Zinnen der als Gefängnis dienenden Festung zu sehen war. Sein Gesicht war von einer schwarzen Maske bedeckt. Die Wachsoldaten berichteten, der Gefangene werde zuvorkommend behandelt, ja speise sogar am Tisch des Festungskommandeurs. Man erzählte sich, der Mann habe einmal ein silbernes Täfelchen von der Mauer geworfen, auf das verschiedene Zeichen geritzt gewesen seien. Ein zufällig vorübergehender Bürger der Stadt, der die Platte aufgehoben habe, sei sofort von der Wache festgenommen und ins Gefängnis gebracht worden. Er soll wochenlang in einer kalten Zelle gehalten worden sein, bis er seine Befrager überzeugt hatte, daß er weder lesen noch schreiben konnte und daß er an keinem Komplott zur Befreiung des Gefangenen beteiligt gewesen war. Zuletzt wurde der Mann mit der Maske in die Pariser Bastille gebracht. Dort starb er im Jahre 1703, nach einunddreißig Jahren Haft.

Der geheimnisvolle Gefangene regte die Phantasie der Zeitgenossen und späterer Generationen an. Alexandre Dumas, der Vater der

28

Drei Musketiere, aus dessen Feder auch *Der Graf von Monte Christo* stammt, schrieb später einen Roman darüber, *Der Mann mit der eisernen Maske*. Gerüchte gingen durchs Land: War der Mann mit der Maske der Zwillingsbruder Ludwigs XIV.? War er dessen illegitimer Sohn?

Im Jahre 1891 entdeckte ein französischer Offizier namens Victor Gendron bei historischen Studien einen chiffrierten Brief. Da er damit nichts anfangen konnte, leitete er ihn an Etienne Bazeries vom Chiffrierbüro des Außenministeriums weiter.

Bazeries war ein französischer Offizier, der mit Geheimschriften in Berührung gekommen war, als er versucht hatte, verschlüsselte persönliche Mitteilungen in den Tageszeitungen zu entziffern. Damals tauschten oft Eheleute mit ihren außerehelichen Partnern Nachrichten aus, oft so intim, daß Bazeries' Kameraden im Offizierskasino ihre helle Freude daran hatten. Bazeries bekam immer mehr Übung, verschlüsselte Texte zu lesen. Einmal, er war nun schon vierundvierzig Jahre alt, behauptete er, Nachrichten, die nach dem System des französischen Militärcodes verschlüsselt seien, könne er ohne weiteres lesen. Auf die Probe gestellt, gelang ihm das tatsächlich. Daraufhin änderte das Kriegsministerium das Verschlüsselungssystem, aber noch ehe das neue Verfahren eingeführt wurde, hatte es Bazeries bereits geknackt. Sein Ruhm wuchs in kürzester Zeit, und er wurde dem Chiffrierbüro des Außenministeriums zugeordnet. In dieser Zeit begann er sich auch für jahrhundertealte geheime Nachrichten zu interessieren, die bis dahin noch niemand entschlüsselt hatte. So kam er etwa hinter das Geheimnis von Texten, die zur Zeit Ludwigs XIV. geschrieben worden waren. Aber auch die geheimen Briefwechsel der napoleonischen Zeit konnte er lesen. An ihn also schickte Victor Gendron den alten verschlüsselten Text.

Es waren Zahlen zwischen 1 und 500, die in unregelmäßiger Reihe einander folgten. Einige der Zahlen kamen besonders häufig vor. Bazeries vermutete, daß jede Zahl eine Silbe der französischen Sprache bedeutete, daß aber auch einzelne Buchstaben durch eine oder mehrere Zahlen ausgedrückt werden konnten. Die Zahl ▨ tauchte am häufigsten auf, nämlich hundertsiebenundachtzigmal, dann die Zahl 124. Ihr folgten die 42, die 311 und die 125. Nun versuchte er, sie den Silben zuzuordnen, die normalerweise in einem französischen Text am häufigsten vorkommen. Er nahm an, daß 124 den Artikel «les», die 22 «en» und sowohl 146 als auch 125 «ne» bedeuten konnten, und kam zu dem Schluß, daß der Buchstabe s durch eine Reihe verschiedener Zahlen ausgedrückt wurde. Es gelang ihm, die Nachricht fast vollständig zu entschlüsseln. Sie kam vom Kriegsminister Louvois und war an den Generalleutnant de Catinat, Kommandeur der Armee in Piedmont, gerichtet.

Louvois berichtet darin, daß der General Boulonde wegen Befehlsverweigerung bestraft werden solle. Der König befehle, Boulonde sofort festzunehmen und in die Festung Pignerol zu bringen. Der Gefangene solle nachts in eine Zelle gesperrt werden, tagsüber aber die Möglichkeit haben, entlang der Zinnen mit 330 309 zu gehen. Diese beiden Zahlen kamen sonst nirgendwo im Text vor, deshalb konnte Bazeries nicht aus dem Zusammenhang erraten, was sie bedeuteten. Doch er kannte die Geschichte von dem Mann mit der Maske in der Bastille und wußte auch, daß dieser ursprünglich in Pignerol inhaftiert gewesen war. Ferner war ihm bekannt, daß der Gefangene als wichtige Person behandelt worden war, und er schloß, daß die Zahl 330 «masque», das französische Wort für «Maske», bedeuten mußte, während 309 wahrscheinlich irgendein Abschlußzeichen war. Bazeries verkündete, der Mann mit der Maske sei General Boulonde gewesen.

Ob der große Bazeries damit ins Schwarze getroffen hat, ist fraglich. Es wäre verwunderlich, wenn «Maske», ein Wort, das in der Militärsprache nicht vorkommt, mit einer einzigen Zahl verschlüsselt wurde. Nur für häufige Wörter hatte man eine der fünfhundert möglichen Zahlen des Codes verwendet, während alle anderen Worte buchstabenweise durch Zahlen ausgedrückt worden waren. Außerdem soll Boulonde noch fünf Jahre nach dem Tod des Mannes mit der Maske gelebt haben.

1 1 1
2 2 2
3 3 3
4 4 4
5 5 5
6 6 6
7 7 7
8 8 8
9 9 9
0 0 0

Das Räderwerk des Thomas Jefferson

Es waren Mönche und Militärs, Mathematiker und Geheimagenten, die sich Systeme zur Übermittlung geheimer Nachrichten ausgedacht haben. Zu ihnen gesellte sich ein berühmter Politiker und Staatsmann. Thomas Jefferson, Mitverfasser der amerikanischen Unabhängigkeitserklärung, dritter Präsident der Vereinigten Staaten, erfand eine Chiffriermaschine, das nach ihm benannte *Jefferson-Rad*, das in Tafel I dargestellt ist.

Es besteht aus sechsunddreißig gleich großen Holzscheiben, deren Randfläche in jeweils sechsundzwanzig gleich große Abschnitte aufgeteilt ist. Sie tragen die Buchstaben des Alphabets in irgendeiner durcheinandergewürfelten Reihenfolge, die nach Möglichkeit bei allen Scheiben verschieden sein sollte. Es bereitet keine Schwierigkeiten, sechsunddreißig solcher verschiedenen Anordnungen zu finden, denn es gibt eine riesengroße Anzahl von Möglichkeiten, die sechsundzwanzig Buchstaben des Alphabets in irgendeine Reihenfolge zu bringen. Die Scheiben sind an ihren Seiten mit den Nummern 1 bis 36 gekennzeichnet. Die einzelnen, in ihrer Mitte durchlöcherten Scheiben sind auf eine Achse aus Metall gesteckt, vielleicht die Scheibe Nummer 27 ganz links, dann Nummer 2, danach 10, 13 und so weiter. Sender und Empfänger müssen im Besitz der gleichen Sammlung von Scheiben sein und müssen diese in der gleichen Reihenfolge auf der Achse angeordnet haben. Nehmen wir an, der Sender will die geheime Nachricht «angriffmorgenbeisonnenaufgang» übermitteln. Er hält dann die mit Scheiben bestückte Achse waagrecht vor sich und stellt die einzelnen Scheiben so ein, daß die Buchstaben, die nebeneinander in einer Zeile stehen, den Text bilden. Dann arretiert er die Scheiben, so daß sie sich nicht mehr gegeneinander verdrehen lassen. Wenn er nun diesen festen Block von Scheiben um die Achse dreht, zeigt dieser fünfundzwanzig weitere Zeilen. Jede von ihnen ist eine Verschlüsselung der Nachricht, die kein Uneingeweihter entziffern kann. Nehmen wir an, der Sender wähle die Zeile, in der steht. Diese Buchstabenfolge sendet er an den Empfänger, der nun auf seiner Maschine die Scheiben so einstellt, daß gerade diese Buchstabenfolge in einer Zeile steht. Nun muß er nur unter den anderen fünfundzwanzig Zeilen nach einer sinnvollen Buchstabenfolge suchen. Wenn seine Scheiben so angeordnet sind wie die des Senders, stößt er in einer Zeile auf «angriffmorgenbeisonnenaufgang».

Während in Europa die Kunst der Verschlüsselung eine lange Vorgeschichte hat, scheint Jefferson unabhängig auf seine Erfindung gekommen zu sein. Für einen Unbefugten ist es praktisch unmöglich, die verschlüsselte Nachricht zu entziffern, selbst wenn er die gleichen sechsunddreißig Scheiben vor sich hat, solange er nicht weiß, in welcher Reihenfolge sie aufgespießt sind. Schon Jefferson wußte, daß die Anzahl der verschiedenen Möglichkeiten, die Scheiben anzuordnen, zweiundvierzig Stellen hat. Das Jefferson-Rad hat sich so bewährt, daß es die amerikanische Marine noch im Zweiten Weltkrieg benutzte.

Zeichen an Grabsteinen und Hauswänden

Nicht weit von der Börse an der Wallstreet in New York steht eine mehr als zweihundert Jahre alte Kirche, die Trinity Church, winzig und verloren zwischen den Wolkenkratzern ringsum. Ein Stück aus vergangenen Jahrhunderten, mitten im High-Tech und Verkehrslärm des New Yorker Geschäftsviertels. Auf dem Friedhof daneben findet der Besucher den Grabstein von James Leason, gestorben am 28. September 1794. Leason war Freimaurer gewesen, Mitglied der «Jerusalem Loge Nr. 4». Neben der Grabinschrift steht am oberen Rand des Steins eine Reihe von Zeichen, so wie sie in Abbildung 1.5 wiedergegeben sind. Es sind Geheimzeichen, die nur jemand lesen kann, der im Besitz des Schlüssels ist. Jedes Zeichen entspricht einem Buchstaben des Alphabets. Die Zuordnung der Buchstaben ist denkbar einfach, sie ist dem unteren Teil der Abbildung 1.5 zu

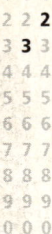

```
A | B | C        K | L | M        T | U | V
D | E | F        N | O | P        W | X | Y
G | H | I/J      Q | R | S        Z |
```

Abb. 1.5, oben: Die verschlüsselte Inschrift auf James Leasons Grab. *Unten:* Fünfundzwanzig Buchstaben des Alphabets sind auf drei Gitter verteilt. Die Anzahl der Punkte in jedem Zeichen verweist darauf, in welchem Gitter der zugehörige Buchstabe zu finden ist. Die teilweise Umrandung des Zeichens bestimmt den Buchstaben im Gitter. Die Zeichen sind so einfach gehalten, daß sie sich leicht mit Hammer und Meißel in Stein hauen lassen.

entnehmen. Die Inschrift lautet: rememberdeath (gedenke des Todes).

Wie wir später sehen werden, ist diese Art der Verschlüsselung leicht zu entziffern. Es ging den Freimaurern wohl auch nicht darum, den Text durch Chiffrierung geheimzuhalten; die Absicht war vielmehr, das Geheimnisvolle ihres Bundes in der Grabinschrift auszudrücken.

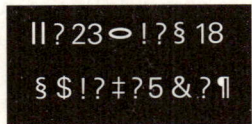

Abb. 1.6: Ein geheimes Paßwort des Ordens der Amerikanischen Union nach dem Bürgerkrieg in den Vereinigten Staaten (1861–1865).

Aber auch ihre wirklichen Geheimnisse haben die amerikanischen Freimaurer nicht gut verschlüsselt, und andere Bruderschaften waren darin nicht besser. Der kurz nach dem amerikanischen Bürgerkrieg gegründete «Orden der Amerikanischen Union» (OAU) hatte gleichfalls geheimnisvolle Rituale. Wer zu seinen Veranstaltungen

Zutritt haben wollte, mußte zweimal die Parole sprechen. Den Mitgliedern wurden diese ständig wechselnden Paßwörter in Geheimschrift mitgeteilt (Abbildung 1.6). Den Schlüssel (Abbildung 1.7) durften sie nicht aus der Hand geben. Wieder handelt es sich um eine einfache Chiffrierung, die auch ohne Kenntnis des Schlüssels leicht zu lösen ist, wie wir noch sehen werden. Auch in diesem Fall scheint als Motiv wohl mehr der Reiz des geheimen Tuns gewirkt zu haben als das Bedürfnis, ein Geheimnis zu wahren.

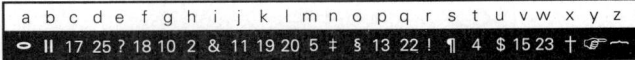

Abb. 1.7: Das zur Entschlüsselung der Geheimschrift von Abbildung 1.6 notwendige Chiffrieralphabet.

Nicht nur Gesellschaften mit hehren Zielen bedienten sich geheimer Zeichen. Auch der Ku-Klux-Klan hatte seine Geheimschrift, und die Diebe und Mordbrenner der letzten dreihundert Jahre verwendeten geheime Zeichen, um auf Mauern und Häuserwänden später vorbeikommenden Kollegen Hinweise zu geben. Abbildung 1.8 zeigt einige dieser Zeichen und ihre Bedeutung.

Die Kunst des Verschlüsselns

Die Kunst, einen Text so zu verändern, daß er für einen Außenstehenden unlesbar wird, nennt man *Verschlüsselung*, *Chiffrierung* oder auch *Kryptographie*. Die Wissenschaft vom Ver- und Entschlüsseln ist die *Kryptologie*. Wir werden sehen, daß es selbst bei kryptographischen Verfahren, die auf den ersten Blick sicher erscheinen, gelingen kann, eine chiffrierte Nachricht zu entschlüsseln.

Am Beispiel von Klausens Funksprüchen nach Moskau lassen sich bereits einige Grundbegriffe erläutern, die uns durch das ganze Buch begleiten werden. Die Nachricht, die übermittelt werden soll, ist der *Klartext*, in unserem Beispiel also der Satz «no attack». Der

1 1 1
2 2 2
3 **3** 3
4 4 **4**
5 5 5
6 6 6
7 7 7
8 8 8
9 9 9
0 0 0

Geheimschriften in Krieg und Frieden

Abb. 1.8: Gaunerzinken, um 1915 in Graz gefunden. Sie besagen: Bei Tagesanbruch begebe man sich auf den Weg zur Straßenkreuzung an der Straßenbahnhaltestelle beim Volksgarten (Bäume). Viermaliger Vogelruf. Unterstützung gesucht. Reiche Beute, Achtung (Doppelpunkt), Treffen am 28. in der Bedürfnisanstalt am Volksgarten (nach Hans Groß und Friedrich Geerds, *Handbuch der Kriminalistik*, Band 1, Berlin 1977, S. 92).

Funker Klausen wandelte ihn in zwei Schritten in eine Ziffernfolge um. Das war der *Geheimtext*, im Beispiel des Klausen-Funkspruches also 34236 02451 23301 72. Im Fall von James Leasons Grabinschrift ist der Klartext die Mahnung «rememberdeath», der Geheimtext die Zeichenfolge der Abbildung 1.5 oben. In diesem Buch werden alle Klartexte (nach Möglichkeit) durch Kleinbuchstaben, alle Geheimtexte durch weiße Großbuchstaben oder weiße Ziffern auf dunklem Hintergrund dargestellt.

Der Empfänger von Klausens Nachricht in Moskau konnte mit dem Geheimtext nur etwas anfangen, weil er den *Schlüssel* kannte, das heißt, weil er wußte, was er zu tun hatte, um aus dem Geheimtext wieder den Klartext herzustellen. Im Fall der Geheimschrift des OAU ist der Schlüssel in Abbildung 1.7 wiedergegeben. Für den Grabspruch von Leasons Freimaurerloge ist der Schlüssel in Abbildung 1.5 zu finden. Bei der Geheimschrift des Grafen Sandorf ist der Schlüssel die Schablone der Abbildung 1.3. Der Schlüssel sollte streng geheimgehalten werden, denn mit ihm könnte jeder den Geheimtext wieder in Klartext umwandeln. In diesem Buch werden bei Schlüsseln (nach Möglichkeit) die Buchstaben groß und diese Großbuchstaben wie auch Ziffern, wenn der Schlüssel eine Ziffernfolge ist, kursiv geschrieben, also:

klartext, *SCHLÜSSEL*, GEHEIMTEXT.

Sie haben in diesem Kapitel bereits zwei grundsätzlich verschiedene Arten der Verschlüsselung kennengelernt. Der Funker Klausen ersetzte die Buchstaben seines Klartextes durch Ziffern, die er nach einem komplizierten Verfahren umrechnete. Jeffersons Rad ersetzt Buchstaben durch andere. Aus a, b, c können ▩, ▩ und ▩ werden, selbst wenn im Klartext weder ein x noch ein y vorkommen. Man nennt diese Art der Verschlüsselung, bei der Zeichen durch andere ersetzt werden, *Substitution*. Fast alle Kapitel dieses Buches behandeln Substitutionsverfahren. Bei der Geheimschrift des Grafen Sandorf dagegen blieben die Buchstaben des Klartextes erhalten, sie erscheinen im Geheimtext nur an anderer Stelle. Traten x und y im Klartext nicht auf, dann erschienen sie auch nicht im Geheimtext. Enthielt aber der Klartext den Buchstaben f fünfmal, so war er auch im Geheimtext fünfmal zu finden. Diese Art der Verschlüsselung nennt man *Transposition*. Ihr ist das Kapitel 8 gewidmet.

Ob Substitution oder Transposition, der Schlüssel muß vor Beginn der Nachrichtenübermittlung zwischen Sender und Empfänger vereinbart worden sein. Im Ersten Weltkrieg führten die Kriegsschiffe als Schlüssel dicke *Codebücher* mit sich, umfangreiche lexikonartige Bände, in denen jedem Klartextwort eine Geheimtextzeichenfolge gegenüberstand. Wie bei der Wort-für-Wort-Übersetzung in eine Fremdsprache mit Hilfe eines Wörterbuches wurde so der Klartext in den Geheimtext umgewandelt. Gleich zu Beginn des Ersten Weltkriegs fiel den Russen eines der Signalbücher der deutschen Marine in die Hände (Kapitel 3). Es war den Gegnern Deutschlands daher ein leichtes, die Funksprüche der deutschen Marine zu entschlüsseln.

Im Bestreben, möglichst viele Informationen möglichst rasch verschlüsselt zu senden und andrerseits ebenso rasch Einblicke in den Funkverkehr des Gegners zu erhalten, wurde nicht nur von Hand ver- und entschlüsselt. Um die während des Zweiten Weltkriegs mit der deutschen Verschlüsselungsmaschine Enigma (Kapitel 9 und 10) chiffrierten Funksprüche mit nur geringer Verzögerung lesen zu können, entwickelten Wissenschaftler und Techniker in England die ersten elektronischen Rechner, die sie als Entschlüsselungs-maschinen einsetzten. Nach dem Zweiten Weltkrieg hielten die Computer Einzug in die Praxis der Kryptologie.

Doch nicht nur bessere Maschinen, die schneller verschlüsseln und eine Verschlüsselung innerhalb kurzer Zeit brechen können, wurden gebaut. Ein Meilenstein in der Geschichte der Kryptologie war die Entwicklung von Verfahren, bei denen kein Schlüssel mehr ausgetauscht werden muß. Vorher mußte jeder, der eine chiffrierte Nachricht schicken wollte, auf irgendeinem Weg auch den Schlüssel übermitteln, was mit dem Risiko verbunden war, daß auch Unbefugte von ihm erfahren konnten. Heute ist es möglich, jemandem in aller Öffentlichkeit einen Geheimtext zu schicken, den nur der berechtigte Empfänger lesen kann, ohne daß der Sender ihm vorher einen Schlüssel an die Hand gegeben hat.

Im Laufe der Jahrhunderte wurden immer raffiniertere Verschlüsselungsmethoden erfunden, aber gleichzeitig entstanden auch immer ausgeklügeltere Methoden, einem Geheimtext beizukommen, ohne dazu befugt zu sein. Der Leser wird die Entwicklung der Kryptologie bis in die neueste Zeit genauer kennenlernen. Doch zuvor werden wir uns mit den einfachsten Formen des Übermittelns geheimer Nachrichten befassen. Klausens Funksprüche bestanden aus Zifferfolgen, die keinen unmittelbaren Sinn ergaben. Des Grafen Sandorfs Geheimtexte waren Folgen von aneinandergereihten Buchstaben. Die Geheimtexte der Freimaurer waren Folgen von Zeichen. Wer alle diese Geheimtexte zu Gesicht bekam, mußte vermuten, daß es sich um verschlüsselte Texte handelte. Anders die Wachstäfelchen, die Leonidas erhielt. Sie konnten die persischen Grenzkontrollen passieren, weil bei ihrem Anblick niemand überhaupt auf die Idee kam, daß auf ihnen eine geheime Nachricht verborgen sein könnte. Dieser Art von Verschlüsselung, bei der ein Unbefugter gar nicht erst vermutet, daß sie eine geheime Nachricht enthält, widme ich das nächste Kapitel.

2 Von verborgenen Nachrichten zu Codebüchern

> Die sogenannte Steganographie... läuft im Computer zu wahrer Höchstform auf. Die Programmiererin Romana Machado, die auch in ihrer Zweitkarriere als Aktmodell recht erfolgreich ist, hat ein subversives Prögrämmchen namens Stego entwickelt, das Daten in beliebigen elektronischen Bildern versteckt... so subtil, daß der Betrachter völlig ahnungslos bleibt, ob das Papstporträt nicht vielleicht in Wirklichkeit eine Anleitung zum Bombenbau ist.
> *Der Spiegel 36/1996, Seite 211*

Der Strafgefangene, der seine Lebensumstände ein wenig verändern will, kann seiner Frau nicht schreiben, sie möge in seinem Geburtstagskuchen eine Stange Dynamit verstecken. Dem Gefängnisbeamten, der den Brief liest, würde dieser Geburtstagswunsch selbst bei liberalstem Strafvollzug unangemessen erscheinen. Der Häftling kann seinen Wunsch aber auch nicht in verschlüsselter Form äußern, denn ein Brief mit einer scheinbar sinnlosen Folge von Zeichen würde ebenfalls nicht durch die Zensur gehen – eher fühlte sich der Beamte versucht, den Text selbst zu entschlüsseln. Dem armen Gefangenen bleibt nur der Weg, einen harmlos klingenden Brief nach Hause zu schicken, der niemanden stutzig macht und dennoch seinen geheimen Wunsch enthält, den wiederum nur die Frau entdecken kann, da sie weiß, wie sie nach der versteckten Botschaft suchen muß. Wie verbirgt man einen Geheimtext in einem allen zugänglichen Schriftstück, ohne Verdacht zu erregen?

1 1 1
2 2 2
3 **3** 3
4 4 4
5 5 5
6 6 6
7 7 7
8 8 **8**
9 9 9
0 0 0

Die brisante Botschaft im harmlosen Text

Es ist nicht überliefert, wie der Briefträger in der Main Street in Los Angeles an jenem Herbsttag des Kriegsjahres 1943 mit seinem Problem zurechtkam. Da stand er nun vor dem Haus Nummer 100, dort, wo ein Mister F. B. Iers bei der Firma Federal Bldg. Company in Zimmer 1619 arbeiten sollte. Doch in dem Haus gab es weder eine Firma dieses Namens noch das Zimmer 1619. Schließlich landete die Karte im Zimmer 619, wo das Federal Bureau of Investigation, abgekürzt FBI, ein Büro unterhielt. Die Anfangsbuchstaben des Adressaten und der Name der Firma deuteten an, daß die Karte (Abbildung 2.1) dorthin gelangen sollte. Sie kam aus einem japanischen Kriegsgefangenenlager und hatte sowohl die japanische als auch die amerikanische Zensur passiert. Der Absender war ein Leutnant Frank G. Jonelis. Die Leute vom FBI ahnten, daß es mit dem Text eine besondere Bewandtnis haben mußte, und tatsächlich – wenn man die ersten zwei Wörter jeder Zeile liest, ergibt sich folgender Text: «After surrender fifty percent Americans lost in Philippines in Nippon 30 %».* Es war die Nachricht über amerikanische Verluste, verborgen auf einer harmlosen Karte.

Bereits im 16. Jahrhundert hatte der italienische Arzt und Mathematiker Geronimo Cardano – wir werden noch von ihm hören – darüber nachgedacht, wie man in einem für einen naiven Leser harmlos klingenden Text eine Nachricht verstecken kann. Sein Vorschlag war eine Schablone, ähnlich der des Grafen Sandorf (Abbildung 1.3), welche aus einem Text nur bestimmte Buchstaben ausblendet, die, für sich gelesen, die geheime Botschaft ergeben. Abbildung 2.2 zeigt ein Beispiel. Natürlich müssen Sender und Empfänger die gleichen Schablonen besitzen – die Schablone ist der Schlüssel.

Es muß nicht immer eine Schablone sein. Herbert W. Franke gibt

---

* *Cryptologia*, April 1980, S. 120. Die verborgene Nachricht auf deutsch: «Nach der Kapitulation fünfzig Prozent amerikanische Verluste auf den Philippinen, 30 % in Japan».

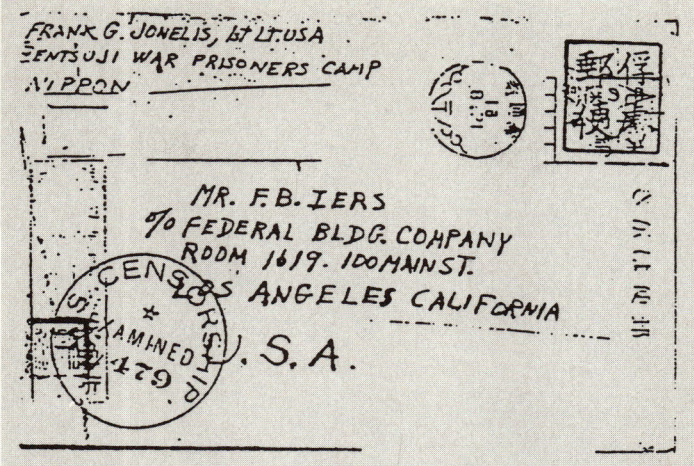

FRANK G. JONELIS, 1st Lt. USA
ZENTSUJI WAR PRISONERS CAMP
NIPPON

MR. F.B. IERS
℅ FEDERAL BLDG. COMPANY
ROOM 1619. 100 MAIN ST.
LOS ANGELES CALIFORNIA
U.S.A.

CENSOR
EXAMINED
627

AUGUST 29, 1943

DEAR IERS:

AFTER SURRENDER, HEALTH IMPROVED.
FIFTY PERCENT. BETTER FOOD ETC.
AMERICANS LOST CONFIDENCE
IN PHILIPPINES. AM COMFORTABLE
IN NIPPON. MOTHER: INVEST
30%, SALARY, IN BUSINESS. LOVE

Frank G. Jonelis

Abb. 2.1: **Eine im Zweiten Weltkrieg aus japanischer Gefangenschaft an das FBI in Los Angeles gesandte Karte passierte unbeanstandet die japanische Zensur. Die ersten zwei Wörter jeder Zeile liefern, hintereinander gelesen, Informationen über amerikanische Verluste.**

1 1 1
2 2 2
3 3 3
4 **4** 4
5 5 5
6 6 6
7 7 7
8 8 8
9 9 9
0 0 **0**

Von verborgenen Nachrichten zu Codebüchern

Lieber Wolfgang

übermorgen früh schickt Herr Frey seinen
Mitarbeiter, Herrn Fritz Bauer, zu Dir, damit
er mit Dir noch einmal über Eure finanziel-
len Vereinbarungen spricht. Du kannst ihm
voll vertrauen. Herr Frey läßt Dir diesen
Brief noch heute per Boten zukommen,
weil Du Dich auch noch vorbereiten und
dafür die früheren Belege parat haben
mußt.

Bis nächste Woche! Dein

Emil

Abb. 2.2: In einem harmlosen Text ist eine brisante Nachricht verborgen, die
erst hervortritt, wenn man eine Schablone (im Bild grau) über ihn legt, die nur
einzelne Buchstaben (im Bild weiß) freigibt.

in seinem Buch *Die geheime Nachricht** als Beispiel für eine andere
Methode das Telegramm «Noch einmal tiefempfundene Anteil-
nahme. Rasche Rückkehr erforderlich. Von Norbert alles Liebe.
Paula.» Wenn man die Anfangsbuchstaben aller Wörter von hinten
nach vorn liest, findet man eine geheime Nachricht. Die Wachstäfelchen (Seite 21) sind ein weiteres Beispiel dafür. Man nennt diese Art
der Nachrichtenübermittlung, bei der ein Unbefugter gar nicht
ahnt, daß er eine verborgene Nachricht vor Augen hat, *Steganogra-
phie*. Dazu gehört auch die Methode, bestimmte Buchstaben für den
nicht eingeweihten Betrachter kaum erkennbar hervorzuheben.

Im Mai 1996 wurde in Hamburg der Kürschnermeister Lutz
Reinstrom zu einer lebenslangen Freiheitsstrafe verurteilt. Er hatte
zwei Frauen in einem Keller gefangengehalten, gequält und schließ-

* Frankfurt a. M. 1982, S. 28.

lich getötet. Um die Spuren zu verwischen, hatte er seine Opfer gezwungen, Grußkarten, die er später absandte, an ihre Angehörigen zu schreiben, Mitteilungen, aus denen hervorgehen sollte, daß sie sich ins Ausland abgesetzt hätten. Eine der Frauen fügte diesen Nachrichten einen Hilferuf bei und teilte den Namen ihres Peinigers mit, indem sie bestimmte Buchstaben dicker schrieb – vergebens, die verborgene Nachricht wurde übersehen. Die Leichen der Frauen löste Reinstrom in Fässern mit Säure auf. Die Buchstabenhervorhebungen wurden erst später von einem Sachverständigen entdeckt und im Prozeß gegen den Mörder verwendet. Abbildung 2.3 zeigt Ausschnitte aus zwei Karten mit den Hilferufen des Opfers des Hamburger Säurefaßmörders.

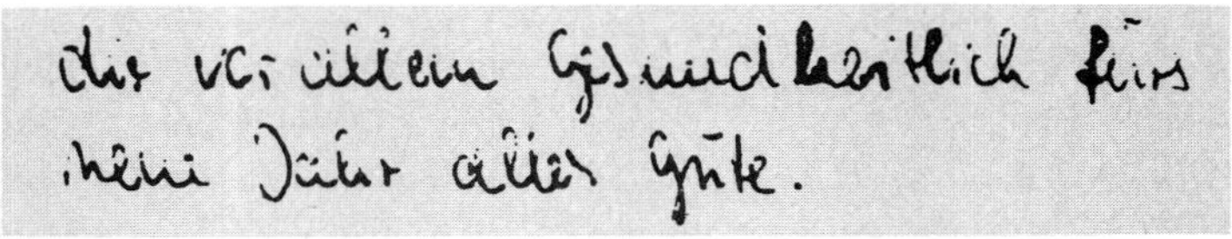

Abb. 2.3: Die versteckten Hilferufe eines der Opfer des 1996 verurteilten Säuremörders von Hamburg. In der Verstärkung einzelner Buchstaben ist im oberen Ausschnitt das Wort «hilf» versteckt, während unten die Frau mit den verstärkten Buchstaben «luz» auf den Vornamen «Lutz» des Mörders hinweist.

In einem 1976 erschienenen Buch über Kombinatorik* haben die beiden Mathematiker Heinz-Richard Halder und Werner Heise ein klassisches mathematisches Problem beschrieben, das sogenannte Königsberger Brückenproblem. Wer den Text genau betrachtet, kann mit einiger Mühe erkennen, daß einzelne Buchstaben etwas fetter gedruckt und geringfügig tiefer gesetzt sind. Für sich gelesen bilden sie den Satz: «nieder mit dem sowjetimperialismus».

* *Einführung in die Kombinatorik*, München 1976, S. 118.

Zu den verborgenen Nachrichten zählen auch die mit einer Geheimtinte, einer farblosen Flüssigkeit, die bei Erwärmen oder irgendeiner chemischen Behandlung sichtbar wird, geschriebenen Mitteilungen am Rand eines Briefes oder zwischen den Zeilen. Erfahrene Agenten, denen die farblose Tinte ausgegangen ist, haben auch mit Urin gute Erfolge erzielt.

Während des Krieges kam die deutsche Abwehr auf die Idee, Nachrichten zu fotografieren und so zu verkleinern, daß der ganze Text auf einem winzigen dünnen Filmblättchen untergebracht werden konnte. Dieses wurde dann in einem mit der Schreibmaschine geschriebenen Brief unter der Farbe des Punktes am Satzende verborgen.

Es liegt in der Natur der in einem anscheinend harmlosen Text verborgenen Nachricht, daß sie nicht nur der unbefugte Entschlüßler übersieht, sondern möglicherweise auch der Empfänger. Wahrscheinlich hatte Sir John Trevanion einen Tip bekommen, sonst hätte er den versteckten Hinweis, der ihm das Leben retten sollte, nicht entdeckt. Sir John, ein überzeugter Royalist in England, geriet in die Hände der Häscher Oliver Cromwells und wurde auf Colchester Castle gefangengehalten. Zwei seiner Freunde waren dort bereits hingerichtet worden, und so wartete auch er auf das Todesurteil. Da erhielt er einen Brief, unterzeichnet mit R. T., die Identität des Absenders haben die Historiker bis heute nicht herausgefunden. Ich gebe im folgenden Anfang und Ende des in altertümlichem Englisch gehaltenen Schreibens wieder:

Worthie Sir John: – Hope, that is ye beste comfort of ye afflicted, cannot much, I fear me, help you now. That I would say to you, is this only: if ever I may...

...have done. The general goes back on Wednesday. Restinge your servant to command. – R. T.

Obwohl die Geschichte immer wieder erzählt wird, habe ich noch nie eine Erklärung dafür gefunden, woran Sir John erkannte, daß im Brieftext eine Nachricht verborgen war und daß jeder dritte Buchstabe nach einer Interpunktion zur versteckten Mitteilung gehörte. Damit ergibt sich aus dem vollen Wortlaut der Satz: «panelateastendofchapelslides», auf deutsch: «Die Täfelung am östlichen Ende der Kapelle kann verschoben werden.» Sir John filterte diese Nachricht aus dem Schreiben heraus, bat um die Erlaubnis, in der Kapelle eine Stunde lang in sich gehen zu dürfen – und ging seiner Wege.

Allerdings kann es auch geschehen, daß in einer harmlosen Nachricht irrtümlicherweise eine geheime Botschaft vermutet wird.

Wie Shakespeare eine Ehe stiftete

Die Entschlüsselung der japanischen Chiffriermaschine im Zweiten Weltkrieg, die von den Amerikanern «Purple» genannt wurde (Seite 249), ist eng verbunden mit dem Namen eines der berühmtesten Kryptologen der Welt, ja vielleicht des größten, den es je gab.

William F. Friedman wurde 1891 in Rußland geboren. Seine Eltern wanderten im darauffolgenden Jahr in die USA aus. Die höhere Schule bereitete dem Sohn keine Schwierigkeiten. Unter dreihundert Studenten zählte er beim Abschluß zu den zehn besten. Erst arbeitete er als Angestellter bei einer Firma, die Dampfmaschinen verkaufte, dann besuchte er noch einmal eine landwirtschaftliche Schule, um schließlich an der Cornell-Universität in Ithaka im Bundesstaat New York Pflanzenzucht zu studieren. Um sein Studium zu finanzieren, arbeitete er als Kellner in einem Restaurant. In dieser Zeit suchte ein wohlhabender Textilkaufmann, George Fabyan, für seinen landwirtschaftlichen Betrieb einen Pflanzenzüchter in der Hoffnung, mit dessen Hilfe seine Ernte verbessern zu können. Er fragte bei der Cornell-Universität nach einem geeigneten Kandidaten und stellte im Sommer 1915 Friedman an.

Fabyan, der selbst keine wissenschaftliche Ausbildung genossen hatte, unterhielt auf seinem Besitz Laboratorien, in denen sich Mitarbeiter mit Akustik, Chemie, Genetik, aber auch mit Kryptologie befaßten. Friedman war zwar im Labor für Genetik angestellt, doch da er gut mit der Kamera umgehen konnte, half er den Kryptologen,

Vergrößerungen von alten Texten herzustellen. Mehr als ein Dutzend Leute waren damit beschäftigt, Briefe aus der Zeit Elisabeths I. zu studieren. Fabyan wollte vor allem den Nachweis führen, daß Shakespeares Werke in Wahrheit von Sir Francis Bacon, Lordkanzler unter Elisabeth I., geschrieben worden waren. Der Gedanke spukte seit mehr als hundertfünfzig Jahren durch die Literatur. Der amerikanische Politiker Ignatius T. Donelly ging ihr ernsthafter auf den Grund: Er wollte herausbekommen, ob das Wort «Bacon» irgendwo in den Shakespeareschen Werken vorkommt, wenn nicht im Klartext, so vielleicht in irgendeiner verschlüsselten Form. So untersuchten die Verfechter der Theorie, ob irgendwo in Shakespeares Dichtungen Wörter vorkommen, die man als Verschlüsselung des Namens «Bacon» deuten könnte.

In der Tat war Bacon an Geheimschriften interessiert gewesen. Er hatte sogar ein eigenes Chiffriersystem erfunden. Was haben die Nachforschungen ergeben? Sind in Shakespeares Werken Hinweise auf Bacon zu finden? Im Stück *Love's Labour's Lost* findet man in der dritten Szene des vierten Aktes die Zeilen:

> ...But with the motion of all elements
> Courses as swift as thought in every power,
> And gives to every power a double power.

Aus ihren Anfangsbuchstaben und den zweiten Buchstaben von Zeile zwei und drei erhält man die Buchstaben

> B
> C O
> A N

Da stehen sie nun, die Buchstaben des Nachnamens von Sir Francis. Doch wie all die anderen «Indizien» wurde auch dieser Fund nicht als überzeugender Beweis akzeptiert. Ein Spaßvogel verspottete die Anhänger der Bacon-alias-Shakespeare-Hypothese, indem er nachwies, daß Shakespeare den sechsundvierzigsten Psalm geschrieben hat. In der Tat ist in der englischen Übersetzung des Psalms das sechsundvierzigste Wort, von vorn gezählt, «shake» (schütteln, rütteln). Zählt man dagegen vom Schluß her, findet man als sechsundvierzigstes Wort «spear» (Spieß, Speer). Doch der Autodidakt Fabyan ließ sich nicht beirren. Er setzte alles daran zu beweisen, daß Bacon den Namen «Shakespeare» als Pseudonym verwendet hatte, und beschäftigte zu diesem Zweck von 1916 an auch Elisebeth Smith, die jüngste Tochter eines Bankiers und Politikers. Bald arbeiteten William Friedman und sie eng zusammen. Sie entwickelten eine Zuneigung zur Kryptologie – und zueinander. Im Mai 1917 heirateten sie. So hat die Bacon-alias-Shakespeare-Hypothese zwei Menschen zusammengeführt, obwohl den beiden schon sehr früh klar war, daß in Shakespeares Werken keinerlei Hinweis auf einen anderen Autor verborgen ist. Später haben sie darüber ein Buch geschrieben.

Als die Vereinigten Staaten in den Ersten Weltkrieg eintraten, war Friedman bereits zum Leiter von Fabyans kryptologischer Abteilung aufgestiegen, und fortan wurde neben dem Durchforsten von Shakespeares Werken auch ernsthafte Arbeit geleistet. Schon bald wurde die Abteilung bekannt – Regierungsstellen wandten sich an sie. Man gab ihr zum Beispiel Kryptogramme, die von Indien nach Berlin gesandt worden waren. Eine Gruppe von Hindus hoffte, die Unabhängigkeit ihres Landes mit Hilfe der Deutschen zu erreichen. Friedman konnte diese und andere Verschlüsselungen knacken. Später hielt er vor Armeeoffizieren Vorlesungen über Kryptologie, die völlig neue Wege in dieser Wissenschaft eröffneten. So gelang es ihm, die Länge des Schlüsselwortes bei einer Vigenère-Chiffrierung zu bestimmen, ein Verfahren, das hilft, wenn die Kasiski-Methode versagt.*

Weniger bekannt ist, daß er 1924 gebeten wurde, den Code der Marsbewohner zu brechen. In diesem Jahr war der Planet Mars der Erde besonders nahe gekommen, näher als während des gesamten zurückliegenden Jahrtausends. Plötzlich glaubten mehrere Funkstationen der amerikanischen Marine, fremde Signale wahrzuneh-

---

* Diese Begriffe werden im sechsten Kapitel erklärt.

men. Doch Friedman konnte aus ihnen keinen Sinn herauslesen. Es waren wohl Funkstörungen gewesen.

Im August 1940 begann Friedman seinen Angriff auf die japanische Purple, und nach zwanzig Monaten harter Arbeit konnte er die ersten entzifferten Purple-Funksprüche präsentieren.

Das Würfelspiel im Luftschutzkeller

Am 7. Dezember 1941 griffen die Japaner ohne Vorwarnung die amerikanischen Marineverbände im Hafen von Pearl Harbor auf Hawaii an. Einen Monat danach machte der FBI-Agent Robert L. Shivers aus Honolulu den Direktor des FBI in Washington, J. Edgar Hoover, darauf aufmerksam, daß im Magazin *The New Yorker* auf Seite 86 der Ausgabe vom 22. November in einer Anzeige ein Würfelspiel angepriesen wurde (Abbildung 2.4 links).

Das Bild zeigt im oberen Teil einen von Geschoßexplosionen und Suchscheinwerfern erhellten Nachthimmel über einer öden Landschaft, im unteren einen Luftschutzkeller mit einer augenscheinlich vergnügten Gesellschaft beim Würfelspiel. Darunter die Worte «Achtung, Warning, Alerte!». Dann ein Text, der darauf hinweist, daß man neben Konserven, Kerzen, Wasser in Flaschen, Pullovern, Decken und Büchern sowie Vitaminkapseln natürlich auch das Würfelspiel «The Deadly Double» mitnehmen solle. Es sei für 2.50 Dollar in allen führenden Sportgeschäften und in Warenhäusern zu haben. Auf diese große Anzeige wird mit mehreren kleineren hingewiesen (Abbildung 2.4 rechts). Auf ihnen sind jeweils zwei Würfel zu sehen. Wenn man die zwei X als Todessymbole deutet, den ersten Würfel als Angabe des Monats, den zweiten als Tagesdatum, dann wird im Bild entweder der 5. Dezember oder der 7. Dezember angedeutet. Stellten die Zahlen auf den Würfeln eine geheime Botschaft dar? Am 7. Dezember fand der Angriff auf Pearl Harbor statt. Sollte Japan diese Anzeige lanciert haben, um Japanern in Amerika zwei Wochen zuvor den Beginn der Kampfhandlungen anzukündigen?

Abb. 2.4: Eine im Kriegsjahr 1941 im *New Yorker* erschienene Anzeige. Nachdem die Japaner am 7. Dezember 1941 ihren Überraschungsangriff auf Pearl Harbor geführt hatten, geriet die Firma in Verdacht, mittels ihrer vorher veröffentlichten Anzeigen, in denen ein Würfelspiel angepriesen wurde, auf dieses Datum hingewiesen zu haben. Sollten Agenten den Tag des Angriffs im voraus durch die Würfel im rechten Bild erfahren?

Shivers' Meldung war der erste einer Reihe von Hinweisen auf die Anzeige der Monarch Publishing Company, denen das FBI damals nachgehen mußte. Im Zuge der Untersuchungen zur Klärung der Frage, warum der Angriff auf Pearl Harbor die Amerikaner völlig unvorbereitet getroffen hatte, wurde natürlich auch die Monarch Publishing Company gründlich unter die Lupe genommen. Die Firma gehörte einem gewissen Mr. Craigh, der sich bei der Aufklärung durchaus kooperativ zeigte. Die Behörden fanden nichts Handgreifliches, um gegen ihn vorgehen zu können. In einem Brief aus jener Zeit, der wahrscheinlich an einen Journalisten oder einen

Das Würfelspiel im Luftschutzkeller

1 1 1
2 2 2
3 3 3
4 **4** 4
5 5 5
6 6 6
7 7 7
8 8 **8**
9 9 9
0 0 0

Von verborgenen Nachrichten zu Codebüchern

Rundfunkreporter gerichtet ist, beteuerte er seine Unschuld, und der Verleger des *New Yorker* sprach von einer Hexenjagd auf einen harmlosen Bürger.

Die Ermittlungen warfen viele Fragen auf, zu denen sich Mr. Craigh nicht mehr äußern konnte, denn er starb im Jahre 1946. Angeblich stammte er aus Boston im Bundesstaat Massachusetts, aber es gelang nicht, Auskünfte über seine Vergangenheit einzuholen. Er hat niemals eine Geburtsurkunde vorgelegt.

Wahrscheinlich offenbarten die Würfel nur zufällig das verhängnisvolle Datum, denn es stellte sich heraus, daß für das gleiche Würfelspiel, mit der gleichen Stellung der Würfel, bereits ein Jahr zuvor Anzeigen geschaltet worden waren. Niemand glaubt ernsthaft, daß der Überfall auf Pearl Harbor schon 1940 auf den Tag genau vorausgesagt werden konnte.

Noch im Jahre 1979, also fast vierzig Jahre danach, stieß ein Student des Dartmouth College in England bei der Lektüre für seine Doktorarbeit über den Zweiten Weltkrieg auf die alte Anzeige, und ihm fiel gleichfalls auf, daß darin das Datum des Angriffs auf Pearl Harbor versteckt war.*

Die verborgene Nachricht in der Kontonummer

Nicht immer fügt man einem Text eine weitere Information bei, um etwas Geheimes zu übermitteln. Oft soll die verborgene Nachricht nur vor Schreib- oder Übertragungsfehlern schützen. So enthält zum Beispiel jede unserer Kontonummern einen verborgenen Code. Er gestattet es in den meisten Fällen, zu überprüfen, ob es sich um ein Konto bei der angegebenen Bank handelt.

Nehmen wir als Beispiel ein Konto bei der Deutschen Bank. Die Nummer sei 0291864. Wir wollen jetzt prüfen, ob das wirklich eine Kontonummer der Deutschen Bank ist. Dazu lassen wir erst einmal

---

* L. Kruh, «The Deadly Double Advertisements», *Cryptologia*, Juli 1979, S. 170.

die letzte Ziffer weg. Was bleibt, ist die «eigentliche» Kontonummer 029186. Nun beginnen wir von rechts die Stellen zu zählen. Die 6 steht an der ersten, die 8 an der zweiten, die 1 an der dritten Stelle, und weiter die 9 an Stelle vier, die 2 an Stelle fünf und die 0 an Stelle sechs. Als nächstes nehmen wir alle Ziffern an den ungeraden Stellen (von rechts gezählt) und verdoppeln sie: 4, 2, 12. Falls das Ergebnis zweistellig ist, wie hier bei der 12, ersetzen wir diese Zahl durch ihre Ziffernsumme. Im Fall der 12 ist die Ziffernsumme $1 + 2 = 3$:

$$0\ 2\ 9\ 1\ 8\ 6$$
$$4\quad 2\quad 3$$

Dann schreiben wir die Ziffern an den geraden Stellen ungeändert darunter

$$0\ 2\ 9\ 1\ 8\ 6$$
$$0\ 4\ 9\ 2\ 8\ 3$$

und zählen zusammen: $0 + 4 + 9 + 2 + 8 + 3 = 26$. Wenn wir jetzt die weggelassene letzte Ziffer der vollständigen Kontonummer dazuzählen, muß bei einer echten Kontonummer der Deutschen Bank eine glatte Zehnerzahl herauskommen. Das ist in unserem Fall wirklich so, denn 26 + 4 ist 30. Hätten wir statt dessen als Kontonummer 0291865 genommen, so wäre das Ergebnis unseres Tests keine glatte Zehnerzahl, ein Zeichen dafür, daß das Konto nicht bei der Deutschen Bank sein kann. Die letzte Ziffer der Kontonummer ist also eine sogenannte *Prüfziffer*, mit der kontrolliert wird, ob beim Schreiben der Zahl ein Fehler unterlaufen ist. Man sagt, die Kontonummer ist *kodiert*. Hätten wir zum Beispiel zwei benachbarte Ziffern vertauscht, etwa die 8 und die 1, wäre der Test nicht aufgegangen. Genauso wäre es, wenn wir uns verschrieben, etwa statt der 2 eine 3 geschrieben hätten. Allerdings ist die Kontonummer nicht zwangsläufig die richtige, wenn der Test stimmt. Wir hätten uns ja auch verschreiben können, indem wir nicht zwei benachbarte Zahlen vertauschten, sondern zwei, zwischen denen noch eine weitere Ziffer steht, also etwa die 9 mit der 8. Dann hätte der Test nichts an der Nummer auszusetzen gehabt. Die geheime Botschaft, die in der Kontonummer steht, hilft zwar in vielen Fällen, doch bietet sie keinen sicheren Schutz vor Fehlern.

Ich habe hier als Beispiel eine Kontonummer der Deutschen Bank gewählt. Andere Geldinstitute haben andere Kodierungen, also andere Rechenregeln, um mit Hilfe einer Prüfzahl auf eventuelle Schreibfehler zu stoßen. Übrigens: Auch Ihre Kreditkarte ist kodiert.

Die Prüfzahl in der Kreditkarte

Nehmen wir zum Beispiel die Visa-Karte mit der Nummer

$$0699\ 0043\ 1313\ 9642$$

und zählen, rechts beginnend, die einzelnen Ziffern. Die 2 ist also die erste, die 0 die sechzehnte Ziffer. Jetzt schreiben wir darunter alle Ziffern der ungeraden Stellen, also

$$0699\ 0043\ 1313\ 9642$$
$$6\ 9\ \ 0\ 3\ \ 3\ 3\ \ 6\ 2$$

Dann verdoppeln wir die Ziffern der geraden Stellen und schreiben das Ergebnis gleichfalls unter die ursprüngliche Ziffer. Wenn sich aber beim Verdoppeln eine Zahl ergibt, die größer als 9 ist, dann ziehen wir 9 ab. Damit kommen wir auf

$$0699\ 0043\ 1313\ 9642$$
$$0699\ 0083\ 2323\ 9682$$

Jetzt zählen wir die Ziffern der letzten Zeile zusammen:
$$0+6+9+9+0+0+8+3+2+3+2+3+9+6+8+2.$$
Auch bei der Kreditkartennummer muß das Ergebnis durch 10 teilbar sein. Bei uns ist die Summe 70, wie es sich gehört. Das Umgekehrte gilt

nicht: Wenn sich eine durch 10 teilbare Zahl ergibt, dann muß die ursprüngliche Zahl nicht unbedingt eine Kreditkartennummer sein.

Ich habe hier die Visa-Karte als Beispiel genommen, auch andere Kreditkarten haben eine Prüfzahl, die nach der einen oder anderen Regel zur
Kartennummer passen muß.

Jedes Buch ist einmalig

... selbst wenn es der Autor von vorn bis hinten aus anderen Quellen
abgeschrieben hat. Für die Einmaligkeit sorgt der ISBN-Code – das
ist die Abkürzung für den Code der internationalen Standardbuch-
nummer – eine zehnstellige Ziffernfolge, mit der sich jedes in neuerer Zeit erschienene Buch eindeutig identifizieren läßt. Geben Sie
Ihrem Buchhändler einfach die ISBN-Nummer des Buches, das er
Ihnen bestellen soll. Wenn das Buch lieferbar ist, wird er es Ihnen
beschaffen können. Die ISBN-Nummer des Buches, das Sie gerade
lesen, lautet

3 498 03495 2

Sie besteht aus vier Gruppen. Die erste Gruppe gibt das Land an, in
dem das Buch erschienen ist. Die 3 steht für den deutschsprachigen
Raum. Die englischsprachigen Länder wie die USA, Großbritannien und Kanada haben die 0, für Frankreich steht die 2, für die
Volksrepublik China die 7. Die nächste Ziffergruppe ist die Ver-
lagsnummer. Der Rowohlt Verlag hat die Nummern 498 und 499,
492 ist der Piper Verlag in München, 421 die Deutsche Verlagsanstalt in Stuttgart. Die dritte Gruppe ist schließlich die Nummer des
Buches in der internen Zählung des Verlages. Damit ist das Buch
eindeutig charakterisiert. Wir kennen das Land, den Verlag und die
Nummer, unter der es dort geführt wird. Die vierte Gruppe besteht
aus einer der Ziffern 0 bis 9 oder der 10, die als römische Ziffer, also

als X, geschrieben wird. Sie ist die Prüfziffer, an der sich erkennen läßt, ob sich bei den vorangegangenen Ziffern ein Fehler eingeschlichen hat und Sie bei Ihrer Bestellung deshalb möglicherweise statt der Memoiren der Josefine Mutzenbacher das Jahrbuch der Max-Planck-Gesellschaft erhalten. Wenn die ISBN-Codenummer richtig ist, muß folgendes gelten: Sie multiplizieren die erste Ziffer mit 10, die zweite mit 9, die dritte mit 8 und so weiter, bis Sie zur vorletzten kommen, die Sie mit 2 multiplizieren müssen. Die Ergebnisse addieren Sie zur letzten Ziffer. Das Endresultat muß durch 11 teilbar sein. Ist dies nicht der Fall, dann stimmt irgend etwas nicht.

Nehmen wir als Beispiel die Codenummer 3 421 02765 X. Wie Sie schon wissen, bedeutet das X an der letzten Stelle 10. In der ISBN-Nummer erkennen Sie, daß das Buch im deutschsprachigen Raum (erste Ziffer 3) bei der Deutschen Verlagsanstalt (zweite Ziffern-gruppe 421) erschienen ist. Stimmt die Codenummer? Sie schreiben unter die einzelnen Ziffern die Zahlen 1 bis 10 in absteigender Reihenfolge:

$$3 \ 421 \ 0 \ 2765 \ X$$
$$10 \ 987 \ 65432 \ 1$$

und multiplizieren die jeweils untereinander stehenden Ziffern, wobei Sie das römische X in der oberen Zeile als 10 betrachten:

$$3 \times 10 + 4 \times 9 + 2 \times 8 + 1 \times 7 + 0 \times 6 + 2 \times 5 + 7 \times 4 + 6 \times 3 + 5 \times 2 + 10 \times 1 =$$
$$30 + 36 + 16 + 7 + 10 + 28 + 18 + 10 + 10 =$$
$$165$$

Diese Zahl ist durch 11 teilbar! Sie können also sicher sein, daß Sie mit dieser Nummer das Buch meines Freundes Peter Mezger über das «kalte Universum» erhalten werden.

Hätten Sie beim Schreiben einen Fehler gemacht, etwa statt der 2 an der dritten Stelle eine 3 geschrieben, so wäre das Ergebnis der Rechnung nicht durch 11 teilbar gewesen – der clevere Computer

Ihres Buchhändlers hätte das sofort bemerkt. Desgleichen hätte er moniert, wenn Sie zwei Ziffern miteinander vertauscht, etwa die dritte Gruppe statt 02765 als 02675 geschrieben hätten. Prüfen Sie es nach, die Prüfziffer ist eine im ISBN-Code verborgene Nachricht, mit deren Hilfe sich Übertragungsfehler entdecken lassen.

Vom Jargon zum Codebuch

Kehren wir zurück zu den in einem unverdächtigen Text verpackten brisanten Nachrichten, die kein Unbefugter lesen soll. Die primitivste Form besteht darin, bestimmte Wörter oder Sätze durch andere zu ersetzen. So versehen Militärs ihre Aktionen gern mit harmlosen Namen. Hitlers Angriff auf die Sowjetunion war das Unternehmen BARBAROSSA. Die Eroberung Siziliens durch die Alliierten hatte das Codewort HUSKEYLAND. OVERLORD war die Landung der Alliierten in der Normandie und WALKÜRE das Codewort für den mißglückten Versuch, am 20. Juli 1944 Hitler zu beseitigen.

Während des Ersten Weltkriegs entdeckte ein britischer Zensor, daß zwei Geschäftsleute täglich telegrafisch über große Mengen Zigarren aus englischen Hafenstädten verhandelten. Beim näheren Hinsehen entpuppten sie sich als deutsche Spione. Wenn einer fünftausend Coronas aus Newcastle bestellte, so bedeutete dies, daß im dortigen Hafen fünf Kreuzer lagen. Haicke Janssen und Wilhelm Ross wurden daraufhin festgenommen und im Juli 1915 im Tower von London hingerichtet.

Im Jahre 1944, kurz vor der Operation OVERLORD, also der Invasion in der Normandie, hielten sich französische Widerstandskämpfer bereit, um ihren Beitrag zur Befreiung Frankreichs zu leisten. Um sie von der bevorstehenden Landung zu informieren, strahlte der englische Rundfunk in seiner französischen Sendung den Anfang der Worte des französischen Dichters Paul Verlaine in den Äther: LES SANGLOTS LONGS DES VIOLONS DE L'AUTOMNE (zu deutsch etwa: Die Schluchzer der Geigen des Herbstes). Das war der Hinweis auf die bevorstehende Invasion. Der Zeitpunkt wurde mit der

Fortsetzung genauer angekündigt: BLESSENT MON COEUR D'UNE LANGUEUR MONOTONE (versetzen mein Herz in bleibende Wehmut) – das Zeichen dafür, daß der Angriff innerhalb von achtundvierzig Stunden beginnen werde.

Je ausgefeilter das System der Ersatzwörter ist, um so nötiger wird es, lange Listen als «Wörterbücher» anzulegen. Wie in einem Vokabelheft steht auf der linken Seite der Begriff im Klartext, auf der rechten sein Geheimtextäquivalent, eine Buchstaben- oder Ziffernkombination oder eine Mischung aus beiden. Im 16. Jahrhundert enthielt der *Nomenklator* – so werden solche Listen genannt –, den Philipp II. von Spanien seinen Beamten gab, etwa vierhundert Codewörter. In der Neuen Welt benutzten die Agenten George Washingtons Nomenklatoren mit rund achthundert Einträgen.

Massiv wurden Codebücher für die Verschlüsselung zum erstenmal während des amerikanischen Unabhängigkeitskrieges eingesetzt. Am 15. Juli 1780, ein Jahr bevor der britische General Charles Cornwallis mit der englischen Armee bei Yorktown in Virginia kapitulieren mußte, schickte Benedict Arnold eine chiffrierte Nachricht an John André, einen jungen britischen Geheimdienstoffizier. Arnold war der Kommandant des Militärstützpunktes West Point, dort, wo später die amerikanische Militärakademie eingerichtet werden sollte. Er suchte die Wörter seines Klartextes einzeln in einem damals bekannten juristischen Kommentar und bestimmte die Seite, die Zeile und in dieser die Stelle, an der das Wort stand. Konnte er in dem Band ein Wort nicht finden, verschlüsselte er es buchstabenweise, wieder indem er Seite, Zeile und Stelle eines Wortes angab, das mit dem jeweils gesuchten Buchstaben begann, und kennzeichnete durch Unterstreichung, daß er nur den ersten Buchstaben dieses Wortes meinte. Das machte die Verschlüsselung recht kompliziert. Stellen Sie sich vor, Sie müßten Thomas Manns *Joseph und seine Brüder* in der Fischer-Ausgabe von 1964 als Codebuch verwenden und wollten den Satz: «ich habe gestern raumschiff enterprise gesehen» verschlüsseln. Das «ich» steht auf Seite 274, Zeile 38, als erstes Wort, wird also zu 274.38.1; «habe» bekommt dann 172.19.4. «raumschiff» werden Sie buchstabenweise übersetzen müssen: r ist `10.1.13`, a wird zu `8.1.5`, u zu `9.1.6` und m zu `9.9.3` und so weiter. Das Wort «enterprise» wird bei Thomas Mann wohl nicht vorkommen, also hätten Sie noch weitere zehn Buchstaben vor sich. Dann müssen Sie nach «gesehen» suchen. Welch langwieriges Unterfangen das ist, wird an diesem Beispiel schon klar.

Arnold ging bald zu einem Wörterbuch über, in dessen alphabetischer Anordnung er die Wörter rascher fand. Die buchstabenweise Verschlüsselung seltener Wörter ließ sich allerdings weiterhin nicht vermeiden. In seinem chiffrierten Brief an André bot Arnold dem britischen General Sir Henry Clinton an, für zwanzigtausend Pfund Sterling Informationen zu liefern, die eine Eroberung von West Point und anderen Garnisonen ermöglichten, und bei einem Angriff der Engländer zu kapitulieren. Aus dem Geschäft wurde nichts, denn der englische Geheimdienstmann wurde von amerikanischen Truppen gefangengenommen. Man fand bei ihm Material über West Point und henkte ihn als englischen Spion. Dem Amerikaner Arnold gelang die Flucht auf britisches Territorium.

Im Jahre 1785 entwarf Präsident Thomas Jefferson zusammen mit James Madison, der sein Amtsnachfolger werden sollte, einen Code, bei dem einzelnen Wörtern Ziffernkombinationen zugewiesen wurden. Dem Wort «peace» entsprach `1370`, «paper» war `207`, «paris» `1042`. Zwischendurch aber schrieb Jefferson immer wieder Klartext und ersetzte nur bestimmte Wörter durch ihre Zifferncodes.

Bald wurden aus den langen Listen Bücher, die *Codebücher*. Seit 1630 kann man zwischen guten und schlechten unterscheiden. Bis dahin waren nämlich die Wörter des Klartextes und die des Geheimtextes jeweils lexikographisch geordnet. Nehmen wir an, der Geheimtext bestünde aus Fünfergruppen von Ziffern. Dann könnte der Anfang etwa so aussehen wie in Abbildung 2.5. Der Vorteil dieser Anordnung besteht darin, daß man zum Ver- wie zum Entschlüsseln mit ein und demselben Codebuch auskommt. Wie im Lexikon findet man dank der alphabetischen Reihenfolge mühelos jedes Klartextwort, aber auch, anhand der Ziffern, jedes Geheim-

aal	10020
aas	10021
abändern	10030
abbau	10035
abbeißen	10120
abbildung	11444
...	
...	

Abb. 2.5: **Schema eines einteiligen Nomenklators.**

textwort, denn wenn auch nicht lückenlos durchnumeriert wird, so sind doch die Fünfergruppen nach ihrem Zahlenwert geordnet. Der Nachteil liegt auf der Hand: Ein unbefugter Entschlüßler, der vielleicht schon 11444 mit «abbildung» identifiziert hat, kann sicher sein, daß das Klartextwort von 20451 im Alphabet nicht vor dem Wort «abbildung» kommen, also keinesfalls etwa «abbeißen» heißen kann. Erst Antoine Rossignol, der Kryptologe Ludwigs XIV., führte den sogenannten *zweiteiligen Code* ein. Dazu benötigte er allerdings zwei Codebücher. In dem einen waren die Eintragungen lexikographisch nach den Klartextwörtern, im anderen nach den Geheimtextwörtern geordnet, so daß diese Bände unseren zweiteiligen Wörterbüchern ähnelten: Französisch-Deutsch/Deutsch-Französisch und Klartext-Geheimtext/Geheimtext-Klartext. Der Nachteil lag natürlich darin, daß man mit zwei Büchern arbeiten mußte.

Auch in der Geschäftswelt kamen Codebücher in Gebrauch. Wer die Kosten für ein Telegramm möglichst niedrig halten will, der sollte sich davor hüten, Wörter wie «abfindungsanspruch», «gesellschaftsvermögen» oder «auseinandersetzungsguthaben» in voller Länge zu senden. Er ist gut beraten, wenn er sich ein Codebuch anlegt. Noch mehr aber spart er, indem er nicht nur einzelne Wörter, sondern auch ganze Redewendungen wie zum Beispiel «wenn sie nicht binnen dreißig tagen» oder «mit freundlichen grüßen» auf-

nimmt. Diese Codebücher dienten nicht dazu, Nachrichten Nicht-
eingeweihten unzugänglich zu machen, es sollten nur Telegrafenge-
bühren gespart werden. Doch ist es von dort nur noch ein kleiner
Schritt zum geheimen Codebuch.

Merkwürdigerweise hat die deutsche Marine noch im Ersten
Weltkrieg einen einteiligen Code verwendet. Abbildung 3.1 zeigt
einen Ausschnitt. Wer also herausgefunden hatte, daß `53435`
«böig» heißt, der konnte schon schließen, daß das Klartextwort für
`62280` im Alphabet weit hinter dem b kommen muß. Tatsächlich
bedeutete es «märz».

Das Codebuch des Papstes

In der Zeit der Renaissance hatte der Papst die besten Kryptologen
der Welt um sich geschart, zum Beispiel die Familie der Argenti, die
ein leicht zu behaltendes Merkwort* einführten. Damals war Rom
eine Weltmacht, und wo Macht ist, gibt es Intrigen und interne Ran-
geleien. Es war also ein Gebot der Zeit, geheime Nachrichten des
Gegners entziffern zu können. Mit dem Niedergang der weltlichen
Macht des Papstes sank auch das Niveau seiner Kryptologen. Doch
noch im 19. Jahrhundert gab es im Vatikan eine Chiffrierabteilung.
Drei Kryptologen (*cifristi*) unterstanden einem Sekretär für Chiffrierung. Noch immer wurden Nachrichten in verschlüsselter Form
zwischen dem Vatikan und den Nuntiaturen in den wichtigsten
Ländern übermittelt. Doch es gab nur wenig Geheimes mitzuteilen.
Oft vergingen Monate, ehe eine einzige Geheimnachricht zwischen
Rom und zum Beispiel dem päpstlichen Nuntius in Spanien ausgetauscht wurde, und die Botschaften enthielten im Grunde so wenig
Brisantes, daß sie einer Chiffrierung nicht wert waren. In solch
einem Arbeitsklima muß die Kunst der Verschlüsselung verküm-
mern.

* Richard Sorges Funker benutzte «subway» und «asintoer» als Merkwörter
(vgl. S. 15).

Da wurde etwa als Regel empfohlen, die Sätze einer Nachricht der Reihe nach abzuzählen und in jedem Satz mit ungerader Nummer genau das Gegenteil der Aussage des Klartextes zu schreiben. Die einzelnen Nuntiaturen entwickelten ihre eigenen Verschlüsselungssysteme. Der Nuntius in Den Haag in den Niederlanden schrieb MUSEUM statt «vatikan», MR. CERNI statt «österreich». Der Nuntius in Wien erfand einen Nomenklator mit Ziffernkombinationen aus Gruppen von drei und vier Ziffern. Eigennamen wurden durch Vierergruppen ausgedrückt, die mit der 7 begannen. Die Gruppe 7690 bedeutete «napoleon bonaparte». Interessant war die Rolle der 5. Sie hatte keine Bedeutung und konnte überall eingefügt werden, um dem unbefugten Entschlüßler das Leben schwerer zu machen.[*]

Viel besser wurden die Kryptologen des Papstes auch im 20. Jahrhundert nicht. Einen Einblick in die Geheimschrift des Papstes geben zwei Codebücher in der päpstlichen Nuntiatur von Lissabon, die vor dem Ersten Weltkrieg benutzt worden sind.[**] Das eine Buch dient zur Verschlüsselung, das andere zur Entschlüsselung. Wieder stehen Klartext und Geheimtext als Zifferngruppen einander gegenüber. Die Geheimtextzeichen sind 739 Dreiergruppen zwischen 000 und 999, die aber die 7 nicht enthalten, da diese Ziffer wieder eine Sonderrolle spielt, wie im obigen Beispiel die 5. Jeder Dreiergruppe entspricht entweder ein Buchstabe (643 = t), eine Zahl (005 = 13) oder eine im Italienischen häufige Buchstabenfolge (833 = zione). Sie kann aber auch ein ganzes Wort bedeuten (655 = italia). Abbildung 2.6 zeigt einen Ausschnitt aus dem Entschlüßlerband des päpstlichen Codebuches in Lissabon. Zwischen Ein- und Mehrzahl wurde nicht unterschieden. Die Gruppen wurden ohne Zwischenraum aneinandergereiht. Der Entschlüßler ignorierte die Ziffer 7, teilte den Geheimtext in Dreiergruppen und suchte in seinem Codebuch für die Entschlüsselung nach dem Klartext, der zu jeder Dreiergruppe gehörte. Sehr raffiniert war das Verfahren nicht.

---

[*] A. Alvarez, «The Papal Cipher Section in the Early Nineteenth Century», *Cryptologia*, April 1993, S. 219.

[**] A. Alvarez, «A Papal Diplomatic Code», *Cryptologia*, April 1992, S. 174.

946	ra-e	983	democratico
948	congresso	984	dispo
949	ottanta	985	en
950	sospen	986	es
951	subito	988	grazia-e
952	quindici	989	ebbero
953	quattro	990	ncrisi
954	ud	991	piu
955	f	992	o
956	n	993	at
958	ro	994	ar
959	nove	995	c
960	po	996	risolu
961	fra	998	va-e-u
962	proclam	999	ur
963	opportuno	7700	Damao
964	culto-i	7701	S. Tommaso
965	cinquanta	7702	Coccino
966	ogni	7703	imperatore
968	ad	7704	pacifico
969	alla-e	7705	Faro
980	an	7706	Austria
981	avano	7708	marchese
982	canonica-o	7709	concilio

Abb. 2.6: **Ein Ausschnitt aus dem zweiteiligen Codebuch, das der Vatikan um 1910 für den Austausch von Nachrichten mit der Nuntiatur in Lissabon verwendete.**

Die gegnerischen Parteien im Ersten Weltkrieg benutzten hauptsächlich Codebücher, um militärische wie auch diplomatische Nachrichten geheimzuhalten. Die Deutschen erlitten dabei zwei schwere Niederlagen, die Geschichte machen sollten.

3 Codebücher im Ersten Weltkrieg

> Das Signalbuch der Funkstation hat zuletzt Funkobermaat
> Neuhaus. Er wird im Wasser gesehen, aber anscheinend ohne
> das Buch... Den Signalschlüssel aus der Funkstation hält
> Funkmaat Kiehnert, während er sich bereits außerbords
> befindet, krampfhaft fest in der Hand. Er wird von nach-
> folgenden Leuten unter Wasser gestoßen. Als er wieder
> zur Oberfläche kommt, ist ihm der Schlüssel verloren-
> gegangen.
>
> *Matti E. Mäkelä, Das Geheimnis der Magdeburg*

Die Ostsee im Juli 1915, ein Jahr nach Beginn des Ersten Weltkriegs. Es herrscht reger Funkverkehr, doch die Funker der deutschen Kriegsschiffe können nicht alle Signale deuten, denn es sitzen
auch Russen an den Morsetasten und senden verschlüsselte Nachrichten. Die Deutschen wissen nicht genau, wer funkt und an wen
die Meldungen gerichtet sind, und sie haben nicht die leiseste Ahnung vom Inhalt der Befehle, die da in den Äther hinausgehen. Anders ergeht es den Russen. Sie können die deutschen Funksprüche
entschlüsseln, sie wissen, wo sich die einzelnen Schiffe befinden und
in welcher Mission sie unterwegs sind. So kann der russische Be-
fehlshaber, Konteradmiral Bachirew, seinen Verband gezielt einsetzen und zum Beispiel das deutsche Minenschiff «Albatros» aus-
schalten. Den Vorteil verdanken die russischen Marineeinheiten
einem Ereignis, das sich ein Jahr zuvor gleichfalls in der Ostsee ab-
gespielt hat.

Die «Magdeburg» gerät auf Grund

25. August 1914. Am ersten Tag desselben Monats hatte Deutschland Rußland den Krieg erklärt. Konteradmiral Behring steht mit
den beiden Kreuzern «Augsburg» und «Magdeburg» und zwei be-

gleitenden Torpedobooten vor dem Eingang zum Finnischen Meerbusen. Er will dort russische Panzerkreuzer mit Torpedos angreifen und auf der Rückfahrt feindliche Torpedoboote jagen. Um 17 Uhr wird auf beiden Schiffen das Besteck genommen. Beide Ortsbestimmungen unterscheiden sich um eine Seemeile, doch niemand achtet darauf. Die «Magdeburg» soll dem Flaggschiff, der «Augsburg» mit dem Konteradmiral an Bord, im Abstand von etwa tausend Metern folgen, damit sie, falls die «Augsburg» auf eine Mine laufen sollte, die Möglichkeit hat, die Gefahrenzone zu verlassen. Im Nebel können die Matrosen das jeweils andere Schiff kaum noch erkennen. Die Deutschen vermuten eine russische Minensperre. Deshalb teilt die «Augsburg» um 23.03 Uhr der «Magdeburg» verschlüsselt per Funk mit, daß nunmehr Kurs Südost genommen werden soll. Das geschieht um 23.07 Uhr. Beide Schiffe fahren nun mit fünfzehn Knoten auf dem neuen Kurs. Offiziere und Wachen stehen auf der Brücke der «Magdeburg». Dichter Nebel umgibt das Schiff. Irgendwo in der Nähe müssen die Russen sein. Die «Magdeburg» steuert jetzt auf die Insel Odensholm zu. Sobald Gewißheit besteht, daß die Minensperre umfahren ist, muß sie wieder nach Osten drehen, fort von der Insel, hinein in den Meerbusen Richtung Sankt Petersburg. Die Männer an Bord wissen nicht, daß sie etwa eine Seemeile näher an Odensholm sind, als sie aufgrund ihrer letzten Ortsbestimmung glauben. Auch ist die Besatzung der «Magdeburg» in diesem Augenblick nicht darüber informiert, daß das Flaggschiff längst nach Osten abgedreht ist. Aus nie geklärten Gründen trifft nämlich der Befehl, den Kurs erneut zu ändern, erst um 0.27 Uhr ein. Nach vier Minuten ist der Funkspruch entschlüsselt, und Korvettenkapitän Habenicht gibt das Kommando «Backbord fünfzehn Grad!» Zu spät, das Schiff reagiert zu langsam. Es dreht immer noch, als die Männer um 0.38 Uhr einen heftigen Stoß verspüren, dem weitere folgen. Schließlich stoppt das Schiff so rasch, daß alle zu Boden geschleudert werden, die sich nicht festhalten können. Die «Magdeburg» ist auf Grund gelaufen, Wasser dringt ein. Die Wassertiefe beträgt steuerbord nur noch zweieinhalb Meter, backbord zeigt das Lot fünf Meter.

Die «Magdeburg» gerät auf Grund

Alle Versuche, das Schiff freizubekommen, scheitern, auch nachdem Anker samt Ketten über Bord gegangen und die Wasch- und Trinkwasserzellen geleert sind. Die Munition und alle entbehrlichen, losen Eisenteile werden ins Meer geworfen. Das Schiff rührt sich nicht. Dann folgen die Schottüren. Selbst mit äußerster Kraft zurück können die Maschinen das Schiff nicht bewegen.

Als es hell wird, kann die Besatzung am Grund der Ostsee Steine sehen. Sie wird gewahr, daß das Schiff nur dreihundert Meter vor der Insel Odensholm gestrandet ist. Kapitän Habenicht läßt hundertzwanzig Granaten auf die Funkstation abschießen, um zu verhindern, daß russische Verbände von der Notlage der «Magdeburg» erfahren. Zu spät – der Posten auf Odensholm hat bereits an den Chef des russischen Beobachtungsdienstes, Kapitän zur See Nepenin, gemeldet, daß im Nebel deutsche Worte zu vernehmen seien, daß also wahrscheinlich ein deutsches Schiff vor der Insel festsitze.

Nach dem dritten Versuch, das Schiff flottzumachen, gibt der Kapitän der «Magdeburg» auf. Nun müssen die Geheimsachen vernichtet werden. Das Signalbuch der kaiserlichen Marine vom 7. Januar 1913 enthält die Anweisung «Liegt die Gefahr vor, daß das Signalbuch in Feindeshand fällt, so ist es über Bord zu werfen oder (durch Feuer) zu vernichten.» Bei der geringen Wassertiefe bleibt nur die Möglichkeit, die geheimen Dokumente zu verbrennen. Der rege Funkverkehr der Russen läßt erwarten, daß bald feindliche Streitkräfte am Horizont auftauchen werden. Eine hektische Vernichtungsaktion beginnt. In den Heizräumen werfen Matrosen Bücher und Papiere ins Feuer. Es gibt drei Exemplare des Signalbuches auf der «Magdeburg», und zwei davon werden in der Eile übersehen. Darüber hinaus bleiben Seekarten im Kartenhaus liegen, die Auskunft über die deutschen Minensperren in der Ostsee geben.

Ein Teil der Besatzung wird von einem begleitenden deutschen Torpedoboot gerettet. Als kurze Zeit später ein russischer Oberleutnant das Schiff betritt, ergeben sich sechs Matrosen, die noch an Bord geblieben sind. Auch der Kapitän ist noch in seiner Kajüte und wird gefangengenommen. In den darauffolgenden Monaten wird das Wrack der «Magdeburg» gründlich untersucht. Alle erhalten gebliebenen Papiere werden gesammelt und studiert. Um keinen Verdacht zu erregen, wird das Gerücht ausgestreut, die «Magdeburg» habe größere Mengen an Gold und Geld mitgeführt, deren Bergung längere Zeit in Anspruch nehme. Am Meeresgrund finden die russischen Taucher zwei bleibeschwerte Signalbücher.

Elf Tage nachdem Kommandant Habenicht die «Magdeburg» aufgegeben hat, meldet sich der russische Marineattaché in London beim Marineminister Winston Churchill und berichtet, die Russen hielten das «Signalbuch der kaiserlichen Marine» (SKM) in Händen und es sei ihnen bereits gelungen, vereinzelte Funksprüche der Deutschen zu entschlüsseln. Er bietet Churchill an, den Engländern alle Unterlagen zur Verfügung zu stellen. Der britische Marineminister ist begeistert, und bereits im Oktober bringen zwei russische Offiziere eines der beiden Signalbücher und weiteres Material nach London.

Das Signalbuch der «Magdeburg» in «Room 40»

Es war ein Codebuch, das die russischen Offiziere nach England brachten. Eine Seite davon ist in Abbildung 3.1 wiedergegeben. Churchill leitete es an eine Gruppe weiter, die sich seit Beginn des Krieges mit Geheimschriften beschäftigte.

Am ersten Tag des Ersten Weltkriegs war der britische Kabelleger «Telconia» ausgelaufen, um das deutsche Überseekabel vor Emden zu kappen. Jetzt konnte das nahezu völlig von Feinden umgebene Deutschland nur noch über internationale Kabel, die durch feindliches Gebiet verliefen, oder per Funk mit dem Rest der Welt kommunizieren. Folglich mußten alle Nachrichten chiffriert werden. Angesichts dieser Situation beschlossen die Engländer, eine kryptologische Abteilung zu schaffen. Der britische Konteradmiral Henry F. Oliver fand auch sogleich einen geeigneten Mann, der eine solche Organisation aufbauen konnte.

Jeder Physikstudent lernt heute in der Grundvorlesung eine besondere Eigenschaft magnetischer Materialien kennen, auf die um

Zahlen- Eignal	Buchstaben- 	Bedeutung
534 27	C a E	Bodenanstrich
28	C a F	Bodenbeplattung
29	C a G	Bodenbeschaffenheit
534 30	C a H	Bodenbeschlag
31	C a I	Bodenstück
32	C a J	Bodenventil (Nr. n)
33	C a K	Bodenverschluß +
34	C a L	Bodenzünder
35	C a M	Bö =ig
36	C a N	Bogen
37	C a O	bogenförmig
38	C a Ö	Bogenlampe
39	C a P	Bohle
534 40	C a Q	Bohne (n kg)
41	C a R	bohren =ung, Bohr= [s. Grund]
42	C a S	Bohrer
43	C a T	Boje, Bojen= [s. Anker, Kohlen, Leine]
44	C a U	Boje auf den Anker stecken
45	C a Ü	Boje aufnehmen (fischen)
46	C a V	Boje auslegen
47	C a W	Boje beleuchten
48	C a X	Boje über Bord
49	C a Y	eine Boje über Bord werfen und wieder fischen
534 50	C a Z	an der Boje festmachen
51	C a γ	an die Boje gehen
52	C γ A	Boje falsch hinlegen
53	C γ Ä	Boje legen

Abb. 3.1: Ausschnitt aus dem Codebuch der «Magdeburg». Merkwürdigerweise wurde ein einteiliges Codebuch benutzt, dessen Nachteile im Text auf
Seite 56 beschrieben sind.

1880 gleichzeitig ein Engländer und ein Deutscher gestoßen waren. Der englische Entdecker James Alfred Ewing prägte dafür das Wort «Hysterese», das noch heute verwendet wird. Ewing arbeitete fünf Jahre an der Universität in Tokio, wo er ein seismologisches Observatorium einrichtete. Nach England zurückgekehrt, lehrte er in Cambridge. Er wurde für seine wissenschaftlichen Verdienste in den Adelsstand erhoben.

Kurz vor Ausbruch des Ersten Weltkriegs begann sich Ewing für Kryptologie zu interessieren. So kam Konteradmiral Oliver auf die Idee, den jetzt neunundfünfzigjährigen Schotten dafür zu gewinnen, im Marine-Nachrichtendienst eine kryptologische Abteilung aufzubauen. Ewing ging auf den Vorschlag ein und begann alle Handels-Codebücher zu studieren, deren er habhaft werden konnte, auch die deutschen. Er kam nur langsam voran. Währenddessen häuften sich die verschlüsselten deutschen Nachrichten, die über Radio aufgenommen worden waren. Ewing gewann mehrere Mitarbeiter für sein Projekt, hauptsächlich Kollegen von der Marineschule, von denen er wußte, daß sie die deutsche Sprache beherrschten. Und nun lag auf einmal das Codebuch der «Magdeburg» vor ihm. Doch auch damit ließen sich die deutschen Funksprüche noch nicht ohne weiteres entschlüsseln. Da bemerkte einer der Leute, daß die Codewörter noch einmal verschlüsselt worden waren, mit einem einfachen Verfahren, wie sich herausstellen sollte, doch benötigte die Gruppe um Ewing fast drei Wochen, bis sie diese Hürde überwunden hatte. Dann aber konnte sie die Funksprüche der deutschen Marine lesen.

Als mehr Mitarbeiter zu Ewings Gruppe stießen, bezog sie im November 1914 das Zimmer 40 im alten Admiralitätsgebäude. Von nun an hieß die Gruppe «Room 40». Rasch vergrößerte sie sich. Als sie im Jahre 1917 das berühmte «Zimmermann-Telegramm» entschlüsselte (siehe Seite 69), waren in «Room 40» achthundert Funker und fast achtzig Kryptologen und Büroangestellte beschäftigt. Längst war ihnen das Zimmer 40 zu eng geworden, doch der Name hing ihnen auch noch an, als sie ein geräumigeres Quartier gefunden hatten.

Das Signalbuch der «Magdeburg» in «Room 40»

Die Leute von «Room 40» waren eine bunt zusammengewürfelte, illustre Gesellschaft. So zählten ein Professor für klassische Archäologie und mehrere Hochschullehrer für Fremdsprachen, vor allem für Deutsch, zur Gruppe. Ein Mitarbeiter wurde später Priester und machte sich durch seine Bibelübersetzung einen Namen. Einer war der Schwiegersohn der berühmten Schauspielerin Eleonora Duse. Ein weiteres Mitglied des Teams, William F. Clarke, Sohn des Anwalts, der Oscar Wilde in seinem Prozeß verteidigt hatte, gehörte Jahrzehnte später, während des Zweiten Weltkriegs, zu den berühmten Entschlüßlern in Bletchley Park (Seite 232). Ein anderer wurde ein bekannter Modedesigner. Als Sekretärinnen wurden nur Töchter oder Schwestern von Marineoffizieren angestellt. Sie mußten mindestens zwei Fremdsprachen beherrschen. Die Frau, die über sie wachte, soll Zigarren geraucht haben.

Das Codebuch der «Magdeburg» war nicht das einzige Material aus Deutschland, das die Leute in «Room 40» erhielten. Schon Anfang August hatte vor der australischen Küste eine Gruppe von Engländern von einem deutschen Handelsschiff, dessen Besatzung noch nichts vom Kriegsbeginn wußte, das «Deutsche Handelsverkehrsbuch» (HVB) geholt, und am 30. November 1914 hatte ein englischer Fischdampfer eine eiserne Kiste voller Bücher und Dokumente eingebracht. Sie war von einem deutschen Zerstörer vor dessen Versenkung vorschriftsgemäß über Bord geworfen worden. Rasch merkten die «Room 40»-Mitarbeiter, daß die Codebuchvariante aus der Kiste, das «Verkehrsbuch» (VK), nicht nur für den Funkverkehr zwischen den Kriegsschiffen benutzt wurde, sondern auch für Nachrichten zwischen Berlin und den Marineattachés der deutschen Botschaften im Ausland.

Wie hält man die USA aus dem Krieg heraus?

Erster Weltkrieg, dritter Kriegswinter. Die Begeisterung, mit der Deutschland und seine Verbündeten 1914 in den Krieg gezogen waren, hatte sich längst gelegt. Beide Seiten hatten bereits einen hohen

Blutzoll leisten müssen. Im Sommer 1916 hatten die Deutschen bei Verdun über 280 000 Soldaten durch Tod, Verwundung oder Gefangenschaft verloren, in der Schlacht an der Somme 220 000. Die Verluste der Franzosen betrugen 317 000 und die der Engländer 270 000. Keine der kriegführenden Mächte hatte wesentliche Gebiete des Feindes erobert. England, der gefährlichste Gegner der Mittelmächte*, war dank seiner Insellage sicher. Es gab nur eine Möglichkeit, es empfindlich zu treffen: Die Insel mußte von allen Lieferungen aus dem Ausland abgeschnitten werden. Nur wenn die Weizentransporter aus den USA und aus Kanada sowie die Handelsschiffe mit schwedischem Stahl die Insel nicht mehr anlaufen konnten, ließ sich England bezwingen. So entstand, schon zum zweitenmal in diesem Krieg, der Plan, U-Boote einzusetzen, um alle Schiffe mit Kurs auf die Insel zu versenken, auch die der neutralen Länder, vor allem der Vereinigten Staaten. Eine U-Boot-Jagd auf Handelsschiffe mußte also die USA in den Krieg hineinziehen. Die Mittelmächte hatten schon genug Gegner, gerade erst hatte ihnen auch Rumänien den Krieg erklärt.

Doch die Deutschen glaubten, dem Eintritt Amerikas auf der Seite der Alliierten begegnen zu können. Seitdem Mexiko das ehemals unter seiner Verwaltung stehende Texas an die USA hatte abtreten müssen, herrschten Spannungen zwischen den beiden Staaten. Übergriffe beider Seiten auf das Territorium des Gegners hatten die feindselige Stimmung weiter aufgeheizt. Ein Krieg zwischen den USA und Mexiko, so die Überlegungen der deutschen Strategen, würde die Amerikaner an ihren Kontinent binden und daran hindern, in den Krieg in Europa einzugreifen. Dann aber konnte der U-Boot-Krieg Deutschland den Sieg bringen. Außerdem bestand die Möglichkeit, daß Japan bei einem Konflikt zwischen den USA und Mexiko an der kalifornischen Küste Truppen landen würde. Mexiko und Japan pflegten zu jener Zeit freundschaftliche Beziehungen, die den Amerikanern Sorge bereiteten.

* Zu den Mittelmächten zählten: Deutschland, Österreich-Ungarn, seit November 1914 das Osmanische Reich und seit Oktober 1915 Bulgarien.

Wie hält man die USA aus dem Krieg heraus?

Der amerikanische Regierungsberater Robert Lansing erkannte diese Gefahr und warnte in einem Memorandum: «Deutschland will, daß wir in einen Krieg mit Mexiko eintreten, und gerade deshalb dürfen wir es nicht.» Doch es gab auch Gegenstimmen. Die *Chicago Tribune* schrieb: «Das Schicksal bietet uns in Mexiko einen goldenen Apfel an, in Flandern aber nur bittere Früchte. Wenn wir einen Krieg mit Mexiko beginnen, dann wissen wir, was wir bekommen – einen sicheren Kontinent. Zu verlieren ist praktisch unmöglich.»*

In Deutschland war die Frage des U-Boot-Krieges keineswegs unumstritten. Der deutsche Kanzler Theobald von Bethmann Hollweg war dagegen. Es gab aber noch die «Falken» im Generalstab, Hindenburg und Ludendorff, die sich vehement für diesen Plan aussprachen. Seit 1916 hatten sie den Oberbefehl über das gesamte deutsche Heer. Die Entscheidung fiel in Süd-Oberschlesien auf der Burg Pless (heute Pszczyna) an der polnischen Grenze, wo das deutsche Oberkommando seinen Sitz hatte. Blauäugig kamen die Generäle zu dem Schluß, der Eintritt der USA in den Krieg sei ohne strategische Bedeutung. Bereits ein halbes Jahr U-Boot-Krieg würde den Sieg erzwingen, meinten sie, und bis dahin hätten die USA ihre Kriegsmaschinerie noch gar nicht auf volle Touren gebracht. Hindenburg und Ludendorff überredeten den noch zögernden deutschen Kaiser. Bethmann Hollweg warnte, zitierte die Berichte des deutschen Botschafters in Washington, Johann Heinrich Graf von Bernstorff, und die anderer deutscher Amerikakenner, die dringend vor einem Kriegseintritt der USA gewarnt hatten. Doch der Kanzler fand kein Gehör. Schließlich gab es ja noch die mexikanische Trumpfkarte. Die Männer auf der Burg Pless beschlossen den uneingeschränkten U-Boot-Krieg. Er sollte am 1. Februar 1917 beginnen. Jedes feindliche oder neutrale Schiff in der Kriegszone sollte ohne Vorwarnung torpediert werden. Bethmann Hollwegs Kommentar: «Finis Germaniae» – das ist Deutschlands Ende. Er

---

* Barbara W. Tuchman, *The Zimmermann Telegram*, New York 1958, S. 90 und 95.

erwog, sein Amt niederzulegen, doch da dies eine demoralisierende Wirkung auf die Öffentlichkeit gehabt hätte, verwarf er diesen Gedanken und machte sich statt dessen pflichtbewußt auf den Weg nach Berlin, wo er gegen seine Überzeugung die Bewilligung des Deutschen Reichstages einholen mußte. Von seinem Vizekanzler Karl Helfferich ist der Spruch überliefert: «Nun ist Deutschland für Jahrhunderte verloren.»

Dies war der politische Hintergrund für ein chiffriertes Telegramm, das Geschichte machen sollte.

Das Zimmermann-Telegramm

Sechs Wochen vor der unheilvollen Konferenz auf Burg Pless wurde der Staatssekretär Arthur Zimmermann Leiter des deutschen Auswärtigen Amtes – zum erstenmal erhielt ein Bürgerlicher diesen Posten. Doch schon bald sagte man ihm nach, er sei mehr Hohenzoller als der Kaiser selbst. Und schlimmer noch: Er hatte eine abenteuerliche Vision. Im Falle eines U-Boot-Krieges, meinte er, könnte eine mexikanisch-japanische Allianz die Amerikaner so sehr in Beschlag nehmen, daß sie sich hüten würden, in einen europäischen Krieg einzugreifen. Felix von Eckhardt, der deutsche Botschafter in Mexiko, hatte von den sich anbahnenden freundschaftlichen Beziehungen zwischen seinem Gastland und Japan berichtet. Mexiko könnte, so glaubten die Militärs, die verlorenen texanischen Gebiete zurückerobern, wenn es gemeinsam mit Japan die USA in einen Zweifrontenkrieg verwickelte.

Zimmermann sandte Eckhardt ein Telegramm mit folgendem Inhalt:

«Wir beabsichtigen, am 1. Februar uneingeschränkt den U-Boot-Krieg zu beginnen. Es wird versucht werden, die Vereinigten Staaten trotzdem neutral zu halten. Für den Fall, daß dies nicht gelingen sollte, schlagen wir Mexiko auf folgender Grundlage ein Bündnis vor: gemeinsam Krieg führen, gemeinsamer Friedensschluß, reifliche Unterstützung und Einverständnis unsererseits, daß Mexiko

Texas, New Mexico und Arizona früher verlorene Gebiete zurücker-
obert.

Die Regelung im Einzelnen ist Euer Hochwohlgeboren überlassen. Sie wollen Vorstehendes dem Präsidenten streng geheim eröffnen, sobald der Kriegsausbruch mit den Vereinigten Staaten fest-
steht, und die Anregung hinzufügen, Japan von sich aus zu soforti-
ger Beitretung einzuladen und gleichzeitig zwischen uns und Japan
zu vermitteln. Bitte den Präsidenten darauf hinweisen, daß rück-
sichtslose Anwendung unserer U-Boote jetzt Aussicht bietet, England in wenigen Monaten zum Frieden zu zwingen. Empfang bestätigen. Zimmermann».

Ursprünglich wollte Zimmermann die Nachricht mit dem Han-
dels-U-Boot «Deutschland» nach Mexiko abschicken, das am
15. Januar auslaufen sollte, doch die Fahrt wurde abgesagt. Nun
mußte die Nachricht telegrafisch an Eckhardt übermittelt werden.
Die Möglichkeit dazu hatten ihm die Amerikaner selbst in die Hand
gegeben.

In Mexiko gab es keine Radiostation, deren Empfänger empfindlich genug waren, die Signale des Senders Nauen bei Berlin aufzunehmen, wohl aber verfügte die amerikanische Station Sayville auf
Long Island über die technischen Voraussetzungen dafür. Der amerikanische Präsident Woodrow Wilson versuchte zu dieser Zeit immer wieder, die europäischen Kriegsgegner zu versöhnen. Er
machte Friedensvorschläge, die jedoch bei den kriegführenden Parteien auf taube Ohren stießen. Im Zuge seiner Bemühungen, durch
Verhandlungen eine Einigung zu erreichen, erlaubte er dem deutschen Botschafter in Washington, Graf von Bernstorff, über amerikanische Kabel in chiffrierter Form mit der Regierung in Berlin zu
korrespondieren, eine Maßnahme, die Wilson in Regierungskreisen
heftige Kritik einbrachte, denn damit hatten die Deutschen auch die
Möglichkeit, Spionagemitteilungen auszutauschen. Doch der Präsident beharrte auf seiner Entscheidung.

Insgesamt standen Zimmermann drei Wege zur Verfügung, sein
Telegramm an Bernstorff zu senden, der es dann an Eckhardt in
Mexiko weiterleiten sollte. Zum einen konnte es per Funk von

Nauen nach Sayville gehen. Zum zweiten konnte es die amerikanische Botschaft in Berlin übermitteln, die mit ihrer Regierung in Kabelverbindung stand und auch verschlüsselte Telegramme ohne Kenntnis des Inhalts weitergeleitet hätte. Schließlich konnte er es aber auch zur schwedischen Botschaft in Berlin bringen lassen, die es trotz der Neutralität ihres Landes ebenfalls gestattete, chiffrierte Nachrichten über ihr Kabel nach Amerika zu schicken.

Um sicherzugehen, beschloß Zimmermann, alle drei Wege zu benutzen. Sowohl das schwedische als auch das amerikanische Kabel lief über England, und so gelangte der Text gleich dreimal zu den Leuten von «Room 40».

Das Telegramm wird entschlüsselt

Am Morgen des 17. Januar 1917 fiel in «Room 40» eine Rohrpostkapsel in den Auffangkorb. In ihr steckte ein Blatt mit Zahlen, in Dreier-, Vierer- und Fünfergruppen angeordnet (Abbildung 3.2). William Montgomery und der junge Nigel de Grey* schauten sich die Seite an. Die zweite Zahlengruppe lautete 13042. Das erinnerte an die Chiffre, die normalerweise am Anfang der Telegramme des Diplomatischen Dienstes stand und die das benutzte Codebuch bezeichnete. Code 13042 war den Leuten von «Room 40» unbekannt. Wohl aber lag in ihrem Panzerschrank der Code 13040, und es gab ein Buch, das die verwendeten Varianten dieses Codes auflistete, gewonnen durch mühevolles Studieren hunderter chiffrierter Texte. Am Schluß des Telegramms stand an vorletzter Stelle die Zahl 97556. Hohe Nummern wurden normalerweise für Namen oder nur selten vorkommende Begriffe verwendet. Die Gruppe 97556 am Schluß war also offensichtlich die Unterschrift. Tatsächlich lieferte das Codebuch dafür den Namen «Zimmermann». Der Leiter des deutschen Auswärtigen Amtes hatte das chiffrierte Tele-

---

* Auch de Grey gehörte im Zweiten Weltkrieg zu den Enigma-Entschlüßlern von Bletchley Park.

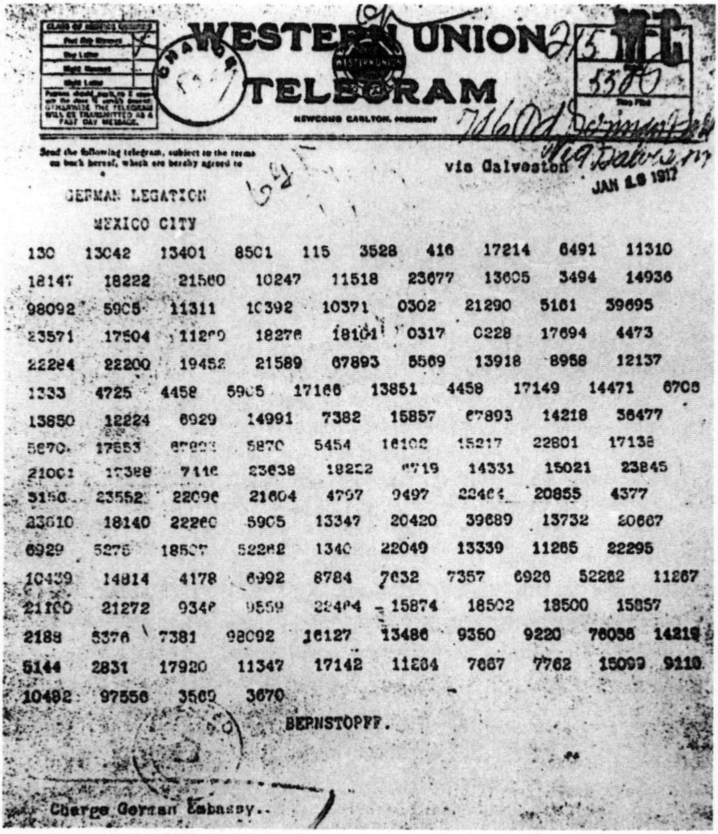

1 1 1
2 2 2
3 3 3
4 4 4
5 5 5
6 6 6
7 7 7
8 8 8
9 9 9
0 0 0

Codebücher im Ersten Weltkrieg

Abb. 3.2: Das Zimmermann-Telegramm, so wie es Bernstorff an Eckhardt nach Mexiko weitergeleitet hat.

gramm selbst signiert. Doch an wen war es gerichtet? Montgomery und de Grey stießen auf 17214, das Zeichen für «streng geheim», und auf 23845, was «Euer Hochwohlgeboren» bedeutete – das Codebuch 13040 war für Briefwechsel mit den erforderlichen Höflichkeitsformen eingerichtet. Da die Nachricht auf dem Weg nach Washington abgefangen worden war, konnte mit «Euer Hochwohlgeboren» nur der deutsche Botschafter Graf von Bernstorff gemeint sein. Noch weitere Wörter ließen sich mit Hilfe des Codebuches aus dem Safe entziffern: 67893 hieß «Mexiko». Was hatte ein deutsches Telegramm aus Berlin an den deutschen Botschafter in Washington mit Mexiko zu tun, das im Text sogar zweimal vorkam? Dann stießen sie auf das Wort «Bündnis» (12137) und auf «Japan» (52262), das gleichfalls zweimal vertreten war. Nun fügte sich Wort an Wort, und die ersten Satzfragmente kamen zum Vorschein:

«Wir beabsichtigen am 1. Februar uneingeschränkt den U-Boot-Krieg zu beginnen. Es wird versucht werden die Vereinigten Staaten trotzdem neutral zu halten... daß dies nicht... schlagen wir Mexiko auf folgender Grundlage ein Bündnis vor... Krieg führen... Friedensschluß... Mexiko... Euer Hochwohlgeboren... dem Präsidenten streng geheim eröffnen... Kriegsausbruch mit den Vereinigten Staaten... Japan... gleichzeitig zwischen uns und Japan zu vermitteln... bitte den Präsidenten darauf hinweisen, daß... unsere U-Boote... England in wenigen Monaten zum Frieden zu zwingen. Empfang bestätigen. Zimmermann».

Die Deutschen verschlüsselten normalerweise ihre mit einem Codebuch hergestellten Geheimtexte noch ein zweites Mal, doch bei diesem Telegramm hatten sie es unterlassen. Die Satzfragmente ergaben einen Sinn. Der Inhalt war so überraschend, daß die Entschlüßler ihren Augen nicht trauten. Bisher hatte Präsident Wilson gezögert, den Alliierten in ihrer Not zu Hilfe zu kommen. Jetzt aber lag der teuflische Plan auf dem Tisch, die USA gleichzeitig von Mexiko und von Japan in die Zange nehmen zu lassen – das mußte ihn umstimmen.

Der Vergleich mit dem vollständigen Text des Telegramms zeigt, daß die Passage zwischen dem Wort «Friedensschluß» (17149) und

«Euer Hochwohlgeboren» (23845) mit Ausnahme des Wortes «Mexiko» zu diesem Zeitpunkt noch nicht entziffert war, gerade der Teil also, in dem Zimmermann verspricht, sich dafür einzusetzen, daß Amerika nach dem verlorenen Krieg Mexiko seine früheren Gebiete in Texas, Arizona und New Mexico zurückgeben müßte. Doch auch ohne diesen Zusatz war das Telegramm brisant genug, und Montgomery überbrachte es umgehend dem Chef.

Im Oktober 1916 hatte Ewing die Gruppe verlassen, um das Rektorat der Universität in Edinburgh zu übernehmen. Der neue Leiter von «Room 40» war Admiral William R. Hall. Als er die entschlüsselten Passagen überflogen hatte, war ihm klar, welch kriegsentscheidendes Papier er in den Händen hielt. Nun mußten die bislang zögernden Amerikaner den Alliierten zu Hilfe kommen! Dem erfahrenen Geheimdienstmann war aber zugleich auch bewußt, daß das Telegramm nur mit größter Vorsicht benutzt werden durfte. Keinesfalls sollten die Deutschen erfahren, daß man in England ihre verschlüsselten Nachrichten lesen konnte.

In diesen Tagen unternahm Präsident Wilson seinen letzten Versuch, die kriegführenden Parteien in Europa zum Frieden zu bewegen. Von der Existenz des Telegramms hatte er noch keine Ahnung. Am 22. Januar appellierte er in einer Rede vor dem Senat an die Europäer, einen «Frieden ohne Sieg» zu schließen. Viele in den USA hofften, das Blutvergießen in Europa werde endlich aufhören. Nur der deutsche Botschafter in Washington machte sich keine Illusionen. Bernstorff hatte Zimmermanns Telegramm erhalten und bereits an Eckhardt in Mexico City weitergeleitet. Abbildung 3.2 zeigt das chiffrierte Telegramm.

Graf von Bernstorff hatte acht Jahre lang als deutscher Botschafter in den USA versucht, Amerika aus einem europäischen Konflikt herauszuhalten. Am 31. Januar, acht Stunden vor Beginn des U-Boot-Krieges, überreichte er Außenminister Robert Lansing die entsprechende Erklärung seiner Regierung. «Ich habe für den Rest meines Lebens genug von der Politik», sagte der enttäuschte Diplomat an diesem Abend. Drei Tage später brachen die USA die diplomatischen Beziehungen zu Deutschland ab. Doch noch immer blieben sie neutral, noch immer hoffte Wilson, daß es ihm gelingen würde, Friedensverhandlungen in Europa einzuleiten, und noch immer lag das Telegramm, weiterhin nicht vollständig entschlüsselt, in «Room 40» im Tresor. Erst am 5. Februar übergab Admiral Hall es dem Unterstaatssekretär Lord Hardinge.

Die ganze Zeit über versenkten deutsche U-Boote Schiffe, die sich den britischen Inseln näherten. Es war von einem Schiffsfriedhof im Atlantik die Rede. Sollten die Deutschen mit ihrer Überzeugung recht behalten, daß England den totalen U-Boot-Krieg nur kurze Zeit aushalten konnte?

Inzwischen hatte Lord Hardinge den britischen Außenminister Arthur James Balfour über den Inhalt des Telegramms informiert, der trotz der noch nicht entschlüsselten Stellen darauf drängte, Präsident Wilson davon in Kenntnis zu setzen. Er hoffte, das Fragment würde genügen, um die USA zum Eintritt in den Krieg zu bewegen, stimmte aber auch mit Hall darin überein, daß die Deutschen keinesfalls erfahren durften, wo sich in der Übermittlung die undichte Stelle befand. Gab es eine Möglichkeit, sie zu täuschen?

Admiral Hall entwickelte einen Plan: Er wollte versuchen, sich eine Kopie des Telegramms zu beschaffen, das Bernstorff an Eckhardt nach Mexiko geschickt hatte. Wenn dieses Telegramm, das ja ein anderes Datum und wahrscheinlich auch Bernstorffs Unterschrift trug, veröffentlicht würde, müßten die Deutschen glauben, das Leck im Übertragungsweg sei irgendwo in den USA oder in Mexiko. Tatsächlich gelangte Hall über einen Verbindungsmann in den Besitz der gewünschten Kopie. Es ist eine unglaubliche Geschichte, die klingt, als stamme sie aus einem schlechten Kriminalroman.

Ein englischer Druckereibesitzer in Mexiko stellte eines Tages entsetzt fest, daß einer seiner Drucker an den Wochenenden auf seinen Maschinen Falschgeld herstellte. Auf Fälschung von Banknoten stand in jener Zeit die Todesstrafe. Während er sich mit seinem mexikanischen Freund beriet, was zu tun sei, zeigte ihn der entdeckte Fälscher bei der Polizei an, um selbst einer Strafverfolgung zu entgehen. Der Druckereibesitzer wurde verhaftet und in einem Schnellverfahren zum Tod durch Erschießen verurteilt. Glücklicherweise geschah dies an einem Wochenende, und die Hinrichtung sollte erst am Montag vollzogen werden. Der mexikanische Freund bat nun einen Bekannten, einen Mr. H., der für den britischen Geheimdienst arbeitete, um Hilfe. Durch diesen alarmiert, intervenierte der britische Botschafter, und es gelang ihm, eine Gnadenfrist auszuhandeln, während der der wahre Schuldige überführt wurde. Das Urteil wurde aufgehoben und der Druckereibesitzer freigelassen. Der Einsatz des Mr. H. trug Früchte. Der mexikanische Freund arbeitete im Telegrafenbüro und lieferte von nun an aus Dankbarkeit dem Engländer Kopien aller Telegramme, die für den Geheimdienst von Interesse sein konnten. Darunter war auch eine Kopie des chiffrierten Zimmermann-Telegramms.

Am 20. Februar 1917 landete es auf Halls Schreibtisch, in der Form, in der es Bernstorff an Eckhardt weitergeleitet hatte. Inzwischen hatten die Leute in «Room 40» nach mühsamer Arbeit auch die noch fehlenden Passagen entziffert. In Abbildung 3.3 sind einige Ziffergruppen des Telegramms und die ihnen entsprechenden Klartextwörter wiedergegeben. Nun konnte Hall dem britischen Außenminister Balfour erklären, von jetzt an sei es möglich, vom Telegramm Gebrauch zu machen, ohne zu offenbaren, daß sich die undichte Stelle in England befinde.

Was aber, wenn Präsident Wilson erklären sollte, wie er vom Telegramm Kenntnis erhalten hatte? Es war vorauszusehen, daß viele Senatoren es für eine Fälschung halten würden. Mußte der Präsident dann nicht verraten, daß er den Text von den Engländern bekommen hatte, oder sollte er irgendeine unglaubwürdige Ausrede auftischen? Ein amerikanischer Präsident lügt nicht, und Präsident Wilson tat das schon gar nicht. Hall und der amerikanische Botschafter in London hatten eine geniale Idee. Als das chiffrierte Telegramm aus Mexiko in London eingetroffen war, ging de Grey mit den deutschen Codebüchern in die amerikanische Botschaft und «entschlüsselte» dort den längst bekannten Text noch einmal.

Nun konnte Präsident Wilson im Brustton der Überzeugung erklären, das Telegramm sei auf amerikanischem Territorium ent-

21560	— wir
10247	—' beabsichtigen
11518	am
23677	ersten
18605	Februar
3494	un.
14963	eingeschränkt
98092	U boot.
5905	Krieg
11311	zu
10392	beginnen
10371	⊙
03c2	es ~~würden~~ wird
21270	versucht
5161	werden
39695	V. Vereinigten Staaten v. Amerika
23571	trotz dem
17504	neutral

Abb. 3.3: Eine Seite des Arbeitsblattes, das Nigel de Grey bei der Entschlüsselung des Zimmermann-Telegramms auf amerikanischem Territorium in London benutzte.

schlüsselt worden – und er log dabei nicht einmal. Am 24. Februar informierte Balfour Präsident Wilson über den Inhalt des Telegramms, und dieser ließ Nachforschungen anstellen, denn er wollte sichergehen, daß es sich nicht um eine Fälschung handelte. Doch bereits am Morgen des 1. März 1917 konnten die Leser der *New York Times* entnehmen: «Deutschland sucht Verbündete gegen die USA und lädt Japan und Mexiko ein, sich ihm anzuschließen. Der Text des deutschen Vorschlags ist in voller Länge bekannt geworden.» Die Nachricht erregte die Gemüter mehr als die immensen Tonnagezahlen der inzwischen von den Deutschen versenkten Handelsschiffe. Felix von Eckhardt leugnete, eine solche Nachricht jemals empfangen zu haben. Der mexikanische Außenminister erklärte, ein derartiger Vorschlag sei nie bei ihm eingegangen. War das Telegramm doch gefälscht? Durch eine überraschende Meldung aus Deutschland wurde jeder Zweifel zerstreut: Zimmermann selbst gab zu, daß er das Telegramm verfaßt und abgesandt hatte. Nun schlug die Stimmung in den USA um. Selbst die Amerikaner deutscher Abstammung, auf deren Unterstützung die Strategen der Mittelmächte naiverweise stets gehofft hatten, wandten sich vom Deutschen Reich ab. Das Telegramm machte der amerikanischen Illusion ein Ende, die Vereinigten Staaten könnten unabhängig vom Rest der Welt sorglos und unbehelligt leben. Als besonderen Affront sah man es an, daß Zimmermann die freundliche Geste Wilsons, den Deutschen die Station auf Long Island zur Verfügung zu stellen, schamlos zur Konspiration gegen Amerika ausgenutzt hatten.

Nachdem Zimmermann erfahren hatte, daß die amerikanischen Bürger den Text des Telegramms am Frühstückstisch lesen konnten, vermutete er, der Klartext sei irgendwo bei der deutschen Botschaft in Mexiko in falsche Hände geraten. Wütend schickte er mehrere, noch immer im alten System verschlüsselte Telegramme an Eckhardt, um zu erfahren, wo das Leck in der Nachrichtenübertragung steckte. Offensichtlich konnte er sich nicht vorstellen, daß der Feind im Besitz des deutschen Codes war. Den Leuten von «Room 40» bereiteten diese Telegramme keine Schwierigkeiten mehr.

Hatten sich die Amerikaner bisher nicht einigen können, wie sie auf den deutschen U-Boot-Krieg reagieren sollten, so waren nunmehr alle Zweifel behoben. «Wie Zimmermann die Vereinigten Staaten vereinigte», heißt es in einer Zeitschrift am 17. März 1917. Die Entschlüsselung des Zimmermann-Telegramms hat den Lauf der Weltgeschichte beeinflußt. Am 6. April erklärten die USA Deutschland den Krieg. Es sollte noch neunzehn Monate dauern, bis Deutschland und Österreich-Ungarn kapitulierten.

Codebücher waren recht unhandliche Schlüssel. Sie enthielten oft an die zweitausend Eintragungen und konnten nicht leicht gewechselt werden. Wegen der Gefahr, daß sie in feindliche Hände gerieten, war es erforderlich, sie immer wieder durch neue zu ersetzen. Wir haben gesehen, daß der Gebrauch auf Schiffen und im diplomatischen Dienst Schwachstellen hatte, und noch viel unsicherer war ihr Einsatz bei den Landtruppen, die ihre Codebücher bei jedem Stellungswechsel mitführen mußten. So kam es, daß andere Methoden der Verschlüsselung eingesetzt wurden. Den Codebüchern zog man Chiffrierverfahren vor, für die nur Schlüsselwörter nötig sind. Diese können mühelos von einem Tag auf den anderen gewechselt werden. Eines der ältesten Verschlüsselungsverfahren geht auf Julius Caesar zurück.

1 1 1
2 2 2
3 3 3
4 4 4
5 5 5
6 6 6
7 **7** 7
8 8 8
9 9 **9**

Das Telegramm wird entschlüsselt   0 0 0

4 Er kam, sah und chiffrierte

Eine monoalphabetische Substitution mit einem CAESAR-
Chiffrierschritt wurde 1915 in der russischen Armee eingeführt, nachdem es sich herausgestellt hatte, daß man
den Stäben etwas Komplizierteres nicht zumuten konnte.

Friedrich L. Bauer, Entzifferte Geheimnisse

Wir wissen, daß das Wort «Kaiser» aus dem Namen des Gaius Julius
Caesar hergeleitet ist, des römischen Politikers und Feldherrn, über
den wir in der Schule gelernt haben, daß er kam, sah und siegte. Wir
wissen, daß auch das Wort «Kaiserschnitt» an seinen Namen erinnert, weil er angeblich durch einen solchen Eingriff auf die Welt
gebracht worden ist. Kaum bekannt ist jedoch, daß noch heute ein
einfaches Verschlüsselungsverfahren seinen Namen trägt.

Die Geheimschrift des Julius Caesar

Der Biograph Sueton berichtet, Caesar habe Briefe vertraulichen
Inhalts in einer Geheimschrift an Cicero geschickt. Voller Bewunde-
rung erklärt Sueton, daß man die Worte nur lesen konnte, wenn
man statt des Buchstabens D ein a las, statt des E ein b und so weiter.
Das Schema ist in Abbildung 4.1 gezeigt. Dabei sind die oberen

Abb. 4.1: Schreibt man unter ein Alphabet ein zweites, um mehrere (hier um
drei) Stellen nach links verschobenes und in die freien Stellen rechts die links
fehlenden Buchstaben, so erhält man eine Übersetzungstafel, bei der die obere
Zeile die Klartextbuchstaben enthält, unter denen die entsprechenden Geheimtextbuchstaben stehen.

Buchstaben die des Klartextes, die unteren die des Geheimtextes. Nehmen wir an, Caesar wollte einen Freund mit den Worten

traue nie dem brutus

warnen, so hätte er geschrieben:

WUDXH QLH GHP EUXWXV

Caesars Geheimschrift bestand einfach darin, daß er das Alphabet des Geheimtextes gegenüber dem des Klartextes um drei Buchstaben nach links verschob und die ersten drei Buchstaben in die freien Plätze rechts schrieb. Natürlich hätte er statt einer Verschiebung um drei Buchstaben auch eine um fünf oder um zwanzig wählen können. Doch insgesamt gibt es nur fünfundzwanzig Verschiebungen. Bei der sechsundzwanzigsten erhält man wieder das Klartextalphabet. Hätte Brutus den Text abgefangen und gewußt, daß die Geheimschrift aus einer Verschiebung im Alphabet entsteht, so hätte er spätestens nach fünfundzwanzig Versuchen den Klartext vor sich gehabt.

Die Verschiebung kann man sich besser vorstellen, wenn man Klartext- und Geheimtextbuchstaben nicht in zwei Zeilen schreibt, sondern auf zwei gegeneinander drehbare Scheiben, wie sie Abbildung 4.2 zeigt. Auf der äußeren Scheibe stehen die Klartextbuchstaben, auf der inneren die des Geheimtextes. Man beginnt in der Anfangsstellung so, daß sich auf beiden Scheiben die gleichen Buchstaben gegenüberstehen. Verdreht man nun die (innere) Geheimtextscheibe, so wie es in der Abbildung geschehen ist, erhält man eine Gegenüberstellung der beiden Alphabete, die es gestattet, zu jedem Klarbuchstaben den zugehörigen Geheimbuchstaben zu finden. Die Ziffernscheibe der Abbildung 4.2 ist nicht nur für Verschlüsselungen nach Caesars System wichtig, auch kompliziertere Chiffrierungen lassen sich mit ihr ausführen. Deshalb trägt die amerikanische Regierungsbehörde, die sich mit Chiffrierungen befaßt – die National Security Agency (NSA)–, die Scheibe im Siegel (Abbildung 4.3).

Die Geheimschrift des Julius Caesar

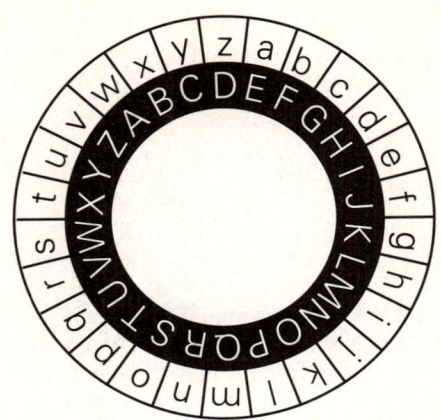

Abb. 4.2: **Zwei gegeneinander drehbare Scheiben mit Alphabeten leisten dasselbe wie gegeneinander verschobene Alphabete nach Art der Abbildung 4.1. Außen stehen die Klartextbuchstaben, innen die des Geheimtextes. Durch Drehung der großen und der kleinen Scheibe gegeneinander lassen sich alle Caesar-Verschlüsselungen erzeugen.**

Wer heute verschlüsselte Texte entziffern will, hat für einen «Caesar» nur ein müdes Lächeln übrig. Trotzdem enthalten auch modernere Verfahren Caesar-Überreste. Wir finden im einfachen «Caesar» bereits zwei für die Verschlüsselung wichtige Elemente. Da ist zuerst die *Vorschrift*. Sie lautet hier: «Man ersetze den Buchstaben, der an einer bestimmten Stelle im Alphabet steht, durch den, der eine bestimmte Anzahl von Buchstaben später kommt.» Statt «Vorschrift» sagt man gelehrter oft *Algorithmus*. Die Zahl, um die verschoben wird, beim historischen «Caesar» also die Zahl 3, ist der Schlüssel. Bei der einfachen Chiffrierung im «Caesar» ist der Schlüssel eine Zahl.

Wir werden Methoden kennenlernen, bei denen der Schlüssel ein Wort ist oder ein Wort *und* eine Zahl. Es gibt auch Verfahren, die als Schlüssel ein ganzes Buch benutzen. Wir kennen bereits die Codebücher oder das Statistische Jahrbuch, das der Spionagering Sorge benutzte. Vorschrift und Schlüssel sind beide nötig, wenn

Abb. 4.3: Die amerikanische Behörde für Verschlüsselungsprobleme, die «National Security Agency» (NSA), hat sich eine Chiffrierscheibe nach Art der Abbildung 4.2 als Emblem gewählt.

man eine Nachricht chiffrieren, aber auch wenn man sie wieder lesen will. Der Schlüssel bereitet jemandem, der seine Nachrichten nur einer bestimmten Stelle zukommen lassen will, besondere Schwierigkeiten. Da er sowohl zum Verschlüsseln als auch zum Entschlüsseln benötigt wird, müssen sich Sender und Empfänger irgendwann einmal über ihn geeinigt haben. Wie auch immer der Schlüssel übermittelt wird, auf dem Weg von einem zum anderen kann er in die falschen Hände geraten wie die Schablone des Grafen Sandorf. Dann sind die verschlüsselten Geheimnisse nicht mehr geheim.

Deshalb sind Verfahren am geeignetsten, bei denen Sender und Empfänger einen kurzen Schlüssel benutzen. Klausens *SUBWAY* war ein Beispiel dafür. Wir werden auf S. 142 sehen, wie ein Ehemann mit einem einfachen Schlüsselwort, zum Beispiel mit *MAUSI*, seiner Sekretärin chiffrierte Briefe schicken kann. Das Schlüsselwort kann er sich leicht merken. Er muß es nicht notieren und damit Gefahr laufen, daß seine Frau von ihm erfährt und seine Mausi-Briefe liest. Und wenn er im Alter nicht mehr imstande ist, sich das Schlüsselwort zu merken, kann Mausi sowieso nicht mehr viel mit ihm anfangen. Wir werden in Kapitel 5 erfahren, wie die Ehefrau den heimlichen Briefwechsel trotzdem entschlüsseln kann, auch dann, wenn sie das Schlüsselwort nicht kennt.

Bis in die heutige Zeit herrscht bei den Kryptologen das Prinzip, daß es wichtiger ist, den Schlüssel geheimzuhalten als die Vorschrift. So war zum Beispiel die von den Deutschen während des Zweiten Weltkriegs benutzte Verschlüsselungsmaschine, die sagenumwobene *Enigma*, schon vor Kriegsbeginn weltweit bekannt und in ihrer Grundform im Handel erhältlich gewesen. Mit ihren Buchstabenrädern und Steckverbindungen enthielt sie die Verschlüsselungsvorschrift. Es war der Schlüssel, der zur Dechiffrierung nötig war und den es geheimzuhalten galt. Er wurde oft mehrmals am Tag gewechselt, damit die Gegner mit einem neuen Schlüssel konfrontiert wurden, noch ehe sie den alten geknackt hatten.

a	01	n	14
b	02	o	15
c	03	p	16
d	04	q	17
e	05	r	18
f	06	s	19
g	07	t	20
h	08	u	21
i	09	v	22
j	10	w	23
k	11	x	24
l	12	y	25
m	13	z	26

Abb. 4.4: Die alphabetische Zuordnung der Buchstaben zu den Zahlen 1 bis 26.

Bleiben wir aber beim «Caesar». Das Verfahren wird besonders durchsichtig, wenn man statt der Buchstaben Zahlen nimmt, also etwa die Buchstaben des Alphabets durchnumeriert, wie es in Abbildung 4.4 dargestellt ist. Dann kann man Caesars Satz im Klartext auch in Zahlen schreiben:

20 18 01 21 05 14 09 05 04 05 13 02 18 21 20 21 19

Der Geheimtext lautet dann:

23 21 04 24 08 17 12 08 07 08 16 05 21 24 23 24 22

Jetzt erkennen wir, wie der «Caesar» funktioniert. Wir erhalten den Zahlenwert des verschlüsselten Buchstabens, indem wir den Zahlenwert des Klartextbuchstabens um die Schlüsselzahl erhöhen. Ist das Ergebnis kleiner als 26, gibt es keine Probleme. Wenn es jedoch größer ist, müssen wir 26 abziehen und den Rest nehmen. Dies ist am besten an der Zahlenscheibe zu erkennen. Wer vom A um siebenundzwanzig, achtundzwanzig oder neunundzwanzig Stellen weiterzählt, kommt zu B, C oder D, genau dorthin, wo er auch beim Zählen um eine, zwei oder drei Stellen gelandet wäre. Also gilt beim Zählen auf der Buchstabenscheibe 27 = 1, 28 = 2 und 29 = 3? Eine merkwürdige Rechnerei!

Rechnen mit Resten

Wir begegnen hier einer neuen, ungewohnten Art des Rechnens. Anders als bei den Rechenregeln des täglichen Lebens kommt es hier nicht auf die Größe der Zahlen an, sondern auf die Reste, die sie beim Abziehen, oft erst nach mehrmaligem Abziehen einer bestimmten Zahl, zurücklassen. Statt der Bestimmung des Restes durch mehrfaches Abziehen kann man auch den bei der Division übrigbleibenden Rest nehmen. Jeder von uns weiß, was es bedeutet, wenn zwei Zahlen gleich sind. Wir drücken dies mit dem Gleichheitszeichen aus: 3 + 4 = 7. Es gibt aber neben der Gleichheit noch eine andere, lockerere Verwandtschaft zwischen zwei Zahlen: die Gleichheit ihrer Reste, die bei der Division durch eine dritte Zahl übrigbleiben. Wenn ich die Zahlen 27, 28 und 29 durch 26, die Anzahl der Buchstaben des Alphabets, dividiere, bleiben die Reste 1, 2 und 3. Das hängt natürlich eng mit der Zahl 26 zusammen. Dividiere ich die Zahlen etwa durch 17, so bleiben die Reste 10, 11 und 12. Um Verwechslungen mit der Gleichheit von Zahlen und der Gleichheit ihrer Reste zu vermeiden, fügen wir dem Gleichheitszeichen noch einen Strich hinzu und schreiben $27 \equiv 1$. Das bezieht sich aber nur auf die Division durch 26. Deshalb schreiben wir $27 \equiv 1 \pmod{26}$ (sprich «modulo 26»). Dementsprechend gilt jetzt $28 \equiv 2 \pmod{26}$, $29 \equiv 3 \pmod{26}$ und natürlich auch $27 \equiv 10 \pmod{17}$, $28 \equiv 11 \pmod{17}$ und $29 \equiv 12 \pmod{17}$.

Die Reste der Zahlen zeigen noch eine nützliche Eigenschaft: Sehen wir uns als Beispiel den Bereich der Reste der Zahl 31 an. In ihm sind zum Beispiel $40 \equiv 9 \pmod{31}$ und $55 \equiv 24 \pmod{31}$. Nehmen wir jetzt die Summe von 40 und 55, also $40 + 55 = 95 \equiv 2 \pmod{31}$. Statt die beiden Zahlen zu addieren und den Rest mod 31 zu bilden, hätten wir aber auch ihre Reste zusammenzählen können: $9 + 24 \equiv 33 \equiv 2 \pmod{31}$. Ebenso ist es beim Multiplizieren: $40 \times 55 = 2200 \equiv 30 \pmod{31}$. Dasselbe erhalte ich aber auch, wenn ich die Reste multipliziere: $9 \times 24 = 216 \equiv 30 \pmod{31}$. Solange wir nur an Resten interessiert sind, können wir die Addition und die Multiplikation von Zahlen durch die Addition und Multiplikation ihrer Reste ersetzen. Das hat den Vorteil, daß die Zahlen, mit denen wir arbeiten, nicht zu groß werden.

Reste auf dem Taschenrechner

Kennen Sie den Rest von 95728 im Bereich der Reste von 73? Sie können ihn leicht bestimmen. Nehmen Sie Ihren Rechner zur Hand, und dividieren Sie 95728 durch 73. Das Ergebnis ist 1311.3425. Also ist die 73 in 95728 insgesamt 1311mal ganz enthalten. 1311×73 ergibt aber 95703. Daher bleibt bei der Division der Rest $95728 - 95703 = 25$. Wir können schreiben: $95728 \equiv 25 \pmod{73}$.

Was aber hat dies alles mit der Chiffrierung und dem Kitzel verschlüsselter Nachrichten zu tun? Die Antwort: Selbst in den modernsten Verschlüsselungsmethoden spielt das Rechnen mit Resten eine entscheidende Rolle. Aber noch sind wir beim einfachen «Caesar».

«Caesar» mit Merkwort

Die fünfundzwanzig Stellungen des in Abbildung 4.2 gezeigten Chiffrierrades ermöglichen fünfundzwanzig verschiedene Verschiebungen. Wir können dem Entschlüßler aber das Leben auf einfache Weise schwerer machen. Dazu nehmen wir zur Schlüssel*zahl* noch ein *Merkwort* hinzu, aus dem wir ein Schlüssel*wort* herleiten werden. Da wir ja einen Schlüssel verwenden wollen, den wir nach Möglichkeit im Kopf behalten können, werden wir ein einfaches Merkwort zu Hilfe nehmen.

Die Schlüsselzahl braucht nicht größer als 26 zu sein. Wir nehmen als Schlüsselzahl 6 und als Merkwort «Tageszeitung». Jetzt gehen wir in drei Schritten vor:

1. Kommt im Merkwort ein Buchstabe mehrmals vor, so lassen wir ihn nur beim erstenmal stehen, die übrigen Male streichen wir ihn. Aus der «Tageszeitung» wird also das Schlüsselwort

TAGESZIUN

2. Wir schreiben das Klartextalphabet in eine Zeile. Dann zählen wir vom ersten Buchstaben um die Schlüsselzahl nach rechts, in unserem Fall also sechs Stellen, und schreiben das Schlüsselwort darunter. Das ist in der Abbildung 4.5 oben geschehen. Dort steht in der zweiten Zeile bereits ein Stück des Geheimtextalphabets.

3. Nun füllen wir die noch freien Stellen der zweiten Zeile, hinter dem Schlüsselwort beginnend, mit den restlichen Buchstaben auf, natürlich in alphabetischer Reihenfolge. Nachdem die Stelle

a b c d e f g h i j k l m n o p q r s t u v w x y z
. . . . . . *T A G E S Z I U N* . . . .

---

a b c d e f g h i j k l m n o p q r s t u v w x y z
Q R V W X Y T A G E S Z I U N B C D F H J K L M O P

Abb. 4.5: Caesar mit Merkwort. Mit Hilfe des Merkwortes «Tageszeitung» und der Schlüsselzahl *6* wird eine Zuordnung von Klarbuchstaben zu Geheimbuchstaben erreicht.

unter dem Klarbuchstaben z erreicht ist, machen wir vorn weiter. Das Ergebnis ist in Abbildung 4.5 unten gezeigt. Dort haben wir jetzt ein Klartextalphabet und eines für den zugehörigen Geheimtext.

Benutzen wir diesen Schlüssel, so wird aus

> traue nie dem brutus

jetzt

> HDQJX UGX WXI RDJHJF

Das Prinzip dieser Methode wurde bereits im 16. Jahrhundert im Sekretariat des Papstes verwendet.

Betrachten wir diese Art der Verschlüsselung genauer. Wir haben die Schlüsselzahl 6 und das Merkwort «Tageszeitung» beziehungsweise das Schlüsselwort *TAGESZIUN*. Solange wir den Schlüssel nicht ändern, bleibt die obige Zuordnung von Klarbuchstaben und Geheimbuchstaben stets die gleiche. Zum e gehört immer das X. Beim Entschlüsseln entspricht jedem Geheimbuchstaben ein Klarbuchstabe, dem F immer das s. Diese eindeutige Zuordnung nennt man eine *monoalphabetische Verschlüsselung*. Jeder einfache «Caesar» wie auch jeder «Caesar mit Merkwort» ist monoalphabetisch.

Je länger das Schlüsselwort ist, um so weniger Buchstaben müssen in alphabetischer Reihenfolge aufgefüllt werden. Das Merkwort

«Tageszeitung» lieferte ein Schlüsselwort aus neun Buchstaben, also werden im dritten Schritt siebzehn Buchstaben aufgefüllt. Das Merkwort

Donaudampfschiffahrtsgesellschaftskapitaenswitwe

liefert das Schlüsselwort

DONAUMPFSCHIRTGELKW

und es sind nur noch sieben Buchstaben aufzufüllen. Mit Hilfe noch längerer Schlüsselwörter entfernt sich die Chiffrierung des «Caesar mit Merkwort» immer mehr vom einfachen «Caesar». Das heißt, die alphabetische Reihenfolge spielt eine immer geringere Rolle. Nehmen Sie etwa die Bibel als Merkwort, dann enthält das Schlüsselwort alle Buchstaben, es sind also keine Buchstaben mehr aufzufüllen. Im Schlüsselwort sind alle sechsundzwanzig Buchstaben willkürlich durcheinandergewürfelt. Sie bilden ein Geheimalphabet wie das in Abbildung 4.6. Damit verzichten wir allerdings auf die Möglichkeit,

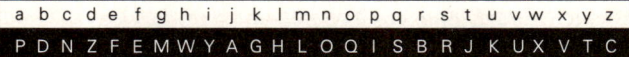

Abb. 4.6: Die Zuordnung des Klartextalphabets (oben) zu einem willkürlich verwürfelten Geheimtextalphabet (unten).

einen Schlüssel zu verwenden, den wir uns leicht merken können. Trotzdem spielen diese Verwürfelungen eines Alphabets in der Kryptographie auch heute noch eine Rolle.

1 1 1
2 2 2
3 3 3
4 4 4
5 5 5
6 6 6
7 7 7
8 8 8
9 9 9
0 0 0

Die Gesetze des Verwürfelns

Noch einmal deutlich: Bei der monoalphabetischen Chiffrierung schreiben wir die sechsundzwanzig Buchstaben des Alphabets normal geordnet in eine Zeile und setzen darunter die Buchstaben eines verwürfelten Alphabets. Wollen wir eine Nachricht verschlüsseln, suchen wir jeden Buchstaben des Klartextes in der oberen Zeile auf und finden darunter den Geheimbuchstaben. Um diese Art der Verschlüsselung besser verstehen zu können, müssen wir uns etwas eingehender mit den Eigenschaften der Verwürfelungen befassen.

Es ist überraschend, wie viele verwürfelte Alphabete es gibt, allgemeiner gesagt: wie groß die Zahl der Möglichkeiten ist, eine Reihe von Objekten untereinander zu vertauschen. Man kann sich leicht davon überzeugen, daß die drei Buchstaben A, B und C auf sechs verschiedene Weisen angeordnet werden können. Bei vier Buchstaben gibt es schon vierundzwanzig Möglichkeiten. Wie rasch die Zahl der möglichen Anordnungen mit der Zahl der Objekte wächst, zeigt eine Geschichte, die der österreichische Schriftsteller Egmont Colerus (1888–1939) erzählt*:

«Eine biedere Familie einer längst vergangenen Zeit besteht aus den beiden Eltern und zwölf wohlgeratenen, gesunden Kindern. Die Familie sitzt zufrieden um den Mittagstisch. Plötzlich wird ein Junge vorlaut. Er behauptet, stets nur den Rest der Suppe zu bekommen, da sein Platz bei Tisch ein ungünstiger sei. Die Familie ist verträglich und ist gewöhnt, Meinungsverschiedenheiten im Kompromißwege beizulegen. Kurz, es wird beschlossen, von nun an die Tischordnung jeden Tag zu verändern, da das Dienstmädchen nicht dazu zu bringen ist, ihren Rundgang beim Servieren irgendwie anders als seit jeher vorzunehmen. Aus dem Ereignis entwickelt sich ein allgemeines Gespräch, und man schätzt die Zeit, die es dauern kann, bis alle möglichen Tischordnungen erschöpft sind. ‹Nun, einige Tage›, meint der eine Junge. ‹Sagen wir lieber einige Wochen›, wirft ein Mädchen überlegen ein. Schließlich einigt man sich

* *Vom Einmaleins zum Integral*, Wien/Hamburg 1937, S. 46f.

auf ein Jahr. ‹Es gibt doch dafür eine Formel›, läßt sich der älteste Sohn vernehmen ... Papier und Bleistift werden in der Pause zwischen Suppe und Fleischgericht geholt, und die ältesten Kinder rechnen mit roten Köpfen. Wie groß ist ... diese Hexenzahl? Ein furchtbares Ergebnis! Die Zahl lautet: 87 178 291 200. Was soll man mit diesen Milliarden Möglichkeiten beginnen? Wie lang braucht man dazu? Ach, das Jahr hat ja 365 Tage! Dividieren wir also durch 365. Wieder wird gerechnet ... ‹Ich erhalte ... die Zahl 238 844 633.› – ‹Weißt du, was das heißt?› ruft entsetzt der Philosoph unter den Söhnen. ‹Es heißt, daß wir mit unserer Tischordnung erst in fast 239 Millionen Jahren fertig sind, wenn wir alle Möglichkeiten erschöpfen wollen ...› – ‹Und ich werde sterben, bevor ich eine anständige Suppe bekomme›, jammert hilflos der Jüngste.»

Nach der Formel, von der in der Geschichte die Rede ist, erhält die vierzehnköpfige Familie die gewünschte Anzahl der möglichen Tischordnungen, die sie einnehmen kann, indem sie die Zahlen von 1 bis 14 miteinander multipliziert.

Wie viele Möglichkeiten gibt es, die sechsundzwanzig Buchstaben des Alphabets durcheinanderzuwürfeln und damit Geheimschriftalphabete zu erzeugen? Unter wieviel möglichen verwürfelten Alphabeten muß der unglückliche Empfänger einer wichtigen Geheimbotschaft suchen, wenn er leichtsinnigerweise sein Schlüsselalphabet verloren hat? Kann sich jeder Erdenbürger, sei er Greis oder Kleinkind, sein eigenes Geheimalphabet schaffen, das nur ihm gehört? Jetzt müssen wir die Zahlen von 1 bis 26 miteinander multiplizieren. Die Zahl der möglichen Geheimalphabete liegt nicht im Bereich von Milliarden, sie ist sehr viel größer:

$$403\ 291\ 461\ 126\ 605\ 635\ 584\ 000\ 000$$

Bei einer Weltbevölkerung von fünf Milliarden Menschen stehen jedem mehr als achtzig Millionen Milliarden eigene Geheimalphabete zur Verfügung.

Die Gesetze des Verwürfelns

1 1 1
2 2 2
3 3 3
4 4 4
5 5 5
6 6 6
7 7 7
8 8 8
9 9 9
0 0 0

Permutationen

Der Übergang von einer Reihenfolge zu einer anderen, etwa beim Mischen von Spielkarten, wird *Permutation* genannt. Wenn wir die einzelnen Karten eines Skatspieles numerieren, dann liegt nach dem Mischen vielleicht die Karte Nummer 1 auf Platz 25, Nummer 2 auf Platz 13 und so weiter. Auch hier wird die Reihenfolge geändert, es wird *permutiert*. Wir haben oben gesehen, wie groß die Anzahl der möglichen Permutationen der sechsundzwanzig Buchstaben des Alphabets ist. Für zweiunddreißig Spielkarten gibt es noch ungleich viel mehr.

Wenn wir die möglichen Anordnungen des Alphabets näher betrachten wollen, scheitern wir erst einmal an der ungeheuer großen Zahl von Möglichkeiten. Alles wäre einfacher, wenn unser Alphabet nur aus einer Handvoll Buchstaben bestünde.

Versetzen wir uns also in unserer Phantasie in eine Welt, deren Bewohner bei der Entwicklung ihres Alphabets nicht auf so viele Buchstaben gekommen sind wie wir und vielleicht auf ihren vier Buchstaben sitzen geblieben sind, sagen wir auf A, B, C und D. Es gibt vierundzwanzig Permutationen dieser vier Buchstaben. Sie sind in Abbildung 4.7 aufgelistet. Aus ABCD kann durch eine Permuta-

```
ABCD  ABDC  ACBD  ACDB  ADBC  ADCB
BACD  BADC  BCAD  BCDA  BDAC  BDCA
CBAD  CBDA  CABD  CADB  CDBA  CDAB
DBCA  DBAC  DCBA  DCAB  DABC  DACB
```

Abb. 4.7: **Die verschiedenen Anordnungen der Buchstaben A, B, C und D.**

tion DABC werden. In Abbildung 4.8 ist links oben der Übergang von der einen zur anderen Anordnung angedeutet. Aus A wird D, aus B wird A, C und D gehen in B und C über. Wir geben dieser Permutation den Namen X. Sie führt ABCD in DABC über. Rechts daneben ist eine weitere Permutation dargestellt, die wir Y nennen. Sie verwandelt die Anordnung ABCD in BDCA.

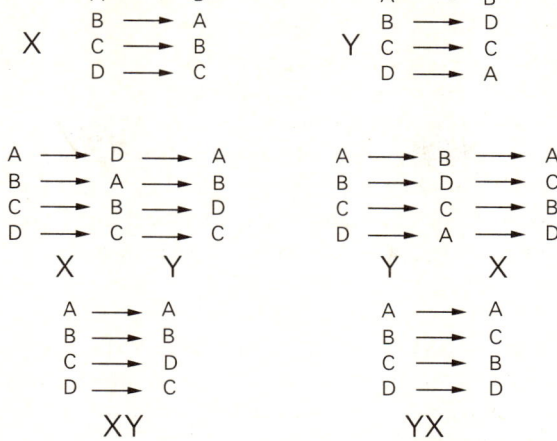

Abb. 4.8: die Permutationen X und Y (oben). Die Darstellung ist so zu verstehen, daß für die Permutation X gilt: aus A mach D, aus B mach A, aus C mach B, und aus D mach C. Für Y dagegen: aus A mach B... Die Permutationen X und Y, nacheinander ausgeführt, ergeben eine neue Permutation. Doch diese hängt von der Reihenfolge der Einzelpermutationen ab. Ersetzt man erst so, wie es X fordert, und läßt danach Y folgen (Mitte links), erhält man eine andere Anordnung des Alphabets, als wenn man zuerst nach Y und dann nach X ersetzt (Mitte rechts). Die zusammengesetzten Permutationen XY und YX sind im unteren Teil des Bildes gezeigt.

So wie man einen Kartenstapel nacheinander mehrfach mischen kann, so können wir auch beliebig viele Permutationen nacheinander ausführen. In der zweiten Zeile der Abbildung 4.8 wird mit Hilfe der Permutation X aus ABCD die Folge DABC erzeugt, aus der wiederum durch die Permutation Y die Folge ABDC entsteht. Die Permutationen X und Y, nacheinander ausgeführt, ergeben also eine neue Permutation, die im Bild darunter dargestellt ist. Doch Vorsicht! Wer Permutationen nacheinander wirken läßt, muß auf die Reihenfolge achten. Wendet man nämlich erst die Permutation Y an und danach X, erhält man eine andere Anordnung. Aus ABCD wird dann ACBD.

Nehmen wir an, wir hätten aus einem Klartext durch ein permutiertes Alphabet einen Geheimtext hergestellt. Wird er noch geheimer, wenn ich ihn noch einmal mit einem anderen verwürfelten Alphabet verschlüßle? Ist er dann schwerer zu entziffern? Bietet ein Text, den ich fünfzigmal mit jeweils einem anders permutierten Alphabet verschlüsselt habe, einem unbefugten Entschlüßler ein unüberwindbares Hindernis? Er kennt ja weder meine fünfzig verschiedenen permutierten Alphabete, noch weiß er, in welcher Reihenfolge ich die Permutationen angewandt habe. – Nein, fünfzig hintereinander ausgeführte Permutationen sind nicht besser als eine! Wie viele ich auch nacheinander ausführe, im Endeffekt handelt es sich stets um eine einzige. Das ist nicht verwunderlich. Gut gemischte Spielkarten lassen sich eben nicht besser mischen, auch wenn man sie noch zwei oder fünfzig weitere Male mischt.

In vieler Hinsicht lassen sich Permutationen von Objekten, seien es Spielkarten oder Buchstaben, mit Multiplikationen von Zahlen vergleichen. Zwei oder fünfzig von ihnen, nacheinander ausgeführt, können durch eine einzige ersetzt werden. Wer eine Zahl zuerst mit 3 und danach mit 7 multipliziert, kann sie auch gleich mit 21 multiplizieren. Zwei Multiplikationen, nacheinander ausgeführt, können durch eine einzige ersetzt werden. Doch während es gleichgültig ist, ob ich erst mit 3 und dann mit 7 oder erst mit 7 und dann mit 3 multipliziere, kommt es bei den Permutationen auf die Reihenfolge an.

Der Kehrwert einer Permutation

Permutationen haben noch eine andere Ähnlichkeit mit der Multiplikation. Wenn ich 5 mit 7 multipliziere, so erhalte ich 35. Wenn ich das Ergebnis mit 1/7 multipliziere, also mit dem Kehrwert von 7, dann lande ich wieder bei der 5. Zu jeder Multiplikation gibt es eine «umgekehrte Multiplikation», eben die mit dem Kehrwert. Führe ich beide hintereinander aus, ist es so, als ob ich mit 1 multipliziert hätte.

Man könnte glauben, es wäre eine Kinderei, wenn ich auch eine Permutation erwähne, die A in A, B in B überführt. Schauen wir sie uns trotzdem an und benennen sie mit dem Buchstaben E. Sie ist in Abbildung 4.9 unten rechts dargestellt. Sie entspricht der 1 bei der Multiplikation.

Wie bei der Multiplikation gibt es auch zu jeder Permutation eine andere, die ihre Wirkung wieder rückgängig macht. In Abbildung 4.9 ist oben neben der Permutation X noch eine zweite gegeben, die wir 1/X nennen. Sie stellt den *Kehrwert* von X oder die *reziproke Permutation* von X dar, so wie bei der Multiplikation 1/5 der Kehrwert (oder der reziproke Wert) von 5 ist. Man kann sich leicht davon überzeugen, daß X und 1/X, in welcher Reihenfolge auch immer hintereinander ausgeführt, dasselbe bewirken wie E, nämlich nichts. Bringen wir also das Alphabet durch eine Permutation in eine andere Reihenfolge, dann stellt die reziproke Permutation die ursprüngliche Ordnung wieder her.

Tatsächlich aber hat ja unser Alphabet nicht vier, sondern sechsundzwanzig Buchstaben. Eine Chiffrierung mit der Tabelle der Abbildung 4.6 beruht auf einer Permutation des Klartextalpha-

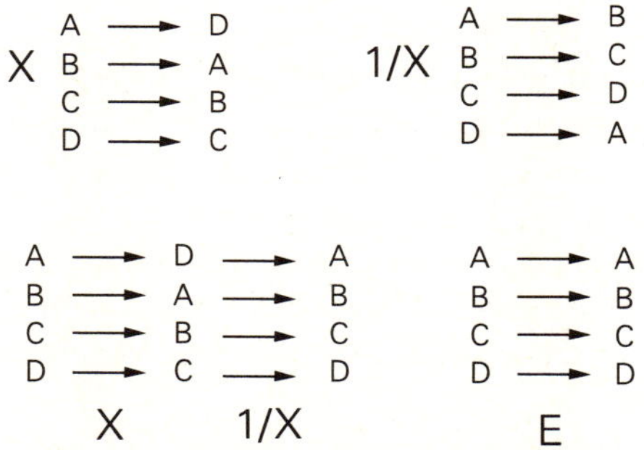

Abb. 4.9: Die Permutation X (oben links) und ihr Kehrwert (oben rechts). Die eine macht die andere rückgängig. Die beiden Permutationen X und 1/X, nacheinander ausgeführt (unten links), bewirken dasselbe wie die Permutation E, nämlich nichts.

bets, also der Folge a, b, c, d,..., in das Geheimtextalphabet P, D, N, Z,... Auch jeder «Caesar» und «Caesar mit Merkwort» ist eine Permutation. Schlüsseltabellen wie die in Abbildung 4.6 sind also nichts anderes als Permutationen, die das Klartextalphabet in das Geheimtextalphabet überführen. Jede Permutation des Alphabets ergibt eine Schlüsseltabelle. Verschlüsseln wir in unserem Vierbuchstabenalphabet das Wort ADAC mit Hilfe der Permutation X der Abbildung 4.9, erhalten wir DCDB; entschlüsselt wird mit der reziproken Permutation, also mit 1/X. Wie man leicht nachprüfen kann, läßt diese Permutation den ADAC wiederauferstehen.

Die Universalbibliothek

Natürlich können zu einer monoalphabetischen Verschlüsselung statt Buchstaben auch beliebige andere Zeichen verwendet werden, zum Beispiel Ziffern, Spielkarten oder Dominosteine, wobei auch hier stets demselben Buchstaben das gleiche Symbol zugeordnet sein muß. Zu jeder monoalphabetischen Verschlüsselung gehört eine Schlüsseltabelle nach Art der Abbildung 4.6. Zur Dechiffrierung liest man die Schlüsseltabelle «rückwärts».

Die Anzahl der möglichen Schlüsseltabellen ist endlich, wenn auch sehr groß. Im Prinzip könnte man einen chiffrierten Text mit Hilfe eines Computers dadurch entziffern, daß man die riesige Anzahl von möglichen Schlüsseltabellen der Reihe nach durchprobiert und prüft, ob eine davon einen vernünftigen Text liefert. Aber das ist praktisch unmöglich. Angenommen, der Computer wäre in der Lage, sinnvolle von sinnlosen Klartexten zu trennen, und würde für jede Schlüsseltabelle nur eine tausendstel Sekunde benötigen. Um alle Möglichkeiten durchzuprobieren, wäre eine Zeit nötig, die das Alter der Welt weit übertrifft. Es ist also ziemlich aussichtslos, durch einfaches Herumprobieren die richtige Schlüsseltabelle zu finden.

Keine Verschlüsselung ist aber wirklich geheim. Nehmen wir an, wir hätten als Geheimtext eine Buchstabengruppe der Länge zehn vor uns, etwa

JCPRTETZTM

Wie auch immer verschlüsselt worden ist, jeder Geheimbuchstabe entspricht irgendeinem Klarbuchstaben. Der Klartext ist eine Aneinanderreihung von wiederum zehn Buchstaben. Auf wie viele Weisen kann man die sechsundzwanzig Buchstaben des Alphabets zu einer Zehnergruppe zusammenfassen? Die gesuchte Zahl ist eine 1 mit sechsundzwanzig Nullen. Wenn die Zahl auch unvorstellbar groß ist, sie ist endlich. Stellen wir uns vor, wir hätten einen Computer, der alle diese Aneinanderreihungen von jeweils zehn Buchstaben in einer Kolonne untereinander schreiben könnte. Dann wäre darunter mit Sicherheit auch der richtige Klartext. Die Schwierigkeit besteht darin, ihn in der Riesenmenge von Zehnergruppen zu finden. Diesen Gedankengang hat der Philosoph, Mathematiker und Science-fiction-Autor Kurd Lasswitz in seiner Kurzgeschichte «Die Universalbibliothek» ausgesponnen. Er nimmt nicht Zehnergruppen, sondern ganze Bücher. Die Universalbibliothek soll alle Bücher enthalten, die im Prinzip geschrieben werden können.

Die Idee ist einfach. Nehmen wir etwa ein Buch in deutscher Sprache. Wir haben sechsundzwanzig Buchstaben, dazu kommen die Umlaute, das ß, dann noch die Satzzeichen, das Leerzeichen zwischen den Wörtern, zehn Ziffern und vielleicht noch einige griechische und mathematische Zeichen für wissenschaftliche Texte. Nehmen wir an, wir hätten insgesamt fünfzig verschiedene Zeichen. Die Bücher unserer Bibliothek sollen einen Umfang von sechshundert Seiten haben und pro Seite 3300 Zeichen enthalten. Ist ein Buch kürzer, füllen wir es mit Leerzeichen auf. Jedes Buch enthält also 1 980 000 Zeichen. Es besteht aus fünfzig Zeichenarten, die in immer neuen Wiederholungen aufeinanderfolgen. Also sind nur so viele Bücher möglich, wie sich unsere fünfzig verschiedenen Zeichenarten auf verschiedene Weise zu Gruppen von 1 980 000 Zeichen anordnen lassen. Dazu haben wir 50 × 50 × 50 × … verschiedene

Möglichkeiten, wobei wir die 50 eigentlich 1 980 000 mal hätten hinschreiben müssen. Das Ergebnis ist eine Zahl, die aus drei Millionen Ziffern besteht. Es ist eine umfangreiche Bibliothek geworden. Der Bibliothekar müßte längs der Regale Entfernungen zurücklegen, die selbst die Distanzen zu den weitesten Sternsystemen winzig erscheinen ließen. Die meisten Bücher enthielten allerdings nur sinnlose Zeichenfolgen. Würde man jedoch lange genug suchen, fände man unter all dem Unsinn auch eine Lutherbibel sowie den Text des Grundgesetzes, mit Leerzeichen aufgefüllt. Irgendwo stieße man auf Goethes *Faust* und auf Karl Mays *Winnetou*. Es wären aber in der Bibliothek nicht nur alle veröffentlichten Texte zu finden, sondern auch alle Bücher, die in der Zukunft noch geschrieben werden. Die Doktorarbeit, die Ihren Urenkel berühmt machen wird, könnten Sie dort bereits heute lesen.

Daß die Bibliothek nicht wirklich existiert, liegt daran, daß sie alle auf der Erde verfügbaren Mittel – an Material, Raum und Arbeitskraft – übersteigen würde. Doch selbst wenn es sie gäbe, sie wäre zu nichts zu gebrauchen. Wer wäre denn in der Lage, unter den Billionen und Aberbillionen unsinnigen Büchern eines zu finden, das zumindest sprachlich richtig ist – vom Inhalt ganz abgesehen?

Zurück zu unserer Chiffrierung. Noch heute werden Verschlüsselungsmethoden dafür gerühmt, daß es Jahrtausende dauern würde, um durch systematisches Probieren zum Klartext zu gelangen. Im Zweiten Weltkrieg glaubten die Deutschen, sie könnten sich auf ihre Verschlüsselungsmaschine Enigma verlassen, weil eine unvorstellbar hohe Zahl von Versuchen nötig wäre, um den Geheimtext zu dechiffrieren. Doch solche Überlegungen sind falsch. Wir werden im nächsten Kapitel sehen, daß man nicht darauf angewiesen ist, planlos herumzuprobieren, wenn man den Schlüssel nicht kennt.

Eine überflüssige Maschine

Das Ver- und Entschlüsseln einer Nachricht ist denkbar einfach. Wir brauchen nur einen Streifen, wie ihn Abbildung 4.6 zeigt; er führt einen sicher vom Klartext zum Geheimtext und umgekehrt. Wir wollen uns aber trotzdem eine elektrische Maschine ausdenken, bei der dies automatisch geschieht. Drückt der Benutzer auf einer Tastatur, ähnlich wie bei einer Schreibmaschine, eine Taste, die den Klartextbuchstaben trägt, dann soll ein Lämpchen aufleuchten, das mit dem Geheimtextbuchstaben gekennzeichnet ist. Natürlich könnten wir auch eine elektrische Schreibmaschine anschließen, die sogleich den Geheimtextbuchstaben auf Papier druckt. Doch da es nur auf das Prinzip ankommt, begnügen wir uns mit dem aufleuchtenden Lämpchen.

Der Leser wird sich fragen, warum für solch eine einfache Sache unbedingt eine Apparatur konstruiert werden muß. Der Grund liegt darin, daß wir damit bereits das Prinzip einer einfachen Verschlüsselungsmaschine verstehen können. Im Laufe der folgenden Kapitel werden wir diese Maschine immer weiter ausbauen. Das kleine Gerät, das wir hier entwerfen, ist im wahrsten Sinne des Wortes nur ein Rädchen im großen Getriebe der *Enigma*, der deutschen Verschlüsselungsmaschine im Zweiten Weltkrieg. Der Übersichtlichkeit halber beschränken wir uns wieder auf das Alphabet mit vier Buchstaben.

Wir benötigen für die Maschine vier Glühlämpchen, vier elektrische Schalter und eine Platine, das «Herzstück» des Geräts, das wir selbst bauen könnten. Natürlich müssen Sie jetzt nicht zu Laubsäge und Lötkolben greifen. Sie brauchen gar nicht zu basteln. Ich glaube nur, daß sich der Aufbau des Geräts am besten mit einer Art Bauanleitung beschreiben läßt. Die Platine ist ein rechteckiges Stück biegsames Isoliermaterial – Pappe würde schon genügen –, das an den langen Seiten je vier einander gegenüberliegende elektrische Kontakte trägt. Nunmehr verbinden wir jeden Kontakt der linken Seite durch einen Draht mit einem Kontakt der rechten. Vierundzwanzig verschiedene Arten von Verdrahtungen sind möglich.

Entscheiden wir uns also für eine davon. Mit Hilfe der Schalters, der Glühlampen und der eben gebastelten Platine stellen wir nun eine elektrische Schaltung her, so wie sie in Abbildung 4.10 oben schematisch gezeigt ist. Jedem Schalter ist ein Klarbuchstabe (rechts), jeder Lampe ein Geheimbuchstabe (links) zugeordnet. Glühlampen und Schalter sind mit einer Batterie verbunden. Sind alle Schalter hochgekippt, ist kein Stromkreis geschlossen. Alle Lampen bleiben dunkel. Drücken wir nun den Schalter c, so wird ein Stromkreis geschlossen, der durch die Lampe D führt. Dem Klarbuchstaben c entspricht also der Geheimbuchstabe D. Sie können anhand der Zeichnung leicht nachvollziehen, daß weiter die folgenden Zuordnungen bestehen: a – C, b – A und d – B. Die Verdrahtung der Platine entspricht also der Chiffriertafel rechts oben im Bild. Entschlüsseln können wir mit der in Abbildung 4.10 unten dargestellten Maschine. Wir betätigen die Schalter entsprechend den Geheimbuchstaben, und die Lampen der Klarbuchstaben leuchten auf.

Nehmen wir sechsundzwanzig Schalter und sechsundzwanzig Glühbirnen und verdrahten auf der Platine sechsundzwanzig linke Kontakte mit sechsundzwanzig rechten, so erhalten wir ein Gerät, das etwa gemäß dem Chiffrierstreifen der Abbildung 4.6, aber auch nach jeder anderen monoalphabetischen Verschlüsselung arbeitet. Zu jeder Chiffriertabelle gehört genau eine Verdrahtung und umgekehrt. Wollen wir dechiffrieren, müssen wir eine Platine verwenden, die das Spiegelbild der ursprünglichen ist, so wie es anhand des Vierbuchstabenalphabets im unteren Teilbild dargestellt ist. Dann entsprechen, anders als vorher, den Schaltern Geheimschriftbuchstaben, den Lampen Buchstaben des Klartextes.

Erste Verschlüsselungen mit einer elektrischen Maschine gelangen, als um 1915 elektrische Schreibmaschinen aufkamen. Bei ihnen drückt man auf eine Taste, also auf einen Schalter, der den Stromkreis schließt, der wiederum mit Hilfe eines Elektromagneten den Typenhebel auf das Papier drückt. Bei der normalen Schreibmaschine wird beim Drücken der Taste a der Typenhebel a bewegt. Durch eine Änderung der Verdrahtung kann man erreichen, daß der Taste c jetzt der Hebel a, der Taste d Hebel b entspricht und so

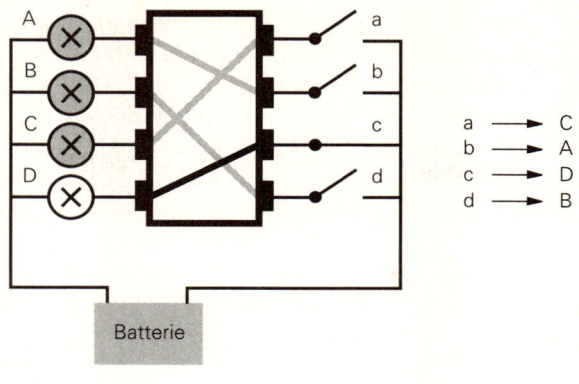

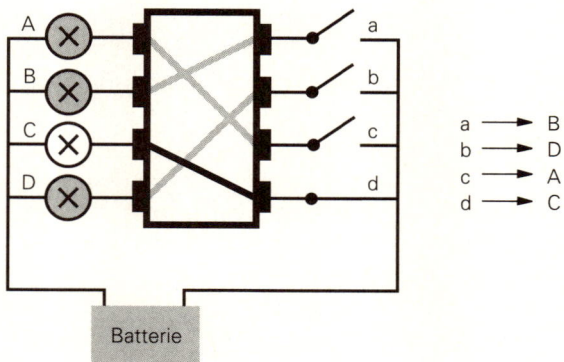

Abb. 4.10: Eine Verschlüsselung mit Hilfe einer elektrischen Schaltung. *Oben:* Vier Lampen A, B, C, D können durch vier Schalter a, b, c, d zum Leuchten gebracht werden. Dazu tippt man auf ihnen die Klarbuchstaben ein, und der Buchstabe der jeweils aufleuchtenden Lampe reiht sich dann in den so entstehenden Geheimtext. Rechts daneben ist die mit dieser Schaltung erzielte Permutation des Alphabets dargestellt. *Unten:* Die Schaltung, die den mit der oberen Anordnung hergestellten Geheimtext wieder entschlüsselt. Tippt man den Geheimbuchstaben auf der entsprechenden Taste ein, leuchtet die zum Klarbuchstaben gehörende Lampe auf. Rechts ist wieder die entsprechende Permutation angegeben. Sie ist der Kehrwert der darüberstehenden.

weiter. So setzt die Maschine Klartext, der eingetippt wird, automatisch in Geheimtext um. Doch sie liefert immer nur eine monoalphabetische Verschlüsselung.

Der Entschlüßler von heute freut sich, wenn er einer solchen Chiffrierung begegnet, denn er kann sie im Nu knacken. Wie man solche Texte angeht, das wußten schon Edgar Allan Poes Held William Legrand und der berühmte Sherlock Holmes.

5 Wie man eine monoalphabetische Verschlüsselung knackt

> Im Deutschen sind besonders auffällig die e-Spitze und der n-Gipfel, die f-g-h-i-Flanke mit anschließender j-k-Senke, die o-p-q-Senke mit anschließendem r-s-t-u-Kamm.
>
> *Friedrich L. Bauer, Entschlüsselte Geheimnisse*

Als sie die Bolzen entdeckt haben, ist es leicht, die Kiste zu öffnen. Im Licht der Laterne blitzen und glühen Gold und Juwelen. Legrand ist erregt, und Jupiter, ein Schwarzer, der ihn begleitet, wird so bleich, wie es für einen Menschen seiner Hautfarbe nur möglich ist. Er sinkt in der Grube auf die Knie, begräbt seine beiden Arme bis an die Ellenbogen im Gold und läßt sie darin ruhen. Die Männer haben den Schatz Captain Kidds gefunden, des schottischen Piraten, der in früheren Zeiten die Ozeane unsicher gemacht hat.

Die Geschichte ist frei erfunden. Der amerikanische Schriftsteller Edgar Allan Poe (1809–1849) hat sie 1843 unter dem Titel «Der Goldkäfer» veröffentlicht. In ihr findet der Eigenbrötler William Legrand am Strand ein Pergament mit einem Geheimtext, der monoalphabetisch chiffriert ist. Legrand gelingt es, die Nachricht zu entschlüsseln, und er erfährt auf diese Weise, wo der etwa hundertfünfzig Jahre zuvor gehenkte Captain Kidd seinen Schatz vergraben hat.

Edgar Allan Poe entschlüsselt auf Bestellung

Poes Erzählungen sind in zweierlei Hinsicht bemerkenswert. Manche von ihnen zeichnen sich durch ihre messerscharfe deduzierende Logik aus, die sie zu Vorläufern der modernen Detektivgeschichte macht. Zum anderen stammen aus Poes Feder rätselhafte und schaurige Darstellungen psychischer Abnormitäten und übersinnlicher Erscheinungen. In der Erzählung «Der Goldkäfer» verbindet

1 1 1
2 2 2
3 3 3
4 4 **4**
5 5 5
6 6 6
7 7 7
8 8 8
9 9 9
0 **0** 0

Wie man eine monoalphabetische Verschlüsselung knackt

er beide Aspekte. Da ist der geheimnisvolle Piratenschatz mit massiven Ohr- und Fingerringen sowie geraubten goldenen Uhren. Schaurig ist die Anleitung, wie man ihn finden kann. Unter anderem weist ein Gegenstand, den man durch das linke Auge eines an einen Baum genagelten Totenkopfes fallen lassen muß, auf die richtige Stelle am Boden. Legrand entziffert den Text der Handschrift mit der gleichen analytischen Logik, mit der auch heute monoalphabetische Verschlüsselungen geknackt werden.

Kryptologie war ein Steckenpferd des Dichters. Im Jahre 1839 schrieb er in einer Zeitschrift über den Wert des Lösens von Rätseln, vor allem über das Entschlüsseln von Geheimtexten. Er lud seine Leser ein, monoalphabetische Verschlüsselungen zu ersinnen und ihm damit chiffrierte Texte zu schicken. Die Antworten ließen nicht lange auf sich warten. Eine stammte von einem Siebzehnjährigen namens Schuyler Colfax – er sollte später Vizepräsident der Vereinigten Staaten werden.

Poe löste die meisten der eingegangenen Kryptogramme. Bei zweien erkannte er, daß sie nicht zu einem wirklichen Text gehörten, sondern aus willkürlich aneinandergereihten Zeichen bestanden. Ein anderes hatte statt der sechsundzwanzig dem Alphabet entsprechenden Zeichen sogar einundfünfzig, es war also gar keine monoalphabetische Verschlüsselung, wie es Poe gefordert hatte. Die Flut der Geheimtexte nahm kein Ende, und Poe entzifferte fast alle, was ihm zu großem Ansehen verhalf. Augenzeugen behaupteten, er brauche manchmal zur Entschlüsselung nur den Bruchteil der Zeit, die der Verschlüßler benötigt habe, um das Kryptogramm herzustellen. Man vermutet, daß Poes Erfolg im Dechiffrieren hauptsächlich auf Intuition beruhte. Von einem der wichtigsten Hilfsmittel der Kryptologie jedenfalls erfuhr er erst später durch einen Artikel in einer Enzyklopädie.

Die einzelnen Buchstaben des Alphabets treten in jeder Sprache mit einer für diese charakteristischen Häufigkeit auf. So ist im Deutschen, Englischen, Französischen, Italienischen und im Spanischen das e der häufigste Buchstabe, im Portugiesischen das a, während im Deutschen und Englischen das q und in den anderen Sprachen das w nur ganz selten vorkommen. Poe hatte sich den Ruf erworben, ein Entschlüsselungsgenie zu sein, und er war darauf bedacht, seine Methoden für sich zu behalten, um diesen Nimbus zu bewahren. Doch dann verarbeitete er sein Wissen in der Geschichte vom «Goldkäfer», bei der der Kryptologe Poe dem Dichter die Worte diktierte. Der Geheimtext auf dem Pergament des Captain Kidd ist in Abbildung 5.1 wiedergegeben. Folgen wir Poes Helden Legrand und sehen wir, wie er vom Geheimtext zum Klartext gelangt.

53‡‡†305))6*;4826)4‡.)4‡);806*;48† 8 ⫽ 60))85;1‡(;:
‡*8†83(88)5*†;46(;88*96*?;8)*‡(;485);5*†2:*‡(;4956*
2(5*- 4)8⫽8*;40 69 285);)6†8)4‡‡;1(‡9;48 0 81;8:8 ⁄ 1;
48†85;4)485†52 8806*81(⁄ 9;4 8;(88;4(‡?34;48)4‡;161;:
188;‡?;

Abb. 5.1: Die chiffrierte Nachricht des Captain Kidd in Edgar Allan Poes Erzählung «Der Goldkäfer».

In einer Ecke des Pergaments ist die Zeichnung eines jungen Bocks zu erkennen. Das englische Wort dafür ist «kid», dem deutschen Wort «Kitz» entsprechend. Daraus und aus den Umständen, unter denen Legrand das Pergament gefunden hat, schließt er, daß es sich um eine Nachricht des Seeräubers Captain Kidd handeln muß. Es liegt daher nahe anzunehmen, daß der Klartext in englischer Sprache abgefaßt worden ist. Nun untersucht Legrand, wie häufig die einzelnen Zeichen auftreten. Die 8 kommt dreiunddreißigmal vor, weitaus öfter als alle anderen Symbole. Daraus schließt Legrand, daß die 8 für e steht. Hinzu kommt, daß sie fünfmal doppelt auftritt, entsprechend «ee» im Englischen. In einer monoalphabetischen Verschlüsselung müßte das häufig vorkommende Wort «the» eine sich wiederholende Kombination von drei Zeichen sein, mit einer 8 am Ende. Tatsächlich kommt siebenmal die Dreierkombination ;48 vor. Also versucht Legrand, das ; als t und die 4 als h zu deuten. Zählen wir nun bis zum dreiunddreißigsten Zeichen von hinten zurück. Dort beginnt die als «the» interpretierte Dreiergruppe ;48. Dann folgen ein t, darauf das noch unbekannte Zeichen (, dann zwei e, ein t und ein h, also «t.eeth». Man kann nun das ganze Alphabet durchgehen, um für die Leerstelle in «t.eeth» einen passenden Buchstaben zu finden. In keinem Fall erhält man ein Wort der englischen Sprache. Deshalb schließt Legrand, daß die Zeichen «th» am Schluß schon zum nächsten Wort gehören. Damit bleiben die Zeichen «t.ee» übrig. Probiert man wieder sämtliche Buchstaben durch, die für (stehen könnten, stellt man fest, daß nur das r einen Sinn ergibt. Es liefert das Wort «tree» (Baum). Also heißt der bisher entschlüsselte Teil wahrscheinlich «the tree». Dann kennen wir aber die nächsten drei Buchstaben, nämlich «thr». Es folgen die uns unbekannten Zeichen ≠?3, an die sich ein h und das Wort «the» anschließen. Also haben wir «the tree thr ... hthe». Dem Englisch sprechenden Legrand drängt sich für «thr...h» das Wort «through» (durch) auf.

Wenn diese Vermutung zutrifft, sind drei weitere Zeichen identifiziert, nämlich ≠, 7 und 3, die den Buchstaben o, u, g entsprechen. Nun finden wir aber etwa zu Beginn der zweiten Zeile die Kombination †83(88, also «.egree», und Legrand schließt daraus, daß es sich um «degree», das englische Wort für «Grad», handeln muß. Also steht das Zeichen † für den Buchstaben d. Fünf Zeichen hinter dem Wort «degree» beginnt die Kombination ;46(;88. Mit den bereits bekannten Zeichen folgt «th.rtee», und das kann nur «thirteen», also «dreizehn», heißen. Demnach entsprechen 6 und * den Buchstaben i und n. Nun ersetzt Legrand alle Geheimzeichen, deren Bedeutung er schon kennt, durch ihren zugeordneten Klarbuchstaben. Noch ist die Botschaft nicht lesbar, aber Legrand kann weiterraten. So beginnt die Nachricht mit den Zeichen 53≠†. Mit den bereits bekannten Entsprechungen folgt «.good». Es gibt im Englischen nur wenige Wörter, die aus einem einzigen Buchstaben bestehen. Also liegt es nahe, die 5 mit a zu übersetzen. Dann beginnt die Nachricht mit «a good», also «ein guter», «eine gute» oder «ein gutes». So tastet sich Legrand von Buchstabe zu Buchstabe. Schließlich kann er den Text lesen, der, ins Deutsche übertragen, lautet: «ein gutes glas im bischofshotel in des teufels sitz, einundvierzig grad und dreizehn minuten nordöstlich und nördlich hauptast siebenter ast ostseite, schieß von dem linken auge des totenkopfes eine kerzengerade linie durch den baum durch den schuß fünfzig fuß hinaus».

Die Nachricht ist immer noch rätselhaft, aber das ist nun nicht mehr eine Frage der Kryptologie. Nur noch etwas Detektivarbeit ist notwendig, um sie zu deuten.

Der unselige Captain Kidd hatte Entschlüßlern ein zusätzliches Hindernis in den Weg gestellt, indem er alle Zeichen ohne Zwischenräume hintereinandersetzte. Hätte er jeden Wortanfang durch einen Zwischenraum oder ein bestimmtes Zeichen angedeutet, wäre Legrand die Übersetzung leichter gefallen.

Sherlock Holmes und die tanzenden Männchen

Einfacher war es für Sherlock Holmes. In Arthur Conan Doyles Geschichte «Die tanzenden Männchen» läßt Abe Slaney, «der gefährlichste Gangster Chicagos», seiner Jugendliebe Elsie, die inzwischen in England lebt und mit einem Gutsherrn verheiratet ist, bedrohliche Nachrichten zukommen. Dazu verwendet er eine Geheimschrift, die beide früher benutzt haben: Er zeichnet mit Kreide Figuren tanzender Strichmännchen in verschiedenen Positionen auf Fensterbänke und an das Tor des Werkzeugschuppens auf dem Gut, in dessen Nähe er sich ein Zimmer gemietet hat. Elsie möchte, daß ihr Mann möglichst wenig über ihre Vergangenheit erfährt – doch der Gutsbesitzer ist beunruhigt über seine verängstigte Frau und die immer wieder auftauchenden Zeichnungen. Er überläßt Sherlock Holmes die Strichmännchen-Botschaften, die er im Laufe der Zeit auf seinem Gut entdeckt und kopiert hat. Abbildung 5.2 zeigt in den oberen sechs Zeilen alle Kryptogramme, die dem Detektiv für die Entschlüsselung zur Verfügung stehen.

1 1 1
2 2 2
3 3 3
4 4 4
5 5 5
6 6 6
7 7 7
8 8 **8**
9 9 9
0 **0** 0

Wie man eine monoalphabetische Verschlüsselung knackt

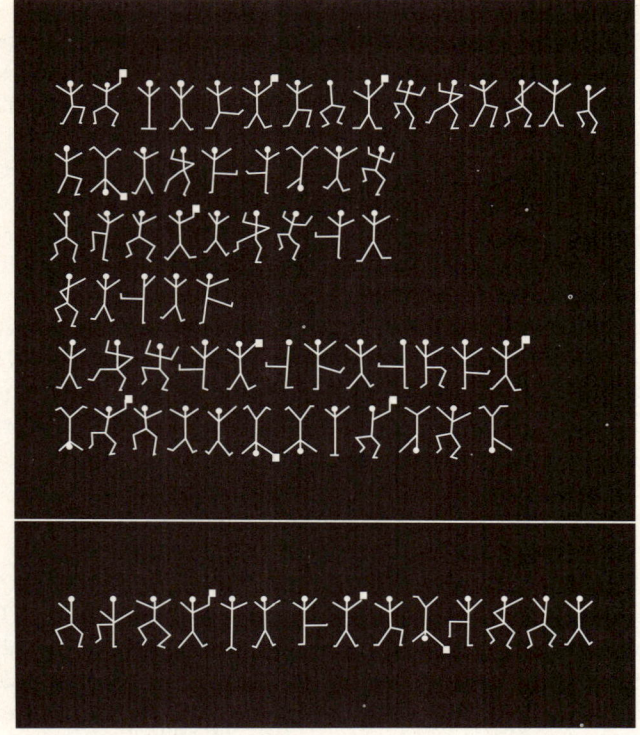

Abb. 5.2, oben: Die verschlüsselten Botschaften, die Sherlock Holmes in der Geschichte «Die tanzenden Männchen» zur Verfügung stehen. *Unten:* Die chiffrierte Nachricht, die der Detektiv, nachdem es ihm gelungen ist, die Geheimschrift zu knacken, an den Verbrecher schickt.

Der Meister hat sofort einen Geistesblitz: Einige der Männchen halten eine Flagge in der Hand. Ein Sherlock Holmes kombiniert blitzschnell, daß die Fähnchen die Wortenden andeuten. Dann geht er genauso vor wie Legrand. Am häufigsten kommt in den Kryptogrammen ein Männchen vor, das breitbeinig dasteht und beide Arme nach oben reckt. Es müßte also, schließt Holmes, dem Buchstaben e entsprechen. Bald hat Holmes den Strichmännchen einen großen Teil des Alphabets zugeordnet, so vielen, daß er selbst einfache Nachrichten in diesem System verschlüsseln kann. Aus den Botschaften Slaneys hat er erfahren, wo dieser wohnt, und schickt ihm nun eine von ihm selbst verschlüsselte Nachricht des Inhalts: «come here at once» (komm schnell her). Sie ist in der letzten Zeile der Abbildung 5.2 wiedergegeben. Slaney mußte glauben, daß seine Angebetete sie verfaßt hat. Und so tappt er unversehens in die Falle. Ein weiterer Sieg des großen Sherlock Holmes!

Die beiden Beispiele aus der Literatur zeigen das Prinzip, nach dem wir vorgehen müssen, wenn wir eine monoalphabetische Verschlüsselung knacken wollen. Beide Beispiele beziehen sich auf englischsprachige Klartexte, aber im Deutschen ist es nicht viel anders.

Doch ehe wir darangehen, monoalphabetisch verschlüsselte deutsche Texte zu entziffern, sollten wir uns noch mit einigen hilfreichen Werkzeugen versehen.

Das häufige e und das seltene q

Wie im Englischen treten auch im Deutschen die Buchstaben in sehr unterschiedlicher Häufigkeit auf. Es ist verblüffend, wie gesetzmäßig in einem Text die einzelnen Buchstaben des Alphabets vorkommen, sei es Kants *Kritik der reinen Vernunft* oder ein Liebesroman. Da es sich dabei lediglich um eine statistische Gesetzmäßigkeit handelt, sind allerdings die Abweichungen von ihr nur dann gering, wenn ein umfangreiches Textmaterial zur Verfügung steht. Im Deutschen genauso wie im Englischen ist das e der häufigste Buchstabe, aber eben nur bei großen Textmengen. Der «Staubsauger» ist kein Gegenbeispiel. Erst wenn man ihn in einen längeren Text einbaut, wird man merken, daß das e viel häufiger vorkommt als das a und das u.

In der Tabelle der Abbildung 5.3 ist die prozentuale Häufigkeit der Buchstaben des Alphabets in einem deutschen Text angege-

1 1 1
2 2 2
3 3 3
4 4 4
5 5 5
6 6 6
7 7 7
8 8 8
9 9 9
0 0 0

Wie man eine monoalphabetische Verschlüsselung knackt

a	6.51	n	9.78
b	1.89	o	2.51
c	3.06	p	0.79
d	5.08	q	0.02
e	17.40	r	7.00
f	1.66	s	7.27
g	3.01	t	6.15
h	4.76	u	4.35
i	7.55	v	0.67
j	0.27	w	1.89
k	1.21	x	0.03
l	3.44	y	0.04
m	2.53	z	1.13

Abb. 5.3: Die Häufigkeitsverteilung der Buchstaben des deutschen Alphabets in Prozent.

ben.* Dabei sind die Umlaute ä, ö, ü durch ae, oe, ue und ß durch ss ersetzt. Abbildung 5.4 zeigt die Verteilung noch einmal in einer grafischen Darstellung. Wir sehen, daß die häufigsten Buchstaben e und n sind. Dann folgen i, s, r, a und t.

Wer schon weiß, welches Zeichen für e steht, der kann sich mit Buchstabenpaaren weiter in das Schlüsselalphabet vortasten. Die häufigsten Buchstabenpaare im Deutschen sind allen voran «en» und «er». Dann folgen: ch, te, de, nd, ei, ie, in, es. Auf den Buchstaben e folgen in den Paaren als Zweitbuchstaben, wieder in der Reihenfolge ihrer Häufigkeit: n, r, i und s.

Aber auch die *Wörter* der deutschen Sprache kommen mit verschiedenen und für fast alle Texte charakteristischen Häufigkeiten vor. Hier die häufigsten kurzen Wörter, in der Reihenfolge ihrer Frequenz aufgelistet: die, der, zu, in, ein, an, den, auf, das. Sie

---

* Die Tabelle der Abbildung 5.3 nach Albrecht Beutelspacher, *Kryptologie*, Braunschweig 1993 (3. Auflage), S. 18. Danach ist auch die Grafik der Abbildung 5.4 angefertigt.

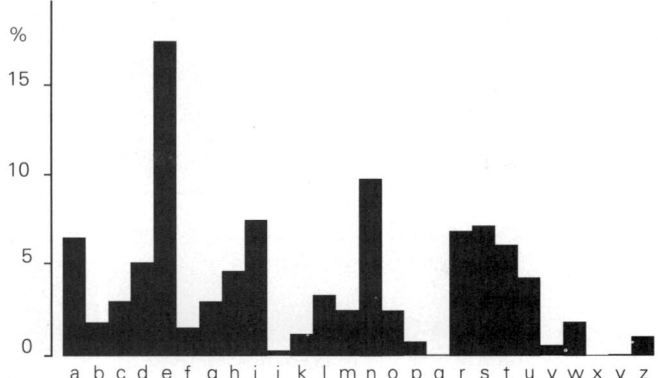

Abb. 5.4: Die Häufigkeitsverteilung der Buchstaben in der deutschen Sprache, grafisch dargestellt. Auf sie beziehen sich die am Beginn des Kapitels 5 zitierten Worte von Friedrich L. Bauer.

helfen vor allem bei der Entschlüsselung, wenn der Geheimtext die Worttrennungen erkennen läßt.

Welches Hauptwort wird im Deutschen am meisten gebraucht? Etwa das *Geld* oder die *Mark*, das *Auto* oder das *Fernsehen*? Nein, mit Abstand führt das Wort *Zeit*. Danach folgen *Herr* und *Jahre*. Die *Frau* kommt erst an vierzehnter Stelle, die *Mark* liegt auf Platz sechzehn. Aber sie steht immerhin noch vor *Gott*.

Ein Geheimtext wird entschlüsselt

Wagen wir uns nun selbst an einen einfachen Geheimtext. Einfach ist er, weil in ihm die Wörter durch Zwischenräume getrennt sind. Man erkennt sofort, welches die kurzen Wörter sind, ein unschätzbarer Vorteil, wie wir gleich sehen werden. Abbildung 5.5 zeigt einen monoalphabetisch verschlüsselten Text:

1 1 1
2 2 2
3 3 3
4 4 4
5 5 5
6 6 6
7 7 7
8 8 8
9 9 9
0 0 0

1 1 1 Wie man eine monoalphabetische Verschlüsselung knackt
2 2 **2**
3 3 3
4 4 4
5 5 5
6 6 6
7 7 7
8 8 8
9 9 9
0 0 0

FB EMG GMLMQ CJMBLP HJB HFP CKMBCSFL
JB EMG DMQP RJPP SK DMGEMB JIMG HFP
RMANSFL FRP EFM DMQP HKMEM JB KBR LMDOGEMB

Abb. 5.5: Ein Geheimtext.

Insgesamt enthält er neunzehn verschiedene Zeichen. Ordnen wir
sie nach ihrer Häufigkeit, so ergibt sich:

M (17, 18.0%)	E (6, 6.4%)
B (9, 9.6%)	G (6, 6.4%)
P (8, 8.5%)	J (6, 6.4%)
F (7, 7.4%)	L (5, 5.3%)

In Klammern ist angegeben, wie oft das Zeichen im Text auftritt
und wieviel die Häufigkeit in Prozent beträgt.

Es drängt sich die Vermutung auf, daß das Zeichen M dem Klarbuchstaben e entspricht. Tatsächlich zeigt die Tabelle auf Seite 110
die Häufigkeit des Buchstabens e mit nahezu achtzehn Prozent an.
Betrachten wir nun im Geheimtext einige der Wörter mit drei
Buchstaben. Zweimal tritt EMG auf, ein dreibuchstabiges Wort
mit einem e in der Mitte. Als die am häufigsten vorkommenden
kurzen Wörter mit drei Buchstaben, bei denen ein e in der Mitte
steht, haben wir «der» und «den» kennengelernt. In beiden Fällen
wäre E identisch mit d, und es bleibt die Frage, ob G einem r oder
einem n entspricht. Die Betrachtung der Buchstabenpaare hilft uns
hier nicht weiter, denn «er» und «en» kommen beide sehr häufig
vor. Sehen wir uns nun das dreibuchstabige Wort EFM an, von
dem wir zwei Buchstaben kennen. Der erste ist das d, der letzte das
e. Ein Blick auf die häufigsten kurzen Wörter sagt uns, daß es sich
mit großer Wahrscheinlichkeit um das Wort «die» handelt. Wir haben damit einen weiteren Buchstaben gewonnen: Dem F entspricht das i. Nun kann uns das erste Wort weiterhelfen: zwei
Buchstaben, der erste ein i. An zweiter Stelle steht der Geheim-

buchstabe ▢, der im Text als zweithäufigster vorkommt. Ein Blick auf die Tabelle legt nahe, daß der entsprechende Klarbuchstabe das n ist. Dann wäre das erste Wort «in». Das letzte Zeichen des zweiten Wortes könnte dann nicht gleichfalls n sein, denn sonst stünde dort statt ▢ das ▢. Also ist das zweite Wort «der», und dem ▢ entspricht damit das r. Der Anfang der Botschaft wäre dann «in der...». Das klingt vernünftig. Nun tritt noch zweimal das zweibuchstabige Wort ▢ auf. Im Klartext haben wir also «.n». «in» kann es nicht sein, vielleicht ist es «an». Dann würde also ▢ dem a entsprechen.

Tragen wir jetzt in unseren Schlüsseltext die bisher identifizierten Zeichen ein. Natürlich sind wir nicht sicher, ob unsere Deutungen richtig sind oder ob wir damit auf Schwierigkeiten stoßen wie jemand, der ein falsches Wort in ein Kreuzworträtsel eingetragen hat. Schauen wir uns das Ergebnis dieses ersten Durchgangs an. Wir erhalten den folgenden, noch sehr lückenhaften Klartext:

```
FB EMG GMLMQ CJMBLP HJB HFP CKMBCSFL
in der  re.e. .aen...an .i. ..en..i.
JB EMG DMQP RJPP SK DMGEMB JIMG HFP
an der .e...a.... .erden a.er .i.
RMANSFL FRP EFM DMQP HKMEM JB KBR LMDOGEMB
.e...ig i.. die .e.. ..ede an.n. .e..rden
```

Abb. 5.6: Der Geheimtext der Abbildung 5.5, nachdem die Buchstaben e und n anhand ihrer Häufigkeit ermittelt und mit Hilfe der kurzen Wörter noch einige weitere Buchstaben bestimmt worden sind.

Das dritte Wort, zusammen mit den ersten beiden, legt nahe, daß ▢ dem g entspricht und das ▢ dem l. Dann beginnt der Klartext mit «in der regel...». Das ermöglicht es uns, an weiteren Stellen g und l einzusetzen.

Im Text haben wir zwei Wörter, denen lediglich ein einziger Buchstabe fehlt. Das vierzehnte Wort heißt vorläufig «a.er». «ader» kann es nicht sein, denn dem d entspricht das ▢. Vielleicht heißt das

Wort «aber»? Wir brauchen uns vorläufig nicht weiter damit zu befassen, denn das ▮ tritt nicht noch einmal auf. Die Kenntnis darüber hilft deshalb nicht weiter. Gehen wir zum Wort davor, zu «.erden». Es kann «herden» heißen oder auch «werden». Das Zeichen ▮, von dem wir vermuten, es entspreche entweder dem h oder dem w, tritt noch im letzten Wort, in «ge..rden», auf, was nahelegt, daß es «geworden» heißen soll. Damit haben wir zwei neue Buchstaben: ▮ entspricht dem w und ▮ dem o. Die zweite Bilanz ergibt:

FB EMG GMLMQ CJMBLP HJB HFP CKMBCSFL
in der regel .aeng..an .i. ..en..ig
JB EMG DMQP RJPP SK DMGEMB. JIMG HFP
an der wel..a.. .. werden a.er .i.
RMANSFL FRP EFM DMQP HKMEM JB KBR LMDOGEMB
.e...ig i.. die wel. ..ede an .n. geworden

Abb. 5.7: Der Geheimtext der Abbildung 5.5, weiter entschlüsselt.

Nun nehmen wir uns das fünfte Wort vor: «.an». Eigentlich paßt nur «man». Wenn das stimmt, können wir viermal das ▮ durch m ersetzen. Das scheint Sinn zu ergeben. Zweimal tritt «mi.» auf. «mir» kann es nicht sein, da das r durch ▮ ausgedrückt wird. Also liegt «mit» nahe. ▮ entspricht vielleicht dem t. Damit können wir weitere Buchstaben einsetzen. Nun lesen wir die ersten sechs Wörter: «in der regel .aengt man mit». Abbildung 5.8 zeigt, wie weit wir jetzt sind.

Heißt dort das vierte Wort: «faengt» oder «haengt»? Das Wort Nummer sieben kann nicht «huenh.ig» lauten, da macht «fuenf.ig» mehr Sinn, und es folgt: Das ▮ ist das f, und das ▮ entspricht dem z. Nun ist es kinderleicht. Nehmen wir das elfte Wort «.att». Was ist es, «matt», «satt» oder für Schachspieler «patt»? Weder matt noch patt können es sein, denn das vorletzte Wort würde dann auf «nm» oder «np» enden. «satt» dagegen ergibt bei ihm die Endung «ns», was durchaus sinnvoll erscheint. Damit haben wir aber auch gleich-

in der r e g e l . aengt man mit . uen . . ig
an der w e l t . att . . werden a . er mit
. e . . . ig i . t die w e l t m . ede an . n . geword e n

Abb. 5.8: Der Geheimtext der Abbildung 5.5, nahezu vollständig entschlüsselt

zeitig das vorletzte Wort gefunden. Ist es «ins», «ans» oder «uns»? Da a und i bereits bekannt sind, kann es nur das u sein. Damit ist aber alles klar: «in der regel faengt man mit fuenfzig an, der» – ja, was nun? Bei dem Wort «fuenfzig» haben wir gelernt, daß S dem z entspricht. Da haben wir die verborgene Weisheit:

> «in der regel faengt man mit fuenfzig an
> der welt satt zu werden aber mit sechzig
> ist die welt muede an uns geworden

Es gibt nicht nur *einen* Weg, eine monoalphabetische Verschlüsselung zu knacken. Vielleicht empfinden Sie unseren Schritt nach dem Klartextfragment der Abbildung 5.6 als voreilig. Dort vermuteten wir als drittes Wort «regel», was uns gleich zwei neue Buchstaben lieferte. Es geht auch anders. Gehen wir noch einmal von diesem Textfragment aus und versuchen es, ohne vorerst das dritte Wort zu benutzen. Wenden wir uns statt dessen dem fünften Wort zu, das aus drei Buchstaben besteht, von denen wir zwei schon haben. Was fällt uns bei «.an» ein? Wahrscheinlich das Wort «man». Versuchen wir es mit dem m für H. Jetzt tritt ein dreibuchstabiges Wort im Text auf: «mi.». Was ist der dritte Buchstabe?

Schauen wir in das Duden-Lexikon (einem Entschlüßler sind alle Hilfsmittel erlaubt). Es könnte sich um das Wort «mia» handeln, das als Abkürzung für die Milliarde oder auch als Koseform von Maria dient. Aber auch «mio» als Abkürzung für die Million, «min» für Minute oder «mir» und «mit» könnten es sein. Die Wörter «mia», «mir» und «min» fallen aus, da die dritten Buchstaben a, n und r bereits bekannt sind. Das P könnte also ein o oder ein t bedeuten. Nehmen wir an, es wäre das o. Dann haben wir für das siebte Wort, von rückwärts gezählt, «i.o». Darüber hinaus hätten wir in der zweiten Zeile «.aoo» – noch schlimmer. Versuchen wir es dann also mit dem t für das P und schreiben das bisher Gewonnene hin:

```
in der re.e. .aen.t man mit ..en..i. an
der .e.t .att .. .erden a.er mit .e...i.
i.t die .e.t m.ede an .n. .e..rden
```

Jetzt haben wir zwei Wörter, denen der gleiche Buchstabe fehlt: «.att» und «i.t». Beide Male steht im Geheimtext ein R. Vor «.att» standen wir schon beim vorigen Versuch der Verschlüsselung. Wir hatten uns für «satt» entschieden, was gleichzeitig auch noch das Wort «ist» liefert. Wie früher identifizieren wir das vorletzte Wort mit «uns» und erfahren auf diese Weise, daß K dem u entspricht. Damit haben wir auch das viertletzte Wort identifiziert. Es heißt «muede». Zwei Wörtern fehlt jetzt nur noch ein Buchstabe. In der mittleren Zeile haben wir «.erden a.er». Die beiden Leerstellen legen nahe, daß T dem w und I dem b entspricht. Jetzt tritt zweimal «we.t» auf. Was kann es sein? Versuchen wir es mit «welt». Dann haben wir als drittes Wort im Text «re.el» und erraten «regel», wie vorhin. Dem letzten Wort fehlt jetzt lediglich ein Buchstabe. Wir identifizieren es mit «geworden» und erhalten «. . . ist die welt muede an uns geworden». Jetzt sind wir praktisch fertig.

Es gibt keine klaren, eindeutigen Vorschriften, wie man einen monoalphabetischen Geheimtext angeht. Es gibt nur nützliche Regeln. Der Entschlüßler muß Fingerspitzengefühl und Erfahrung haben.

Die Findlinge der FAZ

Die *Frankfurter Allgemeine Zeitung* veröffentlicht in der Rätselecke ihrer wöchentlich erscheinenden Beilage, des FAZ-Magazins, unter dem Namen «Findlinge» regelmäßig Geheimtexte, die der Mathematiker und Wissenschaftsjournalist Thomas von Randow monoalphabetisch verschlüsselt hat. Den Buchstaben des Alphabets entsprechen Zeichen, einmal chinesische Schriftzeichen, einmal Noten, einmal Hieroglyphen. Den im vorigen Abschnitt behandelten Text habe ich einem dieser Findlinge entnommen. Ich habe allerdings der Drucktechnik wegen die Zeichen durch Buchstaben ersetzt. Auf den Abbildungsseiten 5.9 und 5.10 sind mehrere Findlinge der FAZ wiedergegeben. Versuchen Sie sich daran, wenn es Ihnen Spaß macht. Die Beispiele sind verhältnismäßig leicht, da die Wörter getrennt sind. Wir haben bei der obigen Analyse mehrfach davon Gebrauch gemacht, daß wir die Wortlängen kannten. Außerdem sind die Texte hinreichend lang und in natürlicher Sprache abgefaßt.

Sehr viel schwieriger wird es bei Texten, in denen die Buchstabenhäufigkeiten anders sind. Der Mathematiker Albrecht Beutelspacher, ein Experte für Verschlüsselung, zitiert in seinem Buch *Kryptologie* als Beispiele für verfälschte Häufigkeitsverteilungen das «Traktat ueber die amouroesen aventuren des balthasar matzbach am rande des panamakanals» und den «einfluss von ozon auf die zebras im zentrum von zaire». Ich gebe im folgenden einen kurzen Geheimtext ohne Worttrennungen vor, der schon etwas schwieriger zu entschlüsseln ist als die Findlinge der FAZ:

KLEWMIHBILYEWGPLEWRHKGKEWJGEWGIL

Ich überlasse es Ihnen, den Klartext zu finden. Wer das entschlüsselt hat, verdient zur Belohnung wieder einen Findling:

12234 5678 9A4 B36CD3E1B2F, 53AA 19HB AGHBF GJA
83A 239F3A, 83A3A 567 3F514 D3KJ7DF B1K3A.

1 1 1 Wie man eine monoalphabetische Verschlüsselung knackt
2 2 2
3 3 3
4 4 4
5 5 5
6 6 6
7 7 7
8 8 8
9 9 9
0 0 0

Abb. 5.9 und Abb. 5.10: Findlinge aus dem Magazin der *Frankfurter Allgemeinen Zeitung.*

1 1
2 2 2
3 3 3
4 4 4
5 5 5
6 6 6
7 7 7
8 8 8
9 9 **9**
Die Findlinge der FAZ 0 0 0

1 1 1
2 **2** 2
3 3 3
4 4 4
5 5 5
6 6 6
7 7 7
8 8 8
9 9 9
0 0 **0**

Die Tücken der Bandwürmer

Die FAZ schreibt bei jedem ihrer Findlinge als Anleitung: «Häufig verwendete Lettern und kurze Wörter sind der Schlüssel zum Erfolg.» Das Hilfsmittel der kurzen Wörter geht verloren, wenn der Verschlüßler Zwischenräume und Satzzeichen verschweigt und nur einen Buchstabenbandwurm niederschreibt. Abbildung 5.11 zeigt

```
P Q N U A D I E X M X Z Q N N Q F N S Y T A E Y B K N F P N
Y M E N Z N T N Q C L Q K K N F K W T Y R E Z N L Q F F E O
B K N T N F P K I A Y U E Q K W T N V P N B E B F Z Q F H
N A V Q F P B F Z C Q E P N C K W T B E O H X F U X C C B F
Q U Y E Q X F K L N Z N F P Y E N F V Y F U N F B F P K X R
E L Y A N F N V N F Q T A N A F B E O B F Z Q F A N W T F N
A Z N K E B N E O E N F X N R R N F E M Q W T N F F Y W T A
Q W T E N F K D K E N C N F E A N E N F C N T A B F P C N T
A A N W T F N A Q F E N A F N Y F L N F P B F Z N F P Q N K
Q W T Y B W T Y B R O B Z A Q R R K V N A N W T E Q Z B F Z
N F B F P P N F J B N M M N F K W T B E O H X F K X R E L Y
A N N A K E A N W U N F C Q E N Q F N A R B N M M N K I Y F
F N F P N A M B K E Q Z N A B F P V Q K L N Q M N F Y F O B
N Z M Q W T N A Z N K W T Q W T E N F Y B K P N A T Q K E X
A Q K W T N F U A D I E X M X Z Q N Z N L B N A O E Q K E N
K Y B W T R B N A P N F M Y Q N F A N Q O H X M M O B M N K
N F
```

Abb. 5.11: Ein Geheimtext ohne Worttrennungen.

ein Beispiel. Wir haben nunmehr keinen Hinweis auf kurze Wörter und können nur die Statistik befragen, doch die verrät uns in diesem Fall bereits alles. Der Geheimbuchstabe N kommt am häufigsten vor, dreiundachtzigmal, das sind 17.2 Prozent. Dann folgen F mit 12.0, Q mit 7.1, E mit 6.8 und A mit 6.4 Prozent. Nehmen wir noch die nächsten drei: B mit 6.0, K mit 5.8 und T mit 5.0 Prozent. Vergleichen wir das mit der Häufigkeitsverteilung der Buchstaben in der deutschen Sprache, in der das e mit 18.5 und das n mit 11.5 Prozent am häufigsten vorkommen. Es liegt also nahe, N und F mit e und n zu identifizieren. In Abbildung 5.12 sind diese beiden Buchstaben in den Bandwurmtext eingesetzt.

Sehen wir uns in der ersten Zeile die Klarbuchstaben «ee.ne» an. Was bedeutet das Q? Es ist mit 7.1 Prozent das dritthäufigste Zeichen im Geheimtext. Nach der Häufigkeitstabelle könnte es eines der Zeichen i, s, r, a oder t sein. Von diesen ist wohl das i am geeignetsten, auch weil die Paare NQ und QN im Geheimtext verhältnismäßig oft vorkommen. Sie würden dann dem «ei» und dem «ie» des Klartextes entsprechen. Nehmen wir also an, i wäre richtig. Wenn wir es einsetzen, sehen wir, daß dann im Klartext keine ungewöhnlichen Buchstabenkombinationen auftauchen. Im Gegenteil, in der sechsten Klartextzeile von unten erscheint noch einmal das Wort «eine».

Betrachten wir aber jetzt die ersten Zeichen der ersten Zeile. Wir haben «.ie». Welches ist der erste Buchstabe? Beginnt unser Text mit «die», «wie» oder «nie»? Das letztere fällt weg, da das n bereits verbraucht ist. Das P erscheint im Geheimtext siebzehnmal, das sind 3.5 Prozent. In der deutschen Sprache tritt d mit 5.08prozentiger Häufigkeit auf, während das w nur auf 1.89 Prozent kommt. Die Wahrscheinlichkeit, daß es sich um ein d handelt, ist also größer, aber auch w ist nicht ausgeschlossen. Ersetzen wir zuerst P durch w. Es fällt dann auf, daß das Klarbuchstabenpaar «nw» im Text zehnmal erscheint. Unter den häufiger auftretenden Zweiergruppierungen, die mit n beginnen, sind aber nur «ne» und «nd». Also wird uns wahrscheinlich der Schritt «aus P mach w» in die Irre führen. Versuchen wir es lieber mit «aus P mach d» und sehen wir uns den Textausschnitt der Abbildung 5.13 an. In ihm sind die bisher bekannten Klarbuchstaben der Zeilen neun bis zwölf eingetragen. Wir haben dort in der dritten Klartextzeile «en.ndden». Das legt nahe, daß hierin das Wort «und» versteckt ist. Setzen wir deshalb für B jetzt u und betrachten unser Zwischenergebnis in Abbildung 5.14.

1 1 1   Wie man eine monoalphabetische Verschlüsselung knackt
2 2 2
3 3 3
4 4 4
5 5 5
6 6 6
7 7 7
8 8 8
9 9 9
0 0 0

```
P Q N U A D I E X M X Z Q N N Q F N S Y T A E Y B K N F P N
. . e . . . . . . . . . . e e . n e . . . . . . . . . e n . e

Y M E N Z N T N Q C L Q K K N F K W T Y R E Z N L Q F F E O
. . . . e . e . e . . . . . . e n . . . . . . . e . . n n . .

B K N T N F P K I A Y U E Q K W T N V N P N B E B F Z Q F H
. . e . e n . . . . . . . . . . . . e . e . e . . . n . . n .

N A V Q F P B F Z C Q E P N C K W T B E O H X F U X C C B F
e . . n . . n . . . . e . . . . . . . . . . . n . . . . . . n

Q U Y E Q X F K L N Z N F P Y E N F V Y F U N F B F P K X R
. . . . . . . n . . e . e n . . . e n . . n . e n . n . . . .

E L Y A N F N V N F Q T A N A F B E O B F Z Q F A N W T F N
. . . . e n e . e n . . . e . . . . . n . . . n . e . . n e

A Z N K E B N E O E N F X N R R N F E M Q W T N F F Y W T A
. . e . . e . . e n e . . e n . . . e n . . . e n n .

Q W T E N F K D K E N C N F E A N E N F C N T A B F P C N T
. . . . e n . . . . e . e n . . e . e n . . . . n . . e .

A A N W T F N A Q F E N A F N Y F L N F P B F Z N F P Q N K
. . e . . n e . . n . e . n e . n . e n . . n . e n . . e .

Q W T Y B W T Y B R O B Z A Q R R K V N A N W T E Q Z B F Z
. . . . . . . . . . . . . . . . . . . e . e . . . . . . n .

N F B F P P N F J B N M M N F K W T B E O H X F K X R E L Y
e n . n . . e n . e n . . e . . . . e n . . . . . n . . . .

A N N A K E A N W U N F C Q E N Q F N A R B N M M N K I Y F
. e e . . . . e . . e n . . . e . n e . . . e . . e . . . n

F N F P N A M B K E Q Z N A B F P V Q K L N Q M N F Y F O B
n e n . e . . . . . . . . e . . n . . . . . e . . e n . n . .

N Z M Q W T N A Z N K W T Q W T E N F Y B K P N A T Q K E X
e . . . . . e . . e . . . . . e n . . . . . . e n . . e . . .

A Q K W T N F U A D I E X M X Z Q N Z N L B N A O E Q K E N
. . . . . e n . . . . . . . . . . . . e . e . . e . . . . e

K Y B W T R B N A P N F M Y Q N F A N Q O H X M M O B M N K
. . . . . . . . e . . e n . . . e n e . . . . . . . . . . e .

N F
e n
```

Abb. 5.12: Der Geheimtext von Abbildung 5.11 mit den bereits an ihrer Häufigkeit erkannten Buchstaben e und n läßt auf den Buchstaben i schließen.

AANWTFNAQFENAFNYFLNFPBFZNFPQNK
..e...ne.in.e.ne.n.end.n.endie.
QWTYBWTYBROBZAQRRKVNANWTEQZBFZ
i..............i....e.e...i..n.
NFBFPPNFJBNMMNFKWTBEOHXFKXRELY
en.ndden..e..en..........n.....
ANNAKEANWUNFCQENQFNARBNMMNKIYF
.ee....e..en.i.eine...e..e...n

Abb. 5.13: **Ein Ausschnitt aus dem Geheimtext von Abbildung 5.11 verhilft zur Ermittlung des Buchstabens u.**

Anscheinend ist das u gut plaziert. In Zeile vier fällt nun «indun.» auf. Sollte es «indung» heißen, dann wäre ▮ gleich g. Dafür spricht auch die neunte Zeile, wo dann «endung» auftreten würde. Darüber hinaus sehen wir dann in der dritten Zeile die Buchstabenfolge «.e.edeu.un.». Ich würde «bedeutung» lesen. Dann entspricht das ▮ dem b, das ▮ dem t und, wie schon vermutet, das ▮ dem g. Abbildung 5.15 zeigt die Zeilen drei bis fünf nach dem Einsetzen. Das Wort «bedeutung» taucht auf – wir sind auf dem richtigen Weg! Gleich danach kommt «in.e.bindung.it». Das kann natürlich nur «in verbindung mit» heißen. Also ersetzen wir ▮, ▮ und ▮ durch v, r und m. Abbildung 5.16 zeigt, wie dann die ersten beiden Zeilen aussehen. Am Ende sehen wir «tge.innt». Darin steckt wohl «gewinnt», und das ▮ ist das w. Betrachten wir nun in Abbildung 5.17 die Zeilen neun bis elf des Geheimtextes von Abbildung 5.11. Sofort erkennt man am Ende «berechtigungen und», also: aus ▮ mach c, und aus ▮ mach h. In Abbildung 5.18 ist unser Klartext schon recht weit aufgefüllt.

Muß ich Ihnen wirklich noch verraten, wie es weitergeht? Natürlich werden aus ▮, ▮, ▮, ▮, ▮, ▮, ▮, ▮ und ▮ im Klartext a, l, s, o, f, j, k, p und y. Das letztere folgt aus der achten Zeile, wo sich nach dem Ersetzen von ▮ durch s das Wort «systeme» aufdrängt. Übrigens, den Text habe ich dem Rückendeckel eines bekannten Buches über Kryptologie entnommen.

Die Tücken der Bandwürmer

1 1 1   **Wie man eine monoalphabetische Verschlüsselung knackt**
2 2 2
3 3 3
4 4 4
5 5 5
6 6 6
7 7 7
8 8 8
9 9 9
0 0 0

```
P Q N U A D I E X M X Z Q N N Q F N S Y T A E Y B K N F P N
d i e . . . . . . . . i e e i n e . . . . . u . e n d e
Y M E N Z N T N Q C L Q K K N F K W T Y R E Z N L Q F F E O
. . . e . e . e i . . i . . e n . . . . . . . e . i n n . .
B K N T N F P K I A Y U E Q K W T N V N P N B E B F Z Q F H
u . e . e n d . . . . . i . . e . e d e u . u n . i n .
N A V Q F P B F Z C Q E P N C K W T B E O H X F U X C C B F
e . . i n d u n . . i . d e . . . . u . . . . n . . . . u n
Q U Y E Q X F K L N Z N F P Y E N F V Y F U N F B F P K X R
i . . . i . n . . e . e n d . . e n . . n . e n u n d . . .
E L Y A N F N V N F Q T A N A F B E O B F Z Q F A N W T F N
. . . . e n e . e n i . . e . n u . . u n . i n . e . . n e
A Z N K E B N E O E N F X N R R N F E M Q W T N F F Y W T A
. . e . . u e . . e n e . . e n . . i . . e n n . .
Q W T E N F K D K E N C N F E A N E N F C N T A B F P C N T
i . . . e n . . . . e . e n . e . e n . e . . u n d . e .
A A N W T F N A Q F E N A F N Y F L N F P B F Z N F P Q N K
. . e . . n e . i n . e . n e . n . e n d u n . e n d i e .
Q W T Y B W T Y B R O B Z A Q R R K V N A N W T E Q Z B F Z
i . . u . . u . . u . i . . . e e . . . i . u n .
N F B F P P N F J B N M M N F K W T B E O H X F K X R E L Y
e n u n d d e n . u e . . e n . . . . u . . . . n . . . . . .
A N N A K E A N W U N F C Q E N Q F N A R B N M M N K I Y F
. e e . . . . e . . e n . i . e i n e . . u e . . e . . . n
F N F P N A M B K E Q Z N A B F P V Q K L N Q M N F Y F O B
n e n d e . . u . . i . e . u n d . i . . e i . e n . n . u
N Z M Q W T N A Z N K W T Q W T E N F Y B K P N A T Q K E X
e . . i . e . e . . . i . . e n . u . d e . . i . . .
A Q K W T N F U A D I E X M X Z Q N Z N L B N A O E Q K E N
. i . . e n . . . . . . . . . i e . e . u e . . . i . . e
K Y B W T R B N A P N F M Y Q N F A N Q O H X M M O B M N K
. . u . . u e . d e n . . i e n . e i . . . . . . u . e .
N F
e n
```

Abb. 5.14: Der Geheimtext von Abbildung 5.11, weiter entschlüsselt.

```
B K N T N F P K I A Y U E Q K W T N V N P N B E B F Z Q F H
u . e . e n d . . . . . t i . . . e b e d e u t u n g i n .
N A V Q F P B F Z C Q E P N C K W T B E O H X F U X C C B F
e . b i n d u n g . i t d e . . . . u t . . . n . . . . u n
Q U Y E Q X F K L N Z N F P Y E N F V Y F U N F B F P K X R
i . . t i . n . . e g e n d . t e n b . n . e n u n d . . .
```

Abb. 5.15: Ein Ausschnitt aus dem Geheimtext von Abbildung 5.11 verhilft zur Ermittlung der Buchstaben v, r und m.

```
P Q N U A D I E X M X Z Q N N Q F N S Y T A E Y B K N F P N
d i e . r . . t . . . g i e e i n e . . . r t . u . e n d e
Y M E N Z N T N Q C L Q K K N F K W T Y R E Z N L Q F F E O
. . t e g e . e i m . i . . e n . . . . . t g e . i n n t .
```

Abb. 5.16: Dieser Teil des Geheimtextes von Abbildung 5.11 läßt uns den Buchstaben w erraten.

```
A A N W T F N A Q F E N A F N Y F L N F P B F Z N F P Q N K
. . e . . n e r i n t e r n e . n w e n d u n g e n d i e .
Q W T Y B W T Y B R O B Z A Q R R K V N A N W T E Q Z B F Z
i . . . u . . . u . . u g r i . . . . e r e . . t i g u n g
N F B F P
e n u n d
```

Abb. 5.17: Dieser Teil des Geheimtextes von Abbildung 5.11 verhilft zu c und h.

1 1 1
2 2 2
3 3 3
4 4 4
5 5 5
6 6 **6**
7 7 7
8 8 8
9 9 9
0 0 0

Wie man eine monoalphabetische Verschlüsselung knackt

P Q N U A D I E X M X Z Q N N Q F N S Y T A E Y B K N F P N

d i e . r . . t . . . g i e e i n e . . h r t . u . e n d e

Y M E N Z N T N Q C L Q K K N F K W T Y R E Z N L Q F F E O

. . t e g e h e i m w i . . e n . c h . . t g e w i n n t z

B K N T N F P K I A Y U E Q K W T N V N P N B E B F Z Q F H

u . e h e n d . . r . t i . c h e b e d e u t u n g i n v

N A V Q F P B F Z C Q E P N C K W T B E O H X F U X C C B F

e r b i n d u n g m i t d e m . c h u t z v . n . . m m u n

Q U Y E Q X F K L N Z N F P Y E N F V Y F U N F B F P K X R

i . . t i . n . w e g e n d . t e n b . n . e n u n d . . .

E L Y A N F N V N F Q T A N A F B E O B F Z Q F A N W T F N

t w . r e n e b e n i h r e r n u t z u n g i n r e c h n e

A Z N K E B N E O E N F X N R R N F E M Q W T N F F Y W T A

r g e . t u e t z t e n . e . . e n t . i c h e n n . c h r

Q W T E N F K D K E N C N F E A N E N F C N T A B F P C N T

i c h t e n . . . t e m e n t r e t e n m e h r u n d m e h

A A N W T F N A Q F E N A F N Y F L N F P B F Z N F P Q N K

r r e c h n e r i n t e r n e . n w e n d u n g e n d i e .

Q W T Y B W T Y B R O B Z A Q R R K V N A N W T E Q Z B F Z

i c h . u c h . u . z u g r i . . . b e r e c h t i g u n g

N F B F P P N F J B N M M N F K W T B E O H X F K X R E L Y

e n u n d d e n . u e . . e n . c h u t z v . n . . . t w .

A N N A K E A N W U N F C Q E N Q F N A R B N M M N K I Y F

r e e r . t r e c . e n m i t e i n e r . u e . . e . . . n

F N F P N A M B K E Q Z N A B F P V Q K L N Q M N F Y F O B

n e n d e r . u . t i g e r u n d b i . w e i . e n . n z u

N Z M Q W T N A Z N K W T Q W T E N F Y B K P N A T Q K E X

e g . i c h e r g e . c h i c h t e n . u . d e r h i . t .

A Q K W T N F U A D I E X M X Z Q N Z N L B N A O E Q K E N

r i . c h e n . r . . t . . . g i e g e w u e r z t i . t e

K Y B W T R B N A P N F M Y Q N F A N Q O H X M M O B M N K

. . u c h . u e r d e n . . i e n r e i z v . . . z u . e .

N F

e n

Abb. 5.18: Der Geheimtext der Abbildung 5.11, nahezu vollständig entschlüsselt. Der Rest ist leicht zu erraten.

Verschleierte Häufigkeiten

Häufigkeitsanalysen gestatten es, praktisch jeden monoalphabetisch chiffrierten Text zu entziffern, nur lang genug muß er sein. Deshalb hat man schon frühzeitig versucht, das Prinzip der monoalphabetischen Verschlüsselung abzuändern. Auf die einfachste Möglichkeit kam man schon vor sechshundert Jahren. Im Briefwechsel der Beamten von Mantua findet sich ein Schlüssel aus dem Jahre 1401. Abbildung 5.19 zeigt einen nach demselben Prinzip arbeitenden Schlüssel. In der oberen Zeile steht das Klartext-, darunter das

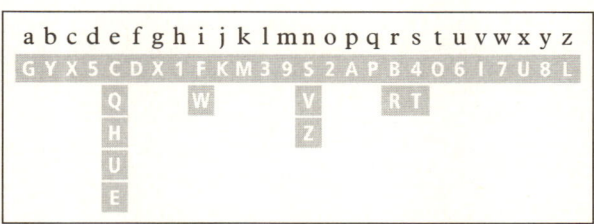

Abb. 5.19: Zur Verschleierung der für die deutsche Sprache typischen Häufigkeiten einzelner Buchstaben verwendet man für die Klarbuchstaben e, i, n, r und s mehrere Geheimbuchstaben.

Geheimtextalphabet, das aus Buchstaben und Ziffern besteht. Der Verschlüßler hat jetzt bei den Klarbuchstaben e, i, n, r und s die Wahl zwischen mehreren Geheimschriftzeichen. Auf diese Weise lassen sich die natürlichen Häufigkeiten der Klarbuchstaben verschleiern. Aus «erdbeergelee» kann CB5YHQRXE3UC entstehen, und die Überhäufigkeit des e ist verschwunden.

Der alte Schlüssel aus dem Jahre 1401 verrät uns, daß die Schreiber in der Kanzlei des Herzogs von Mantua weit über Caesar hinausgekommen waren. Sie wußten von der Schwachstelle einer monoalphabetischen Verschlüsselung. Heute kennen wir die Häufigkeitsverteilungen jeder Sprache. Wir können dementsprechend jedem Klarbuchstaben gerade so viele Geheimzeichen zuordnen, daß in einem längeren Geheimtext die Zeichen etwa gleich häufig auftreten. So kann man zum Beispiel den sechsundzwanzig Klarbuchstaben des deutschen Alphabets die einhundert Zeichen 00, 01, 02, ..., 98, 99 zuordnen. Verteilt man diese auf die Buchstaben des Klartextalphabets, lassen sich den Buchstaben b und f je zwei, dagegen c, g, l, m, o und u je drei zuordnen. Das h soll dann vier Zeichen erhalten. Den Buchstaben a und d geben wir je fünf, dem t insgesamt sechs und r und s je sieben Zeichen. Das i erhält acht, das n sogar zehn, und schließlich reservieren wir siebzehn Zeichen für das e. Der Rest der Buchstaben soll nur je ein Zeichen bekommen. So kann sich jeder ein individuelles Schlüsselalphabet herstellen, das die Häufigkeiten der Buchstaben der deutschen Sprache verschleiert – das e ist zwar der häufigste Klarbuchstabe, da es aber in siebzehn verschiedenen Maskierungen erscheint, fällt es im Geheimtext nicht mehr auf.

Einer der Nachteile dieser sogenannten *homophonen* Verschlüsselung liegt darin, daß Absender und Empfänger den Schlüssel nicht im Kopf behalten können. Sie müssen ihn also mit sich herumtragen. In jedem Fall muß er vorher zwischen den beiden ausgetauscht worden sein. Zum anderen ist das Verfahren aber keineswegs so sicher wie erwartet. Zwar kann man das e nicht mehr erkennen, wohl aber treten in jeder Sprache bestimmte Buchstabenkombinationen häufiger auf als andere. Wer einen hinreichend langen Geheimtext zur Verfügung hat, kann prüfen, welche Zeichenpaare besonders häufig vorkommen. Ganz verloren ist der Entschlüßler bei einem homophon chiffrierten Text also nicht.

Eine andere Möglichkeit, die charakteristischen Häufigkeiten der Buchstaben zu verschleiern, bietet ein Quadrat, wie es Abbildung 5.20 zeigt. Bei Buchstaben, die mehrmals auftauchen, nimmt der Verschlüßler eine der Möglichkeiten, die ihm ins Auge fällt, mal diese, mal jene. Das e zum Beispiel kann 02 sein oder 76, aber auch 61 wäre möglich. So werden die Häufigkeiten verschleiert. Aus «leberwerte» kann zum Beispiel 5510622778334058875461 werden. Eine Analyse der Häufigkeiten nützt dem unbefugten Entschlüßler hier nichts.

Trotzdem wird einem Kryptologen auffallen, daß alle Nachrich-

	0	1	2	3	4	5	6	7	8	9
0	n	h	e	d	n	e	r	o	i	e
1	e	m	c	s	o	e	b	s	g	n
2	t	r	a	e	t	h	i	e	s	t
3	a	e	g	d	w	r	n	d	n	v
4	i	u	i	k	e	d	c	z	m	s
5	n	s	d	n	t	l	j	l	q	n
6	r	e	b	p	i	n	o	l	i	u
7	e	g	s	e	h	y	e	f	s	a
8	i	n	f	r	u	r	x	r	a	h
9	t	e	c	m	a	e	e	t	e	i

Abb. 5.20: Eine Schlüsseltafel, mit der die Häufigkeitsverteilung der Buchstaben der deutschen Sprache verschleiert werden kann. Jedem Klarbuchstaben in der Tafel entspricht ein Ziffernpaar, dem q etwa 58, dem f 77. Für häufiger auftretende Buchstaben stehen dem Verschlüßler mehrere Ziffernpaare zur Verfügung. Zum Beispiel kann e eines der Paare 02, 05, 09 etc. sein.

ten aus einer geraden Anzahl von Ziffern bestehen, jeder Buchstabe ist ja durch ein Zahlenpaar dargestellt. Es liegt also nahe, daß Buchstaben in ein Quadrat mit zehn Zeilen und zehn Spalten eingetragen sind, entsprechend den zehn Ziffern 0, 1,..., 9. Dann ist er immer noch weit vom Ziel entfernt, denn er weiß ja noch nicht, in welcher Anordnung die Buchstaben die Felder des Quadrats füllen. Doch bei hinreichend langen Texten werden sich häufig auftretende Buchstabenkombinationen wie etwa das «ch» als Zahlenpaarkombinationen bemerkbar machen.

Abbildung 5.20 zeigt nur ein Beispiel für eine mögliche Schlüsseltafel. Man kann sich jederzeit eine andere herstellen, in welche die Buchstaben des Alphabets zwar gleich oft, aber in anderer Anordnung eingetragen sind.

Mit einem Verfahren dieser Art wurde eines der wichtigsten Geheimnisse der Weltgeschichte verschlüsselt. General Leslie Richard Groves, der organisatorische Leiter der amerikanischen Atombombenprojekte im Zweiten Weltkrieg, hat in seinen Telefongesprächen für wichtige Wörter Ziffernfolgen benutzt, die er von einer Tafel ähnlich der in Abbildung 5.20 ablas.

Verschleierte Häufigkeiten

Eine ganz andere Möglichkeit, dem unbefugten Entschlüßler die Häufigkeitsanalyse zu verleiden, werden wir im nächsten Abschnitt kennenlernen.

Unfair Play mit Playfair

Es ist Ihrem Ehepartner gegenüber kein faires Spiel, wenn Sie mit Ihrem/r Geliebten Nachrichten austauschen und dazu ausgerechnet die Verschlüsselungsmethode verwenden, die den Namen Playfair trägt. Aber eigentlich ist der Name auch gar nicht richtig. Der erste Baron Playfair von St. Andrews war im viktorianischen England eine bekannte Persönlichkeit, Sprecher im Unterhaus und Präsident der britischen Gesellschaft zur Förderung der Wissenschaften. Er führte Reformen im englischen Gesundheitswesen durch und war befreundet mit dem Physiker Charles Wheatstone, dessen Name heute noch durch die Wheatstonesche Brücke in der Elektrizitätslehre bekannt ist.

Beide Männer hatten sich die Kryptologie zum Hobby gewählt. Damals erschienen in der Londoner *Times* oft Privatanzeigen in verschlüsselter Form. Die beiden machten sich einen Spaß daraus, diese Geheimbotschaften zu entschlüsseln. So konnten sie die Korrespondenz eines Oxford-Studenten mit einer offensichtlich verheirateten Dame in London verfolgen. Als der junge Mann der Lady vorschlug, mit ihm durchzubrennen, ließ Wheatstone in der *Times* eine Nachricht in der Geheimschrift der Liebenden veröffentlichen, in der er der Dame ins Gewissen redete. Darauf erschien nur noch eine kurze, verschlüsselte Zeile: «Charles, schreib nicht mehr, unser Chiffriersystem ist durchschaut worden!»

Wheatstone hätte ihnen ein besseres, von ihm selbst erfundenes Verschlüsselungsverfahren vorschlagen können. Sein Freund Playfair hat es später veröffentlicht, ohne den Namen des eigentlichen Erfinders zu verschweigen. Trotzdem trägt es noch heute den Namen Playfair. Es beruht darauf, daß man nicht Buchstaben verschlüsselt, sondern Buchstaben*paare*.

Die Verschlüsselung funktioniert nach folgendem Rezept: Man erzeugt zuerst eine Schlüsseltabelle, natürlich eine, die man möglichst aus dem Kopf rekonstruieren kann. Es geht ähnlich wie beim «Caesar mit Merkwort». Man nimmt ein Merkwort und läßt die doppelt auftretenden Buchstaben weg. Dann fügt man die restlichen Buchstaben des Alphabets an. Zwischen i und j wird nicht unterschieden. Das Alphabet besteht also nur aus fünfundzwanzig Buchstaben. Sie lassen sich somit in einem Quadrat von fünf Zeilen und

```
O R C H I
D E A B F
G K L M N
P Q S T U
V W X Y Z
```

Abb. 5.21: **Eine mit Hilfe des Merkwortes «Orchidee» gewonnene Anordnung des fünfundzwanzigbuchstabigen Alphabets in einer Tafel von fünf Zeilen und fünf Spalten.**

fünf Spalten anordnen. Zum Merkwort Orchidee gehört das Schlüsselwort *ORCHIDE*. Es liefert das Quadrat der Abbildung 5.21. Nehmen wir nun als Beispiel den Klartext

ichkommeammittwoch

und zerlegen wir ihn in Paare:

ic hk om me am mi tt wo ch

Wenn wir die Buchstaben eines Paares in der Schlüsseltabelle aufsuchen, sind drei Fälle möglich:
1. Beide Buchstaben liegen in derselben Zeile.
2. Beide Buchstaben liegen in derselben Spalte.
3. Die Buchstaben liegen weder in derselben Zeile noch in derselben Spalte.

1 1 1
2 2 **2**
3 **3** 3
4 4 4
5 5 5
6 6 6
7 7 7
8 8 8
9 9 9
0 0 0

Wie man eine monoalphabetische Verschlüsselung knackt

Jeden dieser Fälle behandeln wir anders.

Fall 1: Wir verschlüsseln die beiden Buchstaben, indem wir sie durch die beiden in der Zeile folgenden ersetzen: Aus oc wird RH. Bei fe zum Beispiel müssen wir anders vorgehen, da f keinen Nachfolger hat. In diesem Fall nehmen wir den ersten Buchstaben der Zeile. Also geht fe in DA über. Entsprechend wird aus su jetzt TP, aus nm GN.

Fall 2: Liegen die beiden Buchstaben eines Paares in derselben Spalte, so sollen sie durch die beiden unter ihnen stehenden Buchstaben ersetzt werden. Aus sa wird XL. Bei einem Buchstaben, unter dem kein anderer steht, wird wieder der erste Buchstabe der Spalte genommen. Aus zn wird IU.

Fall 3: Wir gehen vom ersten Klarbuchstaben des Paares nach links oder rechts, bis wir die Spalte des zweiten Klarbuchstabens erreichen. Der dort stehende Buchstabe wird zum ersten Buchstaben des Geheimtextpaares. Den anderen finden wir, indem wir vom zweiten Buchstaben des Klartextpaares horizontal zur Spalte des ersten gehen. Aus om wird HG, aus mo GH.

Eine Sonderbehandlung ist nötig, wenn das Buchstabenpaar aus zwei gleichen Buchstaben besteht, etwa wenn wir das Wort «mittwoch» unseres Klartextes in die Paare «mi tt wo ch» aufteilen. Wie sollen wir dann mit dem Paar tt verfahren? Die Vorschrift lautet: den Klartext so abändern, daß dies nicht geschieht. Wir könnten zum Beispiel «mi tt wo ch» in «mi tx tw oc hx » aufteilen, und der gewiefte Entschlüßler würde darin schon den Mittwoch wiedererkennen.

Mit einiger Übung ist das nicht so schwierig, wie es auf den ersten Blick erscheint. In Abbildung 5.22 sind mehrere Fälle der Zuordnung von Paaren dargestellt.

Hier unser Klartext und der zugehörige Geheimtext:

ic hk om me am mi tx tw oc hx
OH RM HG KB BL NH SY QY RH CY

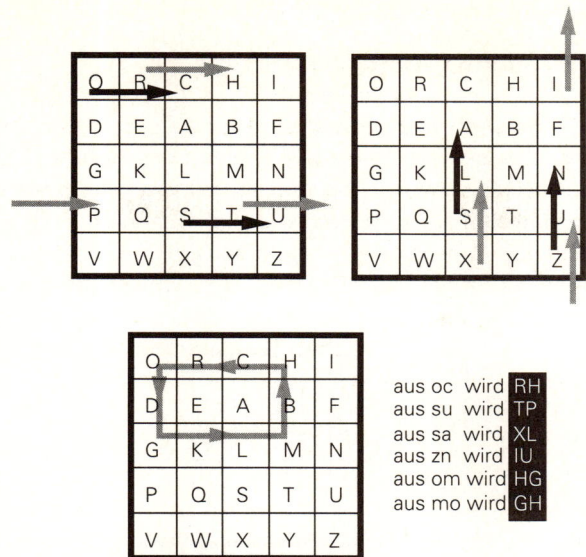

aus oc wird RH
aus su wird TP
aus sa wird XL
aus zn wird IU
aus om wird HG
aus mo wird GH

Abb. 5.22: Die Verschlüsselung mit einem Playfair-Quadrat, für das als Merkwort «Orchidee» gewählt wurde. Die Einzelheiten sind im Text erläutert.

Bei der Entschlüsselung gehen wir umgekehrt vor. In den Fällen eins und zwei sind jetzt die vorangehenden beziehungsweise darüberstehenden Buchstaben zu nehmen, bei ersten Buchstaben von Zeile oder Spalte die letzten. Im Fall drei dagegen machen wir genau dasselbe wie bei der Verschlüsselung.

Im Playfair-Geheimtext fallen häufig auftretende Buchstaben nicht mehr auf, höchstens noch häufig auftretende Buchstabenpaare. Deren Häufigkeitsverteilung ist aber ausgeglichener als die der Einzelbuchstaben. Trotzdem läßt sich auch dieses Verfahren knacken, wenn genügend viel auf dieselbe Weise verschlüsselter Text zur Verfügung steht.

1 1 1
2 2 2
3 3 3
4 4 4
5 5 5
6 6 6
7 7 7
8 8 8
9 9 9
0 0 0

Playfair im Zweiten Weltkrieg

Wir können dem unbefugten Entschlüßler das Leben noch schwerer machen, indem wir das Playfair-Verfahren abändern und darüber hinaus noch ein zweites Mal anwenden. Dazu ordnen wir das Alphabet zweimal in je einem Fünf-mal-fünf-Quadrat in willkürlicher Reihenfolge an, wobei wir wieder i und j als denselben Buchstaben ansehen. Abbildung 5.23 zeigt eine Schlüsseltabelle aus

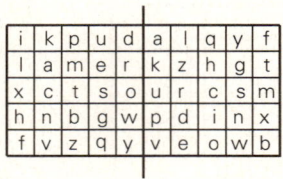

Abb. 5.23: Der Doppelkasten, wie er im Zweiten Weltkrieg benutzt worden ist. Statt buchstabenweise zu verschlüsseln, werden mit ihm Buchstabenpaare des Klartextes in solche des Geheimtextes umgewandelt.

zwei Quadraten von je fünfundzwanzig Buchstaben. Im Zweiten Weltkrieg wurde sie von den Deutschen *Doppelkasten* genannt. Zum Verschlüsseln ordnen wir den Klartext zeilenweise so an, daß eine gerade Anzahl von gleich langen Zeilen entsteht. Bei Bedarf füllen wir dazu die letzte Zeile mit beliebigen Buchstaben auf. Nach diesem Verfahren werden statt einzelner Buchstaben jetzt untereinander stehende Paare verschlüsselt. Unser Klartext sei zum Beispiel:

w i r k o m m e n
m o r g e n x x x

Wir beginnen mit dem Paar w/m und zeichnen einen Pfeil vom w des linken Quadrats zum m des rechten (Abbildung 5.24). Dann zeichnen wir das horizontale Spiegelbild des Pfeils (im Bild grau); es führt vom x rechts zum o links. Das ist der erste Schritt der Ver-

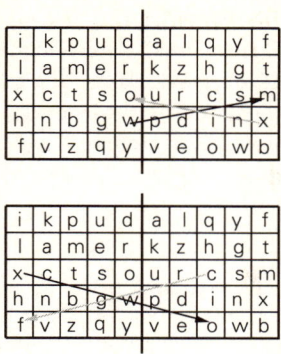

Abb. 5.24: Zweimalige Verschlüsselung mit dem Doppelkasten. Das Buchstabenpaar w/m entspricht im oberen Bild einem Pfeil, der vom w links schräg zum m rechts geht. Dieser Pfeil wird jetzt horizontal gespiegelt, was den grauen Pfeil ergibt, der von x nach o führt. Im ersten Schritt wird also aus dem Klarbuchstabenpaar w/m das Geheimbuchstabenpaar x/o. Nun nimmt man x/o als neuen Klartext, also x/o, und tut dasselbe noch einmal (unten). Das Ergebnis ist der graue Pfeil, der von c nach f führt. Also wurde in zwei Schritten aus w/m das Geheimtextpaar c/f.

schlüsselung: aus w/m wird x/o. Wir gehen damit noch ein zweites Mal in das linke Quadrat und zeichnen einen Pfeil vom x links zum o rechts und spiegeln ihn ebenfalls horizontal. Damit erhalten wir einen neuen Pfeil, der jetzt vom c rechts zum f links führt: aus x/o wird das Geheimbuchstabenpaar c/f. Insgesamt ging nach der zweimaligen Verschlüsselung das Paar w/m in c/f über. Genauso verfahren wir mit dem zweiten Paar i/o: Pfeil von i links nach o rechts, Spiegeln ergibt q/f. Dann vom linken q zum rechten f, und wir erhalten durch Spiegeln b/u. Also beginnen unsere zwei Zeilen im Geheimtext mit

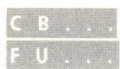

So könnten wir fortfahren. Doch nicht immer geht es so einfach. Es kann sein, daß das zu verschlüsselnde Buchstabenpaar in beiden

1 1 1 Wie man eine monoalphabetische Verschlüsselung knackt
2 2 2
3 **3** 3
4 4 4
5 5 5
6 6 **6**
7 7 7
8 8 8
9 9 9
0 0 0

Quadraten in derselben Zeile liegt, daß also der Verbindungspfeil horizontal verläuft. Das ist zum Beispiel beim letzten Paar der Fall: n/x. Der gespiegelte Pfeil würde dann X / N liefern, und beim nochmaligen Verschlüsseln hätten wir wieder das ursprüngliche Paar n/x. Um dies zu vermeiden, müssen wir eine Ausnahmeregel beachten. Da ihre Beschreibung hier zu weit führen würde, habe ich sie in einen Kasten verbannt.

Den ersten Pfeil, der also horizontal nach rechts weist, spiegeln wir und verschieben ihn danach um einen Buchstaben nach links. Wenn wir also n/x verschlüsseln wollen, verbindet der gespiegelte und verschobene Pfeil das rechte n mit dem linken h. Aus n/x wird also nach der ersten Verschlüsselung n/h. Linkes n und rechtes h liefern einen schrägen Pfeil, der nach der Spiegelung zu i/a führt. Jetzt kann es aber noch eine Schwierigkeit geben. Nehmen wir an, wir wollten das Paar x/r verschlüsseln. Der Pfeil vom linken x zum rechten r ist horizontal. Verschieben wir den gespiegelten Pfeil um eine Stelle nach links, führt er über den linken Rand des linken Quadrats hinaus. In diesem Fall nehmen wir den entsprechenden Buchstaben der letzten Spalte des rechten Quadrats, also das m. Aus x/s wird also nach der ersten Verschlüsselung u/m. Danach wird aus u/m schließlich F / S .

Die Entschlüsselung verfährt entsprechend: Beim Geheimtextpaar C / F gehen wir rechts zum c und ziehen einen Pfeil zum linken f, spiegeln horizontal und erhalten x/o. Der Pfeil vom rechten x zum linken o ergibt nach der Spiegelung w/m, das alte Klartextpaar.

Die Anordnung in den beiden Blöcken könnten wir wieder mit jeweils zwei Merkwörtern festlegen. Ähnlich wie auf Seite 87 befreien wir das Merkwort von den Dopplungen und schreiben es buchstabenweise als Schlüsselwort in die ersten Felder des noch leeren Quadrats. Danach füllen wir es mit dem Rest des Alphabets auf. Abbildung 5.25 zeigt einen Doppelkasten, der mit den Merkwörtern «Tageszeitung» und «Orchidee» beziehungsweise mit den daraus folgenden Schlüsselwörtern *TAGESZIUN* und *ORCHIDE* gebildet wurde.

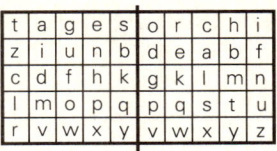

t	a	g	e	s	o	r	c	h	i
z	i	u	n	b	d	e	a	b	f
c	d	f	h	k	g	k	l	m	n
l	m	o	p	q	p	q	s	t	u
r	v	w	x	y	v	w	x	y	z

Abb. 5.25: Ein Doppelkasten, der mit den Merkwörtern «Tageszeitung» und «Orchidee» gebildet worden ist.

Ein Doppelkasten wurde im Zweiten Weltkrieg vom Deutschen Sicherheitsdienst, von der SS und von der Wehrmacht benutzt. Die Schlüsseltabellen wurden alle drei Stunden geändert. Um das fehlende j auszudrücken, wurde ii geschrieben, aus einem «jagdflieger» wurde also ein «iiagdflieger». Selbst diese schwierigeren Playfair-Texte konnte der englische Geheimdienst mitlesen.[*]

Das Verfahren mit dem Doppelkasten läßt sich erweitern, indem wir auch Ziffern in die Chiffriertafel einbauen. Nehmen wir zum Beispiel I und J wieder als zwei Zeichen und führen noch die zehn Ziffern von 0 bis 9 ein, so können wir eine quadratische Chiffriertafel von sechs mal sechs Zeichen anfertigen.

[*] Friedrich L. Bauer, *Entzifferte Geheimnisse*, Heidelberg/Berlin 1995, S. 56. J. S. Schlick, «With the 849th SIS 1942–1945», *Cryptologia*, Januar 1987, S. 29.

1 1 1
2 2 2
3 3 3
4 4 4
5 5 5
6 6 6
7 7 7
8 8 8
9 9 9
0 0 0

6 Caesare in Reih und Glied

> Blaise de Vigenère wurde am 5. April 1523 in Saint-Pourçain geboren... Er studierte und ging bei verschiedenen Herren in diplomatischen Dienst. 1570 gab er seine Beschäftigungen auf und verlegte sich, 47 Jahre alt, ganz aufs Schreiben... Sein *Traicté des Chiffres* entstand 1585... Das Buch von über 600 Seiten enthielt vieles außer Kryptographie – japanische Ideogramme, Alchemie, Magie, Kabbala, Goldmacherrezepte, aber auch eine zuverlässige, genaue Wiedergabe des Standes der Kryptologie zu seiner Zeit.
>
> *Friedrich L. Bauer, Entzifferte Geheimnisse*

Monoalphabetische Verschlüsselungen lassen sich verhältnismäßig leicht entziffern. Zur Zeit der Renaissance begann man, gleichzeitig mehrere Alphabete zur Chiffrierung heranzuziehen.

Der Abt, dem man nicht alles glauben durfte

Im 15. Jahrhundert lebte in Deutschland ein Gelehrter, der vor allem als Verfasser mehrerer Biographien bekannt geworden ist. Johannes Trithemius (1462–1516) wurde in Trittenheim an der Mosel als Sohn eines Winzers geboren, zehn Jahre nach Leonardo da Vinci und dreißig Jahre vor der Entdeckung Amerikas. Im Alter von zwanzig Jahren trat er in das Kloster Sponheim ein und wurde schon zwei Jahre später dessen Abt. Zu seinen Interessengebieten zählten, dem Geist seines Jahrhunderts entsprechend, Alchimie, Astrologie und andere Geheimwissenschaften. Er soll noch den echten Doktor Faustus, das Vorbild von Goethes Faust, gekannt haben, den er für einen Scharlatan hielt. Dabei war er selber einer. Er fand bei seinen Forschungen heraus, daß es vier verschiedene Arten von Hexen gebe, daß die Geschichte einen 354jährigen Zyklus zeige und daß die Welt im Jahre 5206 vor Christi Geburt erschaffen worden sei. Er behauptete zu wissen, wie man sich der Engel bedienen kann, um einer anderen Person Nachrichten zukommen zu lassen, eine Art E-Mail der Renaissance. Die Aufschneiderei brachte ihn bei seiner Kirche und selbst bei den Mönchen seines Klosters in Verruf. Er mußte Sponheim verlassen, fand aber in einem Kloster in Würzburg Aufnahme, wo er bald zum Prior avancierte. Dort schrieb er sechs Bücher über Kryptologie. Er gab vor, für jedes Buch nur zehn Tage benötigt zu haben. Im Alter von vierundfünfzig Jahren starb er in Würzburg. Dort wurden kurz danach die Bücher veröffentlicht. Den wichtigsten Beitrag enthält das fünfte Buch. Hier taucht zum erstenmal eine quadratische Chiffriertabelle auf. In geringfügig veränderter Form ist sie in der Abbildung 6.1 wiedergegeben.

Es ist leicht zu erkennen, wie die Tabelle entstanden ist. Die Kopfzeile ist das Klartextalphabet. In der ersten Zeile des rechteckigen Schemas wird es wiederholt, in der zweiten ist sein erster Buchstabe an die letzte Stelle, danach wiederum der erste Buchstabe der zweiten Zeile nach hinten gerückt und so fort. Stets erscheint der erste Buchstabe einer Zeile am Schluß der nächsten. Während bei einer monoalphabetischen Verschlüsselung einem Klartextalphabet genau *ein* Geheimtextalphabet entspricht, stehen jetzt sechsundzwanzig Geheimtextalphabete zur Verfügung.

Nehmen wir an, der Klartext «sendet bitte hilfe» soll chiffriert werden. Die Verschlüsselung geht nach Trithemius folgendermaßen: Der erste Buchstabe des Klartextes wird mit der ersten Zeile der Chiffriertabelle verschlüsselt. Also wird aus s jetzt █. Das war noch nicht viel, doch so einfach geht es nicht weiter. Der zweite Buchstabe wird nach der zweiten Zeile verschlüsselt, also wird aus e der Buchstabe █. Für den dritten Buchstaben, also für n, ergibt die dritte Zeile █. Nun ist klar, wie es weitergeht: Aus d wird █, aus e wird diesmal █, und aus t wird █. Damit wird aus dem ersten Wort «sendet» der Geheimtext SFPGIY. Der gesamte Geheimtext lautet SFPGIY HPBCO SUYTT. Enthält der Klartext mehr als sechsundzwanzig Buchstaben, beginnt man von vorn, so daß der siebenundzwanzigste Buchstabe wieder mit dem Alphabet der ersten Zeile verschlüsselt wird.

1 1 1   Caesare in Reih und Glied
2 2 2
3 3 3
4 **4** 4
5 5 5
6 6 6
7 7 7
8 8 8
9 9 9
0 0 **0**

```
a b c d e f g h i j k l m n o p q r s t u v w x y z
A B C D E F G H I J K L M N O P Q R S T U V W X Y Z
B C D E F G H I J K L M N O P Q R S T U V W X Y Z A
C D E F G H I J K L M N O P Q R S T U V W X Y Z A B
D E F G H I J K L M N O P Q R S T U V W X Y Z A B C
E F G H I J K L M N O P Q R S T U V W X Y Z A B C D
F G H I J K L M N O P Q R S T U V W X Y Z A B C D E
G H I J K L M N O P Q R S T U V W X Y Z A B C D E F
H I J K L M N O P Q R S T U V W X Y Z A B C D E F G
I J K L M N O P Q R S T U V W X Y Z A B C D E F G H
J K L M N O P Q R S T U V W X Y Z A B C D E F G H I
K L M N O P Q R S T U V W X Y Z A B C D E F G H I J
L M N O P Q R S T U V W X Y Z A B C D E F G H I J K
M N O P Q R S T U V W X Y Z A B C D E F G H I J K L
N O P Q R S T U V W X Y Z A B C D E F G H I J K L M
O P Q R S T U V W X Y Z A B C D E F G H I J K L M N
P Q R S T U V W X Y Z A B C D E F G H I J K L M N O
Q R S T U V W X Y Z A B C D E F G H I J K L M N O P
R S T U V W X Y Z A B C D E F G H I J K L M N O P Q
S T U V W X Y Z A B C D E F G H I J K L M N O P Q R
T U V W X Y Z A B C D E F G H I J K L M N O P Q R S
U V W X Y Z A B C D E F G H I J K L M N O P Q R S T
V W X Y Z A B C D E F G H I J K L M N O P Q R S T U
W X Y Z A B C D E F G H I J K L M N O P Q R S T U V
X Y Z A B C D E F G H I J K L M N O P Q R S T U V W
Y Z A B C D E F G H I J K L M N O P Q R S T U V W X
Z A B C D E F G H I J K L M N O P Q R S T U V W X Y
```

Abb. 6.1: Die Tafel des Trithemius. Die Zeilen im Quadrat sind von Zeile zu Zeile jeweils um einen Buchstaben nach links verschoben und die dann links überstehenden Buchstaben an die rechts freien Plätze gesetzt. Über der Tabelle steht das Klartextalphabet. Verschlüsselt wird, indem man den ersten Buchstaben des Klartextes mit dem Alphabet der ersten Zeile verschlüsselt, also unverändert läßt. Der zweite Buchstabe wird mit der zweiten Zeile verschlüsselt, der dritte mit der dritten Zeile und so weiter. Diese Tafel kann auch für die Vigenère-Verschlüsselung benutzt werden, bei der man ein Schlüsselwort hat, dessen Buchstaben angeben, welcher Klartextbuchstabe mit welcher Zeile verschlüsselt wird. Ist das Schlüsselwort zum Beispiel *HUND*, werden die Klartextbuchstaben der Reihe nach mit den mit H, U, N und D beginnenden Zeilen verschlüsselt. Danach fängt man wieder mit dem Schlüsselwort von vorn an.

Im Grunde ist das nichts Neues. Die verschiedenen Zeilen der Tafel sind einfache Caesar-Verschiebungen. Der wesentliche Unterschied besteht aber jetzt darin, daß nicht mehr der ganze Text mit ein und demselben Caesar verschlüsselt wird, sondern jeder Buchstabe mit einem anderen. Man nennt diese Art von Verschlüsselung – im Gegensatz zu monoalphabetisch – *polyalphabetisch*. Jedes der vier e des Klartextes ist in einen anderen Geheimbuchstaben übergegangen. Seine verräterische Häufigkeit ist damit verschwunden. Wer einmal weiß, welches Verfahren zur Chiffrierung verwendet wird, kann den Text entschlüsseln, indem er sklavisch die einzelnen Zeilen der Reihe nach als Chiffrieralphabete nimmt, also etwa den siebzehnten Buchstaben des Geheimtextes mit dem Alphabet der Zeile siebzehn entschlüsselt. Der Vorteil des Trithemiusschen Systems ist, daß erst alle fünfundzwanzig Caesar-Verschiebungen benutzt werden, bevor wieder das erste Alphabet zur Verschlüsselung herangezogen wird.

Von dort war es nur noch ein kleiner Schritt, das starre Schema «erster Buchstabe – erstes Alphabet, zweiter Buchstabe – zweites Alphabet...» zu durchbrechen. Gleich mehrere Männer der Renaissance haben ihn vollzogen. Da war Giovanni Battista Della Porta (1535–1615), ein Universalgenie, Kenner der Naturlehre, aber auch mit starkem Hang zur Magie und zur Taschenspielerei. Der Zeitgenosse Galileis und Verfasser einer *Magia naturalis* in zwanzig Bänden war übrigens der Meinung, man könne mit einem Magnetstein die weibliche Keuschheit prüfen, und er verriet auch, mit welchen Zaubertricks Frauen dazu zu bringen seien, ihre Kleider abzulegen. Della Porta lieferte aber auch wichtige Beiträge zur Kryptologie. Ebenso schrieb der italienische Mathematiker, Arzt und Philosoph Gironimo Cardano (1501–1576) über Gott und die Welt und nicht nur über Mathematik, Astronomie und Astrologie. Er verfaßte Abhandlungen über Schach und Glücksspiel, über Gifte, Träume, Urin, Zähne und über die Weisheit. Zwei seiner Bücher waren der Kryptologie gewidmet. Die Leute, die sich damals mit ihr befaßt haben, scheinen recht bunte Vögel gewesen zu sein. In dieser Hinsicht machte auch Blaise de Vigenère (1523–1596) keine Ausnahme.

Der Abt, dem man nicht alles glauben durfte

1 1 1   Caesare in Reih und Glied
2 2 **2**
3 3 3
4 **4** 4
5 5 5
6 6 6
7 7 7
8 8 8
9 9 9
0 0 0

Er war schon in jungen Jahren Diplomat und arbeitete für den Herzog von Nevers, in dessen Dienst er nahezu sein ganzes Leben lang blieb. In Rom kam er mit den Kryptologen des Papstes zusammen. Er studierte die Werke von Trithemius, Cardano und Della Porta und hat selbst viele Verschlüsselungssysteme beschrieben, wobei er sich keineswegs nur auf Caesar-Alphabete beschränkte. Seine Arbeiten gerieten nach seinem Tod in Vergessenheit. Erst im 19. Jahrhundert wurde man wieder auf sie aufmerksam.

Die Tafel des Blaise de Vigenère

Heute ist mit dem Namen Vigenère ein sehr einfaches Chiffriersystem verbunden. Es geht einen Schritt über Trithemius hinaus, legt aber ebenfalls die Tafel von Abbildung 6.1 zugrunde. Die Entschlüsselung wird sofort sehr viel schwieriger, wenn wir von dem Schema «nächster Buchstabe – nächste Zeile» abweichen. Wir müssen auch gar nicht alle Zeilen verwenden. So können wir etwa die ersten sechs Buchstaben der Reihe nach mit den Zeilen sieben, eins, drei, sechs, zehn und fünfundzwanzig verschlüsseln. Ist die Nachricht länger als sechs Buchstaben, so beginnen wir wieder von vorn, im Beispiel also wieder mit Zeile sieben der Tabelle. Aus «sendet» wird YEPINR. Die Nachricht ist für den Empfänger nur entzifferbar, wenn er die Zahlenfolge 7,1,3,6,10,25 kennt. Sie muß ihm auf einem anderen Wege als der Geheimtext mitgeteilt werden.

Jetzt haben wir wieder eine klare Trennung zwischen Verfahren (Algorithmus) und Schlüssel. Die Zeilenfolge 7,1,3,6,10,25 ist der Schlüssel, das Verfahren steckt in der jederzeit neu konstruierbaren Chiffriertafel. Den Schlüssel sollten wir im Kopf behalten können. Um die Reihenfolge der Zeilen festzulegen, bietet sich zum Beispiel ein bestimmtes Datum an, der Hochzeitstag vielleicht oder eine Telefonnummer, natürlich ohne die Nullen. Statt einer Ziffernfolge können wir auch ein einprägsames Schlüssel*wort* wählen, das die Zeilen vorschreibt. Nehmen wir an, dieses Schlüsselwort sei *KATZE*. Dann wird in unserem Klartext «sendet bitte hilfe» der erste Buchstabe mit dem Alphabet der mit K beginnenden Zeile verschlüsselt: Aus s wird also C. Für den zweiten Buchstaben ist die A-Zeile zuständig – e bleibt E –, für den dritten Buchstaben die T-Zeile: Aus n wird G. So geht es weiter. Beim sechsten Buchstaben beginnen wir mit *KATZE* wieder von vorn. Aus unserem Klartext wird CEGCID BBSXO HBKJO.

Um uns die Verschlüsselung zu erleichtern, schreiben wir das Schlüsselwort in ständiger Wiederholung in eine Zeile und darunter den Klartext, so wie es in Abbildung 6.2 oben dargestellt ist. Dann

Abb. 6.2, oben: Verschlüsselung mit der Vigenère-Tafel und dem Schlüsselwort *KATZE*. *Unten:* Die entsprechende Entschlüsselung.

können wir schrittweise in der Tafel die Geheimbuchstaben suchen und darunterschreiben. Der untere Teil der Abbildung zeigt, wie wir bei der Entschlüsselung vorgehen. Statt der Chiffriertabelle können wir auch unser Chiffrierrad von Abbildung 4.2 (Seite 82) benutzen. Beim Verschlüsseln mit dem Schlüsselwort *KATZE* stellen wir für den ersten Buchstaben die Scheibe so ein, daß der Klarbuchstabe a, also das a des äußeren Rings, mit dem Geheimbuchstaben K der inneren Scheibe zusammenfällt. Mit dieser Stellung verschlüsseln wir den ersten Buchstaben des Textes, aus dem s wird ein C. So fahren wir fort.

Der Algorithmus, die Vigenère-Tafel, ist kein Geheimnis. Das Schlüsselwort aber vereinbaren Sender und Empfänger. Es muß geheim bleiben.

1 1 1
2 2 2
3 3 3
4 4 4
5 5 5
6 6 6
7 7 7
8 8 8
9 9 9
0 0 0

Verwischte Häufigkeiten

Eine polyalphabetische Verschlüsselung verwischt die charakteristischen Häufigkeiten der Buchstaben einer Sprache, vor allem, wenn im Schlüsselwort möglichst wenig Buchstabenwiederholungen vorkommen. Wer *BBBBB* als Schlüsselwort wählt, erhält auch nach Vigenère eine monoalphabetische Chiffrierung, sogar einen einfachen Caesar.

Wir werden im folgenden einen Klartext aus 342 Buchstaben untersuchen, den ich nach dem Vigenère-Verfahren verschlüsselt habe. Ich verrate den Klartext nicht. Wir werden ihn beim Entschlüsseln selbst erarbeiten. Natürlich verrate ich Ihnen auch das Schlüsselwort nicht. Sie sollen aber von mir erfahren, daß es aus vier verschiedenen Buchstaben besteht. Über die Häufigkeiten der einzelnen Buchstaben in meinem Klartext verrate ich nur folgendes: Sie entsprechen recht gut denen der Abbildung 5.3 (Seite 110). Die Buchstaben e, r, n, i und t kommen in meinem Klartext mit den Häufigkeiten von 17.0, 8.5, 8.5, 7.9 und 7.0 Prozent vor, während das v nur die Häufigkeit 0.6 Prozent besitzt und das j gar nur 0.3 Prozent. Die Buchstaben q, y und z treten im Klartext überhaupt nicht auf.

Der Geheimtext ist in der Abbildung 6.3 wiedergegeben. Ich habe ihn der Übersichtlichkeit halber in Fünfergruppen aufgeteilt. Der häufigste Buchstabe ist mit 9.1 Prozent das ▪. Daran erkennen wir, daß es sich nicht um eine monoalphabetische Verschlüsselung handeln kann, denn dann müßte ja der dem e entsprechende Geheimtextbuchstabe ungefähr mit der Häufigkeit von 17 Prozent auftreten. Der am seltensten vorkommende Geheimtextbuchstabe ist das ▪ (0.6 Prozent). Die Verschlüsselung hat die Häufigkeitsverteilung des Textes geglättet. Lagen die Häufigkeiten des Klartextes zwischen 17 und 0 Prozent, so liegen die des Geheimtextes zwischen 9.1 und 0.6. Der höchste Häufigkeitswert wurde niedriger, der niedrigste höher.

Noch deutlicher wird dies, wenn ich denselben Klartext mit einem aus zehn verschiedenen Buchstaben bestehenden Schlüssel-

```
H F O U L   W U W I Y   H W L F F   S H W U H   Y C F W P
G U D B J   G E L L H   I L C A G   B L P K H   O F V L L
V R L M R   U D C F V   L H F F O   U S W S Y   E G L L Z
D A B R P   H N V N L   L N Q K Y   E M B M G   X Z F V H
I C T X U   C I H Y M   V W H Y G   D Y V R L   A Y G D B
W U Q L V   R Q I Y E   X M F V F   O H V F O   N N O Z A
R K L C Z   F V X R H   E J R U A   Y O H P G   O X U X R
V U U P K   Y C P K A   Y A G P Y   A V A X B   F O A V O
A M R L U   C A W L L   R V Z Y I   R Y U Y O   L G Q H Y
Y E I V L   F F O O A   J B H Q H   U N J L J   E Y X U A
F R N Y A   D U H G H   Y W U L W   E N U A Y   A X U X Q
H Y Z E D   N Y J L L   M V F O Y   E G H L N   X M A R V
W Y V F O   Y E W L C   A I V L Z   D A C B Q   L H T H T
U P K A Q   R U K Y A   N V Y A Q   L H
```

Abb. 6.3: **Ein mit einem Schlüsselwort der Länge vier nach Vigenère gewonnener Geheimtext in Gruppen von je fünf Buchstaben.**

wort chiffriere. Diesen Geheimtext zeigt die Abbildung 6.4. Die größte Häufigkeit hat das █ mit 7.9 Prozent, während der seltenste Buchstabe █ immerhin noch mit 1.2 Prozent auftritt. Wir sehen also die Tendenz: Je länger das Schlüsselwort, um so ausgeglichener die Häufigkeiten.

Entschlüsseln mit dem Holzhammer

Man sollte glauben, daß im Zeitalter der Computer eine Vigenère-Verschlüsselung leicht zu knacken ist. Schließlich braucht man ja nur das Schlüsselwort zu erraten. Schlüsselwörter bestehen aus den Buchstaben des Alphabets, und davon gibt es sechsundzwanzig. Man kann den Computer dazu bringen, daß er der Reihe nach alle möglichen Schlüsselwörter durchprobiert, eine Universalbibliothek der Schlüsselwörter.

Wir können annehmen, daß niemand ein- oder zweibuchstabige

1 1 1
2 2 2
3 3 3
4 **4** 4
5 5 5
6 6 **6**
7 7 7
8 8 8
9 9 9
0 0 0

Caesare in Reih und Glied

```
SNICE  YPGFV  MVLWS  XIPLV  JKZEI
IPNYG  LDLCU  BMVRU  MTJSA  QAFII
AQLDE  NEVWJ  WPZNH  WNGPV  JFLCM
WBUID  SVPVE  NIAHV  JLBDT  QAYMV
TKNFN  EDRVJ  AVHPT  WZOIZ  LGALU
YPAIS  WPIPR  QNYMT  ZPPNH  PIYWX
WJLTM  YWQIV  PRLCT  AJRMD  TWUOE
OVNGY  JKJST  AVQMV  FUAOO  YPTMC
LULTN  EVGII  WUZPV  KZNPC  WOKPR
AZSSI  KEOFN  CCAHV  FVDTC  GTHRX
KQNPN  WVAXV  JEOTP  GIEXV  FWUOD
AZSVR  YGDTE  OQPLV  JFHCA  QNTIJ
HGPNH  AZGIZ  FHVCM  WBVSE  WPNPM
WKUXN  WTKPN  GWRRE  WP
```

Abb. 6.4: **Ein Geheimtext, der mit einem Schlüsselwort der Länge zehn nach Vigenère gewonnen wurde. Chiffriert wurde derselbe Klartext wie in der Abbildung 6.3.**

Schlüsselwörter benutzt. Die einbuchstabigen liefern einen monoalphabetischen, die zweibuchstabigen einen gleichfalls leicht entzifferbaren Geheimtext. Versuchen wir es erst mal mit einem dreibuchstabigen Schlüsselwort. Auf wie viele Weisen kann ich die sechsundzwanzig Buchstaben des Alphabets in Dreiergruppen anordnen? Die Mathematiker haben eine einfache Regel: $26 \times 26 \times 26$ Wörter können gebildet werden, das sind 17 576. Mit diesen Schlüsselwörtern liefert mir mein Computer 17 576 mögliche Klartexte. Wenn das Schlüsselwort tatsächlich nur drei Buchstaben hatte, dann ist einer dieser Texte sinnvoll und wird mir beim Durchschauen auffallen. Ich muß aber nicht alle lesen. Ich kann dem Computer beibringen, daß in einem sinnvollen deutschen Text ein Buchstabe mit einer Häufigkeit von etwa 17 Prozent vorkommt und der nächsthäufige mit 11 Prozent. Wenn er mir nur Texte anbietet, welche diese Häufigkeitsmerkmale besitzen, habe ich wesentlich weniger Arbeit. Ich kann den Computer auch noch andere Feinheiten der deutschen Sprache lehren, etwa die Häufigkeiten von ch, sch, en und ne. Das wird mir die Arbeit erleichtern.

Das Entziffern mit dieser Holzhammermethode wird aber immer schwieriger, je länger das Schlüsselwort ist. Komme ich mit den dreibuchstabigen Schlüsselwörtern nicht zu einer Lösung, muß ich die vierbuchstabigen nehmen, von denen es 26 × 26 × 26 × 26 gibt. Das sind bereits mehr als 450 000. Finde ich auch da nichts, muß nach einem Schlüsselwort der Länge fünf suchen, von denen es nahezu zwölf Millionen gibt. Erhalte ich auch dort keinen sinnvollen Text und gehe bis zu den Schlüsselwörtern der Länge sechs, so habe ich 309 Millionen Fälle durchzuprobieren. Wenn mein Computer und ich für jeden dieser Millionen möglichen Klartexte nur eine Sekunde benötigen, um herauszufinden, ob er einen Sinn ergibt, würden wir bei ununterbrochener Arbeit, Tag und Nacht, nahezu zehn Jahre benötigen. Je länger das Schlüsselwort, um so langwieriger die Arbeit. Bestünde es zum Beispiel wie die Donaudampfschiffahrtsgesellschaftskapitänswitwe aus siebenundvierzig Buchstaben, so würden der Computer und ich für alle möglichen Schlüsselwörter bei pausenloser Arbeit eine sechzigstellige Zahl von Jahren benötigen. Die Astronomen schätzen das Alter der Welt auf eine nur zehnstellige Anzahl von Jahren.

Sehr oft wird bei Verschlüsselungsmethoden angegeben, wie viele Fälle man durchprobieren muß, um zur richtigen Lösung zu kommen. Meist ist damit die Holzhammermethode gemeint. Im Zweiten Weltkrieg glaubten die Deutschen, ihre Enigma-Maschine liefere eine Chiffrierung, die sich nicht knacken lasse. Sie hielten die ungeheure Anzahl von Möglichkeiten, die getestet werden mußten, um zu einem Klartext zu kommen, für groß genug, um die Verschlüsselung sicher zu machen. Das war ein gewaltiger Irrtum. Auch beim einfachen Vigenère muß man nicht alle Schlüsselwörter durchprobieren. Dies hat schon ein ostpreußischer Offizier erkannt, lange bevor man ahnte, daß es Computer geben werde.

1 1 1
2 2 2
3 3 3
4 **4** 4
5 5 5
6 6 6
7 7 7
8 8 **8**
9 9 9
0 0 0

Wie man eine Vigenère-Verschlüsselung knackt

Auf den ersten Blick scheint es schier unmöglich zu sein, aus dem Vigenère-Geheimtext irgend etwas Sinnvolles herauszulesen. Tatsächlich galt die Vigenère-Verschlüsselung lange Zeit als sicher.

Im Grunde verfügen Sie aber bereits über alle Informationen, die Sie brauchen, um die beiden Geheimtexte von Abbildung 6.3 und 6.4 zu entziffern. Sie benötigen nämlich das Schlüsselwort gar nicht. Das Entscheidende ist seine Länge – und die habe ich Ihnen verraten.

Nehmen wir den Geheimtext von Abbildung 6.3. Da das Schlüsselwort die Länge vier hat, wurden die Buchstaben Nummer 1, 5, 9, 13,... mit dem ersten Buchstaben des Schlüsselwortes chiffriert, und für die Buchstaben Nummer 2, 6, 10, 14,... wurde der zweite Buchstabe des Schlüsselwortes benutzt. Entsprechendes gilt für die Buchstaben Nummer 3, 7, 11, 15... sowie 4, 8, 11, 16... Suchen wir aus dem Text der Seite 145 immer diejenigen Geheimbuchstaben heraus, die mit dem gleichen Schlüsselbuchstaben chiffriert worden sind. Wir erhalten vier Ketten von Geheimbuchstaben, die in Abbildung 6.5 gezeigt sind.

Haben Sie bemerkt, daß wir den Text schon nahezu dechiffriert haben? Jede dieser vier Buchstabenketten ist nämlich nach demselben Caesar verschlüsselt. Für die entsprechenden Klarbuchstaben wurde ja der gleiche Buchstabe des Schlüsselwortes, also die gleiche Zeile der Vigenère-Tafel genommen, und jede Zeile entspricht einem Caesar.

Jede aus einem deutschen Klartext willkürlich herausgegriffene Buchstabenkette hat die für die deutsche Sprache charakteristische Häufigkeitsverteilung. Also kommt e mit einer Wahrscheinlichkeit von etwa 17 Prozent vor. Folglich muß der dem e entsprechende Geheimtextbuchstabe besonders häufig auftreten. Sehen wir uns also die mit dem ersten Schlüsselbuchstaben chiffrierte Buchstabenkette an: Am häufigsten taucht das L auf (19.8 Prozent). Dann kommt das A (10.5 Prozent), gefolgt von U und Y (je 9.3 Prozent). Wahrscheinlich entspricht das L dem e. Sehen wir in der Vigenère-Tafel der Abbildung 6.1 nach, in welcher Zeile das e mit dem L

Mit dem ersten Schlüsselbuchstaben wurden chiffriert:

```
HLILHYPBLLBHLLDLOSLAHLKBZIUYHYABLIMOOZLVEAPUUYAP
AOAULZYLYVOBUJUNUYWAUYNLOHMWOLVALTAKVL
```

Mit dem zweiten Schlüsselbuchstaben wurden chiffriert:

```
FWYFWCGJLCLOLMCHUYLBNLYMFCCMYVYWVYFHNACXJYGXU
CYYXAMCLYUGYLOHNEAYHWEYXZYMYLAYYCLCHUQYYH
```

Mit dem dritten Schlüsselbuchstaben wurden chiffriert:

```
OUHFUFUGHAPFVRFFSEZRVNEGVTIVGRGUREVVNRZRROORPP
AABVRARIYQEFAQJYFAGUNAQEJVENRVEAZBTPRAA
```

Mit dem vierten Schlüsselbuchstaben wurden chiffriert:

```
UWWSHWDEIGKVRUVFWGDPNQMXHXHWDLDQQXFFOKFHUH
XVKKGVFOLWVROHIFJHLXRDHLUXHDLFGXVFWIDQHKUNQ
```

Abb. 6.5: Mit der Kenntnis, daß das Schlüsselwort der in Abbildung 6.3 gezeigten Vigenère-Verschlüsselung die Länge vier hat, lassen sich die Geheimtextbuchstaben zu Buchstabenketten zusammenfassen, die mit dem gleichen Buchstaben des Schlüsselwortes chiffriert worden sind.

verschlüsselt wird. Es ist die achte Zeile – diejenige, die mit H beginnt –, was die Vermutung nahelegt, daß wir einen Caesar der Verschiebung sieben vor uns haben. Tatsächlich gehört nach derselben Zeile der Tafel zum ▨, einem der häufigsten Buchstaben in der Kette, der Klarbuchstabe n, der zweithäufigste in der deutschen Sprache. Mit der Annahme, daß die erste Buchstabenkette mit der H-Zeile verschlüsselt ist, erhalten wir die entsprechenden Klarbuchstaben. Damit ist schon jeder vierte Buchstabe des Geheimtextes dechiffriert. Außerdem haben wir den ersten Buchstaben des Schlüsselwortes gewonnen, das *H*.

Entsprechend verfahren wir mit den drei anderen Buchstabenketten. Ich kann mich jetzt kurz fassen. Der Reihe nach sind die jeweils häufigsten Buchstaben ▨ (22.1 Prozent), ▨ (14.1 Prozent) und ▨ (11.8 Prozent). Wenn wir annehmen, daß es sich jeweils um den

1 1 1 Caesare in Reih und Glied
2 2 2
3 3 3
4 4 4
5 **5** 5
6 6 6
7 7 7
8 8 8
9 9 9
0 0 **0**

Klartextbuchstaben e handelt, müssen die drei Ketten mit der U-, der N- und der D-Zeile der Vigenère-Tafel verschlüsselt worden sein. Das Schlüsselwort ist also *HUND*. Wir entschlüsseln daher die Buchstaben HFOULWUW... am Anfang des Geheimtextes der Reihe nach mit den Zeilen H, U, N, D, H, U, N und D der Vigenère-Tafel. Wenn wir so fortfahren, wird aus dem Geheimtext:

albrechtbeutelspacheristimhauptberufeindurchausserioeserwissen schaftlerdermathematikeranderjustusliebiguniversitaetarbeitet auchnebenberuflichnichtalsgeheimcodeexpertebeimbundesnach richtendienstdochgiltseininteressevorallemdererforschungund entwicklungsogenannterchipkartenundderfragewiesicherdarauf gespeicherteinformationengemachtwerdenkoennen

Ich habe diesen Text der *Frankfurter Rundschau* vom 15. Februar 1995 entnommen, allerdings die Interpunktion ignoriert.

Um eine Vigenère-Verschlüsselung in mehrere leicht zu dechiffrierende Caesar-Verschlüsselungen zu überführen, genügt es also bereits, die Länge des Schlüsselwortes zu kennen. Doch vergessen Sie nicht, ich habe sie Ihnen verraten. Ohne diese Hilfestellung hätten Sie vor einer viel schwierigeren Aufgabe gestanden. Wie aber kommt man zur Länge des Schlüsselwortes?

Der Rhythmus des Schlüsselwortes

Können wir in einem nach Vigenère verschlüsselten Geheimtext ohne Kenntnis der Schlüssellänge oder gar des Schlüsselwortes rein gar nichts erkennen? Doch, denn in unserem mit *HUND* chiffrierten Beispiel spiegelt sich der durch diese Länge entstehende Rhythmus auch im chiffrierten Text wider. Jeder vierte Buchstabe wird mit dem gleichen Caesar verschlüsselt. David Kahn schreibt in seinem klassischen Buch über Kryptologie*: «Diese Wiederholungen

---

* *The Codebreakers*, New York 1967, S. 208.

verraten die Bewegungen des Schlüsselwortes unterhalb der Oberfläche des Kryptogramms, genauso wie die Pose an der Angelschnur verrät, wann ein Fisch angebissen hat.»

Erst Jahrhunderte nach Vigenère schrieb ein Offizier des ostpreußischen 33. Infanterieregiments eine Anleitung zur Bestimmung der Schlüssellänge. Friedrich W. Kasiski (1805–1881) wurde in Schlochau in Westpreußen geboren. Schon mit siebzehn Jahren trat er in das Regiment ein und wurde kurze Zeit später Offizier. Nachdem er den Dienst im Regiment als Major quittiert hatte, fand er Zeit, sich der Kryptologie zu widmen. Im Jahre 1863 erschien in Berlin sein Buch *Die Geheimschriften und die Dechiffrierkunst*. Es umfaßte nur fünfundneunzig Seiten und erregte kaum Aufsehen. Kasiski gab die Kryptologie bald wieder auf, wurde Amateuranthropologe, grub vorgeschichtliche Gräber aus und berichtete darüber in Fachzeitschriften. Er hat wahrscheinlich nie erfahren, daß er die Kryptologie revolutioniert hat. Folgen wir seinem Gedankengang.

Es gibt Buchstabenkombinationen, die in der deutschen Sprache besonders häufig vorkommen, etwa ch oder cht. Sie gehen bei Vigenère-Verschlüsselungen meist in verschiedene Buchstabenkombinationen des Geheimtextes über. So tritt im Klartext auf Seite 150 das Wort «der» viermal auf. Einmal wird es zu GLL verschlüsselt, dann zu KYE, aber zweimal zu QHY. Die zuständigen Schlüsselbuchstaben sind das erste Mal *DHU*, das zweite Mal *HUN*, die beiden anderen Male aber *NDH*. Über die ersten beiden Male brauchen wir uns nicht zu wundern, denn das Wort «der» wird in diesen Fällen mit verschiedenen Fragmenten des Schlüsselwortes chiffriert. Anders dagegen die beiden letzten «der»: sie treffen zufällig auf das gleiche Fragment des Schlüsselwortes, auf *NDH*. Das kann nur geschehen, wenn die gleichen Buchstabenfolgen im Geheimtext genau ein Vielfaches der Schlüsselwortlänge voneinander entfernt sind. Dies können wir in Abbildung 6.6 sehen. Dort steht der Geheimtext der Zeilen neun bis zwölf von Abbildung 6.3 und darüber das Schlüsselwort in mehrfacher Wiederholung. Die beiden unterstrichenen gleichen Buchstabentripel QHY sind jeweils mit den Schlüsselbuchstaben *NDH* chiffriert worden. Der Abstand der beiden Q

1 1 1
2 2 2
3 3 3
4 4 4
5 5 5
6 6 6
7 7 7
8 8 8
9 9 9
0 0 0

Caesare in Reih und Glied

HUNDH	*UNDHU*	*NDHUN*	*DHUND*	*HUNDH*
A M R L U	C A W L L	R V Z Y I	R Y U Y O	L G Q H Y
UNDHU	*NDHUN*	*DHUND*	*HUNDH*	*UNDHU*
Y E I V L	F F O O A	J B H Q H	U N J L J	E Y X U A
NDHUN	*DHUND*	*HUNDH*	*UNDHU*	*NDHUN*
F R N Y A	D U H G H	Y W U L W	E N U A Y	A X U X Q
DHUND	*HUNDH*	*UNDHU*	*NDHUN*	*DHUND*
H Y Z E D	N Y J L L	M V F O Y	E G H L N	X M A R V

Abb. 6.6: Die Wiederholung von Buchstabengruppen, hier die Gruppe QHY, in einem nach Vigenère verschlüsselten Geheimtext gibt einen Hinweis auf die Länge des Schlüsselwortes.

beträgt zweiundfünfzig Buchstaben, also gerade die dreizehnfache Schlüsselwortlänge.

Damit ergibt sich eine Möglichkeit, etwas über die Länge des Schlüsselwortes zu erfahren: Man suche möglichst viele gleiche Buchstabenkombinationen im Geheimtext heraus und bestimme ihren Abstand. Wenn sie jeweils von den gleichen Buchstaben des Klartextes herrühren, dann ist der Abstand ein Vielfaches der Schlüsselwortlänge.

Ein anderes Beispiel ist die Kombination PKA, die im Geheimtext zweimal vorkommt, einmal in der zweiten Gruppe der achten Zeile, einmal in der ersten Gruppe der letzten Zeile. Der Buchstabenabstand ist 144. Auch hier handelt es sich um die Verschlüsselung der gleichen Klarbuchstabenkombination, nämlich «cht». Wir schließen also daraus, daß die Schlüsselwortlänge ein Teiler von 52 wie auch von 144 sein muß. Zerlegen wir beide Zahlen in ihre Teiler:

$$52 = 2 \times 2 \times 13$$
$$144 = 2 \times 2 \times 2 \times 2 \times 3 \times 3$$

Die beiden Zahlen haben also die Teiler 2 und 2 × 2 = 4 gemeinsam. Normalerweise braucht man den Teiler 2 nicht zu berücksichtigen, denn niemand wird ein so kurzes Schlüsselwort benutzen. Also bleibt nur der gemeinsame Teiler 4, und das ist tatsächlich die Länge des Schlüsselwortes *HUND*. Wir haben nur zwei doppelt auftretende Buchstabenkombinationen genommen und sind zum Ziel gekommen. Wenn Sie den Text weiter systematisch durchsuchen, werden Sie feststellen, daß auch VFOYE, LZDA, LFF, FFO doppelt auftreten. Sie können gleichfalls zur Ermittlung der Länge des Schlüsselwortes herangezogen werden.

Man darf aber nicht glauben, daß die Abstände von gleichen Buchstabenkombinationen des Geheimtextes immer ein Vielfaches des Schlüsselwortes sein müssen. Ein Beispiel: die Kombination FOU. Sie tritt im Geheimtext von Abbildung 6.3 in der ersten und in der zweiten Zeile auf. Der Abstand der Anfänge ist 59. Das ist eine Primzahl, sie besitzt also keinen Teiler. Die Schlüsselwortlänge kann aber nicht 59 sein, denn das würde nicht zu den Wiederholungen im Abstand 52 und 144 passen. Wenn wir uns den zugehörigen Klartext ansehen, stellen wir fest, daß die Kombination FOU in beiden Fällen verschiedenen Klartextfragmenten entspricht, einmal lbr, das andere Mal cha. Sie wurden mit verschiedenen Schlüsselwortfragmenten chiffriert, einmal mit *UND*, das andere Mal mit *DHU*. Zufällig ergaben sich beide Male die gleichen Geheimbuchstaben. Man muß also vorsichtig sein und mit Gefühl nach der Länge des Schlüsselwortes suchen.

Zur Illustration habe ich in Abbildung 6.7 einen neuen Geheimtext wiedergegeben, den ich in Zehnergruppen zusammengefaßt habe. In ihm treten einige drei- und mehrbuchstabige Kombinationen zweimal auf, EGE und ZXE sogar dreimal. In der Liste der Abbildung 6.8 ist neben der Buchstabenkombination noch angegeben, an welchen Stellen im Geheimtext die Anfänge der sich wiederholenden Kombinationen stehen. Rechts davon ist die Differenz gebildet, also der Abstand, in dem die Anfänge der Kombinationen aufeinander folgen. Diese Differenzen sind in ihre Teiler zerlegt, um nach Kasiski die Schlüsselwortlänge zu bestimmen. Außer IXD, YEG und

1 1 1   Caesare in Reih und Glied
2 2 2
3 3 3
4 4 **4**
5 **5** 5
6 6 6
7 7 7
8 8 8
9 9 9
0 0 0

B I V L K S G L G Y	Y E G G F N I X V K	S S M I Z X E G E T
R R B G Y D D T R E	G E G R S O S M M D	W T X V V Q E E Q R
O S L M X U E B X V	X I G H V B S I V R	M H X H R C H T I L
P I Z I M Y R D S D	W E G H V C B N G Y	C T T F V X E X X N
K V X V J M H P M E	N E G F V E T X P G	K C A I I R A M I Z
X E U E J D E E E E	V E B X L X G F M K	Q E U V R M H M Q R
X S V L E O I W I K	J W X M Z X E B R R	X D X V G K S L I E
N E D V V S S X E L	C A N J U O N X R A	O W X M C C D B I S
E C A W K K B X R U	O S T P G R A U I K	C S M I Y O N G Y E
G E K H V X D B I C	O T M I I X D X W J	M H E Y V C S X P N
Y R M I J L U V L J	D A U I W E E K F L	M H L X R L E N I S
O R W I E Q E A I Z	W T X B K Q E E I X	D

Abb. 6.7: **Ein nach dem Vigenère-Verfahren mit einem Schlüsselwort unbe-kannter Länge gewonnener Geheimtext.**

dem ersten `EGE` besitzen sie alle Abstände mit dem Teiler 5. Mit großer Wahrscheinlichkeit ist also 5 die gesuchte Schlüsselwort-länge. Wir können nun genauso verfahren wie vorher bei der Schlüs-selwortlänge 4. Wenn 5 die richtige Länge ist, dann müssen jeweils die fünften Buchstaben für sich die Häufigkeitsverteilung einer mo-noalphabetischen Verschlüsselung zeigen. Es ist wirklich die 5. Ich überlasse es dem Leser, den Klartext selbst zu finden – auch er stammt aus der *Frankfurter Rundschau*.

Im Anhang A ist eine einfache Verschlüsselungsmaschine be-schrieben, die es gestattet, mit einem endlichen Schlüsselwort wie bei Vigenère zu chiffrieren. Die mit ihr verschlüsselten Texte haben natürlich die gleichen Schwächen wie alle polyalphabetischen Chiff-rierungen, bei denen sich die Schlüsselbuchstaben periodisch wie-derholen. Die Maschine gestattet es aber auch, mit unendlich langen Schlüsselwörtern zu arbeiten. Deren Stärken und Schwächen wer-den wir im nächsten Kapitel kennenlernen.

EBX	67–162	$95 = 5 \times 19$
EGE	27–40	13
	40–270	$230 = 2 \times 5 \times 23$
ENE	130–210	$80 = 2 \times 2 \times 2 \times 2 \times 5$
GHV	73–103	$30 = 2 \times 3 \times 5$
IXD	285–349	$64 = 2 \times 2 \times 2 \times 2 \times 2 \times 2$
IZXE	24–149	$125 = 5 \times 5 \times 5$
JMH	125–290	$165 = 3 \times 5 \times 11$
MIZ	23–148	$125 = 5 \times 5 \times 5$
NGY	108–267	$159 = 3 \times 53$
QEE	56–346	$290 = 2 \times 5 \times 29$
SMI	22–262	$240 = 2 \times 2 \times 2 \times 2 \times 3 \times 5$
VRMH	79–174	$95 = 5 \times 19$
WTX	51–341	$290 = 2 \times 5 \times 29$
XDX	201–286	$85 = 5 \times 17$
YEG	11–269	$258 = 2 \times 3 \times 43$
ZXE	25–50	$25 = 5 \times 5$
	50–195	$145 = 5 \times 29$

Abb. 6.8: Die sich aus dem Geheimtext der Abbildung 6.7 ergebenden Abstandsdifferenzen der Anfänge gleicher Buchstabengruppen (Kasiski-Differenzen).

7 Schlüsselwörter ohne Ende

Es mag erstaunen, daß die nach einer festen Regel erzeugten
Zahlen als «Zufallszahlen» bezeichnet werden... Obwohl ihre
Erzeugung absolut deterministisch ist, haben diese Zahlen die
Eigenschaft, sich wie echte Zufallszahlen zu verhalten, d. h.,
sie wirken so, als ob sie aus einer großen Lostrommel gezogen
wären.

Rolf J. Lorenz, Biometrie

Ein nach Vigenère verschlüsselter Text verliert um so mehr die charakteristischen Buchstabenhäufigkeiten der Sprache, je länger das
Schlüsselwort ist. Wir sahen bereits im letzten Kapitel, daß eines der
Länge vier die maximale Häufigkeit des e von den 17 Prozent im
Klartext auf 9 Prozent im Geheimtext senkt. Je länger das Schlüsselwort, desto schwieriger die statistische Analyse. Das Ideale wäre daher ein unendlich langes Schlüsselwort oder eines, das zumindest
nicht kürzer ist als der Klartext. Dann prägt es dem Geheimtext
keinen Rhythmus auf, der helfen kann, einen Vigenère-Text zu entschlüsseln.

«Sofies Welt» als Schlüsselwurm

Machen wir aber das Schlüsselwort so lang wie den Klartext, dann
ist der Schlüsselaustausch ebenso schwierig wie der Austausch des
Textes selbst. Wir können uns helfen und als Schlüsselwort einen
Text nehmen, der sowohl dem Sender als auch dem Empfänger bekannt ist, etwa den Text eines allgemein zugänglichen Buches. Nehmen wir zum Beispiel Jostein Gaarders Bestseller *Sofies Welt* über
die Geschichte der Philosophie. Das Schlüsselwort wäre dann ein
nahezu endloser Buchstabenwurm:

SOFIEAMUNDSENWARAUFDEMHEIMWEGVON
DERSCHULEDASERSTESTUECKWARSIEMIT
JORUNDZUSAMMENGEGANGEN...

So ginge es dann ohne Unterbrechung alle sechshundertsechs Buchseiten hindurch bis zum Schluß:

...BOOTSCHWIMMERWIRSCHWIMMENBEIDEPAPA

Für die Übermittlung des Schlüssels müßten wir dem Empfänger nicht den ganzen Buchtext schicken. Es würde genügen, wenn wir ihm mitteilten: «*Sofies Welt*, deutsche Ausgabe 1993». Dann könnten wir ihm unsere Nachricht senden, etwa:

wirsindpleiteraeumedensafekommeueberzuerichnachsantiago

(hoffentlich liest er «zuerich nach santiago» und nicht «zu erich nach santiago»). Der erste Buchstabe des Schlüssels ist *S*. Wir nehmen die S-Zeile der Vigenère-Tafel (Abbildung 6.1) und finden unter w das O. Der nächste Schlüsselbuchstabe ist das *O*. Wir nehmen die O-Zeile der Tafel: Unter dem i steht das W... So geht es weiter: Schlüsselbuchstabe für Schlüsselbuchstabe, Klarbuchstabe für Klarbuchstabe. Am Ende steht die Geheimtextzeile da:

OWWAMNPJYHAXRNAVUGJGIZZENQGSSHSHHFVJBBYCMFHFETZ
LEFMCEIY

Dem Geheimtext ist kein Schlüsselwortrhythmus aufgeprägt, es sei denn, er wäre länger als sechshundertsechs Buchseiten und der Verschlüßler würde vom Ende des Buches wieder zum Anfang zurückkehren.

Ist diese Botschaft wirklich sicher verschlüsselt? Bei längeren Geheimnachrichten macht sich bemerkbar, daß nicht nur der Klar-, sondern auch der Schlüsseltext die Charakteristiken der deutschen

1 1 1
2 2 2
3 3 3
4 4 4
5 **5** 5
6 6 6
7 7 **7**
8 8 8
9 9 9
0 0 0

Sprache besitzt. Es hilft nur wenig, wenn man diesen einem fremdsprachigen Buch entnimmt, etwa einem James-Bond-Roman in der Originalfassung. Auch dann prägt sich dem Geheimtext ein Häufigkeitsmuster auf, in diesem Fall das des Englischen. Bleiben wir bei einem deutschen Schlüssel. Da in ihm wie im Klartext e der häufigste Buchstabe ist, wird es verhältnismäßig oft vorkommen, daß e mit der *E*-Zeile verschlüsselt wird, was eine Überhäufigkeit des Geheimbuchstabens █ zur Folge hat, wie ein Blick auf die Tafel der Abbildung 6.1 (Seite 140) zeigt. Auch wird es vorkommen, daß häufige Buchstabenpaare wie das «en» im Klartext mit einem häufigen Buchstabenpaar im Schlüssel zusammentreffen. Das spiegelt sich dann in Paarwiederholungen im Geheimtext wider. Fazit: Die Häufigkeitsmuster von Klartext und Schlüssel finden sich im Häufigkeitsmuster eines hinreichend langen Geheimtextes wieder und erleichtern die unbefugte Entschlüsselung. Allerdings wird sie mühsamer sein als bei einem einfachen Vigenère.

Bei den nächsten Botschaften dürfen wir natürlich nicht wieder mit demselben Anfang des Schlüsselwurms, also mit *SOFIE*..., beginnen. Dann wären die ersten Buchstaben aller dieser Geheimnachrichten mit dem *S* chiffriert, sie würden also eine monoalphabetische Verschlüsselung von Buchstaben des deutschen Alphabets bilden. Das gleiche gälte für die folgenden Geheimbuchstaben. Alle zweiten wären mit *O*, die dritten mit *F* verschlüsselt und so weiter. Eine Häufigkeitsanalyse würde bei hinreichend vielen Botschaften die Entschlüsselung ermöglichen. Nimmt der Unbefugte zum Beispiel von hundert aufgefangenen Geheimtexten jeweils nur die ersten Buchstaben und bestimmt ihre Häufigkeiten, so kann er herausfinden, welche dieser Nachrichten mit dem Klarbuchstaben e beginnen. Dasselbe macht er mit allen zweiten Buchstaben aller Botschaften, dann mit allen dritten und so fort. Damit dürfte er in allen Nachrichten die Klarbuchstaben e gefunden haben. Er kann dann nach dem zweithäufigsten Klarbuchstaben suchen, dem n. Mit einiger Mühe und mit etwas Gefühl wird es ihm gelingen, alle Geheimtexte zu entziffern.

Der Sender sollte also bei der nächsten Botschaft an einer anderen

Stelle des Schlüsselwurms beginnen. Er könnte in regelmäßigen Zeitabständen eine neue Seite des Schlüsselbuches benutzen. Eine Vorschrift der Art «Jeden Tag eine neue Seite» muß natürlich dem Empfänger bei der Schlüsselübergabe mitgeteilt werden. Gefährlich wäre es, an den Anfang jeder Nachricht die Ziffer der jeweils benutzten Seite unverschlüsselt voranzusetzen.

Es muß nicht immer Caesar sein

Ob ein kurzes Schlüsselwort oder eines von Buchlänge, stets haben wir bisher die Vigenère-Tafel mit ihren gegeneinander verschobenen Alphabeten benutzt. Das hat uns bei der Entschlüsselung auf Seite 148 ein wenig geholfen, war aber nicht wesentlich. Es kam auf die Länge des Schlüsselwortes an. Ist sie bekannt, weiß man, welche Buchstaben auf die gleiche Weise monoalphabetisch verschlüsselt wurden. Ob diese einzelnen Verschlüsselungen «Caesare» sind oder nicht, ist nicht so wichtig. In jedem Fall sind sie monoalphabetisch und lassen sich knacken, wenn genügend Text vorliegt. Wir könnten es dem Eindringling etwas schwerer machen, wenn wir eine Tafel benutzen, deren Zeilen nicht verschobene, sondern verwürfelte Alphabete sind wie in der Tafel der Abbildung 7.1. Entschließen wir uns dazu, müssen wir dem Empfänger nicht nur das Schlüsselwort, sondern darüber hinaus die ganze Tafel übergeben. Der große Vorteil der Vigenère-Tafel mit ihren verschobenen Alphabeten liegt darin, daß wir sie ohne weitere Hilfsmittel rekonstruieren können. Eine Vigenère-Tafel können wir auch bei Wasser und Brot mit dem abgebrochenen Löffel aus dem Kopf in die Wand ritzen, die Tafel der Abbildung 7.1 nicht.

Bei einer Vigenère-Verschlüsselung mit endlicher Schlüssellänge verrät sich der Rhythmus des Schlüsselworts im Geheimtext. Doch auch bei beliebig langen Schlüsselwörtern schimmern im Geheimtext Gesetzmäßigkeiten der Sprache in Klartext und Schlüssel durch. Dem kann abgeholfen werden, wenn man einen Schlüssel-

1 1 1 Schlüsselwörter ohne Ende
2 2 2
3 3 3
4 4 4
5 5 5
6 6 **6**
7 7 7
8 8 8
9 9 9
0 0 **0**

Abb. 7.1: Eine Vigenère-Tabelle mit verschieden durcheinandergewürfelten Alphabetzeilen. Oben wieder die Klartextzeile, links außerhalb der Tafel die Schlüsselbuchstaben. Ist das Schlüsselwort *HUND*, beginnt man wieder mit der achten Zeile. Dann werden der Reihe nach die Zeilen 21, 14, 4, 8, 21, 14, 4, 8... genommen. Die Entschlüsselung ist schwieriger, weil keine Caesar-Verschiebungen mehr benutzt werden. Dafür ist aber auch die geheime Übermittlung des Schlüssels erschwert worden.

text nimmt, der keinen Rhythmus und keine Bevorzugung einzelner Buchstaben zeigt, etwa

$$AJKZFBIXRCBWWHF\ldots$$

Natürlich können wir für solche Schlüsselwürmer nicht mehr Bücher wie *Sofies Welt* benutzen, sondern nur solche, die von Anfang bis Ende aus willkürlich aneinandergereihten Buchstaben bestehen. Sie werden nie Bestseller.

In der Praxis arbeitet man mit Ziffern statt mit Buchstaben. Wir haben schon gesehen, daß sich eine Caesar-Verschiebung leicht in Zahlen ausdrücken läßt (Seite 85), wenn man jedem Buchstaben, sei er im Klartext oder im Schlüssel, seine Stelle im Alphabet zuweist, also statt a, b, c, d... einfach 01, 02, 03, 04... schreibt. In der Kryptologie wird aber oft ein anderes Verfahren benutzt. Es ist schon über zweitausend Jahre alt.

Die Tafel des Polybius

Der griechische Schriftsteller und Historiker Polybius wurde um 200 vor Christus geboren und starb um das Jahr 120. Von ihm stammt die erste Universalgeschichte. Sie umfaßte vierzig Bände, von denen fünf erhalten geblieben sind. Er hat sich auch mit Verschlüsselungen befaßt. Ein System trägt noch heute seinen Namen.

Unterscheidet man zwischen den Klarbuchstaben i und j nicht, so bietet sich eine Verschlüsselung in Zahlen mit Hilfe einer Art Schachbrett an (Abbildung 7.2 oben): Aus g wird 22, aus p wird 35 und so weiter.

Wir können es dem unbefugten Entschlüßler schwerer machen, indem wir in der Schlüsseltabelle die Buchstaben nicht in alphabetischer, sondern in irgendeiner anderen Reihenfolge anordnen. Dann muß diese natürlich auch dem Empfänger bekannt gemacht werden. Wir könnten etwa zuerst die Buchstaben eines Schlüsselwortes in die ersten Felder der Tafel schreiben und sie dann mit dem rest-

1 1 1
2 2 2
3 3 3
4 4 4
5 5 5
6 6 6
7 7 7
8 8 8
9 9 9
0 0 0

	1	2	3	4	5
1	a	b	c	d	e
2	f	g	h	i/j	k
3	l	m	n	o	p
4	q	r	s	t	u
5	v	w	x	y	z

	1	2	3	4	5
1	t	a	g	e	s
2	z	i/j	u	n	b
3	c	d	f	h	k
4	l	m	o	p	q
5	r	v	w	x	y

Abb. 7.2: Polybius-Tafeln. *Oben:* alphabetisch gefüllt, *unten:* mit Hilfe des Merkwortes «Tageszeitung» gefüllt. Jedem Buchstaben entspricht ein Ziffernpaar. Mit der oberen Tafel wird aus e `15`, aus m `32`. Die Polybius-Tafel liefert eine monoalphabetische Verschlüsselung – jedem Buchstaben wird genau ein Ziffernpaar zugewiesen –, doch sie bietet eine einfache Möglichkeit, aus einem Buchstabentext einen numerischen Text zu machen, der sich rechnerisch chiffrieren läßt.

lichen Alphabet auffüllen (Abbildung 7.2 unten). Doch im folgenden werden wir mit der oberen, einfacheren Tafel arbeiten. Aus «tabak» wird `44 11 12 11 25`.

Diese Art der Verschlüsselung benutzten die Gefangenen im zaristischen Rußland. Mit Klopfzeichen konnten sie sich durch die Wände ihrer Zellen verständigen. Allerdings nahmen sie statt des Quadrats von fünf Zeilen und fünf Spalten eines der Form sechs mal sechs, um die fünfunddreißig Buchstaben des alten kyrillischen Alphabets darstellen zu können. Die beschriebene Methode wurde die *nihilistische* genannt, nach den Gegnern des Zarenregimes, den Nihilisten. Jedem Buchstaben des Alphabets entspricht genau ein Ziffernpaar. Umgekehrt liefert jedes so erhaltene Ziffernpaar genau einen Klarbuchstaben.

Das Verfahren ist nicht sehr sicher. Der unbefugte Entschlüßler wird bald merken, daß jede Nachricht aus einer geraden Anzahl von

Zeichen besteht und daß nur die Ziffern 1 bis 5 (bei den Nihilisten 1 bis 6) vorkommen. Daraus kann er schließen, daß jedem Buchstaben zwei Zeichen entsprechen. Da mit den verwendeten fünf Ziffern nur fünfundzwanzig verschiedene Ziffernpaare dargestellt werden können, liegt es nahe, daß jeder Klartextbuchstabe einem Ziffernpaar entspricht. Dann kann er sich sofort überzeugen, ob eine monoalphabetische Verschlüsselung vorliegt. Von den fünfundzwanzig möglichen Ziffernpaaren sollte bei einem hinreichend langen Text das dem e entsprechende Paar am häufigsten auftreten. Der Entschlüßler kann also vorgehen wie bei jeder anderen monoalphabetischen Chiffrierung. Er wird bald die benutzte Polybius-Tabelle rekonstruiert haben, auch bei verwürfelten Alphabeten wie in der Abbildung 7.2 unten. Heute benutzt man die Methode des Polybius hauptsächlich, um aus Buchstabenfolgen Ziffernfolgen zu machen.

Verschlüsseln mit dem Ziffernwurm

Wir werden jetzt einen Text mit *Sofies Welt* verschlüsseln, verwenden dabei aber Ziffern.

Nehmen wir als Klartext

wirsindzahlungsunfaehig...

Mit Hilfe des Quadrats des Polybius (Abbildung 7.2 oben) wird daraus ein *numerischer Klartext*, nämlich:

52 24 42 43 24 33 14 55 11 23 31 45 33 22 43 45 33 21 11 15 23 ...

Damit haben wir vorerst nur eine monoalphabetische Verschlüsselung. Nehmen wir nun wieder das Schlüsselwort aus *Sofies Welt*

SOFIEAMUNDSENWARAUFDEM ...

und wandeln es mit Hilfe von Polybius in eine *numerisches Schlüssel-wort* um:

43 34 21 24 15 11 32 45 33 14 43 15 33 52 11 42 11 45 21 14 15 32 …

Jetzt kommt eine kleine Rechenaufgabe. Wir schreiben Klartext und Schlüsselwort untereinander, beide in numerischer Form. Dann zählen wir ohne Zehnerübertragung zusammen, so wie es in der Abbildung 7.3 oben geschehen ist. Wir erhalten den Geheimtext in numerischer Form. Ohne Kenntnis des Schlüsselwortes ist er nicht leicht zu entschlüsseln.

Abb. 7.3, oben: Der Klartextsatz «wir sind zahlungsunfähig», mit der oberen Polybiustafel der Abbildung 7.2 in einen numerischen Klartext umgewandelt, wird mit Hilfe des gleichfalls in einen Ziffernwurm verwandelten Schlüssel-wurms (*SOFIEAMUNDSEN*…) zu einem numerischen Geheimtext verschlüsselt. *Unten*: die entsprechende Entschlüsselung.

Was macht nun der Empfänger mit der Nachricht? Er schreibt unter den Geheimtext das numerische Schlüsselwort und zieht wie in der Abbildung 7.3 unten ab, wieder ohne Zehnerübertragung. Damit hat er den numerischen Klartext, den er mit Hilfe der Polybius-Tafel in lesbare Form bringen kann. Die Ziffern-methode ist nicht viel anders als das Verschlüsseln mit Buchstaben und Vigenère-Tafel. Wie bei der Buchstabenmethode hinterlassen Vorzugsbuchstaben des Klar- wie des Schlüsseltextes ihre Spuren im Geheimtext. Um das zu vermeiden, muß man als Schlüssel statt natürlicher Sprache eine sinnlose, zufällig verteilte Buchstabenkombination nehmen oder eine zufällige Zahlenfolge.

Der Zufall hat kein Gedächtnis

Nach dem verlorenen Ersten Weltkrieg standen die Menschen in Deutschland vor der Aufgabe, einen neuen Staat aufzubauen. Am 6. Februar 1919 trat die Nationalversammlung in Weimar zusammen, um die Weimarer Republik zu gründen. Auch ein neuer diplomatischer Dienst war nötig, und es mußte für ihn ein Chiffriersystem entwickelt werden, damit die Auslandsbotschaften mit der Regierung daheim verschlüsselte Nachrichten austauschen konnten. Wie soll der neue Staat verschlüsseln? Dieser Frage nahmen sich Werner Kunze und Rudolf Schauffler an, der erste ein Mann mit mathematischen Neigungen, der zweite ein Kryptologe, der sich vor allem auf Sprachen spezialisiert hatte und später in Mathematik promovierte. Zu den beiden stieß noch der Chemiker Erich Langlotz. Die damals im Amt übliche Verschlüsselung bestand darin, daß zu der aus dem Klartext gewonnenen Ziffernfolge ein numerischer Schlüssel ohne Zehnerübertragung addiert wurde, etwa so, wie wir es auf Seite 164 gemacht haben. Die drei Männer untersuchten nun, wie sicher solch eine Chiffrierung ist. Bald hatten sie sich davon überzeugt, daß Schlüssel von selbst vierzig- oder fünfzigstelligen Ziffernfolgen bei hinreichend viel Text eine unbefugte Entschlüsselung nicht verhindern könnten. Nur eine willkürliche Ziffernfolge, die sich nicht wiederholt, versprach in ihren Augen absolute Sicherheit. Deshalb wurde der diplomatische Dienst mit Blöcken von je fünfzig Seiten ausgestattet, von denen jede fünfundachtzig Fünfergruppen aus zufällig gewählten Ziffern trug. Keine zwei Seiten waren gleich, und jede durfte nur einmal verwendet werden. Nachdem eine Nachricht verschlüsselt worden war, mußte das benutzte Blatt vernichtet werden. Für die nächste Nachricht war das nächste Blatt zu verwenden. Das Verfahren wurde später auch in anderen Ländern eingeführt. Im englischsprachigen Raum erhielt es den Namen *one time pad*, ein Hinweis auf die nur einmalige Benutzung jeder Seite.

Das Verfahren ist absolut sicher, wenn man sich strikt an die Vorschriften hält. Keine Analyse von noch so großen Mengen Text gibt einen Hinweis auf den Schlüssel. Der Nachteil liegt darin, daß dieser umfangreich ist. Immerhin ist es ein ganzer Block von Seiten, den der Sender dem Empfänger auf irgendeinem geheimen Weg zukommen lassen muß.

Das praktizierte der sowjetische Geheimdienst auch noch nach dem Zweiten Weltkrieg. Am 20. Juni 1953 wurde im New Yorker Staatsgefängnis Sing-Sing das amerikanische Ehepaar Ethel und Julius Rosenberg hingerichtet. Zwei Jahre zuvor waren sie wegen Verrats von Atomgeheimnissen zum Tode verurteilt worden. Sie hatten für die Sowjetunion spioniert. Eine Panne ermöglichte ihre Enttarnung. Die Sowjets hatten den gleichen Schlüsseltext mehrfach benutzt. Auch der verantwortliche Offizier mußte diesen Fehler mit dem Leben bezahlen.*

Der Geheimdienst der früheren Sowjetunion benutzte zufällig zusammengewürfelte Schlüsseltexte, genauer gesagt: Ziffernfolgen, die aus sogenannten *Zufallszahlen* bestanden. Die Tafel II zeigt solch einen Schlüssel. Als man im Juni 1957 den sowjetischen Spion Rudolf Abel in seinem New Yorker Hotel festnahm, fanden die Agenten des FBI einen Block, dessen briefmarkengroße Seiten mit langen Zahlenfolgen bedeckt waren. Es handelte sich um numerische Schlüsselwürmer. In den fünfziger und sechziger Jahren gelang es auch anderen sowjetischen Spionen nicht, vor der Festnahme ihre Schlüssel zu vernichten. Die Amerikaner merkten bald, daß es keinesfalls echte Zufallszahlen waren. So enthielten sie viel zu oft Folgen, in denen eine Ziffer aus der Gruppe 1, 2, 3, 4, 5 mit einer aus der Gruppe 6, 7, 8, 9, 0 abwechselte, etwa wie in der Zahlenfolge 291738. Offensichtlich waren sie von Sekretärinnen aus dem Kopf abwechselnd mit der linken und der rechten Hand in die Schreibma-

---

* *New Scientist*, 22. Juli 1995, Seite 42.

schine getippt worden, wobei die linke die Ziffern der einen Gruppe gedrückt hatte, die rechte die der anderen. Es kam auch sehr selten vor, daß sich eine Ziffer wiederholte oder gar dreimal hintereinander erschien. Wer auch immer die Tafeln hergestellt hatte, er war offenbar, und sei es unbewußt, der Meinung gewesen, Verdopplungen oder gar Verdreifachungen verstießen gegen die Regeln des Zufalls. Wie wir noch sehen werden, scheut sich der echte Zufall aber nicht vor Wiederholungen.

Es scheint, daß diese Eigenheiten der russischen «Zufallsschlüsseltexte» im August 1991 Weltgeschichte gemacht haben. Damals, während des Putsches gegen Michail Gorbatschow, tauschten zwei der Verschwörer, der KGB-Chef Wladimir Krjutschkow und der Verteidigungsminister Dmitrij Jasow, verschlüsselte Botschaften aus. Doch die Amerikaner konnten die Nachrichten aufgrund der Regelmäßigkeiten im Schlüsseltext dechiffrieren. Präsident Bush gab sie dann an Boris Jelzin weiter.

Auf den ersten Blick scheint es einfach zu sein, eine Folge von Ziffern niederzuschreiben, ohne irgendwelche Ziffern zu bevorzugen, also etwa 0 8 2 9 7 3 2 1 8 7 0 1 3 4. Doch wir haben Vorlieben für bestimmte Ziffern, ohne es zu bemerken. Unwillkürlich erinnert sich der Mensch beim Wählen einer neuen Zahl an die unmittelbar vorangegangenen, und er versucht, Wiederholungen zu vermeiden. Der Zufall hingegen weiß nicht, was vorher geschehen ist. Wer einen sicheren Schlüsseltext haben will, darf sich nicht auf «menschliche» Zufallszahlen verlassen.

Auf dem Glauben, der Zufall habe ein Erinnerungsvermögen, beruhen viele Spielsysteme. Wer beim Roulette meint, die 15 sei nun «fällig», weil die Kugel sie einhundertmal gemieden hat, der irrt. Daß die Kugel bei einem idealen Roulettetisch im Mittel alle möglichen Zahlen gleich häufig erreicht, wird nicht dadurch reguliert, daß sie beim einhundertersten Mal wieder «gut» zu machen versucht, was vorher ungleichmäßig war.

Auch die Lottozahlen werden zufällig erzeugt. Welche Zahlen diese Woche kommen, ist unabhängig von denen der Vorwoche. Trotzdem scheinen viele Spieler davon überzeugt zu sein, daß eine

Der Zufall hat kein Gedächtnis

1 1 1
2 2 2
3 3 3
4 4 4
5 5 5
6 **6** 6
7 7 7
8 8 **8**
9 9 9
0 0 0

Schlüsselwörter ohne Ende

Abb. 7.4: Eine Grafik, die dem Leser beim Ausfüllen seines Lottozettels helfen soll. Hier wird ihm suggeriert, daß eine Zahl, etwa die 35, die seit langer Zeit nicht mehr gezogen worden ist, eine größere Wahrscheinlichkeit besitzt, beim nächsten Mal zum Zug zu kommen, als eine, die vielleicht gerade eine Woche zuvor zu den Gewinnzahlen gehörte.

Zahl, die längere Zeit nicht gezogen worden ist, eine größere Chance hat. Abbildung 7.4 aus einer deutschen Tageszeitung zeigt eine Grafik, die den Lesern beim nächsten Tip helfen soll. Wer ernsthaft meint, die 35 habe bessere Aussicht, zu den nächsten Gewinnzahlen zu gehören, weil sie seit siebenunddreißig Wochen nicht mehr gezogen worden ist, denkt – falls er das überhaupt tut – falsch.

Der Mensch kann nicht aus dem Gefühl heraus Zufallszahlen erzeugen. Nur wirklich zufällige Ereignisse wie das Ziehen von Zetteln aus einem Hut, das Würfeln oder objektive Rechenoperationen sind dafür geeignet.

Zufall – künstlich erzeugt

Es gibt verschiedene Methoden, eine Folge von Zufallsziffern zu erzeugen. Ich könnte zum Beispiel die Ziffern 0 bis 9 auf kleine Zettel schreiben, sie in einen Hut werfen und dann blindlings jeweils einen von ihnen herausgreifen. Habe ich die Ziffer gelesen und notiert, werfe ich den Zettel wieder zurück, schüttle und fische einen neuen heraus. Setze ich dies über lange Zeit fort, erhalte ich eine Folge zufälliger Ziffern. Sie kann als Schlüsselwurm dienen.

Ich schicke eine Kopie davon an den Empfänger meiner zukünftigen Geheimbotschaften. Will ich ihm eine Nachricht senden, wandle ich den Klartext, etwa nach Polybius, in eine Ziffernfolge um und addiere ziffernweise ohne Zehnerübertragung den Zufallsschlüsselwurm. Das liefert mir einen numerischen Geheimtext. Der Empfänger, der ja nun im Besitz meines Schlüsselwurms aus dem Hut ist, zieht den Schlüsseltext vom Geheimtext ab (wieder ohne die Zehnerübertragung) und erhält so den numerischen Klartext, den er mit Hilfe der gleichen Polybius-Tafel in den alphabetischen Klartext zurückverwandeln kann.

Der Schlüsseltext, den ich dem Empfänger irgendwie auf geheime Weise zukommen lassen muß, ist aber genauso lang wie die zu übermittelnde Nachricht.* Damit scheint nicht viel gewonnen zu sein, denn die Wahrscheinlichkeit, daß der Schlüsseltext einem Unbefugten in die Hände fällt, ist genauso groß wie die, daß der Klartext an den Falschen gerät.

Wie wir in Kapitel 1 gesehen haben, benutzte der Spionagering um Richard Sorge statt einer vorgefertigten Schlüsseltabelle aus Zufallszahlen die Zahlen eines statistischen Jahrbuches, das den Vorteil hat, bei einer Hausdurchsuchung nicht aufzufallen, während eine Zifferntabelle, deren Zweck man nicht erklären kann, Verdacht erwecken würde. Statt lange Listen von Ziffernfolgen auszutau-

---

* Wenn ich eine Polybius-Tafel nach Art der Abbildung 7.2 unten benutze, muß ich auch noch dafür sorgen, daß der Empfänger das Schlüssel- oder das Merkwort bekommt.

schen, kann man auch einen kurzen Hinweis übermitteln. Zum Beispiel «Buch XYZ, Seite 12». Es genügt aber auch, dem Empfänger als Hinweis eine kurze Zahl zukommen zu lassen, mit der er ein langes Schlüsselwort erzeugen kann.

Nehmen wir ein einfaches Beispiel. Wir dividieren 1 durch 7 und kommen zu keinem Ende:

$$1/7 = 0.142857142857142857142857142857\ldots$$

Das ist ein periodischer Dezimalbruch. Die Periode besteht aus den Ziffern 142857. Wir können diese sechs Ziffern als Zufallszahlen für einen kurzen Schlüsselwurm benutzen. Nehmen wir zum Beispiel das erste Wort des Klartextes von Seite 163, das Wort «wir». Mit Hilfe der Polybius-Tafel (Abbildung 7.2 oben) geht es in den numerischen Klartext 52 24 42 über. Schreiben wir also den Anfang unseres numerischen Schlüsselwortes darunter und addieren:

$$52\ 24\ 42$$
$$\textit{14 28 57} \ldots$$
$$\overline{}$$
$$66\ 42\ 99$$

Das ist der Geheimtext, den der Empfänger durch Abziehen des Schlüssels wieder in den numerischen Klartext zurückverwandeln kann. Viel taugt unser Schlüsselwort nicht, denn es ist zu kurz. Es gibt aber andere Zahlen, die bei der Division längere Ziffernfolgen ergeben, ehe sie sich wiederholen. Nehmen wir zum Beispiel die Zahl 499. Die Division 1:499 liefert eine Folge von 498 nichtperiodischen Ziffern, die sich erst von der 499. an periodisch wiederholen. Damit ließen sich schon längere Botschaften chiffrieren. Der Empfänger müßte nur als Schlüssel die Zahl 499 erhalten, mit der er dann den numerischen Schlüssel erzeugen könnte.

Besser geeignet wären Dezimalzahlen, bei denen sich die Ziffernfolge niemals wiederholt. Die bekannteste ist die Zahl π, das Verhältnis von Umfang zu Durchmesser eines Kreises:

$\pi = 3.141592653\ldots$

Die Mathematiker wissen, daß in dieser Ziffernfolge keine Periode verborgen ist (Abbildung 7.5). Zwar kommen die einzelnen Ziffern oder sogar ganze Zifferngruppen immer wieder vor, aber es erscheinen jeweils andere Ziffern dazwischen. Im Jahre 1995 bestimmten Mathematiker der Universität Tokio π auf 3.22 Milliarden Stellen. Damit übertrafen sie den bisherigen Weltrekord von 67 Millionen. Ihr Großcomputer hat dafür 36 Stunden und 51 Minuten benötigt. Mit der Ziffernfolge von π kann man beliebig lange Texte chiffrieren. Soweit man weiß, wird keine Ziffer bevorzugt, überhaupt konnte man bisher keinerlei Regelmäßigkeiten erkennen. Mit der Ziffernfolge von π können Sie getrost verschlüsseln. Teilen Sie dem Empfänger als Schlüssel mit, daß er die Folge der Ziffern von der soundsovielten Stelle hinter dem Komma an nehmen soll. Dann kann er ihre Nachricht entschlüsseln. Sie können auch 2π nehmen oder 7π. Die Mathematiker kennen viele solche Zahlen mit unendlich langen Ziffernfolgen, die zur Chiffrierung verwendet werden können.

Zufällige Ziffernfolgen sind auch für andere Zwecke wichtig. Deshalb haben Mathematiker Verfahren entwickelt, Zufallszahlen zu gewinnen, also Ziffernfolgen, die sich nicht wiederholen und bei denen keine Ziffer bevorzugt wird. Das Prinzip besteht darin, aus einer anfangs gegebenen Zahl, im Englischen «seed» genannt, also «Samen», durch gewisse Rechenoperationen eine neue Zahl zu erzeugen. Sie ist dann der Samen für die nächste Zahl, die wiederum als Samen für den darauffolgenden Schritt dient. So kann man beliebig lange fortfahren. Ob die Ziffern auf diese Weise gleichmäßig verteilt werden und nicht in eine periodische Folge geraten, hängt von der Art der Rechenoperationen ab. Man nennt die entsprechenden Rechenprogramme *Zufallsgeneratoren*; sie sind heutzutage in nahezu allen Computern gespeichert. Viele Computerspiele benutzen Zufallszahlen. Aber so richtig zufällig sind sie nicht. Da die Zahlen im Computer eine endliche Länge haben, kann er nur eine endliche, wenn auch große Anzahl von Zahlen voneinander unterscheiden. Irgendwann einmal wird der Zufallsgenerator einen «Samen» erzeu-

1 1 1
2 2 2
3 3 3
4 4 4
5 5 5
6 6 6
7 7 7
8 8 8
9 9 9
0 0 0

Zufall – künstlich erzeugt

Volume 7   Number 3   1985 $4.95

The Mathematical Intelligencer

1415926535	8979323846	2643383279	5028841971	6939937510
5820974944	5923078164	0628620899	8628034825	3421170679
8214808651	3282306647	0938446095	5058223172	5359408128
4811174502	8410270193	8521105559	6446229489	5493038196
4428810975	6659334461	2847564823	3786783165	2712019091
4564856692	3460348610	4543266482	1339360726	0249141273
7245870066	0631558817	4881520920	9628292540	9171536436
7892590360	0113305305	4882046652	1384146951	9415116094
3305727036	5759591953	0921861173	8193261179	3105118548
0744623799	6274956735	1885752724	8912279381	8301194912
9833673362	4406566430	8602139494	6395224737	1907021798
6094370277	0539217176	2931767523	8467481846	7669405132
0005681271	4526356082	7785771342	7577896091	7363717872
1468440901	2249534301	4654958537	1050792279	6892589235
4201995611	2129021960	8640344181	5981362977	4771309960
5187072113	4999999837	2978049951	0597317328	1609631859
5024459455	3469083026	4252230825	3344685035	2619311881
7101000313	7838752886	5875332083	8142061717	7669147303
5982534904	2875546873	1159562863	8823537875	9375195778
1857780532	1712268066	1300192787	6611195909	2164201989

Abb. 7.5: Die ersten tausend Stellen, die bei der Zahl π hinter dem Komma auftreten, auf dem Titelblatt einer im Verlag Springer, Berlin/Heidelberg, erscheinenden Zeitschrift.

```
390763692880523091109005080776
923036345587039962630069742175
432895601228244534964616497479
482340514085921350627858197794
980118587495996431817141742640
265481753180270134949767175483
439964068432469796907817943831
103347627948528809716600869951
226655590761142382817394362472
724655571032127076461607626133
165034958446969378001375184592
737816043183427609697242779633
480703017483018704760536086786
150294973920114114839817278705
512431969018587634550237671797
112191091543712223439980524397
128701499713892972291378760549
560894952928074683823934822398
172745933378184487642928528696
516640558721728641750486437078
560969295795039907035692154536
903647888367208534564719044894
```

Abb. 7.6: **Mit einem Zufallsgenerator erzeugte Zufallszahlen.**

gen, den er schon einmal hatte. Fortan wiederholt sich die Folge der Samen periodisch. Bei schlechten Zufallsgeneratoren sind die Perioden ziemlich kurz, bei guten sehr lang. Dann wiederholt sich die Folge erst nach vielen Milliarden von Schritten. Abbildung 7.6 zeigt eine Ziffernfolge, die ich in meinem PC mit einem Zufallsgenerator erzeugt habe*, genauer: ich habe Zufallszahlen erzeugt, aus denen

---

* Ich multipliziere den Samen mit 5 und zähle die Zahl 123456789 hinzu. Vom Ergebnis nehme ich den Rest modulo 2^{20} und erhalte die Zahl S. Ihre

Zufall – künstlich erzeugt

ich Ziffern für einen Zahlenwurm gewonnen habe. Als Samen habe ich die Null gewählt. Das erste Zahlenpaar war 39. Nach der in der Fußnote erläuterten Vorschrift liefert mein Zufallsgenerator dann laufend neue Zahlenpaare.

Jetzt können wir unseren numerischen Klartext von Seite 163 neu verschlüsseln. Wir gehen in Abbildung 7.7 oben vom alphabetischen Klartext aus, setzen unseren numerischen Zufallsschlüssel darunter und addieren, wieder ohne die Zehner zu übertragen. Das liefert den numerischen Geheimtext. Der Empfänger schreibt wie in Abbildung 7.7 unten den numerischen Schlüsseltext darunter und

```
5224424324331455112331453322434533211115 23 ...
3907636928805230911090050807769230363455 87 ...
81210502421366850233214031291937635745 6000 ...
81210502421366850233214031291937635745 6000 ...
3907636928805230911090050807769230363455 87 ...
5224424324331455112331453322434533211115 23 ...
```

Abb. 7.7, oben: Verschlüsselung mit dem Anfang des Schlüsselwurms der Zufallszahlen von Abbildung 7.6. *Unten:* die entsprechende Entschlüsselung.

zieht ab. Damit hat er den numerischen Klartext, den er mit der Polybius-Tafel in einen alphabetischen Klartext übersetzt.

Dazu ist es natürlich notwendig, daß der Empfänger den gleichen Zufallsgenerator besitzt. Für den Schlüsselaustausch muß ich den Samen für den Anfang, in diesem Fall also die 0, dem Empfänger zukommen lassen und gegebenenfalls das Merkwort für die Polybius-Tafel. Dann kann er meine Nachricht entschlüsseln. Wir haben also nur sehr wenig Information für den Schlüsselaustausch zu senden, können aber beliebig lange Geheimtexte übermitteln. Natürlich habe ich mit der Samenzahl 0 eine Zahl gewählt, die man

drittletzte und vorletzte Ziffer ist mein erstes Ziffernpaar. Die Zahl S dient mir nun als Samen zur Erzeugung des nächsten Ziffernpaares.

im praktischen Fall nicht nehmen würde. Ich habe auch mit 4562183170 als erster Samenzahl gearbeitet, also mit einer zehnstelligen Zahl. Davon gibt es zehn Milliarden verschiedene. Wer versucht, mit der Holzhammermethode alle möglichen Samenzahlen durchzuprobieren, um bei einer auf einen lesbaren Klartext zu stoßen, müßte, wenn er für jeden Fall nur eine Sekunde benötigte, wiederum ununterbrochen etwa dreitausend Jahre lang arbeiten.

Schlüsselwürmer im Telefonbuch

Eine einfache Methode, sich mühelos einen Wurm aus Zufallsziffern zu besorgen, hat der englische Journalist Robert Matthews vorgeschlagen.* Er nahm das Londoner Telefonbuch mit seinen etwa 1,2 Millionen siebenstelligen Nummern. Sie sind alphabetisch nach den Namen der Inhaber geordnet. Die ersten drei Ziffern beziehen sich auf den Knotenpunkt im Londoner Telefonnetz, hängen also vom Distrikt der Stadt ab. Wenn etwa alle Leute mit dem asiatischen Namen «Patel» im selben Viertel wohnen, dann folgen im Telefonbuch viele Nummern mit gleichem Anfang aufeinander. Die ersten Ziffern der Nummern sind also im Buch nicht zufällig verteilt. Anders aber verhält es sich mit den letzten Ziffern. Matthews hat sie mit seinem PC nach allen Richtungen hin überprüft und hält die letzten beiden Ziffern für gute Zufallszahlen. Aus ihnen läßt sich leicht ein Ziffernwurm herstellen.

Man nehme also das Telefonbuch einer größeren Stadt, beginne mit einem bestimmten Teilnehmer und schreibe sich die letzten beiden Ziffern seiner Telefonnummer heraus. Dann gehe man zum unmittelbar nächsten Eintrag und verfahre ebenso. Auf diese Weise erhält man einen Ziffernwurm, den sich auch der Empfänger her-

* «A Rotation Device for Periodic and Random-Key Encryption», *Cryptologia*, Juli 1989, Seite 266.

stellen kann, wenn er als Schlüssel den Namen der Stadt und den des Teilnehmers erfahren hat, bei dem zu beginnen ist.

Matthews hat auch eine Anleitung gegeben, wie man sich eine einfache Verschlüsselungsmaschine selbst basteln kann. Mit ihr lassen sich endliche Schlüsselwörter wie bei Vigenère oder beliebig lange Schlüsselwürmer, etwa solche aus dem Telefonbuch, verwenden. Ich habe die Maschine im Anhang A beschrieben.

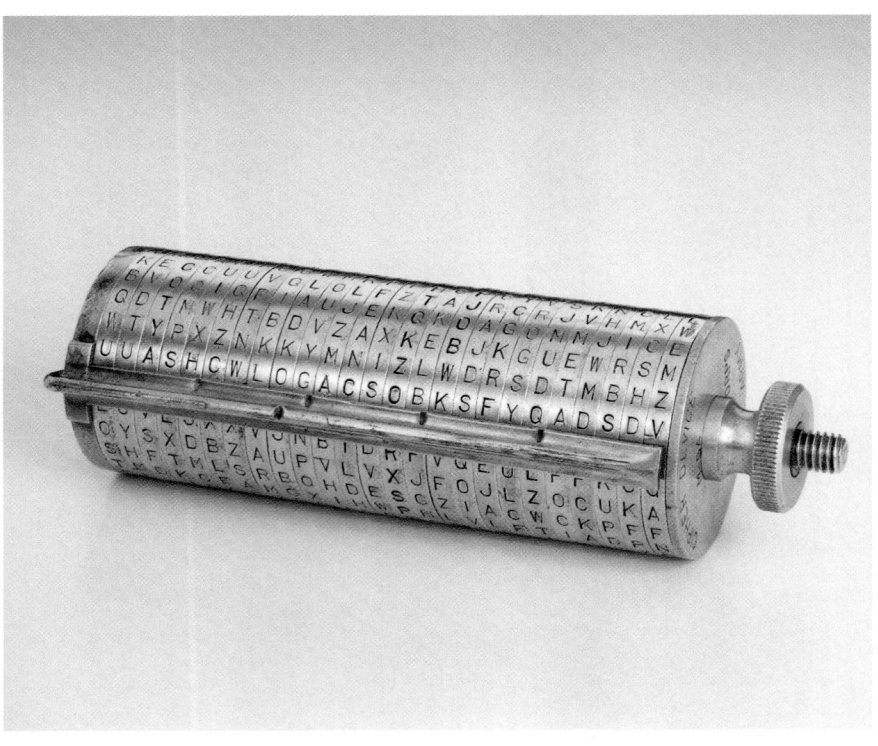

Tafel I: Das Rad des Thomas Jefferson wurde von der US-Armee noch im Jahre 1920 benutzt. Nunmehr waren es keine Holzscheiben mehr, die gegeneinander verdreht werden mußten (Aufnahme Deutsches Museum).

Tafel II: Eine Liste von Zufallszahlen des sowjetischen Geheimdienstes. Hier sind offensichtlich die auf Seite 166 beschriebenen Schwächen vermieden, denn es treten reichlich Ziffernwiederholungen, ja sogar Verdreifachungen auf (Aufnahme Krypto AG, Zug).

Tafel III: Die Marine-Enigma mit vier Walzen aus dem Jahre 1944. Die Klarbuchstaben werden in die Schreibmaschinentastatur eingetippt. Bei jedem getippten Buchstaben leuchtet eine Lampe hinter einer den Geheimbuchstaben tragenden Glasplatte auf. Entschlüsselt wird auf die gleiche Weise. Man tippt den Geheimbuchstaben ein, der Klarbuchstabe leuchtet auf. Zu Beginn der Arbeit mit der Enigma muß der Tagesschlüssel eingestellt werden, das heißt, der Verschlüßler muß in die Maschine die richtigen Walzen in der richtigen Reihenfolge und mit der richtigen Ringstellung einsetzen. Er muß die Walzen mit den Rändelscheiben so einstellen, daß die im Tagesschlüssel angegebenen Buchstaben in den Fenstern erscheinen. Schließlich müssen noch die richtigen Verbindungen am Steckerbrett (vorn) gestöpselt werden (Aufnahme Deutsches Museum).

Tafel IV: Zwei Scheiben der Enigma. *Oben:* Die Walze I. Man sieht die Rändelscheibe und das Zahnrad, über das die Scheibe während des Verschlüsselns gedreht werden kann. Die Stifte sind Kontakte, die Kontaktflächen auf der nächsten Walze berühren. *Unten:* Die Walze VIII liegt so, daß die sechsundzwanzig runden Kontaktflächen zusammen mit den Buchstaben auf dem Einstellring erkennbar sind. Ferner erkennt man am Einstellring zwei Kerben. Sie sorgen für die Bewegung der nächsten Walze. Der Innenteil mit den elektrischen Kontakten und ihrer Verdrahtung ist gegenüber dem Außenteil mit Rändelrad, Einstellring und Kerben verdrehbar. Damit wird die im Tagesschlüssel geforderte Ringstellung der Walze eingestellt (Aufnahme Deutsches Museum).

8 Verwürfelte Texte

Eine bekannte Schuljungen-Geheimschrift ist der «Garten-
zaun», bei dem die Buchstaben des Klartextes der Reihe
nach abwechselnd in zwei Zeilen geschrieben werden. Aus
«man hat uns entdeckt bring dich in Sicherheit» wird

m n a u s n d c t r n d c i s c e h i
  a h t n e t e k b i g i h n i h r e t

und dann MNAUSNDCTRN...

Encyclopædia Britannica

Im Winter 1609/10 richtete der italienische Astronom Galileo Galilei sein Fernrohr zum Himmel und erkannte, daß das neblige Band
der Milchstraße in Wahrheit aus zahllosen schwachen Sternen besteht. Er sah, daß der Planet Jupiter von vier Monden umkreist
wird, daß am Mond Berge ihre Schatten in weite Ebenen werfen und
daß die Sonnenscheibe dunkle Flecken zeigt. Beim Saturn schien es
ihm, als bestehe der Planet aus drei Sternen. Das waren aufregende
Neuigkeiten. Galilei wollte, wie es Wissenschaftler auch heute noch
tun, Vorsorge treffen, daß ihm die Priorität an seinen Entdeckungen
zuerkannt werde.

Anagramme

Die Gelehrten benutzten damals einen Trick, sich den Ruhm der
Erstentdeckung zu sichern, ohne die Katze aus dem Sack zu lassen.
Sie faßten ihr Ergebnis in einem prägnanten Satz zusammen, meist
in lateinischer Sprache, und verschlüsselten ihn, indem sie die Reihenfolge aller im Satz vorkommenden Buchstaben änderten. Sie
ordneten sie zum Beispiel einfach nach dem Alphabet. Es ist leicht,
einen Satz auf diese Weise zu verschlüsseln. Nehmen wir zum Beispiel den Klartext «siriushateinenbewohntenplaneten». Alphabetisch geordnet reihen sich die Buchstaben zum Geheimtext

AABEEEEEEHHIIILNNNNNNOPRSSTTTUW. Es ist praktisch unmöglich, daraus wieder den Klartext zu rekonstruieren. Wenn aber dann jemand anders den Planeten gefunden hat, könnten Sie durch Umstellen dieser Buchstabenkombination beweisen, daß Sie das schon vorher entdeckt hatten. Den Ruhm der Erstentdeckung könnte Ihnen niemand mehr streitig machen.

Verschlüsselungen dieser Art heißen *Anagramme*. Die Buchstaben müssen nicht unbedingt in ihre alphabetische Reihenfolge gebracht werden, es kann irgendeine Vertauschung der Klartextbuchstaben sein. So schrieb Galilei für seine Entdeckung am Saturn im lateinischen Klartext:

altissimum planetam tergeminum observavi

zu Deutsch: «Ich beobachtete den höchsten Planeten in dreigestaltiger Form.» Mit «höchsten Planeten» meinte er den Saturn. Das war im damaligen Weltbild der Planet, der am weitesten von der Sonne entfernt um sie kreist. Den lateinischen Satz verschlüsselte er, indem er die Buchstaben vertauschte. Sein Ergebnis veröffentlichte als Anagramm*:

SMAISMRMILMEPOETALEUMIBUNENUGTTAUIRAS

Niemand konnte darin einen Sinn erkennen. Wenn aber nun plötzlich ein anderer Astronom aufgetreten wäre und behauptet hätte, er habe den Saturn in Dreigestalt gesehen, dann hätte Galilei triumphierend darauf hinweisen können, daß er die Entdeckung schon früher in seinem Anagramm festgehalten habe. Damit wäre der andere geschlagen gewesen. Galilei hat viele seiner Entdeckungen auf diese Weise verschlüsselt. Beim obigen Satz über den Saturn hat er zwar hervorragend chiffriert, aber sein Klartext war falsch. Erst ein halbes Jahrhundert später erkannte der holländische Astronom Christiaan Huygens, worum es sich in Wahrheit handelt. Auch er

---

* Galilei unterschied dabei nicht zwischen U und V.

faßte das Ergebnis in einem lateinischen Satz zusammen, zu deutsch: «Er ist von einem dünnen flachen Ring umgeben, der ihn nicht berührt und der gegen die Ekliptik* geneigt ist.» Er ordnete die Buchstaben des Klartextes einfach in alphabetischer Reihenfolge. Die Lösung verriet er erst drei Jahre später.

Verwürfelter Text gegen verwürfeltes Alphabet

Die Sitte, besser Unsitte, der Verschlüsselung in einem Anagramm unterscheidet sich grundsätzlich von den monoalphabetischen Chiffrierungen des Kapitels 4. Dort wurde das Alphabet verschüttet und ein Geheimalphabet erzeugt, das einem normal geordneten Alphabet als Klartextalphabet gegenübergestellt wurde, so, wie es etwa die Abbildung 4.6 (Seite 89) zeigt. Aus e wurde , aus k wurde und so weiter. Da war es möglich, mit Hilfe der Häufigkeitsverteilung der Geheimtextbuchstaben das e des Klartextes wiederzufinden. Jetzt wird nicht mehr das Alphabet verschüttet, sondern der Klartext selber. Betrachten wir den Klartext aus Kapitel 5:

inderregelfaengtmanmitfuenfziganderweltsatzzuwerdenabermit sechzigistdieweltmuedeanunsgeworden

Machen wir daraus wie Galilei ein Anagramm:

AAAAAABCDDDDDDEEEEEEEEEEEEEEEEEEEFFGGGGGHIIIIIIILLLM MMMNNNNNNNNNNORRRRRRRSSSSTTTTTTTTUUUUWWWWZZZ

Ob im Klartext oder in einem durch Vertauschung der Reihenfolge gewonnenen Anagramm: e bleibt . Anagramme werden nicht geschrieben, um geheime Nachrichten zu übermitteln, sie dienen zur Sicherung der Priorität.

* Die Ekliptik ist die Ebene, in der sich die Erde auf ihrer Bahn um die Sonne bewegt.

1 1 1   Verwürfelte Texte
2 2 2
3 3 3
4 4 4
5 5 5
6 6 6
7 7 7
8 **8** 8
9 9 9
0 0 **0**

Halten wir fest: Hier werden die Buchstaben des Klartextes lediglich an eine andere Stelle gesetzt. Das ist eine Transposition (Seite 35). In den Methoden der Kapitel 4 bis 7 und auch in Kapitel 9 und den folgenden behalten Buchstaben ihren Platz, werden aber durch andere Buchstaben oder Zeichen ersetzt. Die Mathematiker, welche die Verschlüsselung zur Wissenschaft gemacht haben, sprechen dann von einer Substitution, wie wir sie schon in Kapitel 1 kennengelernt haben. Grob vereinfacht: Bei einer Transposition ist der Klartext verwürfelt, bei einer Substitution dagegen das Alphabet.

Da bei einer Transposition die Buchstaben nicht durch andere ersetzt werden, bleibt im Geheimtext E der häufigste Buchstabe, N der zweithäufigste, doch nützt diese Erkenntnis dem unbefugten Entschlüßler nichts. Ein durch Transposition verschlüsselter Text hilft ihm aber wenigstens etwas. Wenn er feststellt, daß das Vorkommen der Buchstaben den Häufigkeitsverhältnissen der deutschen Sprache entspricht, kann er daraus schließen, daß er die Transposition eines deutschen Klartextes vor sich hat. Ist nicht E, sondern A der häufigste Buchstabe, so könnte es sich vielleicht um einen portugiesischen Klartext handeln. Wenn E als häufigster und N als zweithäufigster Buchstabe vorkommen, kann er mit größerer Wahrscheinlichkeit davon ausgehen, daß er es mit einem deutschen Klartext zu tun hat als mit einem englischen, bei dem das T an zweiter Stelle stehen müßte.

Wollen wir geheime Nachrichten durch Transposition verschlüsseln, müssen wir eine Vorschrift wählen, die es auch gestattet, leicht zu entschlüsseln. Ein Beispiel dafür ist die Geheimschrift des Grafen Sandorf in Kapitel 1.

Die Schablone des österreichischen Obersten

Jules Verne schrieb den Roman 1885, vier Jahre nachdem der österreichische Oberst Eduard Fleißner von Wostrowitz eine Abhandlung unter dem Titel «Neue Patronengeheimschrift» veröffentlicht hatte. Das Wort «Patronen» bedeutete hier nicht Geschoßhülsen oder Tintenkapseln für Füllfederhalter, sondern Muster auf kariertem Papier, die in der Weberei so bezeichnet werden.

Die Schablone, die Fleißner in seinem Aufsatz beschreibt, ist, wie in der Abbildung 1.3 (Seite 23) dargestellt, ein Quadrat mit einer Reihe ausgeschnittener Felder. Es besitzt eine gerade Anzahl von Zeilen und Spalten, so daß die Gesamtzahl der Felder durch vier teilbar ist. Ein Viertel von ihnen muß ausgeschnitten sein. Die Schablone dient zum Ver- wie auch zum Entschlüsseln eines Textes. Zum Dechiffrieren muß er in Quadrate von der Größe der Schablone geschrieben werden.

Zum Verschlüsseln legt man die Schablone auf ein leeres Blatt Papier und beginnt, den Klartext buchstabenweise in die offenen Felder zu schreiben. Sind diese verbraucht, dreht man die Schablone um neunzig Grad im Uhrzeigersinn und schreibt wieder in die offenen Felder. So fährt man fort, bis die Schablone in allen vier Stellungen benutzt worden ist. Die Schablone ist so eingerichtet, daß man dann alle Felder eines Quadrats beschrieben hat und kein Feld zweimal. Ist der Text länger, legt man ein weiteres Quadrat gleicher Größe an. Übrigbleibende Felder des Quadrats füllt man mit willkürlichen Buchstaben. Der endgültige Geheimtext besteht dann aus allen Zeilen der Quadrate, so wie auf Seite 22 der Sandorf-Geheimtext gebildet wurde.

Beim Entschlüsseln legt man die Schablone auf das erste Quadrat des Geheimtextes, liest die sichtbaren Buchstaben und notiert sie. Dann dreht man die Schablone um neunzig Grad und fährt so fort. Nicht jede Schablone ist für das Verfahren geeignet. Sie darf in den vier Stellungen kein Feld zweimal freilegen, es darf aber auch keines verborgen bleiben.

Fleißnersche Schablonen liefern keine sehr sichere Verschlüsselung. Die Gesamtzahl der Buchstaben eines Geheimtextes gibt einen Hinweis darauf, wie viele Felder die Chiffrierquadrate hatten. Besteht der Geheimtext zum Beispiel aus hundertacht Zeichen, dann liegt es nahe, daß er aus drei Quadraten der Größe sechs mal sechs stammt. Selbst wenn man die Größe der Quadrate kennt und viel

1 1 1 Verwürfelte Texte
2 2 **2**
3 3 3
4 4 4
5 5 5
6 6 6
7 7 7
8 **8** 8
9 9 9
0 0 0

Text zur Verfügung hat, ist es nicht leicht herauszufinden, welche Felder der Schablone ausgeschnitten waren. Denn wie auch immer die Buchstaben durch sie angeordnet wurden, stets erzeugt die Schablone nur eine Transposition – e bleibt E, und n bleibt N. Es sind die Buchstabenpaare, die weiterhelfen. Das Paar en ist im Deutschen die häufigste Zweiergruppe, auch c und h treten oft gepaart auf, ebenso wie c und k.

Tatsächlich zeigt das erste Geheimtextquadrat der Abbildung 1.4 ein C an der ersten und ein H an der vorletzten Stelle der ersten Zeile. Ebenso zeigt das zweite Quadrat der Abbildung C und H an den Stellen 1 und 4 der fünften Zeile. Es liegt daher die Vermutung nahe, daß bei einer bestimmten Stellung der Schablone das erste und fünfte Feld der ersten Zeile oder vielleicht auch das erste und vierte Feld der fünften Zeile offen und die Felder dazwischen geschlossen sind (sonst würde H nicht unmittelbar auf C folgen). Tatsächlich besitzt die Sandorfsche Schablone nach dreimaligem Drehen um neunzig Grad im Uhrzeigersinn offene Felder an den vermuteten Stellen der ersten und in der fünften Zeile. Auf diese Weise lassen sich mit Hilfe von Zahlenpaaren aus dem Geheimtext Eigenschaften der zum Verschüsseln benutzten Schablone erraten. Es ist nur eine Frage der Zeit, bis bei hinreichend viel Geheimtext alle offenen Felder der Schablone erkannt sind.

Schwieriger wird die Entschlüsselung, wenn man die Schablone auch noch umdreht, so daß sie gegenüber der bisherigen Lage spiegelverkehrt liegt. Damit läßt sich dann der bisher erhaltene Geheimtext noch einmal quadratweise mit der Schablone verschlüsseln, wie es Abbildung 8.1 zeigt. Die nochmalige Verschlüsselung eines bereits einmal chiffrierten Textes wird *Überschlüsselung* genannt. Doch e bleibt stets E, so oft man auch die Schablone dreht und wendet.

Wie stelle ich mir eine Fleißnersche Schablone her? Welche Felder muß ich ausschneiden, damit nach vier Drehungen alle Felder des Quadrats einmal offen waren und keines zweimal? Zum Entwerfen der Schablone gibt es ein einfaches Rezept, das ich für den Fall eines Quadrats aus sechs mal sechs Feldern vor-

```
C A E L H L
R E E N E R
D S S E T A
I I S E S T
S N B I E T
Z I E B I M
```

 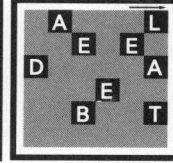

Abb. 8.1: Ein mit einer Fleißnerschen Schablone gewonnener Geheimtext kann noch ein zweites Mal verschlüsselt werden. Man schreibt den bereits verschlüsselten Text wieder in ein Quadrat, wie in Abbildung 1.2. Dann benutzt man dieselbe Schablone noch einmal, jetzt aber ihre Rückseite. Nun sind die freien Felder gegenüber der bei der ersten Verschlüsselung verwendeten Vorderseite der Schablone spiegelverkehrt. Man legt sie wieder nacheinander in vier Stellungen auf die Buchstabenquadrate. Das erste Quadrat liefert dann einen neuen Geheimtext: CEHEEISSE. Wenn man um neunzig Grad im Uhrzeigersinn dreht, folgen ALEEDAEBT.

führen will. Von den sechsunddreißig Feldern sind neun auszuschneiden. Dazu teilt man die Schablone in vier Teilquadrate von drei mal drei Feldern wie in Abbildung 8.2 links. Die neun Felder des ersten kleinen Quadrats numerieren wir der Reihe nach von 1 bis 9 durch. Dann drehen wir dreimal um neunzig Grad und numerieren jeweils die linken oberen Teilquadrate auf die gleiche Weise, so daß die Zahlen 1 bis 9 schließlich viermal im großen Quadrat stehen. Jetzt wählen wir neun Felder zum Ausschneiden aus. Wir markieren eines der vier Felder, welche die 1 enthalten, dann eines, das die 2 enthält, dann eines der Felder mit einer 3 und fahren fort, bis wir neun Felder markiert haben. Insgesamt haben wir 262 144 Möglichkeiten der Markierung. Die markierten Felder werden ausgeschnitten. Bei jeder dieser möglichen Schablonen wird bei den vier Drehungen jedes Feld genau einmal freigelegt. Wollen wir eine Schablone der Größe acht mal

Die Schablone des österreichischen Obersten

1 1 1 Verwürfelte Texte
2 2 2
3 3 3
4 4 **4**
5 5 5
6 6 6
7 7 7
8 **8** 8
9 9 9
0 0 0

1	2	3	7	4	1
4	5	6	8	5	2
7	8	9	9	6	3
3	6	9	6	8	7
2	5	8	9	5	4
1	4	7	3	2	1

		3	4		
		6			2
8					
			6		7
			5		
1					

Abb. 8.2: Wie man sich eine eigene Fleißnersche Tabelle herstellt. *Links:* Man schreibt in das linke obere Teilquadrat eines Quadrats mit sechs mal sechs Feldern der Reihe nach die Zahlen 1 bis 9. Dann dreht man im Uhrzeigersinn um neunzig Grad und schreibt wieder in das linke obere Teilquadrat die Zahlen 1 bis 9. So fährt man fort, bis alle sechsunddreißig Felder gefüllt sind und das Quadrat aussieht wie im linken Teilbild. Im Text ist erläutert, wie man dann die auszuschneidenden Felder ausfindig macht (rechtes Teilbild).

acht herstellen, so verfahren wir entsprechend. Die vier Teilquadrate haben dann die Größe vier mal vier. Aus der Schablone sind dann sechzehn Felder auszuschneiden.

Dieses sogenannte *Drehrasterverfahren* bietet dem unbefugten Entschlüßler kaum Schwierigkeiten. Wir haben schon gesehen, daß die Länge des Geheimtextes auf die Größe der Schablone schließen läßt und wie man Hinweise auf die ausgeschnittenen Felder bekommt. Und doch wurden Schablonen trotz ihrer Schwäche noch im Zweiten Weltkrieg im Funkverkehr zwischen deutschen Spionen in Südamerika und der deutschen Abwehr benutzt.

Transposition mit Schlüsselwort

Wie wir am Beispiel des Grafen Sandorf gesehen haben, liegt die Schwäche des Drehrasterverfahrens in der Schablone, die ausgetauscht werden muß und leicht in fremde Hände geraten kann. Es gibt andere Verfahren, bei denen man einen Klartext durch Transposition verschlüsselt, ohne eine verräterische Schablone zu benutzen.

Wir chiffrieren wieder den an den Grafen Sandorf gerichteten

Text. Dazu schreiben wir ihn ohne Zwischenräume in ein Rechteck, etwa in Zeilen zu je fünfzehn Zeichen wie in Abbildung 8.3. Wären am Ende des Textes leere Stellen im Rechteck übriggeblieben, hät-

```
a l l e s i s t b e r e i t b
e i m e r s t e n z e i c h e
n d a s s i e u n s v o n t r
i e s t s e n d e n w e r d e
n e r h e b e n s i c h a l l
e f u e r d i e u n a b h a e
n g i g k e i t u n g a r n s
```

Abb. 8.3: **Ein Klartext, in Rechteckform gebracht.**

ten wir sie mit willkürlichen Buchstaben gefüllt. Die einfachste Verschlüsselung bestünde darin, daß wir die Spalten nach irgendeiner Regel vertauschen, dann jede Spalte von oben nach unten lesen und in Siebenerzeilen hinschreiben. Nach welcher Regel aber sollen wir vertauschen? Die Vertauschungsregel ist der Schlüssel des Verfahrens, den Sender und Empfänger kennen müssen. Eine Regel der Art: «Vertausche die erste Spalte mit der fünften, die zweite mit der zwölften...» wird bald länger als die eigentliche Nachricht. Es gibt aber eine einfache Hilfe. Wir nehmen irgendeinen Satz, den wir uns leicht merken können, etwa «Auf der gruenen Wiese...». Er muß mindestens so viele Buchstaben enthalten, wie unser Rechteck Spalten hat. Wir schreiben dann unseren Merksatz ohne Worttrennungen hin: *AUFDERGRUENENWIESE*. Jetzt beginnen wir, die Buchstaben in alphabetischer Reihenfolge abzuzählen. Buchstaben, die im Satz mehrfach vorkommen, numerieren wir von links nach rechts. Das A erhält die 1, B und C kommen nicht vor, also erhält D die Nummer 2. Den drei E geben wir die Nummern 3, 4, 5. Das F ist nur einmal da, es bekommt die Nummer 6. So geht es weiter. Wir erhalten insgesamt:

1 1 1
2 2 2
3 3 3
4 4 4
5 5 5
6 6 **6**
7 7 7
8 **8** 8
9 9 9
0 0 0

$$A \quad U \quad F \quad D \quad E \quad R \quad G \quad R \quad U \quad E \quad N \quad E \quad N \quad W \quad I$$
$$1 \quad 13 \quad 6 \quad 2 \quad 3 \quad 11 \quad 7 \quad 12 \quad 14 \quad 4 \quad 9 \quad 5 \quad 10 \quad 15 \quad 8$$

Darunter setzen wir unser Rechteck, wie es in Abbildung 8.4 oben gezeigt ist. Nun ordnen wir die Spalten in der Reihenfolge der Zahlen und erhalten die Anordnung von Abbildung 8.4 Mitte. Jetzt schreiben wir die Buchstaben spaltenweise als Siebenergruppen,

Abb. 8.4: Verschlüsselung des Klartextes von Abbildung 8.3. *Oben:* Mit Hilfe des Schlüssels *(AUFDERGRUENENWI)* werden die Spalten numeriert und entsprechend umgeordnet *(Mitte).* *Unten:* Der Geheimtext entsteht durch spaltenweises Lesen. Er ist verhältnismäßig leicht zu entschlüsseln.

und es entsteht der Geheimtext, der in der Abbildung unten wiedergegeben ist.

Der Empfänger kennt den Schlüssel, das heißt den Satz von der
grünen Wiese, und bildet durch Abzählen die Zahlenfolge

1 13 6 2 3 11 7 12 14 4 9 5 10 15 8.

Nun schreibt er die erste Siebenergruppe als Spalte unter die Ziffer
1, die zweite unter die Ziffer 2 und so weiter. So entsteht in den
Zeilen vor ihm der Klartext. Bei dieser Methode mußte nur der
Schlüssel, die grüne Wiese, ausgetauscht werden, aber keine Schablone.

Besonders sicher ist auch dieses Verfahren nicht. Der unbefugte
Entschlüßler kann aus der Anzahl der Zeichen und ihrer Gruppie-
rung auf Länge und Breite des Rechtecks schließen und das Schema
des unteren Rechtecks von Abbildung 8.4 aufstellen. Er findet im
Rechteck zweimal den Buchstaben C, einmal in der zweiten, einmal
in der fünften Zeile. Die zweite Zeile enthält ein H und sonst keinen
Buchstaben, der im Deutschen auf das C folgt. Also kann er schließen, daß die zehnte Spalte der fünfzehnten voranstehen muß. Beim
C in der fünften Zeile erscheint das H in den Spalten 2 und 5. Eine
von ihnen könnte also auf Spalte 9 folgen. Der Entschlüßler muß
zwei Möglichkeiten ausprobieren. Wir wissen schon, es ist die fünfte
Spalte. Danach könnte er auf die Jagd nach den häufigen Buchstabenpaaren ei und ie gehen oder nach Spaltenvertauschungen suchen, die en liefern. Er kann sich die Arbeit erleichtern, indem er
jede Spalte auf einen Papierstreifen schreibt und verschiedene Ver-
tauschungen ausprobiert, ob sie sinnvolle Textfragmente ergeben.

Der Vorteil des Verfahrens liegt darin, daß man den Schlüssel
leicht wechseln kann. So hat zum Beispiel Josef Starziczny, im Zweiten Weltkrieg Chef des deutschen Spionagenetzes in Brasilien, bei
seinem Verkehr mit der Abwehrstelle in Hamburg nach dem eben
beschriebenen Verfahren chiffriert. Die Schlüssel nahm er aus
einem spanischen Buch. Nach einer mit Hamburg vereinbarten Regel berechnete er aus dem jeweiligen Datum eine für diesen Tag

geltende Seitenzahl im Buch, schlug die Seite auf und verwendete die Anfangsbuchstaben der ersten zwanzig Zeilen als Schlüsseltext, so wie wir unseren Spruch von der grünen Wiese gewählt haben. Wie wir bildete er eine Zahlenfolge, nach der er die Spalten seines in ein Rechteck gebrachten Klartextes vertauschte. Der Empfänger hatte natürlich dasselbe Buch vor sich. Auch er berechnete aus dem Datum die Seitenzahl und konnte die zwanzig Schlüsselbuchstaben bestimmen. Trotz des täglichen Wechsels des Schlüssels fiel es allerdings den Amerikanern nicht schwer, die Nachrichten zu lesen.[*]

Wir können noch einen Schritt weiter gehen und nicht nur die Spalten, sondern danach auch noch die Zeilen vertauschen, also eine Überschlüsselung vornehmen. In unserem Fall würden wir dazu ein Merkwort von mindestens sieben Buchstaben benötigen, etwa «Kalbsbraten». Wir numerieren die ersten sieben Buchstaben:

$$K \quad A \quad L \quad B \quad S \quad B \quad R$$
$$4 \quad 1 \quad 5 \quad 2 \quad 7 \quad 3 \quad 6$$

und vertauschen dementsprechend die Zeilen des bereits mit der grünen Wiese chiffrierten Textes (Abbildung 8.5). Nun können wir spaltenweise zu Siebenergruppen anordnen: EIEANNN ETEESGH RSRSSKE…. Als Schlüsselwort wäre jetzt neben der grünen Wiese noch der Kalbsbraten auszutauschen. Viel gewinnen wir mit dem zweiten Schlüsselwort nicht. Wieder kann man mit häufigen Buchstabenpaaren die Spalten des Geheimtextes in die richtige Anordnung bringen. Dann liefert jede Zeile schon einen Teil des Klartextes, und man hat nur noch die Zeilen umzustellen, was keine Schwierigkeiten bereitet. Wir können allerdings einem unbefugten Entschlüßler das Leben erschweren, indem wir einen schon vorher durch eine Substitution verschlüsselten Text mit einer nachfolgen-

---

[*] F. Bratzel, L. B. Rout, «Abwehr Ciphers in South America», *Cryptologia*, April 1983, S. 132.

```
K 4:   a  e  s  e  e  l  s  b  r  i  i  t  l  b  t
A 1:   e  e  r  z  i  m  t  e  e  c  s  e  i  n  h
L 5:   n  s  s  s  o  a  e  r  v  n  i  u  d  n  t
B 2:   i  t  s  n  e  s  n  e  w  r  e  d  e  e  d
S 7:   n  h  e  i  h  r  e  l  c  a  b  n  e  s  l
B 3:   e  e  r  n  b  u  i  e  a  h  d  e  f  u  a
R 6:   n  g  k  n  a  i  i  s  g  r  e  t  g  u  n

A 1:   e  e  r  z  i  m  t  e  e  c  s  e  i  n  h
B 2:   i  t  s  n  e  s  n  e  w  r  e  d  e  e  d
B 3:   e  e  r  n  b  u  i  e  a  h  d  e  f  u  a
K 4:   a  e  s  e  e  l  s  b  r  i  i  t  l  b  t
L 5:   n  s  s  s  o  a  e  r  v  n  i  u  d  n  t
R 6:   n  g  k  n  a  i  i  s  g  r  e  t  g  u  n
S 7:   n  h  e  i  h  r  e  l  c  a  b  n  e  s  l
```

EIEANNN ETEESGH RSRSSKE ZNNESNI IEBEOAH MSULAIR
TNISEIE EEEBRSL EWARVGC CRHINRA SEDIIEB EDETUTN
IEFLDGE NEUBNUS HDATTNL

Abb. 8.5: In dem im mittleren Feld der Abbildung 8.4 erhaltenen Schema werden die Zeilen mit Hilfe des Merkwortes «Kalbsbraten» umnumeriert und neu geordnet *(Mitte)*. Der Geheimtext *(unten)* entsteht dann durch spaltenweises Lesen.

den Transposition überschlüsseln. Also erst verwürfeltes Alphabet (Substitution), dann verwürfelter Text (Transposition).

Dafür bietet sich eine Substitution nach Polybius an. Sie weist jedem Klartextbuchstaben ein Ziffernpaar zu. Das ist zwar nur eine monoalphabetische Verschlüsselung, die mit einer einfachen Häufigkeitsanalyse geknackt werden kann. Wenn wir aber den so entstandenen Text nunmehr mit einer Transposition verwürfeln, bei der auch die Ziffernpaare auseinandergerissen werden, geht die Möglichkeit einer Häufigkeitsanalyse verloren. Denn das dem e entsprechende Paar, etwa 51, steht in zwei Spalten und wird bei einer nachfolgenden Transposition getrennt.

Transposition mit Schlüsselwort

So können wir zum Beispiel einen mit einer der Schlüsseltafeln der Abbildung 7.2 in Ziffernpaare umgesetzten Text in Quadraten anordnen, uns dazu unser eigenes Merkwort wählen, die Spalten vertauschen und ihn spaltenweise als Geheimtext niederschreiben.

Polybius im Ersten Weltkrieg

Die französischen Funker, die am 5. März 1918 den Funkverkehr der Deutschen abhörten, gerieten in helle Aufregung. Alle Funksprüche bestanden plötzlich aus Aneinanderreihungen von nur fünf verschiedenen Buchstaben. Die langen und kurzen Töne ihrer Morsezeichen lieferten lediglich A, D, F, G und X. Es waren Funksprüche wie AGXXDD AGGFD AADXFX AGFGXD AAXAG, welche die Männer mit den Kopfhörern notierten. Den Funkern leuchtete ein, warum gerade diese Zeichen immer wieder kamen. Sie konnten am besten voneinander unterschieden werden. Weiter fiel auf, daß die Anzahl der Zeichen in allen Sprüchen geradzahlig war.

	A	D	F	G	X
A	a	b	c	d	e
D	f	g	h	i/j	k
F	l	m	n	o	p
G	q	r	s	t	u
X	v	w	x	y	z

Abb. 8.6: Eine Polybius-Tafel, wie sie im Ersten Weltkrieg für das ADFGX-System benutzt wurde.

Die plötzliche Einführung eines neuen Chiffriersystems an der gesamten Westfront legte den Verdacht nahe, daß ein seit langem geplanter Großangriff der Deutschen bevorstand. Tatsächlich sollte er am 21. März 1918 an der Somme beginnen. Um so dringender war es, zu erfahren, welches System die deutschen Funker jetzt benutzten.

Es war eine Polybius-Verschlüsselung mit anschließender Transposition. Das folgende Schema lag zugrunde: Die fünfundzwanzig Buchstaben des Alphabets (i und j nicht unterschieden) werden in eine Polybius-Tafel nach Art der Abbildung 7.2 geschrieben. Aber anders als dort bezeichnen wir die Zeilen und Spalten jetzt mit den Buchstaben A, D, F, G und X (Abbildung 8.6). Wir müssen die Tafel nicht unbedingt in alphabetischer Reihenfolge auffüllen, wir können auch ein Schlüsselwort benutzen wie in Abbildung 7.2 unten. Bleiben wir der Einfachheit halber bei der Tabelle in alphabetischer Anordnung. Nehmen wir jetzt einen einfachen Klartext und schreiben ihn in Fünfergruppen, wie es in Abbildung 8.7 oben ge-

```
a n d a s
o b e r k
o m m a n
d o s i t
u a t i o
n s b e r
i c h t
```

```
AA FF AG AA GF        AAFFAGAAGF
FG AD AX GD DX        FGADAXGDDX
FG FD FD AA FF        FGFDFDAAFF
AG FG GF DG GG        AGFGGFDGGG
GX AA GG DG FG        GXAAGGDGFG
FF GF AD AX GD        FFGFADAXGD
DG AF DF GG           DGAFDFGG
```

Abb. 8.7, oben: Ein Klartext, in Zeilen der Länge fünf angeordnet. Unten: Links die einzelnen Buchstaben des oberen Klartextes, mit Hilfe der Chiffriertafel von Abbildung 8.6 durch Buchstabenpaare des ADFGX-Systems ersetzt. Rechts daneben dasselbe ohne Zwischenräume.

schehen ist. Mit Hilfe der Tafel der Abbildung 8.6 erhalten wir einen ersten (monoalphabetischen) Geheimtext (Abb. 8.7 unten links). Läßt man die Zwischenräume weg, so entsteht ein Block, wie

1 1 1
2 2 **2**
3 3 3
4 4 4
5 5 5
6 6 6
7 7 7
8 8 8
9 **9** 9
0 0 0

er in der Abbildung unten rechts gezeigt ist. Den Block überschlüsseln wir nun noch einmal, indem wir in Abbildung 8.8 die Spalten wieder mit Hilfe des Schlüsselworts *KALBSBRATEN* vertauschen, von dem wir nur die ersten zehn Buchstaben nehmen. Spaltenweise gelesen, ergibt dies den Geheimtext der Abbildung 8.8 unten.

K	A	L	B	S	B	R	A	T	E
6	1	7	3	9	4	8	2	10	5
A	A	F	F	A	G	A	A	G	F
F	G	A	D	A	X	G	D	D	X
F	G	F	D	F	D	A	A	F	F
A	G	F	G	G	F	D	G	G	G
G	X	A	A	G	G	D	G	F	G
F	F	G	F	A	D	A	X	G	D
D	G	A	F	D	F	G	G		

1	2	3	4	5	6	7	8	9	10
A	A	F	G	F	A	F	A	A	G
G	D	D	X	X	F	A	G	A	D
G	A	D	D	F	F	F	A	F	F
G	G	G	F	G	A	F	D	G	G
X	G	A	G	G	G	A	D	G	F
F	X	F	D	D	F	G	A	A	G
G	G	F	F		D	A	G	D	

AGGGXFG ADAGGXG FDDGAFF GXDFGDF
FXFGGD AFFAGFD FAFFAGA AGADDAG
AAFGGAD GDFGFG

Abb. 8.8: Die in Abbildung 8.7 unten durch Substitution erhaltenen Spalten werden wie in Abbildung 8.4 mit Hilfe eines Merkwortes neu geordnet *(Mitte)*. Der Geheimtext entsteht wieder durch spaltenweises Lesen *(unten)*.

Der Entschlüßler geht den umgekehrten Weg. Er schreibt die Zeilen als Spalten, und da er weiß, daß diese mit dem *KALBS-BRATEN* vertauscht worden sind, kann er die Vertauschung rückgängig machen. Dann kann er mit der Polybius-Tafel von den Buchstabenpaaren zu den Klarbuchstaben übergehen. Als Schlüssel muß er also nur den *KALBSBRATEN* kennen und, falls die Polybius-Tafel mit Hilfe eines Schlüsselwortes gefüllt worden ist, auch dieses.

Während der französische Meisterkryptologe Georges Painvin noch über die unlesbaren Funksprüche grübelte, waren die Deutschen bis auf etwa fünfzig Kilometer an Paris herangekommen. Dann aber hatte er das Rätsel der ADFGX-Funksprüche gelöst, und die Franzosen konnten den deutschen Funkverkehr wieder entziffern. Doch da warteten die Deutschen schon mit einem neuen Code auf, in dem nun neben den bisher gefunkten fünf Buchstaben auch noch das █ auftrat.

Mit sechs Buchstaben läßt sich eine Polybius-Tafel von sechsunddreißig Feldern aufstellen. Tatsächlich hatten die Deutschen jetzt eine Tafel, die nunmehr zwischen i und j unterschied und außerdem noch die Ziffern 0 bis 9 enthielt. Painvin hielt am 1. Juni 1918 die erste mit dem neuen System verschlüsselte Nachricht in den Händen. Schon am Abend des 2. Juni hatte er sie entschlüsselt. Er war ein rastloser Arbeiter. Während seiner monatelangen Versuche, mit den deutschen Kryptologen Schritt zu halten, soll er dreiunddreißig Pfund an Gewicht verloren haben. Wahrscheinlich ist es sein Verdienst, daß deutsche Soldaten im Ersten Weltkrieg nicht auf den Champs-Élysées herumspaziert sind.

Nicht alle Kryptologen, die in den beiden Kriegen Erfolge erzielt hatten, waren auch später im Zivilleben so erfolgreich wie Painvin. Er wurde nach 1918 ein bedeutender Wirtschaftsmanager und stand an der Spitze der größten französischen Chemiekonzerne. Doch auch im Alter betrachtete er die Lösung des Rätsels um den ADFGVX-Code als die größte Leistung seines Lebens.

In neuerer Zeit sind Transpositionen, so verführerisch sie auf den ersten Blick auch scheinen mögen, gegenüber Substitutionen in den Hintergrund getreten. Nach dem Ersten Weltkrieg haben Maschinen das Ver- und Entschlüsseln übernommen. Doch wenn es darum geht, allein mit Papier und Bleistift zu verschlüsseln, etwa in der Spionage, sind Transpositionen, mit Substitutionen kombiniert, auch heute noch in Gebrauch. Als im Jahr 1957, mitten im Kalten Krieg, der sowjetische Spion Reino Hayhanen zu den Amerikanern überlief, verriet er das Chiffriersystem, das er benutzt hatte, um mit Moskau zu korrespondieren. Das System trug denselben Tarnnamen wie der Agent: VIC. Es bestand aus drei Schritten. Zuerst wurde der Klartext mit einer monoalphabetischen Substitution à la Polybius chiffriert. Dann wurde er noch zweimal durch komplizierte Transpositionen überschlüsselt.

9 Von der Chiffrierscheibe zur Enigma

Schlüsselverfahren ist das Gesetz, nach dem verschlüsselt wird.
Schlüssel bezeichnet die wechselnden Unterlagen, nach denen
bei den einzelnen Verfahren das Schlüsselmittel zum
Schlüsseln vorbereitet wird.
Schlüsseltafel ist die Zusammenstellung einzelner Schlüssel für
einen längeren Zeitraum.
Schlüsselmittel ist der zum Schlüsseln erforderliche Behelf, z. B.
Schlüsselmaschine (bisher Chiffriermaschine bezeichnet).
Kenngruppe dient zur Kennzeichnung des in einem Spruch
verwendeten Schlüssels.
*Aus der geheimen «Schlüsselanleitung zur Schlüsselmaschine
Enigma», Berlin 1940*

11. Mai 1943. Der Stahl des Druckkörpers von U 528 hat einen Riß.
Die Wasserbomben der «Fleetwood» und die Bomben der Flugzeuge sind zu nahe explodiert. Während die Luft entweicht und der
Auftrieb nachläßt, sackt das Boot weg. Der Kommandant, Oberleutnant Georg von Rabenau (25), gibt den Befehl zum Anblasen. In
den Tauchzellen verdrängt die Luft das Wasser, das Boot steigt wieder zur Oberfläche. Der Kommandant läßt den Funker einen verschlüsselten Funkspruch absetzen: «Boot ist tauchunfähig». Die
englischen Korvetten haben ihre Wasserbomben abgeworfen und
sich inzwischen vom Schauplatz entfernt. Die «Fleetwood» folgt
wieder ihrem Konvoi OS47. Doch da bemerkt die Besatzung das
aufgetauchte Boot, dreht bei und feuert. Von Rabenau beschließt,
U 528 zu versenken. Es herrscht mittlerer Seegang. Ein Boot wird
ausgesetzt, mehrere Männer mit Schwimmwesten springen über
Bord. Für diesen Fall ist vorgesehen, alles dafür zu tun, das Verschlüsselungssystem nicht in die Hand des Gegners fallen zu lassen.
Die Listen mit den Tagesschlüsseln sind mit wasserlöslicher Farbe
auf eine Art Löschpapier gedruckt. Doch das genügt nicht. Ein weiteres Geheimnis liegt darin, wie die Rotoren der Verschlüsselungs-

maschine, der Enigma, verdrahtet sind. Auch sie müssen also verschwinden. Der Funker hat sie bereits herausgenommen und in einen Beutel getan.

Leutnant (Ing.) der Reserve Reimar Lüst (19) schleudert das Säckchen in weitem Bogen über Bord. Platschend fällt es ins Wasser. Er verfolgt es, bis es in der Tiefe nicht mehr zu erkennen ist. Die Schlüsselwalzen der Enigma von U 528 liegen seither südwestlich von Irland in 46°55 nördlicher Breite und 14°44 westlicher Länge in 320 Meter Tiefe auf dem Boden des Atlantik.

Von den sechsundfünfzig Mann der Besatzung gelang es fünfundvierzig, die britischen Schiffe zu erreichen.*

Die Erfindung des Rades

Bei der Entwicklung der Kryptologie haben Räder bis in die Gegenwart eine wichtige Rolle gespielt. Die Chiffrierscheibe der Abbildung 4.2 (Seite 82) mit den sechsundzwanzig Sektoren besitzt zwei Scheiben, also «Räder». Man erzeugt mit ihnen Caesar-Verschiebungen, indem man sie gegeneinander verdreht.

Betrachten wir noch einmal unsere elektrische Verschlüsselungsmaschine von Abbildung 4.10 oben (Seite 101). Wir biegen den Streifen mit seiner Verdrahtung so, daß sich obere und untere kurze Seite berühren. Aus dem Streifen entsteht dadurch ein Zylinder, den wir mit zwei Seitenflächen zu einer Dose machen, wie sie in der Mitte der Abbildung 9.1 dargestellt ist. Die Zeichnung läßt erkennen, wo jetzt die Kontakte sitzen. Die Verdrahtung – sie ist die alte geblieben – wird durch das Innere der Dose geführt. Aus dem Streifen ist eine sogenannte *Schlüsselwalze* geworden. Die Kontakte, die

---

* Oberleutnant Georg von Rabenau war nach dem Krieg Fregattenkapitän in der Bundesmarine. Leutnant Reimar Lüst war später Präsident der Max-Planck-Gesellschaft und ist heute Präsident der Alexander-von-Humboldt-Stiftung. Dazwischen lenkte er sechs Jahre lang die Geschicke der europäischen Raumfahrtorganisation ESA.

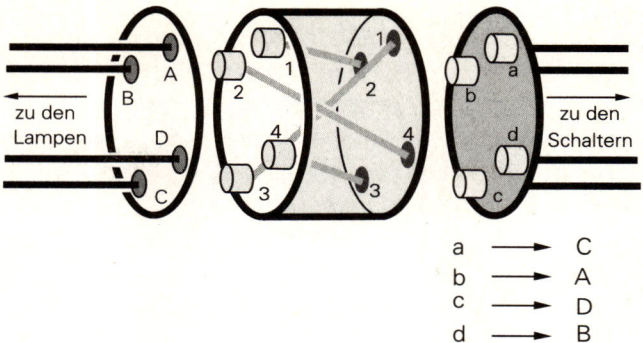

zu den
Lampen

zu den
Schaltern

a ⟶ C
b ⟶ A
c ⟶ D
d ⟶ B

Abb. 9.1: Die Schaltung der Abbildung 4.10. Die Verdrahtung ist nicht mehr auf
einem ebenen Streifen, sondern im Inneren einer runden Dose, der Schlüsselwalze, geführt. Die Verbindungen zur Batterie sind hier weggelassen. Zwei
Scheiben tragen die Kontakte, die zu Schaltern und Lampen führen. Die Schaltung erzeugt die gleiche Umwandlung von Klarbuchstaben in Geheimbuchstaben wie die Schaltung der Abbildung 4.10 oben.

zu den Schaltern und zu den Lampen in der Maschine führen,
sind entsprechend auf Kreisen anzuordnen. Jeder linke Kontakt der
Walze muß mit einer Glühbirne, jeder rechte mit einem Schalter
verbunden sein. Daß die Kontakte nun auf Kreisen liegen, hat an
der Verschlüsselung nichts geändert. Vorläufig liefert das neue Ma-
schinchen nicht mehr als das alte. Der Vorteil liegt darin, daß die
Walze in der Maschine gedreht werden kann. Die Schalterkontakte
sind nach einer Vierteldrehung mit anderen Lampenkontakten als
vorher verbunden, obwohl die Verdrahtung in der Walze die gleiche
geblieben ist (Abbildung 9.2).

Ich habe hier eine Maschine für ein Alphabet mit lediglich vier
Buchstaben vorgestellt. Für das normale Alphabet braucht man
sechsundzwanzig Schalter, sechsundzwanzig Lampen und auf jeder
Seite der Walze sechsundzwanzig Kontakte. Jeder Kontakt der linken Seite muß mit einem der rechten verbunden sein. Um eine
monoalphabetische Verschlüsselung zu vermeiden, darf die Walze
nicht immer dieselbe Position einnehmen. Man kann es etwa ein-

1 1 1
2 2 2
3 3 3
4 4 4
5 5 5
6 6 6
7 7 **7**
8 8 8
9 9 9

1 1 1
2 2 2
3 3 3
4 4 4
5 5 5
6 6 6
7 7 7
8 8 **8**
9 **9** 9
0 0 0

Von der Chiffrierscheibe zur Enigma

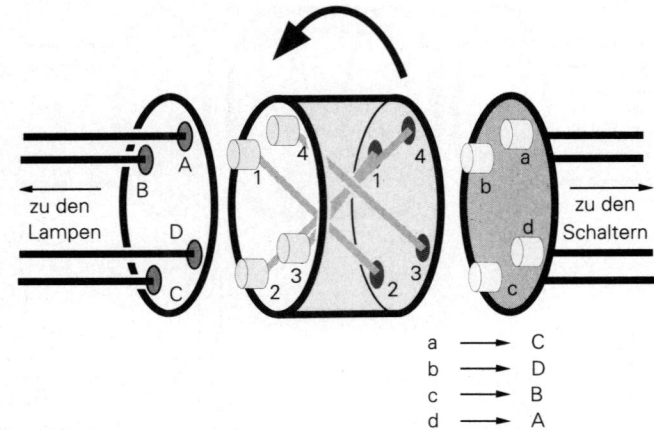

a	C
b	D
c	B
d	A

Abb. 9.2: Gegenüber der Abbildung 9.1 ist hier die Position der Schlüsselwalze um eine Vierteldrehung in Richtung des Pfeils geändert. Jetzt sind Schalter und Lampen anders verbunden; die Klarbuchstaben werden in andere Geheimbuchstaben überführt als in Abbildung 9.1.

richten, daß sie sich nach jedem eingetippten Buchstaben um ¹⁄₂₆ einer vollen Rotation weiterdreht. Die damit erzielte Verschlüsselung unterscheidet sich nicht wesentlich von einer Vigenère-Chiffrierung. Auch jetzt wird für jeden Buchstaben eine monoalphabetische Verschlüsselung benutzt. Bei Vigenère bestimmt die Länge des Schlüsselwortes, nach wie vielen Buchstaben sich die Chiffrierung wiederholt; bei unserer Maschine mit Walze geschieht dies nach einer vollen Umdrehung, also nach sechsundzwanzig Schritten.

Daraus folgt, daß sich die Verschlüsselung mit unserer Maschine auf dieselbe Weise knacken läßt wie eine Vigenère-Verschlüsselung. Solch eine Maschine ist daher immer noch nicht viel wert. Und doch haben die Walzen eine Wende in der Kunst der Chiffrierung bewirkt.

Drei Erfinder – nur einer wurde reich

Die technische Realisierung des Walzenprinzips gelang als erstem dem Amerikaner Eduard Hugo Hebern (1869–1952). Er verdrahtete zwei elektrische Schreibmaschinen – die ersten Modelle waren gerade auf den Markt gekommen – miteinander, die Tasten der einen mit den Hebeln der anderen. Die Verdrahtung ließ sich abändern. So ergab sich die Möglichkeit, verschiedene monoalphabetische Verschlüsselungen zu erzeugen; das war 1915. Heberns Skizzen aus dem Jahre 1917 zeigten aber bereits das Prinzip der Walze. Maximal lassen sich mit einer Walze sechsundzwanzig monoalphabetische Verschlüsselungen bewerkstelligen, entsprechend den sechsundzwanzig verschiedenen Stellungen der Walze gegenüber den (festen) Schalter- und Glühlampenkontakten. Das wird anders, wenn man zwei Walzen nebeneinander anordnet. Der Strom, der durch einen Kontakt auf der rechten Seite der ersten Walze eintritt und durch Verdrahtung zu einem linken Kontakt dieser Walze geführt wird, fließt in einen rechten Kontakt der zweiten Walze. In Abbildung 9.3 ist eine Verschaltung von zwei Walzen für den einfachen Fall eines Vierbuchstabenalphabets dargestellt. Solange die Walzen nicht bewegt werden, liefern sie wiederum lediglich eine monoalphabetische Verschlüsselung. Da man jede Walze bei einem richtigen Alphabet auf sechsundzwanzig verschiedene Weisen gegenüber der anderen verdrehen kann und die zwei Walzen als ganzes wiederum auf sechsundzwanzig Arten gegenüber den festen Außenkontakten, ergeben sich insgesamt 26 × 26 = 676 verschiedene Stellungen. Wenn sich die erste Walze nach jedem Buchstaben um einen Schritt weiterdreht und die zweite jeweils nach einem vollen Umlauf der ersten einen Schritt macht, so wiederholen sich die Verschlüsselungen im Abstand von 676 Zeichen. Das entspricht einer Vigenère-Verschlüsselung mit einem Schlüsselwurm der Länge 676.

Wer unberechtigterweise entschlüsseln will, muß aber nicht abwarten, bis sich der Wurm wiederholt. Es genügt, wenn hinreichend viele Nachrichten zur Verfügung stehen. Solange die Verschlüsse-

1 1 1
2 2 2
3 3 3
4 4 4
5 5 5
6 6 6
7 7 7
8 8 8
9 9 9
0 0 0

Von der Chiffrierscheibe zur Enigma

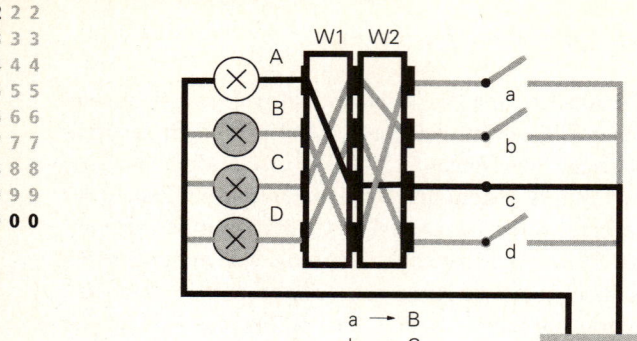

Abb. 9.3: Eine Schaltung mit zwei Walzen, die gegeneinander und gegen die Schalter- und Lampenkontakte gedreht werden können. Im Unterschied zu den Abbildungen 9.1 und 9.2 sind die Walzen jetzt genau von der Seite gezeichnet. Durch verschiedene Stellungen der Walzen zueinander und zu den festen Kontakten zu Schaltern und Lampen kann man bei einem vierbuchstabigen Alphabet sechzehn verschiedene Verschlüsselungen erhalten.

lung jeder Nachricht mit derselben Ausgangsstellung der Walzen beginnt, werden die ersten Buchstaben aller Nachrichten (ebenso wie alle zweiten Buchstaben für sich und auch alle dritten und so fort) jeweils auf die gleiche Weise monoalphabetisch verschlüsselt. Monoalphabetische Verschlüsselungen lassen sich durch eine Häufigkeitsanalyse der Geheimbuchstaben knacken. Bei genügend vielen geheimen Funksprüchen kann man dann nicht nur die Klartexte, sondern auch die Verdrahtung der beiden Walzen herausfinden. Nur wenn die Anfangsstellung der Walzen zueinander und zu den festen Kontakten des Gehäuses immer wieder verändert wird, nach Möglichkeit von Nachricht zu Nachricht, versagt dieses Verfahren.

Heberns erste Maschine enthielt fünf Walzen. Es waren also 26 × 26 × 26 × 26 × 26 = 11 881 376 verschiedene Einstellungen des Räderwerks möglich (Abbildung 9.4).

Als Erfinder war Hebern genial, als Geschäftsmann ohne Glück.

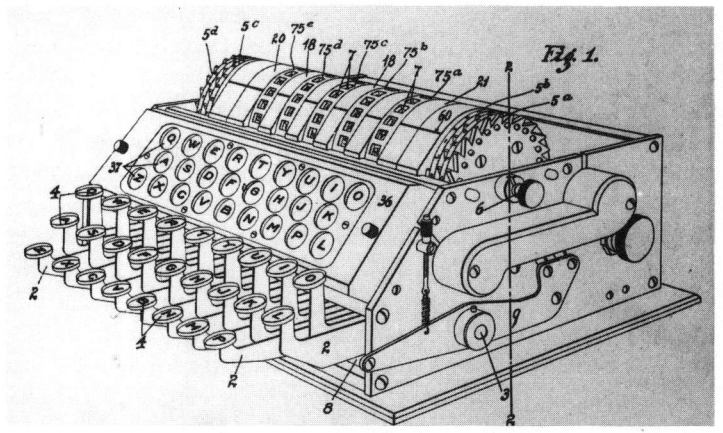

Abb. 9.4: Schema von Heberns elektrischer Chiffriermaschine (um 1921).

Im Jahre 1921 gründete er in den USA die erste Firma für Schlüssel-maschinen. Er war überzeugt, daß seine Erfindung eine völlig neue Ära der Verschlüsselung eröffnen würde, und damit hatte er recht. Er verkaufte Aktien und baute in Oakland, Kalifornien, eine große Fabrik. Die US-Marine war an seinen Maschinen in-teressiert, und er hoffte, sie werde größere Mengen davon kaufen. Das war ein Irrtum. Zwischen 1924 und 1926 erwarb sie ganze zwei Exemplare; eine Privatfirma, die italienische und die briti-sche Admiralität erstanden insgesamt neun. Die Preise lagen bei einigen hundert US-Dollar. Die Aktien, die mit fünf Dollar pro Stück ausgegeben waren, fielen auf einen Dollar. Heberns Firma ging in Konkurs.

Während des Zweiten Weltkriegs und auch danach im Kalten Krieg benutzten Amerikas Streitkräfte Hunderttausende von Chiff-riermaschinen, die nach dem Prinzip von Heberns Walzen arbeite-ten. Nach einem langen Prozeß wurde er mit einer Summe von drei-ßigtausend US-Dollar abgefunden, nicht um seine Ansprüche abzu-decken, sondern um den Prozeß möglichst rasch zu beenden, denn es bestand die Gefahr, daß kryptologische Geheimnisse der Streitkräfte an die Öffentlichkeit dringen könnten. Doch da war Hebern schon sechs Jahre lang tot.

Hebern war nicht der einzige Erfinder der Chiffrierwalze. In Holland meldete der aus Delft stammende Hugo Alexander Koch im Oktober 1919 das Patent für eine «Geheimschrijfmaschine» an. Im Jahre 1927 verkaufte er die Patentrechte an den deutschen Ingenieur Artur Scherbius (1878–1929). Der hatte schon 1918 eine nach dem Rotorprinzip arbeitende Chiffriermaschine in Deutschland zum Patent angemeldet. Scherbius ließ sich aber nicht nur Ideen zu Chiffriermaschinen patentieren, er baute sie auch. Einzelheiten seiner Maschinen gehen aus der Patentanmeldung hervor, die er in den USA einreichte (Abbildung 9.5). Die Maschine hatte aber noch eine andere Besonderheit, die *Umkehrwalze*. Sie ist in der Abbildung ganz rechts zu sehen, gekennzeichnet mit der Nummer 11.

In der Scherbiusschen Maschine wird nicht nur nach jedem Buchstaben jeweils ein Rotor um jeweils einen Schritt weitergedreht und

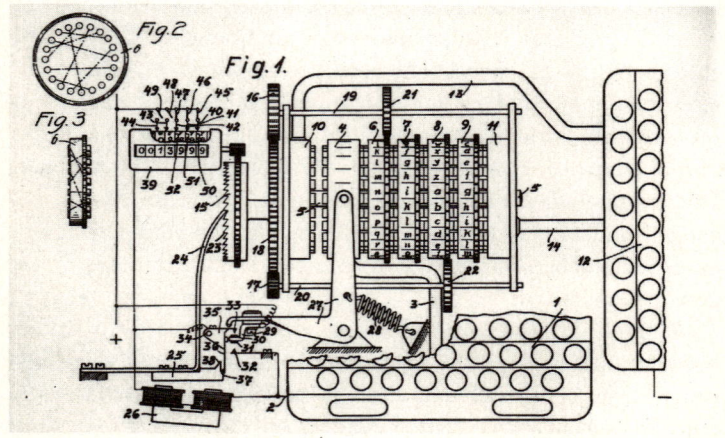

Abb. 9.5: Schema der Scherbiusschen Maschine. Links oben eine Chiffrierwalze mit ihrer Verdrahtung (um 1923).

nach jedem Umlauf der nächste. Es werden über ein Getriebe mit verschiedenen Übersetzungen auch andere Walzen nach jedem Buchstaben um eine bestimmte Anzahl von Schritten bewegt.

Das Prinzip der Schaltung ist in Abbildung 9.6 dargestellt. Dort sieht man das Schema einer Maschine mit zwei beweglichen Walzen. Ganz links ist die (unbewegliche) Umkehrwalze. In der gezeigten Stellung der Rotoren läßt ein Drücken der Taste c die Lampe B aufleuchten. Man sieht sofort, daß dann auch ein Drücken der Taste b die Lampe C aufleuchten läßt. Das ist der Vorteil, den die Umkehrwalze bringt: Mit der gleichen Maschine kann man sowohl ver-

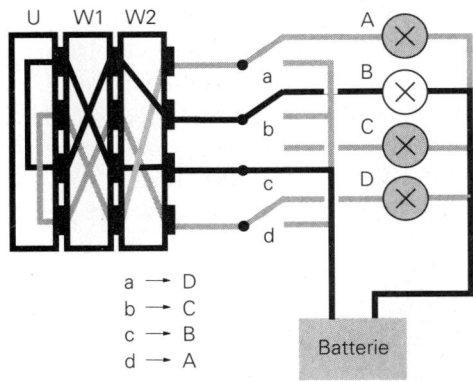

Abb. 9.6: Die Zweiwalzenmaschine der Abbildung 9.3, ergänzt durch eine Umkehrwalze (U). Während des Verschlüsselns bewegen sich die Walzen W1 und W2, während die Umkehrwalze unbeweglich ist. Bei einem getasteten Klarbuchstaben kann niemals die zu diesem Buchstaben gehörende Lampe aufleuchten. Beim Schließen eines Schalters, zum Beispiel, wie hier im Bild, des Schalters c, wird gleichzeitig der Stromkreis zur Lampe C unterbrochen.

als auch entschlüsseln. Beginnt man mit einer bestimmten Anfangsstellung der Walzen und tippt der Reihe nach die Buchstaben des Klartextes ein, etwa das Wort «adac», so leuchten, während von Schritt zu Schritt die Walzen zueinander verdreht werden, der Reihe nach vielleicht die Lampen DCBA auf. Tippt man jetzt bei derselben Anfangsstellung der Walzen «dcba» ein, leuchten die Lampen ADAC auf, der Klartext ist wieder da, denn beim Entschlüsseln haben die Walzen bei jedem eingegebenen Buchstaben dieselbe Stellung zueinander, die sie beim Verschlüsseln hatten. Wie in Abbildung 9.6 zu erkennen ist, können bei einer solchen Schaltung niemals Klar- und Geheimtextbuchstabe gleich sein.

Wer die mit dieser Maschine verschlüsselten Nachrichten wieder entschlüsseln will, muß nicht nur die Verdrahtung in den einzelnen Walzen kennen, er muß auch wissen, in welcher Reihenfolge sie in der Maschine nebeneinander angeordnet sind. Außerdem muß er die Verdrahtung in der Umkehrwalze kennen und die Regeln, nach denen die Walzen gegeneinander gedreht werden.

Scherbius hatte sich für seine Maschine einen Namen ausgedacht, von dem er hoffte, daß er den Verkauf fördern würde: *Enigma*, das griechische Wort für «Rätsel». Er baute mehrere voneinander abweichende Modelle und gründete 1923 eine Aktiengesellschaft. Im August desselben Jahres begann seine Firma in der Steglitzer Straße in Berlin mit der Produktion. Scherbius führte seine Enigma auf Kongressen vor, aber das erwartete Geschäft blieb aus.

Doch erregte die Maschine das Interesse der Chiffrierabteilung der Reichswehr, das war das Hunderttausend-Mann-Heer, das die Alliierten Deutschland nach dem Vertrag von Versailles zugestanden hatten. Bald danach wurde die Maschine nicht mehr für die Öffentlichkeit, sondern nur noch für das Militär produziert.

1934 löste sich die Firma auf, drei Jahre nachdem Scherbius bei einem Unfall ums Leben gekommen war. Doch die Enigma fand ihre Auferstehung, als Hitler an die Macht kam und aufzurüsten begann. Ich werde später ausführlich auf die Rolle der Enigma im Zweiten Weltkrieg eingehen. Doch zurück zu den Erfindern des Rotorprinzips. Es gab noch einen dritten.

Im Oktober 1919, drei Tage nachdem Koch sein Patent in Holland angemeldet hatte, beantragte in Stockholm der Schwede Arvid Gerhard Damm ein Patent. Man würde ihn heute als einen Technik-Freak bezeichnen. Ursprünglich war er Ingenieur in einer Textilfabrik in Finnland. Er brachte mehrere Verbesserungen an den Webstühlen seiner Firma an. Zu Hause konnte er von seinem Schreibtisch aus per Knopfdruck Türen öffnen und Lichter anschalten. Auch im Privatleben ist er nicht immer die allgemein üblichen Wege gegangen. So soll er sich die Gunst einer tugendhaften Zirkusreiterin erschwindelt haben, indem er ihr eine Heiratszeremonie vorspielte, bei der ein Freund in der Verkleidung eines Priesters die Trauung vollzog.

Nach Ausbruch des Ersten Weltkriegs meldete Damm zusammen mit einem englischen Textilfabrikanten drei Patente für eine Verschlüsselungsmaschine beim deutschen Patentamt an, merkwürdigerweise gerade in Deutschland, wo sein Kompagnon als Feind galt. Später gründete er eine Firma. Natürlich benötigte er dazu Geld. Er fand prompt Investoren, zu denen auch der Neffe Alfred Nobels gehörte, des Erfinders des Dynamits und Stifters des nach ihm benannten Preises. Der Investor mit der prominenten Verwandtschaft zog einen weiteren Geldgeber nach sich, einen Mann namens Hagelin.

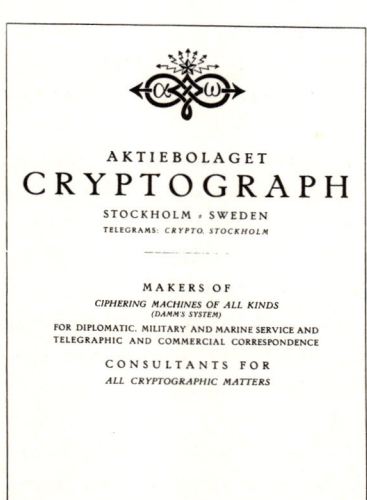

Abb. 9.7: Titelblatt des Firmenkatalogs der Chiffriermaschinen-Firma aus dem Jahre 1922. Der Inhaber war damals der Erfinder Arvid Gerhard Damm. Zehn Jahre später übernahm sie Boris Hagelin.

Damm konstruierte mehrere Maschinen und führte sie potentiellen Kunden vor. Sie wurden nicht gerade Verkaufsschlager. Abbildung 9.7 zeigt die Titelseite eines Firmenkatalogs aus dem Jahre 1922. Dann trat ein neuer Mann auf den Plan: Boris Caesar Wilhelm Hagelin, der Sohn des oben genannten Teilhabers. Der junge Hagelin war Ingenieur und hatte Berufserfahrungen in Rußland, Schweden und in den USA gesammelt. Nun vereinfachte er eine der Dammschen Maschinen, gab ihr eine Tastatur und versah sie mit Lampen, ähnlich der Hebernschen Maschine. 1929 gelang es ihm, davon eine größere Anzahl zu verkaufen. Als Damm 1927 starb, übernahm Hagelin die Firma und fuhr fort, die Modelle zu verbessern. Er ersetzte die Lampen durch einen Drucker, das war 1934. Seine Maschine wog zwar immer noch siebenunddreißig Pfund, paßte aber in einen Aktenkoffer und konnte zweihundert Buchstaben in der Minute übersetzen. Der französische Generalstab fragte an, ob Hagelin auch Maschinen samt Drucker in Taschengröße bauen könne. Das Drucken war wichtig, denn bei den Lampenanzeigen war stets eine zweite Person nötig, wenn das Ver- oder Entschlüsseln schnell vor sich gehen sollte. Hagelin gelang es, eine Maschine zu konstruieren, die weniger als drei Pfund wog und kleiner war als die damals benutzten Telefonapparate. Fünftausend Exemplare verkaufte er davon später an die Franzosen.

Als die Deutschen 1940 in Norwegen einmarschierten, fürchtete Hagelin, daß auch Schweden nicht mehr sicher sei, und beschloß, sich in die USA abzusetzen. Inzwischen hatte Hitler auch Frankreich, Holland und Belgien erobert. Von Schweden fuhren keine Schiffe mehr in die USA. Darauf entwickelten die Hagelins den abenteuerlichen Plan, sich in Genua einzuschiffen. Sie fuhren von Trelleborg über Berlin mitten durch Hitler-Deutschland. Drei Tage später waren sie in Genua. Auf der «Conte di Savoia» gelangten sie nach New York, die Baupläne für die Maschinen im Gepäck. Von Amerika aus konnte Hagelin noch fünfzig Maschinen aus Stockholm nach New York einführen. In den USA begann er sofort mit der Produktion. Der Vorteil seiner Maschinen lag darin, daß sich die fünf Walzen auf unregelmäßige Weise weiterdrehten, so daß sich die

Verschlüsselung erst nach etwa hundert Millionen Buchstaben wiederholte. Insgesamt hat er während des Krieges 140 000 Maschinen verkauft. Das machte ihn zum Dollarmillionär.

Ein Jahr vor Kriegsende kehrte der steinreiche Boris Hagelin nach Schweden zurück und errichtete eine Fabrik im Süden von Stockholm. Nach dem Zweiten Weltkrieg boomte das Geschäft weiter. Die bei der Neuordnung in den Nachkriegsjahren entstandenen Staaten benötigten für ihre Armeen und für die Kommunikation mit ihren Botschaften massenweise Chiffriermaschinen. Doch Hagelin wußte, daß das schwedische Gesetz es dem Staat erlaubt, sich Erfindungen anzueignen, die für die nationale Verteidigung nützlich sind. Dieses Recht und nicht zuletzt die schwedischen Steuersätze bewogen ihn 1948, seine Entwicklungsabteilung in die Schweiz, in den Kanton Zug zu verlegen. Etwa zehn Jahre später übersiedelte das gesamte Unternehmen in die Schweiz, wo schließlich einhundertsiebzig Mitarbeiter Chiffriermaschinen herstellten. 1959 starb Boris Hagelin, der einzige Erfinder, der durch Chiffriermaschinen zu Reichtum gekommen ist. Seine Firma, die Krypto AG, hat noch immer ihren Sitz in Zug. Sie gibt in ihrem Prospekt an, daß sie Kunden in hundertdreißig Ländern beliefert, darunter auch Irak, Iran und Libyen.

Der Fluch der Umkehrwalze

Wie wir bereits festgestellt haben, bietet die Umkehrwalze in der Scherbiusschen Maschine den Vorteil, daß man mit derselben Maschine ver- wie auch entschlüsseln kann. Die deutschen Benutzer der Maschine im Zweiten Weltkrieg kannten aber den großen Nachteil nicht, den die Umkehrwalze mit sich bringt. Wir werden später sehen, daß es die Umkehrwalze war, die es polnischen und englischen Kryptologen ermöglichte, die mit der Enigma chiffrierten Nachrichten zu entschlüsseln.

Wer mit der gleichen Maschine chiffrieren und dechiffrieren will, schränkt die Möglichkeiten der Verschlüsselung stark ein. Wir wis-

1 1 1
2 2 2
3 3 3
4 4 4
5 5 5
6 6 6
7 7 7
8 8 8
9 9 9
0 0 0

Von der Chiffrierscheibe zur Enigma

sen, jede Stellung der Walzen verbindet jeden Schalter mit je einer Glühlampe. Da Schalter und Lampen mit Buchstaben gekennzeichnet sind, bedeutet dies, daß die Maschine jedem Buchstaben einen anderen zuordnet. Wie haben also eine Substitution, eine Verwürfelung oder Permutation des Alphabets. Die Maschine mit Umkehrwalze schränkt aber die Anzahl der möglichen Verschlüsselungen drastisch ein. Sie benutzt nur Permutationen, die, zweimal auf das Alphabet angewandt, die ursprüngliche Ordnung wiederherstellen. Dies ist am Beispiel des Alphabets mit lediglich vier Buchstaben im Kasten erläutert.

Permutationen, die sich selbst zunichte machen

Im einfachen Fall unseres Viereralphabets gibt es vierundzwanzig Permutationen. Unter ihnen, nämlich unter

ABCD ABCD ABCD ABCD ABCD ABCD
ABCD ABDC ACBD ACDB ADBC ADCB

ABCD ABCD ABCD ABCD ABCD ABCD
BACD BADC BCAD BCDA BDAC BDCA

ABCD ABCD ABCD ABCD ABCD ABCD
CBAD CBDA CABD CADB CDBA CDAB

ABCD ABCD ABCD ABCD ABCD ABCD
DBCA DBAC DCBA DCAB DABC DACB

gibt es aber nur drei, die wie die Enigma (vgl. Seite 209) *keinen* Buchstaben in sich selbst überführen und bei zweimaliger Anwendung *jeden* Buchstaben in sich selbst überführen. Es sind dies die Permutationen

ABCD ABCD ABCD
DCBA CDAB BADC

Prüfen wir es nach. Nehmen wir die erste. Aus A macht sie D. Sie macht aber auch aus D wieder A. Die zweite macht aus dem A das C und aus dem C das A. Sie macht aber auch aus dem B das D und aus dem D das B. Ähnlich ist es auch mit der dritten: Wir können ganze Texte mit einer der Permutationen, sagen wir mit der ersten, verschlüsseln. Verschlüsseln wir ADAC. Wir erhalten DADB. Verschlüsseln wir dieses Wort noch einmal mit der ersten Permutation: aus DADB wird ADAC – da ist er wieder. Zweimaliges Verschlüsseln liefert also wieder den Klartext. In der Sprache der Permutationen (vgl. den Kasten auf den Seiten 94/95) können wir sagen: Die Permutationen, die durch die Enigma mit Umkehrwalze erzeugt werden, haben die Eigenschaft, daß jede ihr eigener Kehrwert ist, ihre reziproke Permutation. Was sie beim erstenmal bewirkt, das macht sie bei zweitenmal zunichte. Solche Permutationen nennen die Mathematiker *involutorisch*.

Wie sieht es nun aus, wenn wir das vollständige Alphabet mit seinen sechsundzwanzig Buchstaben nehmen? Wir haben bereits in Kapitel 4 gesehen, daß die Anzahl der Verwürfelungen des Alphabets siebenundzwanzig Dezimalstellen lang ist. Soll die Maschine, in derselben Stellung zweimal auf einen Klartext angewandt, wieder diesen Klartext liefern, so hat die Anzahl der möglichen Verwürfelungen nur dreizehn Stellen. Das ist zwar immer noch eine sehr große Zahl, doch ist sie viele Billionen Mal kleiner als vorher. Der Vorteil, mit derselben Maschine ver- wie auch entschlüsseln zu können, schränkt also ihre Möglichkeiten drastisch ein.

Der Funkspruch ohne L

Der Vorteil der Umkehrwalze, daß man nämlich mit derselben Einstellung der Maschine ver- wie auch entschlüsseln kann, hatte eine weitere Konsequenz. Welchen Buchstaben man auch immer eintippte, niemals leuchtete die Lampe des gleichen Buchstabens auf. Wir können uns leicht anhand der Abbildung 9.6 davon überzeugen, daß in dem Augenblick, da der Schalter eines bestimmten Buchstabens gedrückt wird, im Bild ist es der Schalter c, der Strom nicht gleichzeitig durch die zugehörige Lampe C gehen kann. Kein Klarbuchstabe konnte also in den gleichen Geheimbuchstaben übergehen. Das half im Zweiten Weltkrieg, einen Funkspruch zu entschlüsseln, dessen Inhalt völlig stumpfsinnig war, der aber der italienischen Marine die Herrschaft über das östliche Mittelmeer kostete.

Mavis Lever war eine Deutschstudentin der Universität London, die schon mit achtzehn Jahren zu den britischen Entschlüßlern in Bletchley Park gekommen war, dem Zentrum der britischen Kryptologieabteilung während des Zweiten Weltkriegs. Der jungen Studentin fiel auf, daß ein langer Funkspruch der italienischen Marine den Buchstaben L nicht enthielt. In einem Geheimtext, der nicht gerade monoalphabetisch oder nach Vigenère verschlüsselt ist, sollten alle Buchstaben des Alphabets etwa gleich häufig vorkommen. Warum fehlte das L in diesem Spruch? Miss Lever hatte einen Verdacht. Handelte es sich etwa um ein Täuschungsmanöver der italienischen Verschlüßler, die an ihrer Enigma als Klartext eine Aneinanderreihung des Buchstabens l gewählt hatten, um die Alliierten in die Irre zu führen? In diesem Fall, überlegte sie, würde im Geheimtext nie ein L erscheinen, da l niemals in L übergeht. Wenn ihre Vermutung stimmen sollte, ließe sich daraus Information über das Innenleben der italienischen Enigma gewinnen. Als Miss Lever versuchte, dieser Idee nachzugehen, merkte sie, daß sie auf dem richtigen Weg war. Der Geheimtext verriet ihr, was die Maschine in aufeinanderfolgenden Rotorstellungen aus dem l gemacht hatte. Daraus folgten Hinweise auf die Verdrahtung, und so gelang es, die Verschlüsselung aufzulösen. Die Funksprüche der italienischen Kriegsschiffe ermöglichten es den Engländern, im März 1941 in der Schlacht vor dem Kap Matapan, an der Südspitze Korinths, drei italienische Kreuzer und zwei Zerstörer zu vernichten, ein Schlag, von dem sich die italienische Marine nicht mehr erholte.*

Doch auch bei sinnvolleren Funksprüchen, auch bei normalen

---

* D. Kahn, *Seizing the Enigma*, Boston 1991, S. 86 und 139.

Texten, machte sich die Schwäche der Enigma mit Umkehrwalze bemerkbar. Die Menge aller Permutationen, die bei zweimaliger Anwendung wieder die ursprüngliche Anordnung ergeben, zeigen noch andere Gesetzmäßigkeiten. Diese lassen zwar unmittelbar keine Entschlüsselung zu, doch die durch die Umkehrwalze hervorgerufene starke Reduktion der Möglichkeiten zusammen mit dummen Fehlern und Leichtsinn bei der Benutzung hat es polnischen Mathematikern schon in den dreißiger Jahren ermöglicht, mit der Enigma verschlüsselte Nachrichten mitzulesen. Davon profitierten später die Alliierten. Hagelins Maschinen, die im Zweiten Weltkrieg zu Tausenden von den Amerikanern benutzt wurden, besaßen keine Umkehrwalze.

Hitlers Enigma

Nach Hitlers Machtergreifung 1933 wurde die Scherbiussche Chiffriermaschine weiter verbessert. Sie kam in mehreren Variationen zum Einsatz. Heer, Marine und diplomatischer Dienst benutzten verschiedene Typen. Doch sie alle ähnelten letztlich der Scherbiusschen Maschine, die schon 1928 mit dem *Steckerbrett* aufgerüstet worden war, einem Brett mit sechsundzwanzig Doppelbuchsen, über welche die Leitungen von den Tasten zu den Rotoren und zurück zu den Lampen geführt wurden. Es gestattete, einige der sechsundzwanzig Buchstaben des Alphabets noch einmal weiter zu durchmischen. Die Wehrmachts-Enigmas hatten drei Walzen, eine Umkehrwalze und ein Steckerbrett. In Abbildung 9.8 ist ihr Schema für den Fall eines Alphabets mit nur vier Buchstaben gezeigt.

Das Steckerbrett konnte etwa so verkabelt werden, daß sich die folgende Verwürfelung ergab:

```
ABCDEFGHIJKLMNOPQRSTUVWXYZ
EYCFADHGOKJMLNIWQSRUTZPXBV
```

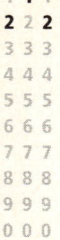
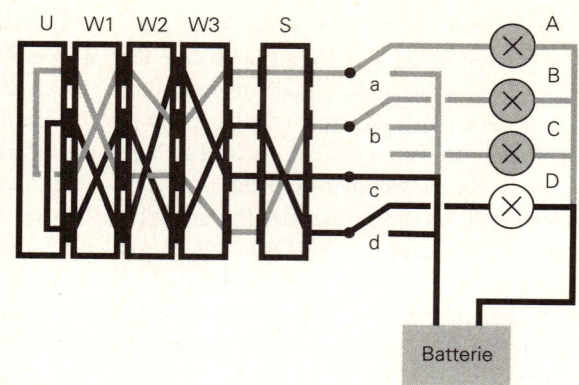

Abb. 9.8: Das Schema der Enigma für den einfachen Fall eines Alphabets aus nur vier Buchstaben. Die Schalter a, b, c, d sind mit den Lampen A, B, C, D verbunden. Die Leitungen laufen von den Schaltern über das Steckerbrett S durch drei Walzen, im Bild mit W 1, W 2 und W 3 bezeichnet, gehen durch die Umkehrwalze U, dann wieder zurück durch die drei Walzen und das Steckerbrett zu den Lampen. Im Bild ist der Schalter c gedrückt, es leuchtet die Lampe D auf. Mit jedem verschlüsselten Buchstaben drehen sich Walzen und verändern die Chiffrierung. Man kann sich überzeugen, daß sie involutorisch (Seite 209) ist: Leuchtet im Bild der Geheimbuchstabe D auf, weil der Klarbuchstabe c gedrückt ist, so leuchtet C auf, wenn d gedrückt wurde. Aus adac wird daher BCBD, aus bcbd wird ADAC. Ferner sieht man, daß Klar- und Geheimbuchstabe niemals gleich sein können – die große Schwäche der Enigma.

Beachten Sie, daß es sich hier um eine Permutation handelt, bei der zum Beispiel A in E und gleichzeitig E in A übergeht. Wird sie auf einen Klartext und danach auf den permutierten Text angewandt, dann kommt wieder der ursprüngliche Klartext zum Vorschein. Die Permutation ist eine Involution.

Die praktische Ausführung ist in Tafel III gezeigt. Hier handelt es sich um eine Maschine mit vier Walzen, wie sie gegen Ende des Krieges von der Marine benutzt worden ist. Zwei herausgenommene Walzen sind in Tafel IV zu sehen. Jede besteht aus einem Innenteil, der auf beiden Seiten die elektrischen Kontakte trägt und in dessen Innerem die Kontakte der einen Seite mit denen der anderen verdrahtet sind. Um den Innenteil schließt sich ein Ring, der bei der rechten Walze der Tafel IV zu sehen ist. Er zeigt an der Außenseite die sechsundzwanzig Buchstaben des Alphabets. Außerdem besitzt er eine oder zwei Kerben, die für die Übertragung der Bewegung auf die nächste Walze sorgen. Ist die Walze in das Gerät eingesetzt, so gibt ein Fenster im Gehäuse einen Buchstaben des Rings frei, an dem man die Stellung der Walze ablesen kann. Ein an der Walze angebrachtes Rändelrad ragt aus dem Gehäuse heraus und gestattet es, von außen her die Walze in der Maschine zu drehen. Bei geeigneter Stellung löst eine Kerbe des Rings einen Mechanismus aus, der beim nächsten Tastendruck auch die nächste Walze um einen Buchstaben vorwärts dreht. Bei der in Tafel IV unten abgebildeten Walze wird die nächste Walze bewegt, wenn im Fenster entweder der Buchstabe Z oder das M erscheint.

Doch es ist noch etwas komplizierter: Ring mit Kerbe und der die Verdrahtung und die Kontakte tragende Innenteil der Walze können gegeneinander verdreht werden. Das ergibt die Möglichkeit, die *Ringstellung* zu verändern, das heißt, Ring und Innenteil gegeneinander zu verdrehen. Auch das erschwerte dem Gegner die Entschlüsselung.

Zu Beginn des Zweiten Weltkriegs standen acht Walzen zur Verfügung. Sie trugen die Nummern I, II, ..., VIII. Jede Walze hatte ihren Buchstabenring mit Kerben und im Innenteil ihre für sie charakteristische Verdrahtung. In der Tafel IV ist links die Walze Nr. I, rechts die Walze Nr. VIII abgebildet.

Der Verschlüßler hatte mehrere Möglichkeiten, sein Gerät einzustellen. Er konnte

1. aus mehreren Walzen drei auswählen (vier, wenn er eine Enigma mit vier Walzen hatte);
2. jede Walze in die vorgeschriebene Ringstellung bringen;
3. die Walzen in einer bestimmten Reihenfolge einsetzen (bei drei Walzen hatte er sechs, bei vier Walzen vierundzwanzig Möglichkeiten);

4. die drei Walzen in eine Anfangsstellung bringen, so daß drei bestimmte Buchstaben in den drei Fenstern zu sehen waren (bei vier Walzen entsprechend);

5. die Steckerverbindungen einstöpseln.

Alle diese Schritte mußte er gemäß einem ihm vorliegenden *Tagesschlüssel* vornehmen. Er konnte dann sicher sein, daß sein Kollege, der die empfangene Nachricht entschlüsseln sollte, seine Enigma in die gleiche Anfangsstellung bringen würde. Abbildung 9.9 zeigt den Einsatz der Enigma im Zweiten Weltkrieg.

Da das Wechseln der Walzen ein umständliches Unterfangen war, ließ man bis 1935 ihre Reihenfolge, die *Walzenlage*, jeweils drei Monate lang unverändert. Später wechselte man sie monatlich, ab Oktober 1936 täglich. Während des Zweiten Weltkriegs wurde die Walzenlage alle acht Stunden verändert.

Der Tagesschlüssel, der die Auswahl der Walzen, ihre Reihenfolge, die Ringstellungen, die Anfangsstellungen der Walzen sowie die Verbindungen am Steckerbrett enthielt, war im Heeresschlüsselbuch festgelegt. Hatte der Verschlüßler die Enigma so weit vorbereitet, konnte er seinen Klartext eingeben. Er tippte den ersten Buchstaben seiner Nachricht. Dabei galt es, kräftig zu drücken, denn mit seinem Druck mußte er die erste Walze bewegen. Möglicherweise war diese aber in einer Stellung, in der sich gleich die zweite um einen Schritt weiterdrehen sollte, manchmal sogar gleichzeitig auch noch die dritte. Mit dem Eintippen eines jeden Buchstabens schloß er einen Stromkreis, der von der Taste über das Steckerbrett durch die drei Rotoren in die Umkehrwalze lief und von ihr zurück durch die drei Rotoren, aber jetzt in entgegengesetzter Richtung, und wieder durch das Steckerbrett zu einer Lampe. Sie leuchtete auf. Drückte der Verschlüßler den zweiten Buchstaben, so leuchtete wiederum eine Lampe auf. Er mußte sich daran gewöhnen, mit der linken Hand die Tasten für den Klartext zu drücken und mit der rechten die Geheimbuchstaben aufzuschreiben, wie sie ihm die aufleuchtenden Lampen anzeigten. Den so gewonnenen Geheimtext mußte er dem Funker zur Übermittlung geben.

Der Empfänger, der von seinem Funker den Geheimtext erhalten

Abb. 9.9: Die Enigma im Einsatz während des Zweiten Weltkriegs. Panzergeneral Guderian wartet auf die Entschlüsselung eines Funkspruchs (Bildarchiv Preußischer Kulturbesitz).

hatte, mußte mit der einen Hand die Geheimbuchstaben eintippen und mit der anderen die von den aufleuchtenden Lampen angezeigten Klarbuchstaben niederschreiben.

Im Februar 1942 führte die Marine eine weitere Walze ein; sie war mit dem griechischen Buchstaben Beta bezeichnet und hieß im Jargon die *Griechenwalze*. Um sie im Gehäuse der Enigma unterzubringen, mußten sie und die Umkehrwalze dünner gemacht werden. Von den dünnen Umkehrwalzen gab es zwei Ausführungen, mit A und B bezeichnet. Die dünne Umkehrwalze B verband die dreizehn Buchstaben ABCDEFGIJKMTV mit den restlichen dreizehn Buchstaben YRUHQSLPXNOZW.

Man könnte nun mit Recht glauben, daß es für einen unbefugten Entschlüßler unmöglich sein müßte, so kompliziert verschlüsselte Nachrichten zu entziffern. Er kennt weder die Auswahl der Walzen noch ihre Reihenfolge, weder die Ringstellung noch die Anfangsstellung, und er weiß auch nichts über die Steckerverbindungen, geschweige denn von der Verdrahtung der Walzen.

Doch ganz so aussichtslos, wie es auf den ersten Blick schien, war es keineswegs. Wie raffiniert auch der Tagesschlüssel war, wie viele Kerben auch auf jeder Scheibe der nächsten einen Schubs gaben – bei gleichem Tagesschlüssel wurde der erste Buchstabe jeder Nachricht mit der gleichen Maschinenstellung chiffriert. Standen hinreichend viele aufgefangene Nachrichten zur Verfügung, gab es eine Menge Angriffspunkte: Alle ersten Zeichen waren monoalphabetisch verschlüsselt, ebenso alle zweiten, allerdings anders als die ersten. Dasselbe galt für alle Buchstaben, die in verschiedenen Funksprüchen an derselben Stelle standen. Buchstabenketten, die alle monoalphabetisch verschlüsselt sind, können aber mit Hilfe einer Häufigkeitsanalyse entschlüsselt werden. So nützte die raffinierteste Enigma mit dem ausgefuchstesten Tagesschlüssel letztlich rein gar nichts.

Es war daher nötig, die Einstellung auch von Spruch zu Spruch zu modifizieren. Dazu mußte sich der Sender einer Nachricht einen *Spruchschlüssel* ausdenken. Er bestand aus jeweils drei Buchstaben und sollte unabhängig vom Tagesschlüssel die Ausgangsstellung der

Walzen neu festlegen. Doch auch der Empfänger mußte diesen Spruchschlüssel kennen. Wie aber diesen ihm mitteilen, ohne daß der mithörende Feind ihn erfährt? Dazu wurde der Empfänger über die neue Anfangsstellung der Walzen durch drei zu Beginn des Spruches gesendete Buchstaben informiert. Für sie wurde noch der Tagesschlüssel benutzt. Hatte der Empfänger diese drei Buchstaben mit dem Tagesschlüssel übersetzt, mußte er die Walzen in die für den folgenden Funkspruch gültige Stellung bringen. Damit konnte er den sich anschließenden Geheimtext entschlüsseln. Um aber diese drei Buchstaben des Spruchschlüssels sicher zu übermitteln – immerhin wurden die Geheimtexte gefunkt und konnten bei schlechtem Empfang verstümmelt ankommen –, wurden sie zweimal gesandt, so daß den Anfang jeder Nachricht sechs Buchstaben bildeten, deren Klartext aus zwei identischen Dreiergruppen bestand. Da die Rotoren bei jedem Buchstaben eine andere Stellung einnahmen, wurden natürlich nicht zwei identische Dreiergruppen übermittelt, sondern irgendwelche sechs Buchstaben. Der Empfänger mußte nun die Walzen zuerst gemäß dem Tagesschlüssel einstellen und damit diese sechs Buchstaben dechiffrieren. Wenn alles in Ordnung war, mußte er im Klartext zweimal die gleiche Dreiergruppe vor sich haben. Nun hatte er entsprechend dieser Dreiergruppe seine drei Walzen neu einzustellen, also so, daß die Buchstaben der Dreiergruppe in den Fenstern seiner Enigma erschienen. Von dieser Stellung ausgehend mußte er den Rest des Geheimtextes eintippen.

Man schätzt, daß in Deutschland etwa zweihunderttausend Enigmas gebaut worden sind. Heute gibt es nur noch wenige. Die Alliierten haben sie nach Kriegsende massenweise vernichtet. Heute sind Enigma-Maschinen ein Sammlerobjekt geworden. In den zwanziger Jahren lag der Preis bei etwa sechshundert Reichsmark. Der Marktwert eines Originalexemplars soll heute bei etwa hundertfünfzigtausend US-Dollar liegen. Das Deutsche Museum in München besitzt in seiner «Abteilung Informatik und Automatik» zahlreiche Geräte, die in der Vergangenheit zur Verschlüsselung verwendet wurden. Dort ist auch die in der Tafel III dargestellte Marine-Engima mit vier Walzen zu sehen.

In Anhang B habe ich ein Programm beschrieben, das die Wirkungsweise der Enigma auf dem Computer simuliert. Ihr PC wird zu einer imaginären Enigma. Sie können Walzen, Ringstellungen und Walzenlage wechseln sowie die Verstöpselung am Steckerbrett und die Anfangslage der Rotoren festlegen. Haben Sie diese Einstellungen vorgenommen, können Sie nach Belieben ver- und entschlüsseln.

10 Das Geheimnis der Enigma wird gelüftet

> Die Historiker sind ... vorsichtig. Immerhin scheint
> Übereinstimmung darüber zu herrschen, daß der Krieg
> ohne die – insbesondere bei den Alliierten so erfolgreiche –
> Funkaufklärung ein bis zwei Jahre hätte länger dauern
> können. Das aber hätte aller Wahrscheinlichkeit nach den
> Abwurf der Atombombe in Deutschland bedeutet.
>
> *Herbert W. Franke, Die geheime Nachricht*

Im Sommer 1929 schrieb sich der vierundzwanzigjährige polnische
Student Marian Rejewski an der Göttinger Universität für das Fach
Mathematik ein. Er stammte aus Bydgoszcz, der Stadt, die zur Zeit
seiner Geburt Bromberg hieß, nach dem Ersten Weltkrieg aber zu
Polen kam. Nach der Schule hatte er in Poznan (Posen) Mathematik
studiert. Dort war er mit einem Wissenschaftszweig bekannt geworden, der am Rande der Mathematik angesiedelt ist. Das Chiffrierbüro des polnischen Generalstabs hatte für etwa zwanzig ausge-
wählte Studenten der Universität einen Kurs über Kryptologie
eingerichtet. Die Geheimdienstler hatten Posen für diesen Sonder-
kurs ausgesucht, weil die Stadt von 1793 bis 1918 zu Deutschland
gehört hatte und daher die meisten Studenten die deutsche Sprache
beherrschten. Man hoffte, auf diese Weise Nachwuchskryptologen
zu gewinnen, die in der Lage waren, die Funksprüche des deutschen
Heeres zu entschlüsseln. Während Rejewski noch in Göttingen war,
bot ihm seine Heimatuniversität eine Assistentenstelle an. Er kehrte
Deutschland den Rücken und arbeitete während der nächsten beiden Jahre an der Universität Posen. Dort war der frühere Kryptolo-
giekurs nicht ohne Folgen geblieben, es war sogar ein Chiffrierbüro
eingerichtet worden. An ihm arbeiteten zwei jüngere Studenten,
Hendrik Zygalski und Jerzy Rozycki. Nun begann auch Rejewski,
sich ernsthaft mit Kryptologie zu beschäftigen.

Junge Mathematiker mit Interesse an Kryptologie gesucht

Bald darauf bekamen die drei jungen Mathematiker Stellenangebote vom Chiffrierbüro in Warschau. Chiffrierbüro heißt auf polnisch *byro szyfrov*. Die drei wurden der Dienststelle BS4 zugeordnet, der für Deutschland zuständigen Abteilung. Das Warschauer Büro hatte bereits einen großen Erfolg errungen. Als im Jahre 1920 polnische Streitkräfte unter Marschall Pilsudski die Bolschewiken vor den Toren Warschaus aufhielten, hatte das *byro szyfrov* daran wesentlichen Anteil, denn es hatte die russische Chiffrierung geknackt. Auch der Schlüssel der deutschen Reichswehr hatte BS4 bis zum Jahre 1928 keine Schwierigkeiten bereitet. Doch dann begannen die Deutschen mit einem neuen System. Sie setzten die Enigma ein. Die Polen vermuteten richtig, daß hinter der neuen Verschlüsselung eine Maschine ähnlich dem Scherbiusschen Gerät steckte.

Der Krieg gegen die Enigma begann im Frieden. Irgendwann hatte das Büro über einen schwedischen Kontaktmann eine zivile Enigma erworben. Diese lange Zeit im Handel erhältliche Maschine war daher den Polen bekannt, doch die Walzen der Reichswehr- und später der Wehrmachts-Enigma waren anders verdrahtet. Die BS4-Gruppe vermutete richtig, daß die jetzt eingesetzte Maschine auch die Umkehrwalze besaß. Und damit hatte sie auch die mit dieser verbundenen Schwächen.

Dann kam dem polnischen Chiffrierbüro ein Zufall zu Hilfe.* An einem Freitag des Jahres 1928 erschien ein Beamter der Deutschen Botschaft in Warschau bei der Zollstation und fragte in dringlichem Ton nach einer an seine Dienststelle adressierten Versandkiste vom Auswärtigen Amt in Berlin. Der Deutsche bestand darauf, daß sie unverzüglich vom Zoll freigegeben werde. Seine Aufregung machte die polnischen Zöllner stutzig und störrisch. Sie vermuteten, das Diplomatengepäck sei irrtümlicherweise als normales Frachtgut zur

---

* Brian Johnson, *Streng geheim: Wissenschaft und Technik im Zweiten Weltkrieg*, Stuttgart 1978, S. 328.

Post gebracht worden. Diplomatengepäck durfte der Zoll nicht öffnen, wohl aber gewöhnliche Fracht. Achselzuckend erklärten sie, das Gepäckstück sei noch nicht angekommen. Nachdem der Deutsche gegangen war, verständigten die Zollbeamten den polnischen militärischen Abwehrdienst. Dieser öffnete die Kiste und fand – eine sorgfältig in Stroh verpackte funkelnagelneue Enigma. Während des Wochenendes untersuchten die Leute von BS4 die Maschine gründlich. Am Montag erhielt die Deutsche Botschaft die Kiste, die keinerlei Spuren der unbefugten Öffnung erkennen ließ. Damit hatten die Polen zwar vieles, aber noch lange nicht alles gewonnen, denn das Innenleben einer kommerziellen Enigma zu studieren ist eine Sache, mit der Heeresenigma verschlüsselte Nachrichten zu lesen eine andere.

Die ersten sechs Buchstaben der Enigma-Sprüche

Das etwa war die Situation, als die drei jungen Mathematiker aus Posen in Warschau eintrafen. Noch im selben Jahr hatten sie ihren ersten großen Erfolg. Wie schon erwähnt, enthielt jede mit der Enigma verschlüsselte Nachricht im Klartext zu Beginn zweimal die Dreiergruppe des Spruchschlüssels, chiffriert mit der Maschine in ihrer Grundstellung, so wie es der Tagesschlüssel verlangte.

Erinnern wir uns noch einmal an die Art, wie die Enigma arbeitete. Jede Einstellung der Räder ordnete jeder Taste, also jedem Klarbuchstaben, eine Lampe zu und damit einen Geheimbuchstaben. Jede neue Einstellung erzeugte eine neue Permutation des Alphabets. War der Klartext damit wirklich so gut verborgen, wie wenn man mit einem unendlich langen Bandwurm von Zufallszahlen (vgl. Kapitel 7) gearbeitet hätte? Das starre Schema hatte drei Schwächen:

1. Die Verschlüsselung der ersten sechs Buchstaben erfolgte stets nach dem Tagesschlüssel, also einen ganzen Tag lang mit derselben Anfangseinstellung der Maschine.

2. Die erste Sechsergruppe jeder aufgefangenen Nachricht hatte als

Klartext zwei gleiche Dreiergruppen. Begann etwa ein Spruch mit der Sechsergruppe DMQVBN, so entsprachen das erste und das vierte Zeichen demselben Klarbuchstaben, sie waren nur mit verschiedenen Permutationen verschlüsselt. Das gleiche galt für das zweite und fünfte sowie für das dritte und sechste Zeichen.

3. Die Umkehrwalze schränkte die Anzahl der möglichen Permutationen extrem ein; ihretwegen waren sie alle involutorisch (Seite 209).

Damit war die Maschine viel berechenbarer, als die deutsche Heeresführung glaubte. Die Schwächen der Enigma ermöglichten es den Polen schließlich, die deutschen Funksprüche mitzulesen. Besaßen nämlich die Männer von BS4 eine größere Anzahl von Funksprüchen desselben Tages, so lieferten diese ihnen eine Fülle an Information über die ersten sechs Permutationen der Enigma für diesen Tagesschlüssel. Schon bei den Manövern im Frieden standen den polnischen Kryptologen jeden Tag um die hundert Sprüche zur Verfügung, die mit derselben Anfangseinstellung der Enigma chiffriert worden waren. Das reichte, um die Spruch- und Tagesschlüssel und im Laufe der Zeit die Verdrahtung der Walzen sowie die Verstöpselung des Steckerbrettes herauszufinden.

Doch den Leuten von BS4 wurde die Arbeit noch leichter gemacht. Die Verschlüßler wählten aus Bequemlichkeit oft als Spruchschlüssel etwa drei gleiche Buchstaben oder drei Buchstaben, die auf der Enigma-Tastatur nebeneinander oder diagonal zueinander lagen. So führt der Münchner Mathematiker Friedrich L. Bauer[*] eine Liste von fünfundsechzig Geheimtext-Sechsergruppen desselben Tages aus dem Zweiten Weltkrieg auf. Darunter kommt allein die Kombination SYXSCW sechsmal vor. Die Verschlüßler hatten offensichtlich nach tiefem Nachdenken den Spruchschlüssel *AAA* gewählt, der dann mit dem Tagesschlüssel jedesmal die gleiche

---

[*] *Entzifferte Geheimnisse: Methoden und Maximen der Kryptologie*, Berlin/ Heidelberg 1995, S. 327.

Sechsergruppe lieferte. Viermal taucht RJLPWX auf. Ihr liegt der ebenso ausgefallene Spruchschlüssel *BBB* zugrunde. Dank dieses Leichtsinns hatten die drei polnischen Mathematiker an manchen Tagen keinen Mangel an Funksprüchen mit gleichem Spruchschlüssel.

Eine weitere Schwäche des Verfahrens bestand darin, daß während der Verschlüsselung der überaus wichtigen ersten sechs Buchstaben einer Meldung meist nur die erste Walze bewegt wurde, während die anderen noch stillstanden. Im Dezember 1932 geriet der Gruppe in Warschau Material in die Hände, das ihnen die Arbeit noch leichter machen sollte.

Der deutsche Spion und der ermordete Stabschef

Anfang des Jahres 1931 hatte ein Mitarbeiter des deutschen Reichswehrministeriums, ein junger Mann namens Hans Thilo Schmidt, Kontakt mit der französischen Abwehr aufgenommen und Informationsmaterial über die Chiffrierung, darunter auch über die Enigma, geliefert, natürlich gegen Bezahlung. Er erhielt als Decknamen die Kombination HE. Die beiden Buchstaben klingen französisch ausgesprochen wie das deutsche Wort «Asche». Anfangs begegneten die Franzosen dem Agenten «Asche» mit Mißtrauen. Wollten die Deutschen ihn als Doppelagenten in die französische Abwehr einschleusen? Doch der Leiter des Chiffrierbüros, Hauptmann Gustave Bertrand, von dem noch die Rede sein wird, verhörte Schmidt und kam zu dem Schluß, Asche könne wirklich wichtiges Material liefern. Bei mehreren Treffen in verschiedenen europäischen Städten übergab Asche unter anderem eine Kopie der deutschen Heeresdienstvorschrift über den Gebrauch der Enigma und darüber hinaus die Tagesschlüssel für September und Oktober des Jahres 1932, also die Anfangsstellungen der Rotoren für jeden Tag, die Ringstellungen und die Verbindungen am Steckerbrett. Bei den Treffen mit Bertrand war übrigens des öfteren auch ein französischer Agent dabei, der den Decknamen Rex führte. Er mußte übersetzen, da Asche nicht Französisch sprach.* Schon im Dezember 1932 sandte Bertrand das Material nach Warschau. Dort hatte man genügend Funksprüche der vorangegangenen Monate gesammelt und konnte sie nun nicht nur nachträglich entschlüsseln, sondern auch gleichzeitig aus der Gegenüberstellung von Geheim- und Klartext weitere Informationen über die Verdrahtung der Enigma-Walzen erhalten. 1934 hatten die Polen die Enigma-Verschlüsselung im Griff. Sie konnten nun den Nachrichtenverkehr der Deutschen Wehrmacht und des deutschen Sicherheitsdienstes mitlesen.

Ein aufgefangener Funkspruch vom 30. Juni 1934 lieferte den Klartext: «an alle flugplätze ernst roehm abliefern tot oder lebend». Das war der Befehl zur «Nacht der langen Messer». An diesem Tag leitete Hitler zusammen mit seinem Minister Goebbels von München aus das blutige Massaker gegen seine alten Mitstreiter von der SA. Das prominenteste Opfer war Stabschef Röhm, einer der Freunde Hitlers aus der Zeit, in der dieser sich zur Macht emporgekämpft hatte. Aber nicht nur Röhm und seine Gefolgsleute wurden ermordet, Hitler ließ bei dieser Gelegenheit auch andere ihm unliebsame Personen beseitigen. Doch zurück zu den Entschlüßlern in Warschau.

Mit der Bombe gegen die Enigma

Die Deutschen fürchteten damals ständig um das Geheimnis ihrer Enigma – zu Recht, wie wir wissen. Deshalb wollten sie natürlich verhindern, daß ihre Verschlüsselung aufgedeckt wurde. Die Polen versuchten mitzuhalten. Selbst bei bekannter Verdrahtung war es noch immer ein langer Weg, von den ersten sechs Zeichen auf Walzenlage, Ringstellung, Grundstellung und Steckerverbindungen zu schließen. Dazu bedurfte es vieler mit demselben Tagesschlüssel chiffrierter Meldungen.

---

* Später, nach der Besetzung Frankreichs durch die Deutschen, sollte Rex den Spion Asche verraten. Im Juli 1943 wurde Asche hingerichtet.

Mit jeder neuen Tageseinstellung der Enigma mußten die polnischen Kryptologen von vorn beginnen. Das war eine mühsame, wenn auch rein mechanische Arbeit. Man konnte sie einer Maschine überlassen. So entwarfen die drei Mathematiker ein Gerät, das in Abbildung 10.1 skizziert ist. Es enthielt zwei Sätze von je drei Roto-

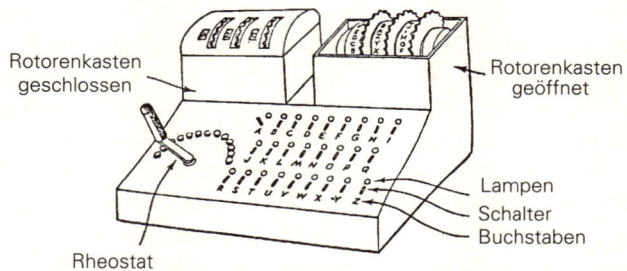

Rotorenkasten
geschlossen

Rotorenkasten
geöffnet

Lampen
Schalter
Buchstaben

Rheostat

Abb. 10.1: Das Zyklometer der polnischen Kryptologen enthielt Walzen, welche die Walzen in der Enigma simulierten. Mit der Maschine konnten Eigenschaften der mit der Enigma erzielbaren Verschlüsselungen untersucht und katalogisiert werden.

ren. Sie waren wie die Enigma-Walzen verdrahtet und konnten einzeln verstellt werden. Dazu gab es einen Satz von sechsundzwanzig Lampen und ebenso vielen Schaltern. Die Maschine sollte aber weder zum Verschlüsseln noch zum Entschlüsseln dienen. Ihre Aufgabe war es einzig und allein, gewisse Charakteristika der durch verschiedene Rotorstellungen erzeugten Verwürfelungen des Alphabets zu erkennen. Dazu spielten die Polen alle möglichen Stellungen durch, um an der Zahl der aufleuchtenden Lampen Eigenschaften der damit hergestellten Verschlüsselungen abzulesen. So konnten sie alle 26 × 26 × 26 = 17576 Rotorstellungen durchspielen und einige Charakteristika der erzeugten Permutationen erkennen. Die Maschine erhielt den Namen *Zyklometer*. Mit ihrer Hilfe fertigten die Leute von BS4 einen Katalog an, der es ermöglichte, schon nach wenigen aufgefangenen Meldungen den Tagesschlüssel innerhalb weniger Minuten zu finden. Das war im Herbst 1938. Hitler hatte inzwischen Österreich besetzt und war in den deutschsprachigen Teil der Tschechoslowakei einmarschiert.

Die Abteilung BS4 in Warschau konnte sich nicht auf ihrem Zyklometer ausruhen. Am 1. November 1937 hatten die Deutschen eine neue Umkehrwalze eingeführt, und am 15. Dezember 1938 wurde die Zahl der zur Verfügung stehenden Walzen von drei auf fünf erhöht, von denen jeweils drei in die Maschine eingesetzt werden mußten. Drei Walzen kann man auf sechs verschiedene Weisen in der Maschine anordnen. Insgesamt gibt es aber sechzig Möglichkeiten, aus fünf Walzen drei auszuwählen und in verschiedener Reihenfolge einzusetzen. Die polnischen Entschlüßler mußten nun die zehnfache Anzahl von Fällen durchprobieren. Das Zyklometer reichte nicht mehr aus. Die Polen bauten eine kompliziertere Maschine, der sie den Namen *bomba* (Bombe) gaben, wobei sie merkwürdigerweise nicht an eine Fliegerbombe dachten – immerhin war die Stadt Guernica ein Jahr zuvor im Spanischen Bürgerkrieg von italienischen und deutschen Fliegern zerstört worden –, sondern an eine Eisbombe. In solch einer *bomba* simulierten sie sechs Enigmas. Es wurden sechs *bombas* gebaut, keine ist erhalten geblieben; niemand weiß heute genau, wie die Maschine funktionierte.

In Europa wurde die politische Lage immer bedrohlicher. Im März 1939 besetzte Hitler den Rest von Böhmen und Mähren. Es lag nahe, daß sein nächstes Ziel Polen sein würde. Schließlich machte er kein Hehl daraus, daß er die Gebiete zurückholen wollte, die Deutschland durch den Vertrag von Versailles verloren hatte. Das betraf auch polnische Städte wie Posen und Krakau sowie die Region, die Ostpreußen vom Deutschen Reich abtrennte, den polnischen Korridor. Es wurde dringend notwendig, daß sich auch die Geheimdienste der bedrohten Staaten zusammentaten.

Am 25. Juli 1939 trafen sich Vertreter der polnischen, britischen und französischen Geheimdienste in Pyry bei Warschau. Zur französischen Delegation gehörte auch Hauptmann Bertrand, der mit dem deutschen Spion Asche zusammengearbeitet hatte. Die Polen übergaben den Alliierten die Ergebnisse ihrer Untersuchungen an der Enigma. Zu dieser Zeit waren die durch fünf Walzen ermöglichten Verschlüsselungen noch nicht gebrochen. Man beschloß, sich diese Aufgabe zu teilen. Die Polen sollten ihre mathematisch-theoretischen Arbeiten weiterführen, die Franzosen versuchen, über Kontaktleute Informationen über die Erweiterung des Rotorsatzes aus Deutschland zu beschaffen. Die Briten schließlich übernahmen es, eine große Anzahl von *bombas* zu bauen, um den Code der fünf Walzen zu knacken. Außerdem übergaben die Polen den Franzosen zwei Exemplare ihrer Nachbauten der Enigma.

Kurz darauf erklärte Hitler Polen den Krieg. Der Zweite Weltkrieg hatte begonnen.

Drei Mathematiker auf der Flucht

Eine Woche nachdem Hitlers Truppen die polnische Grenze überschritten hatten, wurde das Chiffrierbüro in Warschau aufgelöst. In einem Spezialzug fuhr die Mannschaft nach Brest-Litowsk, und von dort ging es per Auto in Richtung polnisch-rumänischer Grenze. Während die Entschlüßler vor der aus dem Westen anrückenden deutschen Wehrmacht flohen, überschritt die Rote Armee die Ostgrenze Polens. Hitler und Stalin waren übereingekommen, Polen untereinander aufzuteilen. Viele Menschen verließen das untergehende Polen in Richtung Rumänien, auch die polnische Regierung ging diesen Weg. Unterwegs wurden die Züge immer wieder von Flugzeugen beschossen. Die Leute von BS4 sahen sich genötigt, ihre mitgeführten *bombas* zu zerstören. Von den drei Mathematikern sollte nur Rejewski die Heimat wiedersehen.

Flüchtlinge sind nirgendwo willkommen. Die Rumänen steckten die anreisenden Polen in Internierungslager. Doch den drei Mathematikern gelang es, den nächstbesten Zug Richtung Hauptstadt zu besteigen, in der Hoffnung, die britische Botschaft in Bukarest würde ihnen helfen, England zu erreichen; schließlich hatten sich die britischen Teilnehmer des Warschauer Treffens kooperativ gezeigt. Als sich die drei an die Botschaft wandten, wurden sie mit den Worten «Kommen Sie in einigen Tagen wieder!» abgefertigt. Da die Flüchtlinge die rumänischen Internierungsvorschriften umgangen hatten, mußten sie fürchten, jeden Augenblick von der rumänischen Polizei aufgegriffen zu werden. In ihrer Not suchten sie nun die französische Botschaft auf. Dort wurden sie herzlich empfangen und erhielten sogleich Visa für die Einreise nach Frankreich. Die Franzosen waren sehr daran interessiert, die polnischen Mathematiker für eine Zusammenarbeit mit dem französischen Chiffrierbüro zu gewinnen. Gustave Bertrand war eigens nach Rumänien gereist, um nach seinen polnischen Kollegen zu suchen. Doch auch mehrere Techniker aus Warschau hatte Bertrand ausfindig gemacht. Sie waren am Nachbau der Enigma beteiligt gewesen und hatten das Zyklometer und mehrere *bombas* gebaut.

Bertrand brachte sie alle im Château de Vignolles unter, einem Schloß in Gretz-Armainvilliers südöstlich von Paris. Das Château erhielt den Decknamen «Bruno». Sofort begann die Gruppe, Enigmas nachzubauen. Dazu wurden Einzelteile in weit über Paris verstreuten Werkstätten in Auftrag gegeben – niemand sollte den wahren Zweck der einzelnen Komponenten erraten –, die dann bei «Bruno» zusammengesetzt wurden. Noch war die Verschlüsselung mit den fünf möglichen Walzen nicht gebrochen. «Bruno» arbeitete auch mit dem britischen Chiffrierdienst zusammen, der selbst begonnen hatte, *bombas* zu bauen, die nun englisch *bombes* genannt wurden.

Die polnische Gruppe bei «Bruno» hielt engen Kontakt mit England. Mitte Januar 1940 erhielt sie Besuch von einem achtundzwanzigjährigen Mathematiker aus Cambridge, Alan Turing, der später in England den Krieg gegen die Enigma erfolgreich fortführte (Seite 237). «Bruno» tauschte mit England Nachrichten per Fernschreiber aus, die Kabel verliefen sechshundert Kilometer durch französisches und englisches Gebiet. Es bestand die Gefahr, daß die Leitung angezapft war. Um sicherzugehen, daß ihre Fernschreiben nicht von den Deutschen mitgelesen werden konnten, verschlüsselten die Kryptologen ihre Fernschreiben – und benutzten dazu ihre nachgebauten Enigmas! Sie wußten ja selbst, wie schwierig die Entschlüsselung war. Gelegentlich versuchten sie, den Stil der deutschen Enigma-Meldungen nachzuahmen, und schlossen mit «Heil

Hitler!» Ab Juni 1940 konnte die Gruppe entschlüsselte Enigma-Sprüche nach England weitergeben.

Inzwischen waren die Deutschen in Frankreich, Holland und Belgien einmarschiert und standen nur noch wenige Kilometer von Gretz-Armainvilliers entfernt. Das «Bruno»-Büro mußte schleunigst geräumt werden. Die Gruppe hielt sich kurzzeitig in Paris auf, wo sie rund um die Uhr an den Funksprüchen der anrückenden Deutschen arbeitete. Dann aber mußte sie fliehen. Auch während der Flucht nach Süden bearbeitete sie aufgefangene Funksprüche. Als Frankreich kapitulierte, flog Bertrand mit fünfzehn Polen und sieben Spaniern nach Algerien. Die Spanier waren mit dem italienischen Funkverkehr beschäftigt. Am 1. Oktober richtete die Gruppe ein neues Büro in Uzès ein, nordöstlich von Nîmes im Château de Fouzes, das den Tarnnamen «Cadix» erhielt. Das Team selbst hatte den Codenamen «Gruppe 300». Jetzt befanden sich die Entschlüßler auf dem Gebiet der Vichy-Regierung, die mit den Deutschen zusammenarbeitete. Die Aufgabe der Gruppe war es nun, dechiffrierte Funksprüche an die Engländer weiterzuleiten. Die «Gruppe 300» hatte mehr als sechshundert Nachrichten entschlüsselt, die für die in Nordafrika unter dem Befehl von Generalfeldmarschall Rommel stehenden deutschen Truppen bestimmt waren.

Ende 1941 arbeitete Rozycki, der jüngste der drei polnischen Mathematiker, längere Zeit in Algerien bei einer Außenstelle des französischen Chiffrierbüros. Für die Rückfahrt nach Vichy-Frankreich schiffte er sich auf dem französischen Passagierschiff «Lamorcière» ein. Es ist nie geklärt worden, ob das Schiff auf ein Riff lief oder auf eine Mine; Rozycki zählte zu den Toten.

Im September 1942 erfuhr Bertrand, daß bei Montpellier eine deutsche Spezialeinheit eingetroffen war, die geheime Rundfunksender anpeilen sollte. Um die für das deutsche Afrikacorps bestimmten entschlüsselten Meldungen nach London zu bringen, benutzte «Cadix» einen aus England eingeschmuggelten Rundfunksender. Es war nur eine Frage der Zeit, bis die Deutschen ihn ausfindig machen würden. Tatsächlich wurde in verschiedenen Bezirken der Gegend der elektrische Strom zu unregelmäßigen Tages- und

Nachtzeiten abgeschaltet, um am Aussetzen des Senders den Bezirk zu erkennen, in dem er stationiert war. Am 6. November durchsuchten die deutschen Funkpeiler zwei benachbarte Bauernhöfe. «Cadix» wurde daraufhin schnellstens evakuiert. Wenige Tage später marschierte Hitlers Armee in das bis dahin noch unbesetzte Vichy-Frankreich ein. Damit fiel auch das Château in ihre Hände.

Rejewski und Zygalski versuchten, England zu erreichen. Sie mußten Umwege über Spanien, Portugal und Gibraltar nehmen und wurden immer wieder verhaftet. Nach mehr als acht Monaten erreichten sie ihr Ziel, schlossen sich der in England aufgestellten polnischen Exilarmee an und wurden beauftragt, Playfair-Chiffrierungen der SS zu entschlüsseln.

Es ist nicht ganz klar, warum die beiden genialen Chiffrierexperten nicht auf die wirklich schwierigen Probleme angesetzt wurden. Irgendwie wollten es die Engländer nicht wahrhaben, daß die Polen mit der Enigma-Entschlüsselung so weit fortgeschritten waren. Das neu entstandene englische Projekt «ULTRA» hatte fortan die Aufgabe, die mit der Enigma chiffrierten Funksprüche zu bearbeiten, und die Polen sind nie in dieses Unternehmen einbezogen worden. Seit August 1939 gab es nördlich von London auf dem Gut Bletchley Park eine große Abteilung mit Tausenden von Mitarbeitern, die damit beschäftigt waren, Enigma-Funksprüche zu entschlüsseln. Davon hat Rejewski erst dreißig Jahre nach Kriegsende etwas erfahren.

Gegen Ende des Zweiten Weltkriegs lebten etwa zwanzigtausend polnische Soldaten im Westen. Von ihnen wollten nur zehn Prozent in das kommunistische Polen zurückkehren, darunter war auch Rejewski. In Polen angekommen, suchte er vergeblich eine Anstellung als Mathematiklehrer an einer höheren Schule. Es ist wenig darüber bekannt, wie er die folgenden Jahre verbrachte. Im offiziellen Nachruf von 1980, herausgegeben von der damaligen polnischen Regierung, heißt es etwas rätselhaft, er habe zwanzig Jahre lang in Bydgoszcz (Bromberg) in verschiedenen Bereichen der Verwaltung gearbeitet und sei im Jahre 1967 in den Ruhestand gegangen.

Rejewskis letzte Entschlüsselung

Im Sommer 1976 wurde Rejewski von einem in England lebenden polnischen Bekannten aus der Zeit des Zweiten Weltkriegs gebeten, sich eines verschlüsselten Briefes aus dem Jahre 1904 anzunehmen. Damals hatte Polen teilweise zu Rußland, teilweise zu Deutschland gehört, und Jozef Pilsudski, der Führer der polnischen sozialistischen Partei, war auf der Suche nach internationaler Hilfe gewesen, um ein unabhängiges Polen zu schaffen. Dabei hatte er sich auch an Japan gewandt, das damals Krieg gegen Rußland geführt hatte. Aus dieser Zeit gibt es zahlreiche chiffrierte Schriftstücke, die niemand mehr entziffern konnte. Hier war noch einmal die Kunst des Marian Rejewski gefragt. Doch dieser lehnte ab. Die ihm vorliegende Kopie war schlecht, am Rand fehlten Zeichen, andere waren unleserlich. Wenn man in der Beschreibung eines Warschauer Freundes liest, wie Rejewski nahezu gegen seinen eigenen Willen das Problem doch gelöst hat, fühlt man sich an Conan Doyles Schilderung der Arbeit von Sherlock Holmes erinnert.

Eigentlich will Rejewski mit seiner Familie in den Urlaub fahren. Doch dann berichtet Frau Rejewski dem Freund, daß ihr Mann sich merkwürdig verhalte. Stundenlang ginge er, vor sich hin murmelnd, im Zimmer auf und ab. Plötzlich möchte er, daß seine Familie ohne ihn Urlaub macht und ihn allein in Warschau zurückläßt. Nach einiger Zeit erhält der Freund einen Telefonanruf. Rejewski bittet ihn um seinen Besuch. Als der Freund eintrifft, stößt er auf einen erschöpften und völlig veränderten Rejewski. Schroff hält dieser ihm ein Blatt Papier vor die Augen, das Ergebnis der Arbeit der letzten Monate.

Rejewski hatte den Geheimtext aus dem Jahre 1904 entschlüsselt. Als er seinem Auftraggeber in England die Lösung schickte, teilte er gleichzeitig mit, daß er keine weiteren Texte zu erhalten wünsche.*
Während nach einem Krieg Militärs mit Orden überhäuft wer-

---

* Wladyslaw Kozaczuk, «A New Challenge for an Old Enigma-Buster», *Cryptologia*, Juli 1990, S. 204.

den, bleiben die Meriten der Geheimdienstleute im dunkeln. Bei Kriegsende hatte man Rejewski und Zygalski zu Leutnants gemacht. Zygalski blieb in England, unterrichtete an einem College und starb 1978. Im selben Jahr wollte man Rejewski in Polen den Titel eines Ehrendoktors verleihen, doch er zeigte kein Interesse. Erst etwa dreißig Jahre nach dem Krieg wurden seine Verdienste in Frankreich durch Bertrand bekanntgemacht. Nun nahmen sich auch Film und Fernsehen seiner Lebensgeschichte an. Rejewski starb im Jahre 1980 im Alter von 74 Jahren. Der Bezwinger der deutschen Enigma-Maschine war einer der Männer, die am Sieg der Alliierten über Nazi-Deutschland wesentlichen Anteil gehabt hatten.

Der Name eines der drei polnischen Kryptologen sollte 1964 durch die Weltpresse gehen: Bei den Olympischen Spielen in Tokio erkämpfte ein Kunststudent eine Silbermedaille für die polnische Mannschaft. Er war der Sohn von Jerzy Rozycki, der 1941 bei einem Schiffsunglück ums Leben gekommen war.

Die Leute von Bletchley Park

Beim Warschauer Treffen im Juli 1939 gehörte Fregattenkapitän Alistair Denniston, der Leiter der staatlichen Code- und Chiffrierschule, zur britischen Delegation, der schon im Ersten Weltkrieg im berühmten «Room 40» der Admiralität als Kryptologe gearbeitet hatte. Er wird als ein ruhiger, etwas reservierter Mann beschrieben, der damals etwa fünfzig Jahre alt war.

Die englische Regierung, die um die Wichtigkeit der Chiffrierabteilung wußte, requirierte einen ehemaligen Herrensitz in einer abgeschiedenen Gegend nahe der Ortschaft Bletchley, etwa siebzig Kilometer nördlich von London, in den Dennistons Chiffrierschule im August 1939 übersiedelte. Die Kryptologen begannen ihre Arbeit in einem ehemaligen Stall. Zu ihnen gehörten neben Denniston noch andere Veteranen aus «Room 40», William F. Clarke zum Beispiel wie auch Nigel de Grey, der als einer der ersten den Geheimtext des Zimmermann-Telegramms in den Händen gehalten hatte. Nun war es nötig, weitere Fachleute anzuwerben. Mathematiker gab es vor allem an der Universität Cambridge.

Dorthin war gerade der junge englische Mathematiker Alan Mathison Turing aus den USA zurückgekehrt. Turing, 1912 in London geboren, trat nach seinem Schulbesuch mit neunzehn Jahren in das King's College in Cambridge ein. Schon vier Jahre später gewann er mit seiner Doktorarbeit einen Preis. 1936 ging er für zwei Jahre an die Universität von Princeton im US-Staat New Jersey. Dort befaßte er sich mit mathematischer Logik und mit der Theorie elektronischer Rechner. Zwar gab es sie damals noch gar nicht, doch ließ sich ihre Arbeitsweise schon im voraus theoretisch untersuchen. Nach dem Krieg sollte Turing bei der Entwicklung der ersten Computer eine wichtige Rolle spielen. In Bletchley Park lernte er die Enigma kennen und erfuhr auch Einzelheiten über die polnische *bomba*.

Hier kurz noch einmal die damalige Situation: Die Polen konnten die Funksprüche der Dreiwalzen-Enigma lesen, für die fünf Walzen zur Auswahl standen. Zu diesen waren zwei weitere Walzen hinzugekommen und später noch die Walze Nummer VIII, was die Entschlüsselung immer komplizierter und langwieriger machte. Dann aber änderten die Deutschen auch noch die Übermittlung des Spruchschlüssels. Im Mai 1940 verschwanden die hilfreichen sechs Zeichen am Anfang einer Nachricht. Es wurde immer mühsamer, alle denkbaren Einstellungen der Maschine durchzuprobieren.

Turing konstruierte nun *bombes*, die leistungsfähiger waren als die polnischen *bombas*. Die diffizilen Apparate der Bomben erforderten Techniker, die sie warteten und reparierten. Man benötigte Funker, die rund um die Uhr in den einschlägigen Frequenzen auf Signale lauerten und die zahllosen Funksprüche aufnahmen. Dann erst konnten die wichtigsten Leute, die Entschlüßler, an ihre Arbeit gehen. Zusammen mit dem Hilfspersonal arbeiteten in Bletchley Park etwa zehntausend Menschen.

Die englische *bombe* suchte in den Tausenden von täglich aufgefangenen Sprüchen nach im Militärjargon gebräuchlichen Wörtern wie «oberkommando», «fuehrerhauptquartier» oder «kommandeur». Dabei kam den Entschlüßlern die bereits auf Seite 209 erläuterte Eigenschaft der Enigma zu Hilfe, daß – wie immer sie eingestellt war – niemals Klar- und Geheimbuchstabe dieselben sein konnten: der Fluch der Umkehrwalze. Wenn also an einer Stelle des Geheimtextes der Buchstabe ▯ stand, waren sie sicher, daß dort nicht das Klartextwort «fuehrerhauptquartier» beginnen konnte. Man brauchte nur das Klartextwort «fuehrerhauptquartier» auf einen Streifen zu schreiben und diesen unter den Geheimtext zu legen; sobald zwei gleiche Buchstaben untereinanderstanden, konnte das Klartextwort dort nicht seinen Platz haben.

Betrachten wir den einfachen Geheimtext von siebenundachtzig Zeichen, den Abbildung 10.2 oben zeigt. Wenn er so verschlüsselt

```
KENMMBFZBFVNPQFZETYMENFFYWTKWTBVBFENALNZKLN
QENANVNRNTMNFHXFRBNTANATYBIEJBYAEQNAYVLYAENF

KENMMBFZBFVNPQFZETYMENFFYWTKWTBVBFENALNZKLN
f u e h r e r h a u p t q u a r t i e r
QENANVNRNTMNFHXFRBNTANATYBIEJBYAEQNAYVLYAENF

KENMMBFZBFVNPQFZETYMENFFYWTKWTBVBFENALNZKLN
.  .  .  .       .  .  .  .  .  .       .
QENANVNRNTMNFHXFRBNTANATYBIEJBYAEQNAYVLYAENF
.  .  .  .       .  .  .  .  .  .       .
```

Abb. 10.2, oben: Ein durch Substitution erhaltener Geheimtext, bei dem wie bei einer Enigma-Verschlüsselung kein Klarbuchstabe in den gleichen Geheimbuchstaben übergegangen ist. In diesem Text wird das Klartextwort «fuehrerhauptquartier» vermutet.
Mitte: Eine mögliche Stellung des Klartextwortes «fuehrerhauptquartier» im Geheimtext. In dieser Stellung stehen keine gleichen Buchstaben untereinander.
Unten: Durch Punkte unter den Geheimbuchstaben sind die möglichen Stellen angegeben, an denen das vermutete Klartextwort «fuehrerhauptquartier» beginnen könnte.

ist, daß niemals ein Klar- und ein Geheimbuchstabe gleich sind, und im Klartext das Wort «fuehrerhauptquartier» vorkommt, dann gibt es im Text nur achtundzwanzig Stellen, an denen dieses Wort beginnen kann. Das ist zum Beispiel der Fall, wenn das Klartextwort gleich am Anfang unter dem Geheimtext steht (Abbildung 10.2 Mitte). Die übereinanderstehenden Buchstaben von Geheim- und Klartext sind dann alle verschieden. Das ist aber schon nicht mehr der Fall, wenn man das Klartextwort um einen Schritt nach rechts schiebt: ein █ und ein t stehen übereinander. In Abbildung 10.2 unten sind die achtundzwanzig möglichen Anfänge des Klartextwortes durch einen Punkt unter dem Geheimtext gekennzeichnet. Für jede dieser Möglichkeiten kann man im Prinzip alle Stellungen der Rotoren durchprobieren, um herauszufinden, ob eine davon das Klartextwort in die entsprechende Geheimtextgruppe überführt. Kommt das Wort «fuehrerhauptquartier» im Text überhaupt nicht vor, versagt das Verfahren natürlich.*

Bisweilen haben die Engländer sogar versucht, in die Funksprüche der Deutschen bestimmte Wörter einzuschleusen. Wenn sie zum Beispiel eine Leuchtboje, die eine wichtige Fahrrinne kennzeichnete, von einem Flugzeug zerstören ließen, so konnten sie erwarten, daß die deutschen Schiffe per Funk über den Ausfall dieses Seezeichens informiert wurden. Also mußte das verschlüsselte Wort «leuchtboje» mit großer Wahrscheinlichkeit in den Sprüchen auftauchen. So wies dann eine zerschossene Leuchtboje den Weg zur richtigen Rotorstellung.

In einem Funkspruch vermutete Klartextwörter hießen im Jargon von Bletchley Park *cribs*. Die Bomben benötigten *cribs*, um sie mit möglichst vielen in Frage kommenden Rotorenlagen, Ringstellungen, Rotorstellungen und Steckerverbindungen zu verschlüsseln und herauszufinden, ob die dabei entstehenden Buchstabenkombinationen im aufgefangenen Spruch vorkamen. War dies bei einer

---

* Ich habe hier einen Chiffriertext genommen, der das Klartextwort «fuehrerhauptquartier» enthält, ihn allerdings nicht nach dem Prinzip einer Enigma verschlüsselt, sondern eine einfache monoalphabetische Chiffrierung gewählt. Die Verschlüsselung ist aber so geartet, daß sie wie die Enigma keinen Buchstaben in sich selbst überführt. Der Leser, der bis zu dieser Stelle des Buches vorgedrungen ist, wird keine Schwierigkeiten haben, den Text zu lesen.

Einstellung der *bombe* der Fall, dann war sie möglicherweise auf den für den Spruch benutzten Tagesschlüssel eingestellt. Auch stereotype Anreden wie Offiziersrang und Dienststelle lieferten hilfreiche *cribs*, da sie häufig in den Klartexten vorkamen. In Bletchley Park lag ein Katalog vor, der Chiffrierungen des Wortes «eins» für verschiedene mögliche Tagesschlüssel enthielt. Da die Enigma keine Ziffern verschlüsseln konnte, mußten sie als Text buchstabenweise verarbeitet werden. Es lohnte sich also, Enigma-Sprüche daraufhin zu untersuchen, ob vielleicht das Wort «eins» im Klartext enthalten war.

Doch nicht immer mußten die Entschlüßler von Bletchley Park ihre *bombes* alle in Frage kommenden Einstellungen durchprobieren lassen. Während des Krieges war es verboten, innerhalb eines Monats dieselbe Rotorenlage zweimal zu verwenden. Statt sechzig möglichen Rotorenlagen mußten die *bombes* in dem Maße, in dem der Monat fortschritt, immer weniger Lagen durchspielen.

Eine weitere Hilfe für die englischen Entschlüßler waren Funksprüche, die mit der Enigma wie auch mit einem anderen, leichter zu entschlüsselnden System chiffriert wurden. Wenn zum Beispiel eine Wasserstraße vermint war, mußte die Warnung nicht nur deutschen U-Booten im Enigma-System übermittelt werden, sondern auch den Minensuchbooten, die einfachere, den Alliierten wohlvertraute Chiffriersysteme verwendeten.

Die britische *bombe* war schon ein richtiger großer Rechner. Sie enthielt etwa dreißig Dreiwalzengeräte. Die Walzen wurden elektrisch betrieben. Es konnte viele Stunden dauern, bis die *bombe* ein gesuchtes Wort in einem Geheimtext entdeckte. Manchmal war die richtige Rotorenstellung aber auch schon nach zehn Minuten gefunden. Die erste von Turing entworfene *bombe* wurde im Januar 1940 eingesetzt. Danach gelang es dem Mathematiker Gordon Welchman, weitere Verbesserungen anzubringen. Ende 1941 standen Bletchley Park zwölf solcher Maschinen zur Verfügung, im März 1943 waren es sechzig. Aber auch dann benötigten die Rechner manchmal bis zu drei Tage rund um die Uhr, um einen Tagesschlüssel zu finden. Im Frühjahr 1940, während des Norwegenfeldzugs der Deutschen, gelangen in Bletchley Park die ersten Entschlüsselungen. Ein Jahr später konnten die Briten schon einen wesentlichen Teil des Enigma-Funkverkehrs mitlesen. In einem vor Norwegen abgeschossenen deutschen Flugzeug wurde eine Enigma-Maschine gefunden und mitsamt dem Schlüsselbuch an sie weitergeleitet. Im Frankreichfeldzug hatte sich eine deutsche Nachrichtentruppe mit ihren Panzern zu weit vorgewagt. Bei ihrer Gefangennahme fanden die Alliierten weiteres Material. Im Mai 1941 erbeutete die englische Marine ein deutsches U-Boot, ebenfalls mit Enigma und Schlüsselbuch. Alle so gefundenen Informationen flossen in die weitere Entwicklung der *bombes*.

Das tragische Schicksal des Alan Turing

Am 4. September 1939, drei Tage nach Hitlers Überfall auf Polen, trat der siebenundzwanzigjährige Alan Turing in Bletchley Park seinen Dienst an. Schon während seines Aufenthalts in Princeton hatte er sich mit Kryptologie beschäftigt. Er hatte sich überlegt, wie sich Zeichen durch Zahlen ersetzen ließen, um sie dann mit einer geheimen Zahl zu multiplizieren und das Ergebnis als Geheimtext zu übermitteln. Als er 1937 zum erstenmal auf den Gedanken kam, England könnte in einen Krieg mit Deutschland verwickelt werden, meinte er, diese Zahl müßte so lang sein, daß es hundert Deutsche, die acht Stunden am Tag arbeiteten, hundert Jahre kosten würde, den geheimen Faktor durch systematisches Probieren zu finden. Turing hatte auch schon darüber nachgedacht, wie Multiplikationen mit elektrischen Schaltungen zu bewerkstelligen seien, und er hatte selbst eine solche einfache elektronische Rechenmaschine gebaut.

Mit Alan Turing war in Bletchley Park der richtige Mann am richtigen Platz. Schon im Januar 1940 fuhr er nach Frankreich, um die polnischen Mathematiker bei «Bruno» zu besuchen, für deren *bombas* er sich brennend interessierte. Aus dem, was er von ihnen erfuhr, und seinen früheren Überlegungen entstand wahrscheinlich das Konzept für die *Turing-Bombe*. Englische Quellen enthalten nur sehr spärliche Informationen über diese Begegnung der beiden Mathematiker, ein weiterer Ausdruck des Bestrebens der Briten, die Verdienste der polnischen Kryptologen nicht in den Vordergrund zu stellen.

Nach dem Kriegsende arbeitete Turing am National Laboratory of Physics am Bau einer Großrechenanlage, und von 1948 an leitete er die Arbeiten an der Entwicklung einer Rechenanlage an der Universität Manchester. Immer wieder bewegte ihn die Frage, wieweit eine Maschine denken kann, wieweit sich also mit ihr etwas realisieren läßt, was wir heute als «künstliche Intelligenz» bezeichnen.

Der geniale Mathematiker Alan Turing war homosexuell. Da ihn die Natur so geschaffen hatte, fand er das ganz natürlich, machte kein Geheimnis daraus und hatte keinerlei Schuldgefühle. Er hoffte, Homosexualität werde in Großbritannien bald legalisiert werden. Doch noch immer galt sie als eine «grobe Sittenlosigkeit nach Paragraph 11 des Criminal Law Amendment Act von 1885»*. Seine Homosexualität wurde ihm schließlich zum Verhängnis. Im Dezember 1951 begegnete er auf der Straße Arnold Murray, einem neunzehnjährigen Arbeitslosen. Zwischen den ungleichen Partnern entwickelte sich rasch eine sexuelle Beziehung. Bald aber hatte Turing Grund, Murray zu mißtrauen, weil dieser sich immer wieder Geld von ihm lieh, ohne es zurückzuzahlen. Wahrscheinlich hat er ihn auch einmal bestohlen.

Am 23. Januar wurde in Turings Wohnung eingebrochen. Es fehlten allerdings nur einige wenige Gegenstände im Gesamtwert von etwa fünfzig Pfund. Als Turing seinen Partner zur Rede stellte, versicherte ihm dieser, er sei an dem Diebstahl nicht beteiligt gewesen, habe aber einem arbeitslosen Bekannten von Turing und seiner Wohnung erzählt, woraufhin dieser ihm vorgeschlagen habe, in sie einzubrechen. Dies habe er abgelehnt, sei aber überzeugt, daß jener Bekannte den Einbruch ausgeführt habe.

Alan Turing meldete den Diebstahl der Polizei. Bei seinen Aussagen verstrickte er sich dermaßen in Widersprüche, daß es der Polizei

* Andrew Hodges, *Alan Turing, Enigma*, Berlin 1989, S. 528.

ein leichtes war, die Wahrheit über ihn, seinen Partner und den unbekannten Dritten herauszufinden. Damit war der Mathematiker Alan Turing vor dem Gesetz zum Verbrecher geworden. Das Verfahren «Die Königin gegen Murray und Turing» wurde am 31. März 1952 verhandelt. Beide bekannten sich in allen Punkten der Anklage (Akt grober Unsittlichkeit mit einer männlichen Person) für schuldig, doch gelang es Murrays Verteidiger, die wesentliche Schuld auf den älteren Turing abzuwälzen, dem er unterstellte, seinen Mandanten verführt zu haben. Turing wurde zu einem Jahr Gefängnis verurteilt, erhielt jedoch Bewährung mit der Auflage, daß er sich einer chemischen Behandlung unterzöge. Statt des Gefängnisses wählte er die «Organotherapie», die ihn für die Dauer der Behandlung impotent machen sollte. Turing behielt seine Stellung an der Universität bei, und im Mai 1951 beschloß man sogar, für ihn in Manchester eine spezielle Dozentur für Computertheorie zu schaffen. Obwohl in England die öffentliche Meinung gegenüber der Homosexualität inzwischen liberaler geworden war, litt Turing unter der Schmach der Therapie und der öffentlichen Bloßstellung.

Am 8. Juni fand ihn seine Haushälterin mit Schaum um den Mund tot im Bett liegend. Die Todesursache war eine Zyanidvergiftung. Im Haus fand die Polizei ein Gefäß mit Zyankali und ein Glas mit einer Zyanidlösung. Neben dem Bett lag ein angebissener Apfel. Die Ermittler vergaßen, den Apfel chemisch zu untersuchen. Wahrscheinlich hatte Turing ihn in das Zyanid getaucht. Die gerichtliche Untersuchung kam zu dem Schluß, daß er freiwillig aus dem Leben geschieden war. In seiner Erzählung *Alan Turing* schreibt Rolf Hochhuth*, der Mathematiker sei in den vor 1963 erschienenen Ausgaben der Encyclopædia Britannica überhaupt nicht erwähnt, danach aber als Logiker und Schöpfer der Turing-Maschine, einer Vorläuferin der modernen Computer, herausgestellt worden. Hochhuth weist auf Turings Verdienste um England im Krieg hin: «... doch seine bedeutendste Leistung, die ihn wie vermutlich keinen *anderen* einzelnen außer Churchill zum Retter gemacht hat, sie

---

* Reinbek 1987, S. 165.

wird mit keiner Silbe erwähnt!... entsprechend schreiben sie auch, zwar habe er das Gift selbst genommen, vermutlich aber nicht in Selbstmordabsicht, sondern experimentierend. Seinen Homosexuellen-Prozeß erwähnen sie nicht... Doch mit keinem Wort zu schreiben, daß Turing Enigma aufbrach, ist der Gipfel der Niedertracht.»

Zurück nach Bletchley Park, wo während des Zweiten Weltkriegs Turings *bombes* die deutschen Enigmasprüche entschlüsselten. Jeder, der dort arbeitete, mußte sich verpflichten, sein Leben lang über die Aktivitäten, an denen er beteiligt war, zu schweigen. So konnte es geschehen, daß der Erfolg der Kryptologen um Turing der Öffentlichkeit in den ersten drei Jahrzehnten der Nachkriegszeit verborgen blieb. Dann aber erschienen in Frankreich Gustave Bertrands Kriegserinnerungen. Das Geheimnis des Kampfes um die Enigma war nicht mehr geheim. In England veröffentlichte Frederick W. Winterbotham 1974 seine Erinnerungen unter dem Titel *The Ultra Secret**. «Ultra» war der Codename für die Entschlüsselungen der Enigma-Nachrichten in Bletchley Park.

Der Spion, dem Hitler seine Pläne offenbarte

Die Funksprüche wurden sofort an die zuständigen Stellen geleitet, auch unmittelbar an Winston Churchill, den Premierminister. Einer der Verbindungsleute zwischen Bletchley Park und den Regierungsstellen war Winterbotham.

Am 13. Juli des Jahres 1917, mitten im Ersten Weltkrieg, schoß ein deutsches Jagdflugzeug über Belgien eine britische Maschine vom Typ Nieuport ab, weit hinter den deutschen Linien. Nach der Bruchlandung zog ein deutscher Offizier den verletzten Piloten Winterbotham aus den Trümmern. Der Engländer verbrachte achtzehn Monate in deutscher Kriegsgefangenschaft. Während dieser Zeit konnte der Engländer nicht nur seine gebrochene Nase aushei-

---

* London 1974.

len, er fand auch Zeit und Muße, die Grundelemente der deutschen Sprache zu erlernen. Das Bild, das er sich damals von den Deutschen machte, sollte sein zukünftiges Leben bestimmen. Äußerungen von Offizieren der geschlagenen deutschen Armee ließen in ihm keinen Zweifel darüber aufkommen, daß sich Deutschland früher oder später für die im Ersten Weltkrieg erlittene Niederlage rächen würde.

Nach England zurückgekehrt, studierte er Jura, versuchte sich als Farmer und arbeitete nach 1930 für die Abteilung Air Force des britischen Geheimdienstes. Zu dieser Zeit war es den Deutschen nicht erlaubt, eine eigene Luftwaffe zu unterhalten. Doch nach London drang die Nachricht, Rußland bilde deutsche Piloten aus. Darüber Erkundigungen einzuholen lag genau in Winterbothams Aufgabenbereich. Um 1930 war Hitlers Nationalsozialistische Deutsche Arbeiterpartei, die NSDAP, bereits eine starke Macht. Winterbotham reiste nach Deutschland, und es gelang ihm dank der Vermittlung eines Korrespondenten der Londoner *Times*, mit Alfred Rosenberg Kontakt aufzunehmen. Rosenberg war der Chefideologe der NSDAP und wurde nach Hitlers Machtergreifung 1933 Leiter des Außenpolitischen Amtes. Im Zweiten Weltkrieg war er Reichsminister für die von den Deutschen besetzten Ostgebiete. Im Jahre 1946 wurde er im Nürnberger Hauptkriegsverbrecherprozeß zum Tode verurteilt und hingerichtet. Der Kontakt zwischen dem englischen Spion Winterbotham und dem deutschen Minister Rosenberg währte nahezu acht Jahre.

Schon vor 1933 lud Rosenberg Winterbotham nach Deutschland ein und brachte ihn mit vielen damals einflußreichen Persönlichkeiten, auch mit Hitler, zusammen. Den Nationalsozialisten schien es damals erstrebenswert, gute Beziehungen mit England zu unterhalten, was Hitler, nunmehr an der Macht, sehr deutlich in einem Gespräch im Jahre 1934 mit dem Engländer ausdrückte: «Es sollte nur drei große Weltmächte geben, das britische Weltreich, die amerikanischen Staaten und das deutsche Reich.» Und er fuhr fort: «Wir wünschen uns nur, daß sich England auf sein eigenes Weltreich beschränkt und Deutschland in seinen Expansionsplänen nicht behin-

Der Spion, dem Hitler seine Pläne offenbarte

dert.»* Winterbotham arrangierte übrigens auch einen Besuch Rosenbergs in England.

Über die Jahre war Winterbotham nicht nur ein gerngesehener Gast bei Hitlers Führungsclique, sondern auch bei den Generälen. Was er dabei erfuhr, verknüpfte er mit den Nachrichten, die andere Agenten nach London schickten. Frederick Winterbotham war kein James Bond, er fotografierte nicht heimlich Dokumente, er sandte seine Erkenntnisse nicht verschlüsselt nach Hause und versuchte auch nicht, sich unbefugt Zutritt zu verschaffen. Er wurde eingeladen. Er mußte nirgendwo heimlich horchen, er hörte nur zu, wenn seine Gesprächspartner plauderten.

Winterbotham war vor allem über die rasche Aufrüstung der deutschen Luftwaffe entsetzt, davon verstand er etwas. In seinen Memoiren beklagt er sich immer wieder, daß seine Warnungen in England oft auf taube Ohren stießen.**

Seine Beziehungen zu den Machthabern des Dritten Reiches fanden im Herbst 1938 ihr Ende. Seine Gesprächspartner wurden immer reservierter, sie waren enttäuscht, da es anscheinend nicht möglich war, über ihn die englischen Politiker zu beeinflussen. Als sich Winterbotham nach dem Reichsparteitag in Nürnberg von Rosenberg verabschiedete, wußten wohl beide, daß sie einander nie mehr wiedersehen würden.

Nach England zurückgekehrt, wandte sich Winterbotham einer anderen Art der Aufklärung zu, der Luftfotografie. Die Luftaufklärung steckte damals noch in den Kinderschuhen. Es gelang Winterbotham, in eine Maschine der US-Firma Lockheed versteckte Kameras einzubauen. Bei angeblich zivilen Flügen konnte mit ihrer

---

* Frederick W. Winterbotham, *The Nazi Connection*, London 1978, S. 70f.

** Ich weiß nicht, wie verläßlich Winterbothams spätere Berichte an seine Vorgesetzten gewesen sind. In seinen Erinnerungen schreibt er, er habe den ihm zugeteilten deutschen Begleiter «Charlie» genannt, weil es im Deutschen die Redewendung von einem «guten Karl» gebe, wobei er wohl «Karl» mit «Kerl» verwechselt hatte. Er berichtet weiter über die Hafenstadt «Wannemünde» und meint wohl Warnemünde, schreibt vom «Danziger Geldwasser» statt Goldwasser und vom «Tegelsee» bei München.

Hilfe der Neubau von Flugplätzen in Deutschland dokumentiert werden.

Wie Winterbotham berichtet, wurde die Lockheed auf einer Luftfahrtschau in Frankfurt am Main ausgestellt, die geheimen Kameras gut versteckt. Der damalige Generalstabschef der Luftwaffe Albert Kesselring interessierte sich gerade für diese Maschine und fragte den Piloten, ob er sie einmal zur Probe fliegen dürfe. Der Pilot, der sonst mit ihr Spionageflüge ausführte, ermöglichte es ihm. Kesselring war begeistert, als sie über den Rhein flogen. Doch dann erkannte der Pilot, daß unten Bauten entstanden, die er bei seinen früheren Flügen noch nicht aufgenommen hatte. Heimlich schaltete er die Kameras ein. So beteiligte sich der Generalstabschef der deutschen Luftwaffe an Spionageaufnahmen für den britischen Geheimdienst, ohne es zu ahnen.

«Ultra» auf Erfolgskurs

Winterbotham war während des Zweiten Weltkriegs mit anderen für die Auswertung des von Bletchley Park entschlüsselten Enigma-Funkverkehrs verantwortlich. Er war einer der ersten, die dreißig Jahre danach das Schweigen über die Arbeiten in Bletchley Park brachen.

Die Engländer drangen schon im ersten Kriegsjahr in den deutschen Nachrichtenverkehr ein. So entschlüsselte Bletchley Park am 8. August 1940 den Tagesbefehl Hermann Görings, der die Operation «Adler», die Luftschlacht über England, ankündigte. Churchill erhielt sofort eine Kopie des Textes:

vonreichsmarschallgoeringanalleeinheitenderluftflottendreiund
zwanzigundfuenfoperationadlerinkuerzesterzeitwerdensiediebri
tischeairforcevomhimmelfegenheilhitler

Weitere Meldungen zum Unternehmen «Adler» trafen ein. «Ultra» konnte die Vorbereitungen verfolgen. Als der Angriff kam, hatten sich die Briten auf ihn eingestellt. Die erste Welle der deutschen Bomber wurde schon über See angegriffen, nur wenige kamen durch, und auch beim zweiten Angriff erlitten die Deutschen starke Verluste.

Görings Plan lautete: zunächst alle Flughäfen bombardieren, um möglichst viele Kampfmaschinen zu zerstören, dann die englischen Jagdflieger in eine Schlacht mit den deutschen Jägern verwickeln, die sie nur verlieren konnten. Dank «Ultra» war dieser Plan bekannt geworden. Die Engländer verteilten ihre Flugzeuge getarnt auf viele Flugplätze, und die Jäger ließen sich nicht auf Luftkämpfe ein. Diese Gegenstrategie führte innerhalb der Air Force zu Meinungsverschiedenheiten, denn bei weitem nicht alle Offiziere wußten von Görings Absichten. «Ultra» war so geheim, daß nur ein kleiner Kreis von Eingeweihten erfahren durfte, daß die Enigma-Funksprüche entziffert werden konnten.

Als Görings Plan ins Leere stieß, änderte er seine Strategie und konzentrierte seine Kräfte auf die Bombardierung Londons. Man sagt, dies sei sein größter strategischer Fehler gewesen. Am 5. September befahl er, mit dreihundert Bombern die Londoner Docks zu vernichten. Jagdflugzeuge sollten die Bomber begleiten. Innerhalb von Minuten wurde sein Befehl dem englischen Premier überbracht. Es wurde zwar ein sehr schwerer Angriff, doch da die Engländer gewarnt waren, konnten sie dafür sorgen, daß ihre Kampfflugzeuge verschont blieben. Am 17. September 1940 kamen die Deutschen wieder. Doch da sie dank «Ultra» schon erwartet wurden, konnte der Angriff abgewehrt werden. Zwei Tage später erfuhr «Ultra», daß die Wehrmacht das in Holland für die Invasion auf der englischen Insel bereitliegende Kriegsmaterial abtransportieren ließ. Die Briten konnten aufatmen. Hitlers Operation SEELÖWE, die Eroberung der britischen Insel, war abgeblasen.

Doch der Schrecken war noch nicht vorbei. Laut Winterbotham erfuhr «Ultra» im November 1940 vom bevorstehenden Luftangriff auf die Stadt Coventry. Churchill habe, schreibt er, von diesem Moment an vor einer schweren Entscheidung gestanden. Wäre die Stadt evakuiert worden, hätten die Deutschen erfahren, daß ihre

Enigma-Sprüche von den Engländern mitgelesen wurden, und damit hätten die Alliierten einen großen Vorteil in der Kriegsführung verspielt. So sei Churchill mit der Frage konfrontiert worden, ob er in den nächsten Tagen in Coventry Menschen vor dem Tod bewahren sollte oder ob er nicht auf längere Sicht einer viel größeren Anzahl von Menschen das Leben rettete, wenn er das Geheimnis von «Ultra» nicht preisgab. Er habe sich für das letztere entschieden. Um den Schaden in Coventry möglichst klein zu halten, habe er alle Feuerwehren und Ambulanzen in der Stadt verstärken und in Bereitschaft versetzen lassen. Diese Geschichte ist nicht unbestritten.* Winterbothams 1974 erschienenes Buch erregte in weiten Kreisen auch deswegen Mißfallen, weil in ihm weder der Name Rejewski noch der von Turing auftaucht und es überdies den Eindruck erweckt, es sei «Ultra» zu verdanken gewesen, daß Hitler den Plan einer Invasion in England aufgegeben hat. Historiker halten das für übertrieben.**

Unbestritten hingegen ist der entscheidende Beitrag von «Ultra» zum Verlauf der Schlacht auf dem Atlantik.

---

* Der amerikanische Historiker Forrest Pogue und andere halten die Version, nach der Winston Churchill die Bombardierung von Coventry geduldet haben soll, für eine Erfindung (siehe zum Beispiel David Kahn, *Kahn on Codes*, New York 1983, S. 96). Was immer die Hintergründe der Tragik von Coventry waren, die Alliierten konnten das Wissen, das ihnen «Ultra» lieferte, nie voll nutzen, wenn sie nicht verraten wollten, daß sie über die deutschen Funksprüche informiert waren.

Der Winterbothamschen Version widerspricht auch Stuart Milner-Barry, der zu dieser Zeit in der für die Rohübersetzung der Enigma-Sprüche zuständigen Abteilung «Hut 6» gearbeitet hat. Er erinnert sich, daß damals zwar ein geplanter Angriff in einem Enigma-Spruch angekündigt wurde, daß aber das Ziel nicht mit Namen, sondern mit einer Nummer bezeichnet war, welche die Entschlüßler nicht deuten konnten. Milner-Barry glaubt sich zu entsinnen, daß man einen Angriff auf London erwartet hatte (F. Harry Hinsley, Alan Stripp, *Code Breakers*, Oxford 1993, S. 95).

** David Kahn, *Kahn on Codes*, New York 1983, S. 110.

1 1 1
2 2 2
3 3 3
4 4 4
5 5 5
6 6 6
7 7 7
8 8 8
9 9 9
0 0 0

Die Schlacht auf dem Atlantik

Am 28. September 1941 versuchten die deutschen U-Boote U 67 und U 111, bei den Kapverdischen Inseln die «HMS Clyde» zu torpedieren. Da tauchte unversehens ein britisches U-Boot auf und vertrieb die Angreifer. Admiral Dönitz, der Oberbefehlshaber der deutschen U-Boot-Flotte, schöpfte Verdacht. Es konnte kein Zufall sein, daß in einem sonst so wenig befahrenen Gewässer im richtigen Moment ein feindliches U-Boot zur Stelle war. Entweder war der Angriff verraten worden, oder die deutschen Funksprüche wurden vom Feind entschlüsselt.

Vier Monate später begannen die deutschen U-Boote mit Enigmas zu arbeiten, die jetzt vier Rotoren besaßen – die «Griechenwalze» war hinzugekommen, die Betawalze, dünner als die anderen. Außerdem waren die neuen Enigmas mit einer dünneren und anders verdrahteten Umkehrwalze ausgerüstet. Die Griechenwalze paßte zusammen mit der dünnen Umkehrwalze und drei Walzen der alten Art in das Gehäuse der Drei-Rotoren-Enigmas. Im Gegensatz zu den alten Walzen wurde die neue beim Betrieb nicht gedreht. Sie blieb immer in der Position, in der sie eingesetzt worden war. Wenn man sie so einsetzte, daß sie im Fenster den Buchstaben A zeigte, wirkten ihre Verdrahtungen zusammen mit denen der dünnen Umkehrwalze so wie die alte, dicke Umkehrwalze, was bedeutete, daß sich in dieser Position die neue Vier-Rotoren-Enigma wie die alte Drei-Rotoren-Maschine verhielt. Diese Stellung ermöglichte es auch, Nachrichten zwischen den neuen Enigmas und denen der alten Art auszutauschen, was bei unwichtigen Meldungen geschah, etwa bei Wetterberichten.

Die vierte Walze bot der Enigma im Vergleich zur vorherigen Version die sechsundzwanzigfache Anzahl möglicher Einstellungen. Wer sie auf einer *bombe* durchprobieren wollte, hatte plötzlich die sechsundzwanzigfache Arbeit.

Vom 1. Februar 1942 an wurde die neue Maschine für den Funkverkehr mit den U-Booten im Atlantik verwendet. Die Engländer wußten jetzt nicht mehr, wo sich die deutschen U-Boote aufhielten, was dazu führte, daß sie Geleitzüge aus Amerika nicht mehr über sichere Routen lenken konnten. Die Folgen waren katastrophal. Amerikas Werften bauten fieberhaft Schiffe, doch die meisten überquerten den Ozean höchstens dreimal, dann gingen sie verloren. Die Zahl der verfügbaren Schiffe sank, die deutsche U-Boot-Flotte wuchs.

Die Leute von Bletchley Park forderten mehr schnelle *bombes* an, doch dann kam ihnen das Glück zu Hilfe. Den Deutschen wurden die Wettermeldungen zum Verhängnis.

Ende Oktober 1942 hatten vier englische Zerstörer U 559, das in Messina stationierte deutsche U-Boot, nahe dem Hafen von Haifa aufgespürt. Mit insgesamt 288 Wasserbomben zwangen sie Kommandant Heidtmann zum Auftauchen. Kaum war das stark lädierte U-Boot an der Oberfläche, wurde es von allen Seiten beschossen. Die Mannschaft versuchte sich ins Wasser zu retten. Einige englische Seeleute schwammen zum Boot hinüber und versuchten, geheimes Material zu bergen. Während immer mehr Wasser in den Innenraum eindrang, erbeuteten sie ein Signalbuch und den zu dieser Zeit gültigen Schlüssel für Wettermeldungen. Zwei englische Matrosen fanden nicht mehr den Weg aus dem sinkenden Boot.

Der Wetterschlüssel half den Leuten von Bletchley Park zu verstehen, wie die Marine mit der Vier-Rotoren-Enigma umging. Die Wettermeldungen wurden in der Drei-Walzen-Verschlüsselung gefunkt, also mit der Griechenwalze in Stellung A. Diese Meldungen konnten die Leute in Bletchley Park nicht nur lesen, sie konnten dank des Wetterschlüssels von U 559 auch erkennen, in welchen Positionen die drei anderen Walzen standen. Bei anschließenden wichtigen Funksprüchen beließen die deutschen Verschlüßler die drei beweglichen Rotoren in der vorherigen Position, nur die Griechenwalze setzten sie in anderer Stellung ein. Die Stellungen der beweglichen Rotoren aber kannten die Engländer von den Wetterberichten. So blieb nur noch herauszufinden, in welcher der sechsundzwanzig Positionen die Griechenwalze eingesetzt war – ein wesentlich einfacheres Problem.

Vom 13. Dezember 1942 an waren die Funksprüche der deutschen U-Boote in Bletchley Park kein Geheimnis mehr. Täglich trudelten bis zu dreitausend dechiffrierte Meldungen über die Operationen im Atlantik ein.* Eine Woche danach wußte die britische Admiralität wieder, wo sich die deutschen U-Boote im Atlantik aufhielten. Die Geleitzüge konnten ihnen aus dem Weg gehen. Nun endlich wurden mehr Schiffe gebaut als versenkt. In der Schlacht auf dem Atlantik hatte sich das Blatt gewendet.

Japanische Funksprüche aus dem brennenden Berlin

März 1945. Die aus dem Osten anstürmenden sowjetischen Truppen können entlang der Oder-Neiße-Linie und im Riesengebirge noch einmal kurzzeitig zum Halten gebracht werden. Die Westfront hingegen ist zusammengebrochen, und die Alliierten nähern sich der Elbe. Am 8. März fangen sie einen Funkspruch aus Berlin auf, der sofort an die Chiffrierabteilung der US-Armee nahe Washington DC weitergeleitet wird. Ihn zu entziffern bereitet keine Schwierigkeiten. Er stammt vom japanischen Botschafter Oshima Hiroshi, der schon mehrfach aus dem zerbombten Berlin in verschlüsselter Form nach Tokio berichtet hat, etwa am 9. Oktober 1942 über seinen Besuch bei Hitler in dessen ostpreußischem Hauptquartier, bei dem dieser ihm gesagt haben soll, er vermute, daß die Alliierten von Afrika kommend auf dem Balkan landen würden und nicht in Italien. Oshima hatte schon im Herbst 1943 den «Westwall» besucht, das Verteidigungssystem, das Hitler gegen einen Angriff aus dem Westen hatte errichten lassen, und auch darüber hatte er ausführlich in verschlüsselten Funksprüchen mit Tausenden von Wörtern nach Tokio berichtet.

Jetzt, im Frühjahr 1945, ist seine Nachricht an Außenminister Shigemitsu Mamoru gerichtet. Der Bericht enthält keine militärischen Geheimnisse, er schildert nur die Zustände im untergehenden Berlin: Benzin ist äußerst knapp geworden und kann praktisch nur

---

* Andrew Hodges, *Alan Turing, Enigma*, Berlin 1989, S. 283.

noch mit Kaffee am schwarzen Markt bezahlt werden. Der Verkehr der Stadt wird durch Barrikaden behindert, die überall, hauptsächlich aber im Regierungsviertel, errichtet worden sind. Sie sind zwei bis drei Meter hoch und ein bis zwei Meter dick. Kriegsgefangene, Häftlinge, Volkssturmmänner und Frauen fügen sie aus Trümmern und Ziegeln zusammen.*

Die japanischen Funksprüche konnten die Alliierten mitlesen, denn sie waren mit der Maschine verschlüsselt, welche die Amerikaner «Purple» nannten. Sie war das japanische Gegenstück zur Enigma, mit Steckerbrett, vier Stufenschaltern, wie sie in der Telefonvermittlung verwendet wurden, und zwei Schreibmaschinen. Auf der einen tippte man den Klartext und erhielt auf der anderen den Geheimtext. Die japanischen Wörter wurden mit lateinischen Buchstaben ausgedrückt. Für Interpunktionen waren bestimmte Dreiergruppen von Buchstaben vorgesehen. Die Entschlüsselung stellte sich anfangs als sehr schwierig heraus. Erst als fehlerhafte Meldungen noch einmal wiederholt wurden, gelang es, allmählich in die Geheimnisse der Purple-Maschine einzudringen. Daran hatte vor allem William Friedman wesentlichen Anteil.

Enigma und Purple stellten ebenso wie die von den Amerikanern im Zweiten Weltkrieg benutzten Hagelin-Maschinen einen Höhepunkt in der mechanischen Chiffrierkunst dar. Doch bereits mit den polnischen *bombas* und den *bombes* in Bletchley Park wurde eine neue Ära der Verschlüsselung eingeleitet, die Chiffrierung mit elektronischen Maschinen. Die Computer hielten Einzug in die Kryptologie.

* Carl Boyd, «Anguish under Siege: High-Grade Japanese Signal Intelligence and the Fall of Berlin», *Cryptologia*, Juli 1989, S. 194.

Japanische Funksprüche aus dem brennenden Berlin

1 1 1
2 2 2
3 3 3
4 4 4
5 5 5
6 6 6
7 7 7
8 8 8
9 9 9
0 0 0

11 Der Einzug der Computer

> Regierungen haben eine Menge Geheimnisse vor ihrem Volk.
> ... Warum darf das Volk im Gegenzug keine Geheimnisse vor
> der Regierung haben?
>
> *Philip Zimmermann*

> Der unkontrollierte Gebrauch von Kryptographie durch
> Kriminelle und Terroristen stellt ein unakzeptables Risiko dar.
> *Louis Freeh, FBI-Direktor* [*]

Buchstaben und Zahlen sind gut zum Schreiben und Rechnen. Doch als im Jahre 1833 der Göttinger Mathematiker Carl Friedrich Gauß und sein Kollege, der Physiker Wilhelm Weber, den ersten Telegrafen bauten, war ihnen klar, daß der elektrische Draht nur Stromstöße weiterleiten kann. Fast gleichzeitig stand der amerikanische Maler und Erfinder Samuel Finlay Morse vor demselben Problem. Er verschlüsselte Buchstaben und Ziffern durch lange und kurze Stromstöße. So entstand das Morsealphabet: a ist kurz-lang, b lang-kurz-kurz-kurz, . . ., z lang-lang-kurz-kurz. Selbst Goethes ergreifendste Gedichte, ja sogar der *Faust* lassen sich restlos in eine Folge langer und kurzer Pieptöne verwandeln und als Funkspruch in die Welt schicken.

Man kann die Morsezeichen auch durch Ziffernfolgen ausdrücken: Lang ist die Eins und kurz die Null. Damit wird $a = 01$, $b = 1000, \ldots, z = 1100$. Anders als bei der Numerierung im Alphabet ($a = 1, b = 2, \ldots, z = 26$) treten hier nur die Ziffern 0 und 1 auf. Das ist für uns ungewohnt, da wir im Zehnersystem rechnen, in dem es auch noch die Ziffern 2 bis 9 gibt. Wir benutzen es, weil wir zehn Finger haben. Man kann sich aber auch Zahlensysteme vorstellen für Leute mit nur sechs Fingern oder gar nur zwei. Das sind Systeme, die dem unseren in nichts nachstehen.

---

[*] Die beiden Zitate stammen aus *Der Spiegel* 36/1996, S. 200 und 210.

Andere Zahlensysteme

Wer denkt schon lange darüber nach, wenn er eine Zahl, etwa die 1997, aufs Papier schreibt? Natürlich weiß er, das sind insgesamt tausend und dazu noch neunmal hundert Jahre, zu denen neunmal zehn und noch einmal sieben Jahre dazukommen. Die alten Römer hätten diese Zahl anders geschrieben: MCMXCVII. Das mag für den gebildeten Römer eine leicht zu verstehende Symbolik gewesen sein – beim Lesen der Zahl hatte er ein Gefühl von ihrer Größe. Wenn er aber zwei Zahlen zusammenzählen sollte, etwa MDCCXLVI und MMCXXVI, dann kam er schon in Schwierigkeiten. In unserem System schreiben wir für beide Zahlen 1746 und 2126. Dank unseres Zahlensystems ist die Addition einfach, das Ergebnis ist 3872.

Im Zehnersystem haben gleiche Ziffern verschiedene Bedeutungen, wenn sie in einer Zahl an verschiedenen Stellen auftreten wie etwa die 9 in 1997. Von rechts gelesen, kommen der Reihe nach die Anzahl der Einer und die Anzahl der Zehner; die nächste Ziffer gibt die Anzahl der Hunderter ($100 = 10 \times 10 = 10^2$), dann folgt die Anzahl der Tausender ($1000 = 10^3$) und so weiter. Beim Addieren zählen wir die Ziffern gleicher Stellen zusammen. Wenn das Ergebnis die Neun übersteigt, schreiben wir nur den die Zehn übersteigenden Rest und erhöhen die Summe der nächsthöheren (links davon stehenden) Stelle um 1. In unserer Schreibweise wird jede Zahl als Summe von Zehnerpotenzen geschrieben, und es wird nur die Anzahl der jeweiligen Zehnerpotenzen notiert:

$$1746 = 1 \times 10^3 + 7 \times 10^2 + 4 \times 10^1 + 6$$

Diese Darstellung von Zahlen nennen wir das *Zehnersystem*. Die Zahl 10 spielt deshalb eine besondere Rolle, weil der Mensch mit Hilfe der Finger zu zählen begonnen hat. In seiner langen Geschichte hat er bisweilen auch die Zehen hinzugenommen und im Zwanzigersystem gerechnet. Spuren davon finden wir noch heute in der französischen Sprache. Die 80 ist im Französischen nicht achtmal die Zehn, sondern viermal die Zwanzig: *quatre-vingt*. In Paris heißt noch heute eine Augenklinik, die im 13. Jahrhundert für dreihundert blinde Kriegsveteranen gebaut worden war, «Hôpital des Quinzes-Vingts», wörtlich «Hospital der fünfzehn Zwanzig». Auch die Maya und die Azteken hatten das Zwanzigersystem. In Entenhausen, wo, wie in Abbildung 11.1, Donald Duck und seine

Abb. 11.1: Alle Bewohner von Entenhausen haben an jeder Hand neben dem Daumen nur drei Finger. Donald Duck und seine Freunde müßten eigentlich ein Zahlensystem benutzen, in dem die 8 die Rolle spielt, die bei unserem System die 10 innehat (Copyright © Disney Publishing).

Freunde an jeder Hand nur vier Finger (einschließlich des Daumens) haben, müßte konsequenterweise das Achtersystem benutzt werden. Das Zählen ginge dann:

1, 2, 3, 4, 5, 6, 7, 10, 11,..., 16, 17, 20, 21... Dort müßte die Zahl, die bei uns 1746 heißt, aus Potenzen der Zahl 8 zusammengesetzt werden, also

$$1746 = 3 \times 8^3 + 3 \times 8^2 + 2 \times 8^1 + 2.$$

Die Zahl, die bei uns 1746 geschrieben wird, müßte in Entenhausen 3322 heißen. Man beachte, es ist die gleiche Zahl, sie ist nur anders geschrieben.

Addiert wird im Achtersystem wie bei uns, nur wird statt der Zehnerübertragung eine Achterübertragung vorgenommen. Nehmen wir im Zehnersystem die oben ausgeführte Rechnung 1746 + 2126 = 3872. Die drei Zahlen 1746, 2126 und 3872 werden im Achtersystem zu 3322, 4116 und 7440. War im Zehnersystem 3872 die Summe aus den beiden anderen Zahlen, ist das jetzt auch bei den entsprechenden Zahlen im Achtersystem so, denn Donald Duck und seine Freunde rechnen:

$$\begin{array}{r} 3322 \\ 4116 \\ \hline 7440 \end{array}$$

Die Rechenergebnisse sind also in beiden Systemen dieselben, wenn sie auch verschieden geschrieben werden, denn verschiedene Zahlensysteme sind nur verschiedene Sprachen, in denen die Zahlen ausgedrückt werden. Die Beziehungen der Zahlen zueinander sind unabhängig vom Zahlensystem. Die gerade Zahl 10 ist auch im Dreiersystem, in dem sie 101 heißt, durch die 2 teilbar, denn im Dreiersystem ist 101 = 12 + 12 = 2 × 12.

Man könnte sich auch andere Zahlensysteme denken, etwa solche mit der Basis 13 für Bewohner eines Planeten, die an einer Hand sechs und an der anderen sieben Finger haben.

1 1 1
2 2 2
3 3 3
4 4 **4**
5 5 5
6 6 6
7 7 7
8 8 8
9 9 9
0 0 0

Der Einzug der Computer

Wie viele Finger haben die Venusbewohner?

Martin Gardner, bekannt durch seine zahlreichen mathematischen Knobeleien in der amerikanischen Zeitschrift *Scientific American*, gab seinen Lesern das folgende Rätsel auf★: Eine auf der Venusoberfläche sanft gelandete Raumsonde funkt das Bild einer Felswand zur Erde. Die folgenden Zeichen sind in die Wand eingeritzt:

$$\begin{array}{r} \square @ \\ \square @ \\ \hline \square \oplus \square \end{array}$$

Offensichtlich handelt es sich um eine Addition, welche die Venusbewohner notiert haben. Es scheint, als benutzten sie ein Zahlensystem, in dem sie ähnlich rechnen wie wir in unserem. Wenn die Basis ihres Systems durch die Zahl der Finger an einer Hand bestimmt wird, wie viele Finger haben dann die Venusianer an jeder Hand?

Rechnen in der Zweifingerwelt

Das Zweiersystem ist wichtig, wenn Zahlen durch elektrische Leitungen gezwängt werden sollen. Wir sahen schon, das Morsealphabet kennt nur zwei Zeichen, lang und kurz.

Die Lebewesen, die nur zwei Finger haben, zählen nicht 0, 1, 2, 3,..., 9, 10, 11, 12, sondern 0, 1, 10, 11, 100, 101, 110, 111, 1000, 1001, 1010, 1011... Anstelle der 8 schreibt man in der Zweifingerwelt 1000, weil $1000 = 2^3 = 8$ ist. Das ist nicht anders als bei uns, wir schreiben 1000 für tausend, denn 1000 ist 10^3. Wie sieht nun unsere Zahl 1764 im Zweiersystem aus? Beachten wir, daß $2^1 = 2$, $2^2 = 4$, $2^3 = 8$, $2^4 = 16$, $2^5 = 32$, $2^6 = 64$, $2^7 = 128$, $2^8 = 256$, $2^9 = 512$ und $2^{10} = 1024$ ist.

★ *Mathematische Hexereien*, Berlin 1988, S. 107.

Also folgt: $1764 = 1 \times 2^{10} + 1 \times 2^9 + 0 \times 2^8 + 1 \times 2^7 + 1 \times 2^6 + 1 \times 2^5 + 0 \times 2^4 + 0 \times 2^3 + 1 \times 2^2 + 0 \times 2^1 + 0$.

Im Zweiersystem ist das 11011100100. Dies scheint gegenüber unserer alten Schreibweise recht umständlich zu sein, dafür aber kann man 11011100100 im Nu durch jeden Draht jagen. Rechnen wir zur Übung noch ein Beispiel im Zweiersystem. Nehmen wir etwa $7 + 13 = 20$. Im Zweiersystem wird aus der $7 = 1 \times 2^2 + 1 \times 2^1 + 1$ die Zahl 111, und aus der 13 wird 1101. Wir zählen zusammen und beachten, daß $1 + 1 = 10$ ist:

$$\begin{array}{r} 111 \\ \underline{1101} \\ 10100 \end{array}$$

Die letzte Zahl bedeutet $1 \times 2^4 + 1 \times 2^2$, und das ist $16 + 4 = 20$. Das Rechnen ist eben unabhängig davon, in welchem Zahlensystem man arbeitet.

Beim Zusammenzählen der zwei *binären Zahlen* oder *Dualzahlen*, wie man die im Zweiersystem dargestellten Zahlen nennt, sind wir genauso verfahren wie beim Addieren im Zehnersystem. Sobald die Summe zweier Ziffern die Zehn erreicht oder überschreitet, machen wir im Zehnersystem die Zehnerübertragung. Entsprechend führen wir im Zweiersystem die Zweierübertragung durch, sobald die Summe zweier untereinanderstehender Ziffern die 2 erreicht. Die Leute von Entenhausen machen beim Rechnen die Achterübertragung.

Wir haben aber im Bereich des Zehnersystems auch schon das Zusammenzählen ohne Zehnerübertragung kennengelernt. Das liefert zwar nicht das Ergebnis einer Addition, erzeugt aber aus zwei Zahlen, einer Klartext- und einer Schlüsselzahl, eine dritte, die Geheimtextzahl. Richard Sorges Funker hat so zusammengezählt, und wir haben auf Seite 164 das gleiche gemacht. Dementsprechend zählen wir jetzt auch im Dualsystem Zahlen ohne Zweierübertragung zusammen. In unserem Beispiel von vorhin ergibt sich dann:

$$111$$
$$\underline{1101}$$
$$1010$$

Das ist die 10 im Zehnersystem. Die merkwürdige Art des Zusammenzählens ohne Zweierübertragung ergibt also nicht die mathematische Summe, die 20 wäre. Sie macht aber aus zwei Zahlen eine dritte, so wie Klartext- und Schlüsselzahl eine Geheimtextzahl liefern. Das hat schon im Jahre 1917 ein junger amerikanischer Ingenieur bemerkt.

Chiffrierung im Telexsystem

Gilbert S. Vernam arbeitete in einem Team der amerikanischen Telefon- und Telegrafengesellschaft AT & T. Die große Neuheit in der Branche war damals der Telegrafenapparat, der drucken konnte. Aus dem Gerät kam nicht mehr ein langer Streifen mit einer Folge von Punkten und Strichen heraus, sondern der fertige Text, gedruckt von einer elektrischen Schreibmaschine. Das Prinzip wird noch heute im Telexbetrieb verwendet. Die elektrische Maschine wurde von einem Papierstreifen gesteuert, in den Löcher in Fünferreihen gestanzt waren (Abbildung 11.2).

Der Code geht auf den französischen Erfinder J. M. E. Baudot zurück. Jedes Zeichen entspricht einer Fünferkombination von gestanzten Löchern und ungestanzten Leerstellen im Streifen, getrennt durch eine Reihe kleinerer Löcher zum Transport des Streifens durch die Maschine. Auf diese Weise können alle Buchstaben, Ziffern und Satzzeichen im Zweiersystem dargestellt werden. Frei nach Goethes Hexeneinmaleins im *Faust* gilt hier: «Loch ist Eins, und Leer ist keins». So ist der Buchstabe a auf dem Streifen als Loch-Loch-Transportloch-Leer-Leer-Leer oder als Zahl im Zweiersystem durch 11 000 ausgedrückt. Das z dagegen ist 10 001.

Damit läßt sich verschlüsseln. Nehmen wir etwa das Klartext-

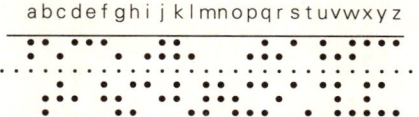

a b c d e f g h i j k l m n o p q r s t u v w x y z

Abb. 11.2: Buchstaben, Ziffern und Zeichen werden im Telexsystem durch Löcher und ungelochte Stellen auf einem Papierstreifen dargestellt. Die fortlaufende waagerechte Reihe kleiner Löcher dient dem Transport des Streifens. Wenn er durch das Telexgerät über eine metallene Unterlage läuft, tasten fünf elektrisch leitende Fühler das Papierband ab. Sobald sie über ein Loch streifen, wird ein elektrischer Kontakt geschlossen.

wort «rose», also 01 010 00 011 10 100 10 000. Als Schlüsselwort wählen wir wieder *HUND*, im Code des Telexstreifens *00 101 11 100 00 110 10 010*. Zählen wir, wie in der Abbildung 11.3, diese beiden Zahlen ohne Zweierübertragung zusammen, erhalten wir den Geheimtext. Der Entschlüßler zieht vom Geheimtext den Schlüssel wieder ab und rekonstruiert so den Klartext.

Klartext:	01	010	00	011	10	100	10	000
Schlüssel:	*00*	*101*	*11*	*100*	*00*	*110*	*10*	*010*
Geheimtext:	01	111	11	111	10	010	00	010

Abb. 11.3

Vernam baute ein Gerät, das zwei Papierstreifen, Zeichen für Zeichen, gleichzeitig lesen konnte. Beide trugen Löcher und nichtgelochte Stellen in dem oben beschriebenen Fünfercode. Der eine Streifen enthielt den Klartext, der andere den Schlüssel. Während die Maschine beide Streifen gleichzeitig abtastete, stanzte sie den Geheimtext auf einen dritten Streifen. Dabei wurde jedesmal ein Loch gestanzt, wenn der Klartext eines und der Schlüssel keines zeigte oder umgekehrt, und es wurde kein Loch gestanzt, wenn die Streifen an der entsprechenden Stelle beide ein Loch oder kein Loch hatten.

Dies entspricht genau dem Addieren im Zweiersystem ohne Zweierübertragung, denn $0+1$ und $1+0$ ergeben 1, $0+0$ und $1+1$ dagegen 0. Zum Entschlüsseln mußte die Maschine den Schlüssel vom Geheimtext abziehen, entsprechend den Regeln $0-1=1$, $1-0=1$, $0-0=0$ und $1-1=0$. Durch eine geeignete Schaltung, die gemäß diesen Rechenregeln Löcher stanzte oder Leerstellen ließ, wurde der Klartext in binärer Form zurückgewonnen und konnte von der Schreibmaschine ausgedruckt werden.

Sender und Empfänger mußten im Besitz des gleichen Schlüsselstreifens sein. Anfangs klebten die Ingenieure von AT & T die Anfänge und Enden der Schlüsselstreifen zu Schleifen zusammen. Damit erhielten sie aber einen sich wiederholenden Schlüssel. Diese Chiffrierung ließ sich nach derselben Methode knacken, mit der eine Vigenère-Verschlüsselung nach Kasiski aufgelöst werden kann (Seite 191). Die maschinelle Verschlüsselung erleichterte zwar das Chiffrieren wie auch das Dechiffrieren, die Sicherheit erhöhte sie hingegen nicht, solange nicht sehr lange Schleifen benutzt wurden. Etwa zur gleichen Zeit, als in Europa das *one-time pad*, die Methode der unendlich langen Schlüsselwürmer (Seite 166), erfunden wurde, arbeiteten auch die Leute um Vernam mit extrem langen Papierstreifen als Schlüssel. Das Verfahren hat sich nicht durchgesetzt, und Vernam zählt zu den vielen Erfindern im Chiffriergeschäft, die starben, ohne reich geworden zu sein.

Das Vernamsche Prinzip erlebte auch in Deutschland kurz vor dem Zweiten Weltkrieg und in den folgenden Jahren eine Auferstehung. 1941 kam eine neue Verschlüsselungsmaschine zum Einsatz, der von der Firma Lorenz gebaute *Schlüsselzusatz* in den Ausführungen SZ 40 und SZ 42. Der Klartext wurde im Baudot-Code auf einen Lochstreifen gestanzt. Beim Einlesen wurde jede der fünf Lochreihen des Baudot-Codes abgetastet. Das Signal Loch (1) oder Nichtloch (0) jeder dieser Reihen wurde an je zwei Rotoren vorbeigeleitet, mit denen es je einmal verschlüsselt wurde. Es gab also zehn Rotoren. Die Verschlüsselung ging so, daß jeder der zehn Rotoren an seiner Außenseite eine bestimmte Anzahl von Stiften trug, einer etwa dreiundzwanzig, der andere neunundfünfzig. Die Stifte konnten in ihrer ursprünglichen Stellung bleiben, was eins bedeutete, oder eingedrückt werden, was als null galt. Bei Vernam wurde jede Stelle der fünf Lochreihen elektrisch abgetastet und das Ergebnis (Loch oder Nichtloch, also eins oder null) in einer Schaltung mit der entsprechenden Stelle des Schlüsselstreifens verglichen. Jetzt wurde es mit der augenblicklichen Stellung der Rotoren verknüpft. Das Ergebnis für alle fünf Lochreihen des Klartextstreifens konnte auf einem neu gestanzten Lochstreifen als Loch oder Nichtloch festgehalten werden. Der neue Streifen enthielt dann den Geheimtext. War eine Fünfergruppe des Klartextes gelesen und als Geheimtext ausgestanzt, bewegten sich die zehn Rotoren in einer bestimmten, aber unregelmäßigen Weise weiter.

Verschlüsselungen mit dem Lorenz-Schlüsselzusatz wurden für den Nachrichtenaustausch auf höchster Ebene benutzt, etwa im Verkehr zwischen Hitlers Hauptquartier und den über ganz Europa verstreuten Generalstäben.

Bletchley Park mußte sich neben den Arbeiten an der Enigma auch dieser Chiffriertechnik der Deutschen widmen. So raffiniert das System auch war, die Engländer knackten es. Dazu reichten allerdings die normalen *bombes* nicht mehr aus. Es entstanden neue, leistungsfähigere Maschinen, vor allem der Rechner *Colossus*. Die *bombes* waren noch elektromechanische Maschinen, in denen Elektromagneten die Rotoren antrieben, Relais prüften, ob ein *crib* zu einem möglichen Tagesschlüssel geführt hatte, und daraufhin die Motoren anhielten. Die Colossus-Maschinen hingegen arbeiteten elektronisch, das heißt, Schaltkreise speicherten Daten, gaben den Takt des Rechnens an und prüften, ob im Zweiersystem gespeicherte Zahlen mit anderen übereinstimmten oder nicht. Die erste Colossus-Maschine enthielt fünfzehnhundert Röhren (der Transistor wurde erst 1948 erfunden), spätere Modelle waren mit zweitausendfünfhundert bestückt.

Natürlich sind wir keineswegs auf einen Streifen mit einem Loch-Nichtloch-Code angewiesen, um die Zahlen im Zweiersystem zu kennzeichnen. Ebenso können in ihm elektrische Pulse in rhythmischer Folge von Stromstoß und ausbleibendem Stromstoß beliebig lange Nachrichten übertragen. Auch lassen sie sich in Form von magnetischen Mustern auf einem Magnetstreifen oder auf der Festplatte eines Computers speichern; man kann Reihen von elektronischen Schaltern in die Stellungen «ein» oder «aus» bringen und so Dualzahlen speichern. Die Kunst der Chiffrierung bekam durch die Computer eine neue Richtung.

DES – das amerikanische Standardsystem

Im Jahre 1977 führte die US-Regierung ein neues Verschlüsselungssystem ein, den *Data Encryption Standard*, abgekürzt DES. Es ist wohl das zur Zeit am häufigsten benutzte System. Diese amerikanische Erfindung darf in ihrer vollständigen Version nur mit Genehmigung der amerikanischen Regierung ausgeführt werden. Ursprünglich war DES von der Firma IBM entwickelt worden. Niemandem ist es bis heute gelungen, eine mit dem DES chiffrierte Nachricht ohne Kenntnis des Schlüssels zu entziffern.[*]

Den Leser, der sich für Einzelheiten des recht komplizierten Verfahrens interessiert, verweise ich auf die vereinfachte Beschreibung im folgenden Kasten.

Das DES-Schema

Im DES-System wird der Klartext in Form von Dualzahlen geschrieben und in Blöcke von je vierundsechzig Ziffern geteilt, also in Ketten der Form 01100110101000110100... In der Sprache der Computerleute sind das Blöcke von vierundsechzig *Bits*. Jeder dieser Blöcke wird einer komplizierten Prozedur unterworfen. Einige Andeutungen sollen hier genügen:

---

[*] Je eine vereinfachte Programmversion in den Programmiersprachen FORTRAN und PASCAL findet man bei W. W. Press, B. P. Flannery, S. A. Taukolsky und W. T. Vetterling, *Numerical Recipes*, Cambridge 1986.

Sender und Empfänger besitzen einen Schlüssel, einen Block von sechsundfünfzig Bits. Das DES-Verfahren stellt daraus sechzehn Teilschlüssel mit einer Länge von je achtundvierzig Bits her. Ferner besitzt das Verfahren ein Unterprogramm, das einen Block der Länge zweiunddreißig Bits mit einem der genannten Teilschlüssel so verknüpfen kann, daß ein Block der Länge zweiunddreißig entsteht. Das aber ist nur die Vorbereitung.

Das DES-Verfahren besteht nun darin, daß jeder Klartextblock der Länge vierundsechzig gespalten wird. So entstehen ein linker und ein rechter Block von jeweils zweiunddreißig Bits. Dann werden in sechzehn Runden jeweils rechter und linker Block vertauscht und immer wieder mit einem der Teilschlüssel von achtundvierzig Bits verknüpft. Am Schluß werden die beiden nun zur Unkenntlichkeit vermischten und mit Teilschlüsseln kombinierten Hälften wieder zu einem Block von vierundsechzig Bits zusammengefügt. Das ist jetzt der Geheimtextblock. Nur mit Kenntnis des Schlüssels kann der Entschlüßler die einzelnen Schritte wieder rückgängig machen und so zum ursprünglichen Block gelangen.

Doch selbst dieses Verfahren ist noch zu einfach. Da jeder Block der Länge vierundsechzig auf die gleiche Weise verschlüsselt wird, liefern gleiche Klartextblöcke auch gleiche Geheimtextblöcke. In einem gewissen Sinne ist das Verfahren monoalphabetisch. Wenn mehrere Klartexte mit dem gleichen längeren Text beginnen, sei es die Adresse oder die Anrede, so beginnt auch der Geheimtext mit dem gleichen Block. Deshalb werden die Vierundsechzigerblöcke nur in der einfachsten Form des DES-Verfahrens im sogenannten ECB-Modus einzeln für sich verschlüsselt. In den raffinierteren Modi werden die Blöcke beim Verschlüsseln auch noch so miteinander verknüpft, daß gleiche Klartextblöcke niemals gleiche Geheimtextblöcke liefern. Viele DES-Benutzer in den USA geben sich trotz seiner Schwäche mit dem primitiven ECB-Modus zufrieden.[*]

[*] Philip Zimmermann, *PGP(tm) User's Guide*, Band I. Das ist die Gebrauchsanleitung für das Programm PGP (Anhang D), die dem Programm beigegeben ist.

Der Einbruch der Computer in die Chiffrierung hat es ermöglicht, große Datenmengen zu verschlüsseln. Im Prinzip kann jeder mit dem PC mühelos seine Briefe chiffrieren. Das ruft den Staat auf den Plan. Daß Staaten nicht nur ihre Gegner, sondern auch ihre Verbündeten kryptologisch ausspionieren, ist alte Tradition, aber daß ihre Bürger Nachrichten in beliebiger Menge vor ihnen geheimhalten können, ist neu. Wir bewegen Geld in wachsendem Maße elektronisch über Telekommunikationskanäle. Um solche Transaktionen ungestört ausführen zu können, müssen die Anweisungen dazu chiffriert übermittelt werden. Wer per Internet Waren bestellt, will nicht, daß seine Kreditkartennummer oder gar seine Geheimzahl einem Dritten bekannt wird. Wer sich den Stand seines Bankkontos per Telebanking auf seinen PC holt, will nicht, daß ein Unbefugter erfährt, wie es auf seinem Konto aussieht. In dem Maße, in dem immer mehr Informationen elektronisch ausgetauscht werden, steigt der Bedarf an Verschlüsselungen. Doch wie soll der Staat darauf reagieren?

Chiffrierung und die Obrigkeit

Die Mächtigen dieser Welt haben sich zu allen Zeiten der Chiffrierung bedient. Sie haben untereinander verschlüsselte Nachrichten ausgetauscht und Nachrichten anderer dechiffriert, um ihre Vorteile daraus zu ziehen.

Im Jahre 1628 hatten die Hugenotten die südfranzösische Stadt Réalmont in ihrer Gewalt, doch war sie von katholischen Truppen des Königs umlagert und eingeschlossen. Von einem Turm aus feuerten die Verteidiger mit einer Kanone, und es schien, als seien sie keinesfalls bereit, die Stadt aufzugeben. Doch da nahmen die Belagerer einen Mann gefangen, der eine verschlüsselte Nachricht an die Hugenottentruppen im Umland überbringen sollte. Ein eilends herbeigeholter Amateurkryptologe konnte die Geheimschrift mühelos entziffern. Es war die dringende Bitte um Munition, da die Kanone nahezu alle Geschosse verfeuert hatte. Kommentarlos sandten die Belagerer den Klartext an die Absender zurück, die kurz darauf kapitulierten.

Der Entschlüßler war noch jung. Sein Name: M. Antoine Rossignol. Er sollte der größte Kryptologe seiner Zeit werden. Als kurz danach Kardinal Richelieu die Hugenotten in der Stadt La Rochelle belagerte und ebenfalls eine chiffrierte Nachricht abfing, rief er nach Rossignol, dem es ein leichtes war, auch diesen Brief zu entschlüsseln. So erfuhren die Belagerer, daß in der Stadt großer Hunger herrsche und daß man dringend auf Lebensmittel warte, die englische Schiffen von See her bringen sollten. Nun brauchte Richelieu nur den Hafen zu sperren. Einen Monat später ergab sich die Stadt.

König Ludwig XIII. nahm daraufhin Rossignol in seine Dienste. Der Hof verkehrte mit seinen Behörden in chiffrierter Form, und für diesen Nachrichtenaustausch führte Rossignol als erster zweiteilige Nomenklatoren ein, die Vorläufer der Codebücher (Seite 56). Der König war von seinem Kryptologen so angetan, daß er ihn noch auf seinem Sterbebett den Hofbeamten empfahl. Auch Ludwig XIV., der Sonnenkönig, nahm die Fähigkeiten Rossignols gern in Anspruch, dessen Ansehen, Einfluß und Vermögen sich rasch mehrten. Er wußte als erster, was im Staat vorging, ja er wußte sogar früher als andere, welche neue Mätresse die Gunst des Königs besaß. Noch Ludwig XV. rief Rossignol oft um Hilfe.

Doch nicht nur am französischen Hof wurde die Kryptologie gepflegt. Ludwig XV. war überrascht, als er aus Wien ein Paket entschlüsselter Briefe erhielt, die europäische Regenten an ihre dortigen Gesandten geschickt hatten. Auch eigene Briefe fand er nun im Klartext wieder. Alle diese Schriftstücke waren vom österreichischen Geheimdienst entschlüsselt worden.

Alle Staaten Europas hatten damals ihre Chiffrierabteilungen, die sogenannten Schwarzen Kammern. Die Österreicher hatten die beste und effektivste, die «Geheime Kabinettskanzlei». Dort kamen schon morgens um sieben die Säcke mit der Post für die ausländischen Botschaften in Wien an. Die Beamten lösten vorsichtig die Siegel und notierten die Reihenfolge der einzelnen Blätter im Brief, um sie später genau so wieder in den Umschlag hineinschieben zu können. Der Inhalt wurde laut vorgelesen, und Stenographen schrieben mit. Danach wurde der Brief wieder verschlossen. Um neun Uhr dreißig war die diplomatische Post zurück auf dem Postamt, und um zehn wurde sie mit der Morgenpost in den Botschaften abgeliefert. Mit der Nachmittagspost geschah das gleiche. Chiffrierte Nachrichten wurden in der Chiffrierabteilung entschlüsselt. Der Geheimdienst arbeitete so perfekt, daß nur ein- oder zweimal ein Brief in den falschen Umschlag geriet. Nicht nur mit der diplomatischen Post, auch mit dem Briefwechsel verdächtiger Personen wurde so verfahren.

Man erzählt sich die Geschichte von dem Mann, der seinem Freund in einem Brief schrieb, er füge diesem einen lebendigen Floh bei, um zu prüfen, ob unterwegs jemand den Umschlag geöffnet habe. In Wirklichkeit setzte er keinen Floh in den Brief, doch als der Freund den Umschlag öffnete, hüpfte ihm einer entgegen. So perfekt arbeitete die Wiener Schwarze Kammer.

Bis in die Gegenwart versuchen Regierungen, chiffrierte Nachrichten nicht nur feindlicher, sondern auch befreundeter Staaten zu lesen. Eine vorübergehende Ausnahme machten die USA. «Ein Gentleman liest nicht fremder Leute Briefe!» rief der im Jahre 1929 neu ins Amt gekommene Verteidigungsminister Henry L. Stimson aus und entzog der amerikanischen Schwarzen Kammer die finanzielle Unterstützung. Daraufhin eröffnete die Armee eine eigene Chiffrierabteilung unter der Leitung von William Friedman, dem größten Kryptologen jener Zeit.

Heute haben die USA ihre mächtige National Security Agency (NSA), deren Siegel wir schon in der Abbildung 4.3 (S. 83) gesehen haben. Sie wurde 1952 vom damaligen amerikanischen Präsidenten Harry S. Truman gegründet, doch blieb ihre Existenz jahrelang geheim. Sie hört die Nachrichtendienste der Staaten ab, die möglicherweise die Sicherheit der USA gefährden könnten, chiffrierte Nachrichten entschlüsselt sie. Unter ihren etwa vierzigtausend Mitarbeitern finden sich mehr Mathematiker als in irgendeiner anderen Organisation der Welt.

Die NSA kontrolliert auch die Ausfuhr von Chiffriersystemen. So berichtet der amerikanische Kryptologe Philip Zimmermann: «In den USA bekommen alle Firmen, die Verschlüsselungsprogramme herstellen, Besuch von der NSA. In einem vertraulichen Gespräch legt man ihnen nahe, den Schutz dieser Programme abzuschwächen.»* Nach den amerikanischen Exportgesetzen ist es zur Zeit verboten, Chiffrierprogramme ins Ausland zu verkaufen, deren Schlüssel länger als 56 Bits sind. Die Vermutung liegt nahe, daß sich die NSA mit ihrem Potential an Computern und Kryptologen in der Lage sieht, solche Verschlüsselungen zu knacken.

Im Februar 1997 ging die Nachricht durch die Presse, es sei einem jungen Informatiker in Zürich gelungen, ein auf einem Schlüssel von 48 Bits beruhendes Verfahren zu überlisten. Über Internet waren dafür zahllose Computer eingesetzt worden.

Die Geheimdienste mehrerer westlicher Staaten stehen in Verdacht, bewußt Chiffriersysteme zu manipulieren, ehe sie in andere Länder, etwa in den Nahen Osten, verkauft werden. So soll eine bekannte Firma, die unter anderem die Chiffrierdienste des Irans, des Iraks und Libyens belieferte, in ihre Maschinen kleine Tricks eingebaut haben, die in die mit ihr hergestellten Geheimtexte einen versteckten Hinweis auf den benutzten Schlüssel einschmuggeln. In vielen politischen Situationen haben die USA offensichtlich Erkenntnisse besessen, die sie nur durch unbefugtes Entschlüsseln erlangen konnten. Es sprechen Anzeichen dafür, daß die NSA auch Zugang zum Datenstrom zwischen den Banken der Welt besitzt. Es mag gut sein, auf diese Weise den Weg des Geldes von Drogenhändlern verfolgen zu können – sind wir aber sicher, daß sich nicht auch die amerikanische Wirtschaft durch Eindringen in den verschlüsselten europäischen Nachrichtenverkehr Vorteile verschafft? Selbst die EG-Staaten trauen einander nicht immer. Als Südkorea Angebote für das System eines Hochgeschwindigkeitszuges einholte, schrieb *Der Spiegel***: «Noch ist den Managern das Debakel um die geplatzten ICE-Deals in schmerzlicher Erinnerung. Bei den Verhandlungen in Südkorea hatten die französischen Konkurrenten sämtliche Preisofferten mit hellseherischer Sicherheit unterboten.

---

* *Der Spiegel* 36/1996, S. 201.
** 36/1996, S. 195.

Nun durchforsten Techniker das Computernetz des Konzerns auf Informationslecks.»

Schon 1987 hatte Richard J. Polis, der Gründer eines Unternehmens in Genf, das sich den Schutz elektronischer Datenmengen zum Ziel gesetzt hat, festgestellt, daß sich des öfteren Regierungsbehörden in Bankennetze einloggen, um illegal Kundendaten zu erhalten. Vor allem die US-Regierung, schreibt er, versuche immer wieder, in europäische Banken einzudringen.* Diesem Mißstand können nur hinreichend sichere Verschlüsselungen der Daten entgegengesetzt werden.

Doch Verschlüsselung hilft nicht nur dagegen, daß sich jemand illegalerweise Daten beschafft, die ihn nichts angehen, sie ermöglicht es auch jedem Bürger, geheime Botschaften mit anderen auszutauschen. Das ist ja wohl sein gutes Recht, meinen die einen, etwa der am Anfang dieses Kapitels zitierte Autor Phil Zimmermann, der Erfinder des Chiffrierprogramms PGP. Aber so wie der Ehemann per Geheimschrift Nachrichten mit seiner Geliebten austauschen kann, was vielleicht seinem Familienleben Schaden zufügt, nicht aber dem Gemeinwohl in unserem Staat, können sich auch verbrecherische und staatsfeindliche Organisationen der Chiffrierung bedienen. Da kann die Drogenmafia den Transportweg der nächsten Sendung aus Kolumbien per Internet steuern, und der Terrorist, sei er rechts oder links angesiedelt, kann online erfahren, wo und wann die nächste Randale stattfinden wird.

Ende 1996 warnte Peter Frisch, Präsident des Bundesamtes für Verfassungsschutz, in einem Interview, daß in den internationalen Computernetzen «Propaganda von Neonazis und Anleitungen zum Waffenbau von Rechts- wie auch von Linksextremisten im Internet für jeden abrufbar sind».** Frisch empfiehlt ein Krypto-Gesetz, das es den Sicherheitsbehörden ermöglicht, verschlüsselte Botschaften in den elektronischen Datennetzen mitzulesen.

---

* «European Needs and Attitudes toward Information Security», *Cryptologia*, Oktober 1988, S. 134.
** *Göttinger Tageblatt*, 18. Dezember 1996.

Dagegen wehren sich alle Datenschützer und diejenigen, die schon in der letzten Volkszählung einen Angriff auf ihre Privatsphäre zu erkennen glaubten. Ich kann dem nicht folgen. Ich habe insgesamt zehn Jahre unter zwei Diktaturen gelebt und weiß die Demokratie, in der ich seit nahezu fünfzig Jahren lebe, zu schätzen, trotz mancher Nachteile, die ihr innewohnen. Deshalb würde ich ihr das Recht einräumen, in begründeten Fällen den verschlüsselten Nachrichtenverkehr zu kontrollieren, etwa indem jeder, der über das Internet chiffrierte Daten senden muß, zum Beispiel die Banken, den Schlüssel bei einer Bundesbehörde hinterlegt und ein Gremium darüber wacht, daß der Staat dieses Privileg nicht mißbraucht.

Doch darüber sind die Meinungen geteilt, wie sich jeder denken kann, der die Diskussion um den sogenannten großen Lauschangriff auch nur am Rande mitverfolgt hat. Die beiden Motti am Anfang dieses Kapitels zeigen, daß man sich auch in den USA nicht einig ist.

Zur Zeit ist in Deutschland der Austausch verschlüsselter Nachrichten nicht verboten. In Frankreich gilt Kryptographie als Waffe, und der Gebrauch bedarf einer besonderen Erlaubnis.* In den USA darf jeder verschlüsseln, dagegen ist die Ausfuhr von Chiffrierprogrammen eingeschränkt. In Rußland aber geht gar nichts, jedenfalls nicht ohne Lizenz von Vater Staat.

Die Diskussion um chiffrierte Nachrichten wurde vor allem gegen Ende der siebziger Jahre akut, als ein völlig neues Prinzip der Verschlüsselung gefunden wurde.

* Claus Schönleber, *Verschlüsselungsverfahren für PC-Daten*, Poing 1995, S. 181.

1 1 1
2 2 2
3 3 3
4 4 4
5 5 5
6 **6** 6
7 7 7
8 8 **8**
9 9 9
0 0 0

12 Chiffrieren in aller Öffentlichkeit

> Wir leben in einem der wenigen Länder dieser Erde, wo man
> seinen sozialen Status durch das Eingeständnis, mathematisch
> unbegabt zu sein, verbessern kann.
>
> *Walter Krämer, Denkste!*

> Eines stimmt gewiß nicht, was immer wieder ... zu hören ist:
> Weil Mathematiker seit Jahrhunderten nach Faktorisierungs-
> algorithmen* suchen und bislang keine wirklich schnellen
> gefunden haben, müsse man das Problem als schwer ansehen.
> Erst seit es Computer gibt, werden Algorithmen erfunden, die
> deren Stärke nutzen; vorher gab es nur Verfahren zur
> Beschleunigung von Berechnungen mit Stift und Papier.
>
> *Johannes Buchmann, Faktorisierung großer Zahlen*

Wir haben uns schon daran gewöhnt: Wenn Herr Weiß und Frau
Schwarz einander chiffrierte Nachrichten zukommen lassen wollen,
müssen sie vorher einen Schlüssel austauschen. Selbst Caesar mußte
seinem Briefpartner vorher mitteilen, um wie viele Stellen er das
Alphabet zu verschieben habe, um vom Geheimtext zum Klartext zu
kommen. Wer mit Vigenère chiffriert, muß dafür sorgen, daß der
Empfänger das Schlüsselwort kennt. Systeme mit Schlüsselwörtern,
die so lang sind wie der ganze Klartext, zum Beispiel das *one-time-
pad*-System (Seite 166), garantieren zwar, daß kein Unbefugter die
Möglichkeit hat einzudringen, aber nur, solange es ihm nicht gelungen ist, an den Schlüssel zu kommen. Bei allen Chiffrierverfahren,
die wir bisher kennengelernt haben, müssen Sender und Empfänger
im Besitz des Schlüssels sein. Das gleiche gilt im Beispiel zur Stegano-
graphie in Kapitel 2 wie auch für die Transpositionen à la Jules Verne
(Seite 22): Beide brauchen dieselben Schablonen. Auch wenn sie

---

* Verfahren, eine Zahl in ihre Teiler zu zerlegen, das wichtigste Hilfsmittel,
um Chiffrierungen nach der Methode der öffentlichen Schlüssel, um die es in
diesem Kapitel geht, zu brechen.

durch Zufallsgeneratoren erzeugte, nahezu unendlich lange Bandwurmschlüssel benutzen, müssen sie mit gleichen Samenzahlen beginnen. In jedem Fall ist es notwendig, vor der Nachrichtenübermittlung einen Schlüssel zu vereinbaren.

Kleine Schlüsselkunde

Schauen wir uns das Problem der bei Sender und Empfänger deponierten Chiffrierschlüssel in einem einfachen Modell an. Chiffrierschlüssel ähneln den Schlüsseln, die wir im täglichen Leben verwen-

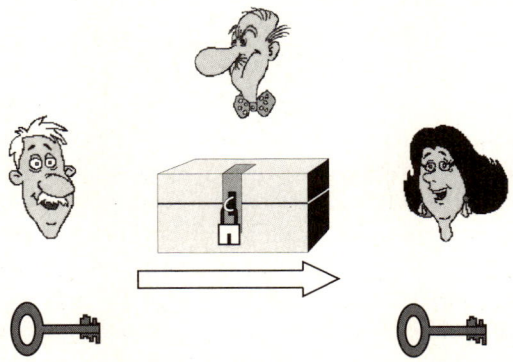

Abb. 12.1: Schema der symmetrischen Verschlüsselung. Frau Schwarz und Herr Weiß besitzen beide je einen Schlüssel für das Schloß an der Truhe. Wenn Herr Weiß die Kiste mit seinem Schlüssel verschlossen hat, kann ihn Frau Schwarz mit ihrem Schlüssel öffnen. Irgendwann muß einer der beiden eine Kopie des Schlüssels vom anderen bekommen haben.

den. Chiffrieren ist so etwas wie das Verbergen einer Nachricht in einem verschlossenen Kasten (Abbildung 12.1). Herr Weiß hat einen Schlüssel für das Schloß. Mit ihm kann er die Kiste öffnen und seinen Klartext hineinlegen, etwa einen Brief. Sobald er den Kasten verschlossen hat, ist die Nachricht nicht mehr allgemein zugänglich, sie ist ein Geheimtext geworden. Die Empfängerin, Frau Schwarz, die ebenfalls einen Schlüssel für dieses Schloß besitzt, kann die Truhe öffnen. Im Augenblick des Öffnens ist der Brief nicht mehr geheim, er ist Klartext. Frau Schwarz kann ihn nun, dank ihres Schlüssels, lesen. Sender und Empfänger sind gleichberechtigte Partner, jeder hat ein Exemplar desselben Schlüssels. Da Sender und Empfänger völlig gleich mit Schlüsseln ausgestattet sind, spricht man von einer *symmetrischen Schlüsselverwaltung*. Sie ist ein Element aller Chiffrierverfahren, die uns bisher begegnet sind. Stets benutzen Sender und Empfänger dasselbe Handwerkszeug. Deshalb kann auch Frau Schwarz senden und Herr Weiß empfangen. Irgendwann aber muß eine Schlüsselübergabe stattgefunden haben. Das ist und bleibt der Schwachpunkt.

Es scheint eine Gesetzmäßigkeit zu sein: Wer chiffrieren will, muß den Schlüssel haben, mit dem auch entschlüsselt werden soll. Aber das stimmt so nicht. Es geht auch anders, nur umständlicher.

Ich möchte dies zuerst an dem einfachen Beispiel mit Truhe, Schlössern und Schlüsseln erläutern. Herr Weiß will eine Nachricht an Frau Schwarz senden. Er besitzt eine Kiste, ein Vorhängeschloß und einen dazu passenden Schlüssel. Auch Frau Schwarz hat ein Vorhängeschloß mit einem Schlüssel. Keiner der Schlüssel des einen paßt in das Schloß des anderen. Jetzt schreibt Herr Weiß seinen Brief an Frau Schwarz, packt ihn in die Kiste, hängt sein Schloß davor und verschließt sie. Die verschlossene Truhe geht nun an Frau Schwarz (Abbildung 12.2). Sie versucht gar nicht erst, das Schloß des Herrn Weiß zu öffnen, denn ihr Schlüssel paßt ja nicht. Sie nimmt statt dessen ihr eigenes Schloß, hängt auch dieses an die Kiste und schließt es ebenfalls zu. Die nun doppelt verschlossene Kiste geht an Herrn Weiß zurück. Der öffnet sein Schloß, nimmt es ab und schickt die Truhe wieder an Frau Schwarz. Zum drittenmal ist die Kiste unterwegs, jetzt nur noch mit dem Schloß von Frau Schwarz geschützt. Sie aber kann ihr eigenes Schloß mit ihrem Schlüssel öffnen und kommt endlich an den Brief. Strahlend liest sie «morgen um drei». Für solch eine dürftige Nachricht war das eine recht komplizierte, umständliche Prozedur – aber keiner der beiden

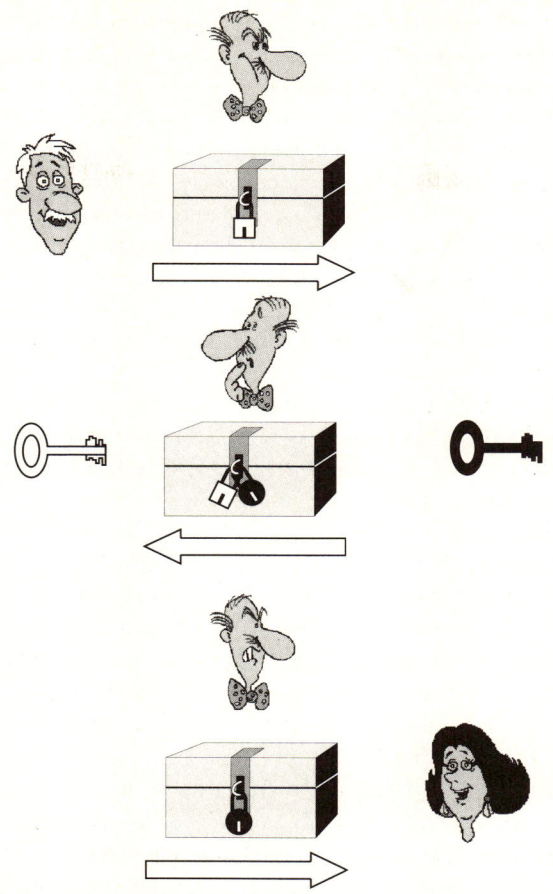

Abb. 12.2: Schema einer symmetrischen Verschlüsselung ohne Schlüsselaustausch. Frau Schwarz und Herr Weiß besitzen je ein Schloß und zu diesem einen Schlüssel. Herr Weiß verschließt die Kiste mit seinem Schloß und schickt sie an Frau Schwarz. Diese hängt ihr Schloß an die Kiste, schließt es zu und schickt die Truhe zurück an den Absender. Herr Weiß nimmt sein Schloß ab und schickt die Truhe wieder an Frau Schwarz. Diese kann nun die Kiste mit ihrem Schlüssel öffnen. Kein Schlüssel mußte zwischen den beiden ausgetauscht werden.

1 1 **1**
2 2 2
3 3 3
4 4 4
5 5 5
6 6 6
7 **7** 7
8 8 8
9 9 9
0 0 0

hat seinen Schlüssel aus der Hand geben müssen. Auf dem Transport war die Truhe stets mit mindestens einem Schloß gesichert. Der unbefugte Herr Grau hatte keine Chance, die Truhe zu öffnen.

Mit Kiste, Vorhängeschlössern und Schlüsseln mag so etwas gehen, wie aber sieht das in der Kryptologie aus? Nehmen wir an, der Schlüssel des Herrn Weiß sei noch immer der Anfang von *Sofies Welt*: *SOFIEAMUNDSEN...*, oder in Ziffern, wenn wir die Buchstaben durch ihre Nummern im Alphabet ersetzen,

$$S \quad O \quad F \quad I \quad E \quad A \quad M \quad U \quad N \quad D \quad S \quad E \quad N \quad W \quad A \quad R...$$
$$19 \quad 15 \quad 06 \quad 09 \quad 05 \quad 01 \quad 13 \quad 21 \quad 14 \quad 04 \quad 19 \quad 05 \quad 14 \quad 23 \quad 01 \quad 18...$$

Dagegen hat jetzt Frau Schwarz ihren eigenen Schlüssel, den Anfang von Friedrich Dürrenmatts *Der Richter und sein Henker*: «Alphons Clenin, der Polizist von Twann...» Das Schlüsselwort als Ziffernwurm ist also

$$A \quad L \quad P \quad H \quad O \quad N \quad S \quad C \quad L \quad E \quad N \quad I \quad N \quad D \quad E \quad R...$$
$$01 \quad 12 \quad 16 \quad 08 \quad 15 \quad 14 \quad 19 \quad 03 \quad 12 \quad 05 \quad 14 \quad 09 \quad 14 \quad 04 \quad 05 \quad 18...$$

Herr Weiß nimmt seinen Klartext und setzt ihn nach demselben Prinzip in Ziffern um:

$$m \quad o \quad r \quad g \quad e \quad n \quad u \quad m \quad d \quad r \quad e \quad i$$
$$13 \quad 15 \quad 18 \quad 07 \quad 05 \quad 14 \quad 21 \quad 13 \quad 04 \quad 18 \quad 05 \quad 09$$

Daraufhin verschlüsselt er ihn, indem er wie auf Seite 164 seinen Schlüssel ohne Zehnerübertragung hinzuzählt (Abbildung 12.3A). Diese Ziffernfolge schickt er an Frau Schwarz, die ihren eigenen Schlüssel nimmt und ihn, ebenfalls ohne Zehnerübertragung, addiert (Abbildung 12.3B). Diese Ziffernfolge schickt sie an Herrn Weiß zurück, der seinen Schlüssel abzieht (Abb. 12.3C). Das Ergebnis geht nun wieder an Frau Schwarz. Jetzt ist die Ziffernfolge nur noch mit ihrem eigenen Schlüssel chiffriert. Sie zieht ihn ab und erhält den Klartext (Abbildung 12.3D). Keiner hat den Schlüssel

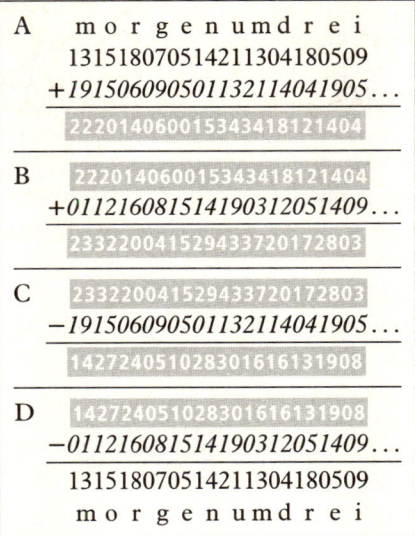

Abb. 12.3: Der Austausch einer verschlüsselten Nachricht ohne Austausch der Schlüssel. *A:* Klartext, numerischer Klartext und numerischer Schlüsseltext des Herrn Weiß. Unter der gestrichelten Linie der durch Addition (ohne Zehnerübertragung) gewonnene Geheimtext. *B:* Der eben erzeugte Geheimtext wird noch ein zweites Mal, diesmal mit dem Schlüssel der Frau Schwarz, chiffriert. *C:* Herr Weiß zieht seinen Schlüssel wieder ab. Nun ist der Klartext nur noch mit dem Schlüssel der Frau Schwarz chiffriert. *D:* Frau Schwarz zieht ihren Schlüssel wieder ab und kommt so zum Klartext. Kein Schlüssel mußte ausgetauscht werden.

des anderen kennen müssen, der Text wurde stets chiffriert ausgetauscht. Herr Grau hatte wiederum keine Chance.⋆

⋆ Mein Freund Sebastian von Hoerner machte mich darauf aufmerksam, daß Herr Grau ja die Möglichkeit hat, die verschlüsselten Nachrichten aufzufangen. Wenn er den in Abbildung 12.3 im Schritt A an Frau Schwarz gehenden Geheimtext mit dem in Schritt B an Herrn Weiß zurückgesandten vergleicht, kann er durch Subtraktion den Schlüssel der Frau Schwarz erfahren. Ebenso verraten ihm die in den Schritten B und C ausgetauschten Geheimtexte den Schlüssel des Herrn Weiß.

Kleine Schlüsselkunde

1 1 1
2 2 2
3 3 3
4 4 **4**
5 5 5
6 6 6
7 **7** 7
8 8 8
9 9 9
0 0 0

Dieses Chiffrierverfahren ohne Schlüsselaustausch funktioniert nur, wenn die Verschlüsselungen von Sender und Empfänger miteinander vertauschbar sind. Wenn erst Herr Weiß mit seinem Schlüssel und dann Frau Schwarz mit ihrem chiffriert, muß derselbe Geheimtext entstehen wie in der umgekehrten Reihenfolge.

Es gibt einfachere, für die Praxis weitaus wichtigere Methoden, bei denen der geheime Schlüssel nicht ausgetauscht werden muß. Betrachten wir wieder unser Modell. Wir stellen uns jetzt ein Schloß vor, das drei Schlüssellöcher besitzt und zu dem es drei Schlüssel gibt (Abbildung 12.4). Wir haben einen großen Schlüssel *N* und zwei kleinere, die Schlüssel *E* und *D*. Zu jedem der drei Schlüssel

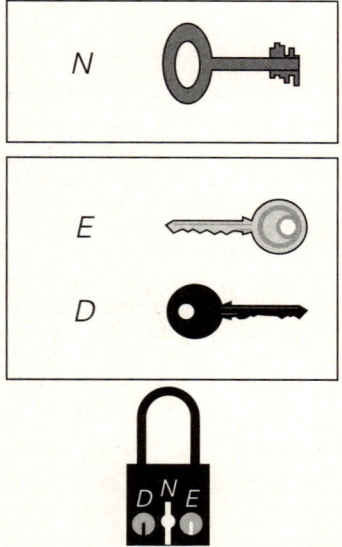

Abb. 12.4: Das Werkzeug für eine asymmetrische Verschlüsselung am Beispiel von Schloß und Schlüssel. Das Schloß besitzt drei Schlüssellöcher für drei Schlüssel, die mit *N*, *E* und *D* bezeichnet sind. Zum Öffnen und Schließen des Schlosses sind jeweils der große Schlüssel *N* und einer der beiden kleinen, *E* oder *D*, nötig. Ist das Schloß mit den Schlüsseln *N* und *E* verschlossen worden, läßt es sich nur mit den Schlüsseln *N* und *D* öffnen.

gehört ein Schlüsselloch, in das er paßt. Wer das Schloß verschließen will, muß das mit dem großen und einem der beiden kleineren Schlüssel tun, etwa mit N und E. Es läßt sich dann aber nicht mit diesen beiden Schlüsseln wieder öffnen. Ist es mit N und E verschlossen, so kann es nur mit N und D geöffnet werden und umgekehrt. Mit diesem Wunderschloß lassen wir jetzt Frau Schwarz und Herrn Weiß geheime Nachrichten in einer Truhe austauschen.

Frau Schwarz hat das Schloß und die drei Schlüssel von einer vertrauenerweckenden Firma geliefert bekommen. Sie läßt von den Schlüsseln N und E viele Duplikate herstellen und schickt sie an ihre Freunde und Bekannten. Auch Herr Grau kann sich Exemplare dieser Schlüssel beschaffen, sie sind die *öffentlichen Schlüssel*, jedermann zugänglich. Den Schlüssel D aber behält sie für sich. Das ist ihr *geheimer Schlüssel*, den niemand, auch nicht Herr Weiß, haben darf. Das Schloß mit den drei Schlüssellöchern befestigt sie an der Truhe, die jeder haben kann, der ihr eine Nachricht schicken will.

Lassen wir nun Herrn Weiß in Abbildung 12.5 eine Nachricht an Frau Schwarz senden. Er nimmt seinen Klartext und gibt ihn in die Truhe. Dann verschließt er sie mit den öffentlichen Schlüsseln der Frau Schwarz, also mit N und E. Von diesem Augenblick an kommt er nicht mehr an den Inhalt der Kiste heran. Das Schloß, das mit N und E zugeschlossen worden ist, kann nur mit N und D geöffnet werden. Das aber kann nur Frau Schwarz, denn nur sie besitzt den Schlüssel D. Auch der eifersüchtige Herr Grau hat keine Möglichkeit, sich des Inhalts der Truhe zu bemächtigen. Jetzt haben Herr Weiß und Frau Schwarz nicht mehr dasselbe Handwerkszeug wie bei der Kiste mit zwei gleichen Schlüsseln. Herr Weiß hat die öffentlichen Schlüssel der Frau Schwarz, doch die kennt jeder in der Stadt. Frau Schwarz aber hat einen Schlüssel, von dem sonst niemand eine Kopie besitzt. Jetzt ist die Situation nicht mehr symmetrisch, man spricht von einer *asymmetrischen Schlüsselverwaltung*.

Die Übermittlung einer Nachricht mit öffentlichen und geheimen Schlüsseln läßt sich auch in der Kryptologie verwirklichen, denn es gibt Verfahren, die keine Vereinbarung eines gemeinsamen Schlüssels erfordern. Bei diesen Verfahren spielen Zahlen eine wichtige

1 1 1
2 2 2
3 3 3
4 4 4
5 5 5
6 6 6
7 7 7
8 8 8
9 9 9
0 0 0

Chiffrieren in aller Öffentlichkeit

Abb. 12.5: Schema einer asymmetrischen Verschlüsselung. Das Schloß der Abbildung 12.4 hängt an einer Truhe. Frau Schwarz besitzt die drei Schlüssel *N, E*
und *D.* Von den Schlüsseln *N* und *E* hat sie allen ihren Freunden eine Kopie gegeben. Den Schlüssel *D* aber behält sie. Außer ihr hat ihn niemand. Wenn Herr
Weiß einen geheimen Brief in der Truhe an Frau Schwarz schicken will, verschließt er das Schloß mit den Schlüsseln *N* und *E.* Danach kann er es selbst nicht
mehr öffnen. Nur Frau Schwarz kann mit Schlüssel *D* an den Inhalt gelangen.

Rolle, denn es werden nicht Klartexte und Geheimtexte ausgetauscht, sondern Klartext- und Geheimtextzahlen.

Der Übergang vom Klartext zur Klartextzahl ist einfach. Jeder
Klartextbuchstabe wird durch seine Nummer im Alphabet ersetzt.
Die Umwandlung könnte auch mit einer Polybius-Tafel (siehe Seite
161) vorgenommen werden, doch wir bleiben der Einfachheit halber
bei den Nummern der Buchstaben im Alphabet. Nehmen wir als
Klartext wieder das Wort «rose», zu dem die achtstellige Klartextzahl «18151905» gehört. Sie wird in eine Geheimtextzahl umgerech-
net – wie, werden wir noch sehen –, und der Empfänger muß aus ihr
mit einem anderen Rechenverfahren die Klartextzahl zurückgewinnen, deren Ziffernpaare er wieder durch Klartextbuchstaben ersetzt. Das Geheimnis liegt in der Umrechnung von Klartextzahl in
Geheimtextzahl und umgekehrt.

Ein Kochrezept gibt die Mengen von Grundstoffen an, aus denen wir ein Gericht zubereiten. Man nehme ein viertel Pfund Grieß, einen halben Liter Milch und dreißig Gramm Butter und was sonst noch dazugehört. Sie müssen nicht fragen, warum gerade dreißig Gramm Butter und nicht achtzig oder warum zu dieser Speise nicht auch noch dreihundert Gramm Schinken, fein gewürfelt, gehören. Der Verfasser der Kochbuches hat das Gericht ausprobiert, hoffentlich. Bei der Frage, wie Herr Weiß eine verschlüsselte Nachricht an Frau Schwarz schicken kann, ohne daß zuvor zwischen den beiden ein geheimer Schlüssel vereinbart wurde, befassen wir uns gleichfalls nur mit dem Rezept, ohne es zu begründen.

Man nehme drei Schlüssel, einen großen, wir nennen ihn N, und zwei kleine, die E und D heißen. Diese Schlüssel sollen Zahlen sein. Wir können sie uns aber zur Veranschaulichung auch als wirkliche Schlüssel wie die in der Abbildung 12.5 vorstellen. Ein einfaches Beispiel: Es könnte $N = 85$ sein, $E = 5$ und $D = 13$. Diese Zahlen sind nicht irgendwelche, die mir gerade eingefallen sind; zwischen ihnen gibt es vielmehr eine besondere Beziehung, die nicht sofort ins Auge springt. Auch zwischen $N = 33$, $E = 3$ und $D = 7$ besteht diese Beziehung. Solche Zahlen nennen wir *magische Zahlen*. $N = 20$, $E = 11$ und $D = 5$ bilden keine magischen Zahlen. Wie man drei magische Zahlen findet, wird in Anhang C beschrieben. So sind zum Beispiel auch $N = 49\,048\,499$, $E = 61$ und $D = 2\,409\,781$ magisch. Für den praktischen Gebrauch benötigt man größere Zahlen, solche mit mehr als hundert Dezimalstellen. Für das Kochrezept habe ich kleinere genommen, nämlich $N = 85$, $E = 5$, $D = 13$. Diese drei magischen Zahlen dienen Frau Schwarz und Herrn Weiß als Schlüssel. Frau Schwarz muß eine der beiden Zahlen E oder D, sagen wir D, wie ihren Augapfel hüten. Sie darf diese Zahl niemandem verraten, und wenn sie sie sich aufschreiben muß, weil sie zu lang ist, sollte sie die Notiz in ihrem Tresor bei ihrem Schmuck verwahren. Während Frau Schwarz das D als Geheimnis hüten muß, kann sie E und N öffentlich ausposaunen und auf Ansichtskarten mitteilen:

«Alle, die mir schreiben wollen, mögen ihre Nachricht mit meinen öffentlichen Schlüsselzahlen N und E (also mit 85 und 5) chiffrieren.»

Das erfährt auch Herr Weiß. Normalerweise schreibt er längere Briefe, etwa «wie gefiel dir gestern das konzert». Wir nehmen aber der Einfachheit halber an, sein Klartext bestehe heute nur aus einem einzigen Buchstaben, etwa dem x. Der Inhalt dieser Nachricht ist so viel Aufhebens zwar kaum wert, doch können wir mit ihm das Prinzip schon erkennen. Der Stelle des x im Alphabet entspricht die Zahl 24. Das ist die Klartextziffer. Nun kann Herr Weiß chiffrieren. Er besitzt die öffentlichen Schlüssel N und E. Mehr braucht er nicht zu wissen. Frau Schwarz ist darüber hinaus noch im Besitz von D, aber das geht Herrn Weiß nichts an.

Verschlüsseln mit N und E:

Man schreibe die Klartextzahl Emal hin und setze Malzeichen dazwischen. Beim Ausmultiplizieren ziehe man schon bei den Zwischenergebnissen immer wieder N ab, soft es nur geht, damit die Zahlen nicht zu groß werden. Am Ende bleibt eine Zahl übrig, die kleiner ist als N. Das ist die Geheimtextzahl.

Entschlüsseln mit N und D:

Man schreibe die Geheimtextzahl Dmal hin und setze Malzeichen dazwischen. Beim Ausmultiplizieren ziehe man schon bei den Zwischenergebnissen immer wieder N ab, soft es nur geht, damit die Zahlen nicht zu groß werden. Am Ende bleibt eine Zahl übrig, die kleiner ist als N. Das ist die Klartextzahl.

Das Rezept verlangt, daß Herr Weiß die Klartextzahl (also die 24) zur Eten (in diesem Falle fünften) Potenz nimmt, also $24^5 = 24 \times 24 \times 24 \times 24 \times 24$ rechnet. Er benötigt aber diese Zahl gar nicht, sondern nur ihren Rest, der bei der Division durch 85 übrigbleibt. Wenn er sich vor großen Zahlen nicht scheut, multipliziert er $24 \times 24 \times 24 \times 24 \times 24 = 7962624$. Diese Zahl teilt er durch N (also durch 85). Die Rechnung geht nicht auf, es bleibt ein Rest. Dieser Rest ist die Geheimtextzahl. Wenn Sie nachrechnen, werden Sie als Rest die Zahl 79 erhalten. Die 79 ist die Geheimtextzahl.

Bei wirklich großen Zahlen empfiehlt es sich, bei den Zwischenergebnissen immer wieder die Zahl 85 abzuziehen, wie es im Kasten auf Seite 278 vorgeschlagen ist. An den Resten, auf die es letztlich nur ankommt, ändert sich dabei nichts, die Zwischenergebnisse aber bleiben klein. Ein eleganteres Verfahren zum Bestimmen des Restes ist im Kasten auf Seite 280 vorgeführt.

Wie auch immer er rechnet, Herr Weiß erhält den Geheimtext 79. Diesen schickt er ganz öffentlich an Frau Schwarz. Niemand anders kann damit etwas anfangen, auch nicht der unbefugte Herr Grau, da er den geheimen Schlüssel D nicht kennt. Sehr wohl kann aber auch Herr Grau eine verschlüsselte Nachricht an Frau Schwarz schicken. Auch er kennt ja ihre öffentlichen Schlüsselzahlen N und E und kann damit eine Geheimtextzahl herstellen. Diese kann wiederum Herr Weiß nicht lesen, er kann ja nicht einmal die von ihm selbst erzeugte Geheimtextzahl in die Klartextzahl zurückverwandeln, genauso wie er seinen eigenen Brief nicht mehr aus der von ihm selbst verschlossenen Truhe in Abbildung 12.5 herausholen kann.

Gleich nachdem Frau Schwarz die Geheimtextzahl 79 erhalten hat, macht sie sich voller Erwartung an die Entschlüsselung. Zuerst holt sie ihren geheimen Schlüssel D aus dem Safe, also die Zahl 13. Dann berechnet sie die Dte (also dreizehnte) Potenz von 79: also 79^{13}. Das ist eine mühsame Aufgabe, denn das Ergebnis ist eine fünfundzwanzigstellige Zahl. Glücklicherweise kann sie sich die

Rechnung vereinfachen. Es genügt, wenn sie mit den Resten in bezug auf die Zahl N, also die 85, rechnet. Nach jeder Multiplikation kann sie durch 85 dividieren und mit dem verbleibenden Rest weiterarbeiten, so wie es im Kasten erläutert ist. Als Ergebnis erhält sie am Schluß die Zahl 24. Das ist die Klartextzahl, die Herr Weiß verschlüsselt hatte. Sie entspricht dem Buchstaben x.

Große Zahlen, mit dem kleinen Taschenrechner gebändigt

Frau Schwarz rechnet $79 \times 79 = 6241$. Bei der Division durch 85 erhält sie 73,4235. Die 85 ist in 6241 also 73mal voll enthalten. 85×73 ist aber nur 6205. Also bleibt bei der Division der Rest 36. Im Bereich der Reste von 85 ist also $79 \times 79 \equiv 36 \pmod{85}$. Dann rechnet sie $79 \times 79 \times 79 \times 79 \equiv 36 \times 36 \pmod{85}$, der Rest ist 21. Also ist $79 \times 79 \times 79 \times 79 \times 79 \times 79 \times 79 \times 79 \equiv 21 \times 21 \equiv 16 \pmod{85}$ und somit $79^{12} \equiv 21 \times 16 \equiv 81 \pmod{85}$. Folglich ist aber $79^{13} = 81 \times 79 = 6399 \equiv 24 \pmod{85}$. Im Bereich der Reste konnte Frau Schwarz alle Rechnungen mit einem kleinen Taschenrechner ausführen.

Diese Nachricht war sehr kurz. Wie geht Herr Weiß bei inhaltsreicheren Briefen vor? Er könnte wie eben die Buchstaben einzeln verschlüsseln. Er könnte das Klartextwort «rose» in die vier Klartextzahlen 18, 15, 19 und 5 umwandeln und jede einzelne Zahl in der eben beschriebenen Weise chiffrieren. Das ergäbe die vier Geheimtextzahlen 18, 70, 49 und 65, die er Frau Schwarz in der Form 18704965 übermittelt. Diese könnte die Ziffernfolge wieder in Zweiergruppen aufspalten und einzeln mit ihrer Geheimzahl D, also mit der 13, entschlüsseln. Dann würde wieder die «rose» vor ihr erblühen.

Doch Vorsicht! Bei buchstabenweiser Verschlüsselung entspricht jedem Klarbuchstaben eine zweistellige Zahl, die in eine Geheimtextzahl verwandelt wird. Das ist nichts anderes als eine monoalphabetische Verschlüsselung. Jedes e des Klartextes wird in das gleiche Ziffernpaar des Geheimtextes umgewandelt. Herr Grau könnte –

was schert ihn E, was schert ihn D? – einfach über die Häufigkeits-verteilung der verschiedenen Zweiergruppen den Geheimtext ent-ziffern, so wie man eben eine monoalphabetische Verschlüsselung dechiffriert. Außerdem hätte dieses Verfahren einen weiteren Nach-teil. Der Buchstabe a entspricht der Klartextzahl 1. Wie oft sie auch mit sich selbst multipliziert wird, eins bleibt eins. Das heißt, aus a wird immer a, was zum Beispiel Herrn Grau die Möglichkeit gibt, das Wort «abrakadabra» zu erraten, falls es Herr Weiß einmal in seinem Brief erwähnt. Ganz so einfach geht also die Chiffrierung ohne Schlüsselaustausch nicht. Ich habe diese einfache Art der Ver-schlüsselung nur deshalb gewählt, weil wir damit bei kleinen Zahlen bleiben, bei denen sich das Verfahren leichter nachvollziehen läßt.

Eine bessere Möglichkeit bietet sich Herrn Weiß, wenn er die Ziffernfolge 18151905 – wir wissen schon, das ist der Name der Rose – als eine einzige Zahl auffaßt, also als eine Zahl von etwa achtzehn Millionen. Nun funktioniert das Verfahren, mit dem wir uns befaßt haben, nur, wenn die Zahl N größer ist als die Geheimtextzahl. Ich wähle deshalb jetzt neue magische Zahlen, nämlich $N = 49\,048\,499$, $E = 61$ und $D = 2\,409\,781$. Kümmern Sie sich nicht darum, woher ich diese Zahlen habe, das steht in Anhang C.

Schauen wir uns zunächst einmal an, wie das Verfahren funktio-niert, wenn die drei magischen Zahlen vorliegen. Bei so großen Zah-len werden Sie mir nicht mehr so leicht mit dem Taschenrechner folgen können. Beachten Sie bitte, daß Herr Weiß mit seiner acht-stelligen Klartextzahl sechzig Multiplikationen ausführen muß, um die Geheimtextzahl zu erhalten. Frau Schwarz muß zur Ermittlung der Klartextzahl sogar mehr als zweimillionenmal multiplizieren. Natürlich halten sich die dabei auftretenden Zahlen in Grenzen, da die beiden ja nur im Bereich der Reste von N rechnen müssen. Ich habe Ihnen mit meinem PC die Arbeit abgenommen und dabei nicht nur das Klartextwort «rose», sondern auch zwei ähnliche Wörter mit dem gleichen magischen Zahlentripel verschlüsselt. Das Ergeb-nis zeigt die Abbildung 12.6. Man sieht, daß ähnliche Wörter in ganz verschiedene Geheimtextzahlen umgewandelt werden und daß sogar dem einzigen Buchstaben x eine achtstellige Geheimtextzahl

1 1 1
2 2 2
3 3 3
4 4 4
5 5 5
6 6 6
7 7 7
8 8 8
9 9 9
0 0 0

Chiffrieren in aller Öffentlichkeit

entspricht. Daran kann sich Herr Grau die Zähne ausbeißen, auf das x wird er nicht kommen.

Was aber nun, wenn Herr Weiß einen längeren Brief schicken will, etwa einen, der hundert oder mehr Zeichen enthält? Nehmen wir an, sein Brief bestehe aus einhundert Buchstaben, also zweihundert Klartextziffern. Dann müßte er ein magisches Zahlentripel ha-

$N = 49048499$, $E = 61$, $D = 2409781$		
Klartextwort	Klartextzahl	Geheimtextzahl
rose	18151905	10697935
hose	8151905	32147069
hase	8011905	40486608
x	24	23985193

Abb. 12.6: RSA-Verschlüsselung mehrerer Wörter mit Hilfe der oben angegebenen magischen Zahlen *N*, *E* und *D*.

ben, bei dem N mindestens eine zweihundertstellige Zahl ist. Die erforderlichen Rechnungen können nur mit einem Computer ausgeführt werden.

Frau Schwarz und Herr Weiß werden daher vereinbaren, ihre Briefe grundsätzlich in Vierer- oder Fünfergruppen einzuteilen, die sie jeweils einzeln verschlüsseln, jede Gruppe so, wie es oben mit dem Wort «rose» geschah.

Die Längen der Ziffern, mit denen sie es beim Chiffrieren und Dechiffrieren zu tun haben, sind durch die Zahl N gegeben. Selbst ein einbuchstabiger Text, etwa das x, kann bei der Verschlüsselung eine große Geheimtextzahl ergeben, wie wir in Abbildung 12.6 gesehen haben. Wenn wir gelernt haben werden, wie man die magischen Zahlen bestimmt, werden wir auch die Frage diskutieren, ob es Herr Grau nicht doch schaffen könnte, hinter das Geheimnis der Verschlüsselung zu kommen. Dabei wird sich herausstellen, daß ihm dies bei kleinem N relativ leicht gelingt. Schwerer, ja so gut wie unmöglich wird es, wenn N eine Länge von hundert Stellen oder mehr hat. Das Geheimnis der hier beschriebenen Verschlüsselung hängt eng mit einer Art von Zahlen zusammen, von denen die Mathematiker lange Zeit glaubten, sie seien zwar hochinteressant, aber für praktische Zwecke ohne Bedeutung.

Zahlen, die nicht geteilt werden können

Da waren irgendwann in früheren Zeiten Bauern mit ihrem Vieh. Sie mußten ihre Schafe zählen, um herauszufinden, ob keines verlorengegangen ist. So kamen sie auf die ganzen Zahlen. Wer sich eine Frau nahm, erhielt weitere Tiere aus ihrer Mitgift, und er mußte lernen, zwei Zahlen zusammenzuzählen. Heiratete die Tochter, bekam sie Rinder und Schafe mit in die neue Ehe – der Vater mußte das Subtrahieren lernen. Als er alt wurde und sich Gedanken machte, wie er das Vieh gerecht an seine Kinder vererben könne, lernte er, Zahlen zu teilen. Ein Bauer mit zwölf Rindern merkte, daß ihm dies nur gelänge, wenn er zwei, drei, vier oder sechs Kinder hätte, während er dreizehn Rinder niemals gerecht verteilen könnte, es sei denn, er hätte nur eines oder dreizehn Kinder. Bei solchen Gedankengängen lernte der Mensch den Umgang mit ganzen Zahlen, und er lernte, daß sie nicht nur verschieden groß sind, sondern auch ganz verschiedene Charaktereigenschaften besitzen.

Bald stellte sich heraus, daß zwischen ganzen Zahlen die überraschendsten und kompliziertesten Beziehungen bestehen, und so entwickelte sich die Wissenschaft der *Zahlentheorie*. Sie befaßt sich mit den Gesetzmäßigkeiten der ganzen Zahlen. Eine unübersehbare Menge von Büchern und Zeitschriftenartikeln zeigt, wie bunt und reichhaltig die Welt der ganzen Zahlen ist. Es ist nicht zu erwarten, daß ihre Erforschung sich jemals einem Ende nähert.

Ein anderes Beispiel, bei dem sich aus einigen wenigen Anfangsregeln ein riesiges Wissensgebiet entwickelt hat, ist das Schachspiel. Es gibt nur eine kleine Zahl von Vorschriften, wie eine Figur ziehen und eine andere schlagen darf. Aus diesen einfachen Regeln ergeben sich aber Strategien, die gleichfalls ganze Bücher füllen. Klassische Schachpartien großer Meister werden immer wieder in der Fachliteratur abgedruckt. Sie sind regelrechte Kunstwerke, und einige tragen auch den entsprechenden Namen, wie etwa «Die Unsterbliche», die der Breslauer Gymnasialprofessor für Mathematik Adolf Anderssen um die Mitte des 19. Jahrhunderts gewonnen hat. Doch auch dieses Meisterwerk war nur eine Folge von Anwendungen primitiver Regeln wie «Ein Bauer zieht gerade und schlägt schräg».

Während es im Schachspiel keine allgemeine Theorie gibt, wird das Spiel mit ganzen Zahlen von festen Lehrsätzen beherrscht. Wir haben bereits in Kapitel 4 das Rechnen mit Resten kennengelernt. Es stellt einen Teilbereich der Zahlentheorie dar. Man kann Zahlen zusammenzählen, man kann sie multiplizieren. Im Bereich ihrer Reste addieren oder multiplizieren sich dann ihre Reste. Das ist schon ein Satz der Zahlentheorie, wenn auch ein sehr einfacher. Ich will im folgenden auf ein anderes ihrer Teilgebiete eingehen, auf die Lehre von den *Primzahlen*. Sie spielen in der Verschlüsselung eine wichtige Rolle.

Zwei ganze Zahlen kann ich miteinander multiplizieren und erhalte wieder eine ganze Zahl, aus 10 mal 13 wird 130. Diese Zahl kann ich also durch 10 teilen, die Division geht auf. Auch bei der Division durch 2 oder 5 oder durch die 13 bleibt kein Rest. Die 130 ist eine zusammengesetzte Zahl, und auch die 10 ist zusammengesetzt, aus der 2 und der 5. Nicht aber die 13, sie hat keinen Teiler, sie ist eine Primzahl. Selbstverständlich ist die 13 durch 1 und sich selber teilbar, aber diese beiden primitiven Fälle wollen wir nicht betrachten. Die 2 ist eine Primzahl und auch die 3. Die 4 dagegen besitzt Teiler, die 5 wieder nicht. Wir haben also bereits die ersten Primzahlen: 2, 3, 5. Mit Ausnahme der 2 sind alle Primzahlen ungerade. Natürlich, sonst hätten sie ja die 2 als Teiler. Abbildung 12.7 zeigt die Primzahlen bis 1013. Geht die Reihe, die ich bei 1013 abgebrochen habe, beliebig weiter? Gibt es also unendlich viele Primzahlen, oder gibt es eine größte und letzte und sind danach alle weiteren Zahlen durch kleinere teilbar? Diese Frage hat schon der griechische Mathematiker Euklid etwa dreihundert Jahre vor Christus beantwortet: Die

2	3	5	7	11	13	17	19	23	29	31	37
41	43	47	53	59	61	67	71	73	79	83	89
97	101	103	107	109	113	127	131	137	139	149	151
157	163	167	173	179	181	191	193	197	199	211	223
227	229	233	239	241	251	257	263	269	271	277	281
283	293	307	311	313	317	331	337	347	349	353	359
367	373	379	383	389	397	401	409	419	421	431	433
439	443	449	457	461	463	467	479	487	491	499	503
509	521	523	541	547	557	563	569	571	577	587	593
613	617	619	631	641	643	647	653	659	661	673	677
683	691	701	709	719	727	733	739	743	751	757	761
769	773	787	797	809	811	821	823	827	829	839	853
857	859	863	877	881	883	887	907	911	919	929	937
941	947	953	967	971	977	983	991	997	1009	1013	

Abb. 12.7: **Die Primzahlen bis zu 1013.**

Folge der Primzahlen hat kein Ende. Wir wissen also, daß unsere Primzahlentabelle noch beliebig weit fortgesetzt werden kann.

Warum es unendlich viele Primzahlen gibt

Nehmen wir an, es gäbe eine größte Primzahl, und nennen wir sie G. Dann multiplizieren wir alle Primzahlen, die kleiner sind, miteinander und mit G und zählen 1 dazu. Das Ergebnis nennen wir Y. Diese Zahl ist sicher größer als G, denn G wurde ja mit ganzen Zahlen multipliziert, und außerdem wurde noch die 1 addiert. Sie ist durch keine Primzahl kleiner als G und auch nicht durch G selbst teilbar, denn alle kleineren Primzahlen, einschließlich G, geben bei der Division den Rest 1. Damit ist bewiesen, daß Y entweder selbst eine Primzahl ist oder durch eine Primzahl größer als G teilbar sein muß. In beiden Fällen muß es eine Primzahl größer als G geben. Warum also gibt es unendlich viele Primzahlen? Weil man zu jeder eine größere finden kann.

1 1 1
2 2 2
3 3 3
4 4 4
5 5 5
6 6 **6**
7 7 7
8 **8** 8
9 9 9
0 0 0

Gesiebte Zahlen

Wie können wir nun Primzahlen finden, die jenseits unserer Tabelle liegen? Ein einfaches Rezept dafür hat wiederum ein Grieche etwa zweieinhalb Jahrhunderte vor Christus gefunden: Eratosthenes von Kyrene. Er war der Leiter der berühmten Bibliothek von Alexandria und der erste, der die Größe unserer Erdkugel bestimmt hat. Seine Methode zum Auffinden von Primzahlen heißt heute noch das «Sieb des Eratosthenes».

Wir wollen mit ihm die ersten Primzahlen bestimmen. Dazu schreiben wir alle Zahlen von 1 bis 100 in eine Tabelle. Nun beginnen wir bei der zweiten Zahl, also der 2, und unterstreichen nach ihr jede zweite Zahl. Als nächstes fangen wir bei der 3 an und unterstreichen nach ihr jede dritte. Auch schon unterstrichene Zahlen zählen wir mit. Wenn wir bei der 4 angelangt sind und von ihr aus jede vierte Zahl unterstreichen wollen, merken wir, daß dies nicht nötig ist, denn diese Zahlen wurden schon beim Durchgang mit der 2 erfaßt. Also fahren wir mit der 5 fort und zählen von ihr an

1	2	3	<u>4</u>	5	<u>6</u>	7	<u>8</u>	<u>9</u>	<u>10</u>	11	<u>12</u>	13	<u>14</u>	<u>15</u>
<u>16</u>	17	<u>18</u>	19	<u>20</u>	<u>21</u>	<u>22</u>	23	<u>24</u>	<u>25</u>	<u>26</u>	<u>27</u>	<u>28</u>	29	<u>30</u>
31	<u>32</u>	<u>33</u>	<u>34</u>	<u>35</u>	<u>36</u>	37	<u>38</u>	<u>39</u>	<u>40</u>	41	<u>42</u>	43	<u>44</u>	<u>45</u>
<u>46</u>	47	<u>48</u>	<u>49</u>	<u>50</u>	<u>51</u>	<u>52</u>	53	<u>54</u>	<u>55</u>	<u>56</u>	<u>57</u>	<u>58</u>	59	<u>60</u>
61	<u>62</u>	<u>63</u>	<u>64</u>	<u>65</u>	<u>66</u>	67	<u>68</u>	<u>69</u>	<u>70</u>	71	<u>72</u>	73	<u>74</u>	<u>75</u>
<u>76</u>	<u>77</u>	<u>78</u>	79	<u>80</u>	<u>81</u>	<u>82</u>	83	<u>84</u>	<u>85</u>	<u>86</u>	<u>87</u>	<u>88</u>	89	<u>90</u>
<u>91</u>	<u>92</u>	<u>93</u>	<u>94</u>	<u>95</u>	<u>96</u>	97	<u>98</u>	<u>99</u>	<u>100</u>					

Abb. 12.8: **Bestimmung von Primzahlen mit dem Sieb des Eratosthenes.**

jede fünfte Zahl. Um die 6 brauchen wir uns nicht zu kümmern, die Zahlen sind schon unterstrichen. Bei der 7 stoßen wir wieder auf nichtunterstrichene Zahlen. Abbildung 12.8 zeigt das Ergebnis. Man kann sich leicht überlegen, daß das Streichen von Zahlen bis zu Primzahlenabständen von nicht größer als 7 genügt, um *alle*

Primzahlen unter 100 zu erhalten. Der Vergleich mit unserer Primzahlentabelle bestätigt, daß die hier nicht unterstrichenen Zahlen genau die Primzahlen unter 100 sind. Die 1 steht zwar noch am Anfang unserer Tabelle, doch wird sie nicht zu den eigentlichen Primzahlen gezählt, sie wird als Primzahl nicht ernst genommen. Wollten wir höhere Primzahlen finden, müßten wir von Anfang an eine längere Zahlenreihe hinschreiben und neu mit dem Unterstreichen beginnen.

1903 war die größte bekannte Primzahl 2 305 843 009 213 693 951. Waren früher so große Primzahlen nur vereinzelt bekannt, so brachte der amerikanische Mathematiker Derrick Norman Lehmer im Jahre 1914 eine vollständige Liste bis hin zur Primzahl 10 006 721 heraus. Abbildung 12.9 zeigt einen kleinen Ausschnitt aus seinem

9900601
9900623
9900641
9900643
9900661
9900677
9900689
9900697

Abb. 12.9: **Die Primzahlen zwischen 9 900 600 und 9 900 700 nach Lehmer.**

umfangreichen Tabellenwerk. Die größte bis November 1996 mit Computern gefundene Primzahl hat 420 921 Stellen, doch wir wissen bereits, daß es danach noch beliebig weitergeht.

Es wäre schön, wenn man statt des mühsamen Siebens eine Formel hätte, die der Reihe nach alle Primzahlen liefert. Die folgende Vorschrift läßt uns hoffen, ich will sie formulieren wie die Zahlenspiele unserer Kindheit: «Denk dir 'ne Zahl, zieh 1 ab, multipliziere sie mit der gedachten Zahl, und zähle 41 dazu!» Probieren Sie es, und beginnen Sie mit der 1. Das Ergebnis ist 41, denn $0 \times 1 + 41 = 41$

Gesiebte Zahlen

– eine Primzahl! Die 2 als nächste Zahl ergibt 43, wieder eine Primzahl! Aus der 3 wird 47, aus der 4 wird 53 – weitere Primzahlen! Durch Vergleich mit der Tabelle erkennen wir aber auch, daß in der Reihe Primzahlen ausgelassen werden. Es fehlen nicht nur diejenigen unter 41, sondern auch die 59 erhalten wir nicht. Wenn diese Regel nicht alle Primzahlen liefert, führt sie dann wenigstens stets zu einer Primzahl? Nehmen wir die 12. Das Ergebnis ist 173, Primzahl. Jetzt die 20, sie liefert 421, ebenfalls eine Primzahl! Weiter zu 30 und 40, sie liefern 911 und 1601, wieder zwei Primzahlen.

Haben wir die Weltformel der Primzahlen in Händen? Die Enttäuschung beginnt bei der 41, die als Ergebnis die Zahl 1681 liefert – Pech, das ist keine Primzahl, denn 1681 = 41 × 41. Es gibt eben keine Formel, nach der man die Primzahlen der Reihe nach berechnen kann.

Unter der Zahl 100 gibt es fünfundzwanzig Primzahlen, aber nur vierzehn liegen im gleich großen Bereich zwischen 900 und 1000. Diese Abnahme der Primzahlendichte nach oben ist unregelmäßig. Zwischen 500 und 600 liegen nur dreizehn. Im Bereich von 10 Millionen findet man unter hundert aufeinanderfolgenden Zahlen meist weniger als zehn Primzahlen. So liegen zwischen 9 921 400 und 9 921 500 nur sechs Primzahlen und zwischen 9 893 200 und 9 893 300 gar nur drei. Die Mathematiker haben im 19. Jahrhundert das Gesetz gefunden, nach dem im Bereich der Primzahlen die Luft nach oben dünner wird, doch dieses Gesetz sagt uns nicht, welche Zahl eine Primzahl ist und welche nicht.

Es treten weitere Merkwürdigkeiten in der Verteilung der Primzahlen auf. Sehen wir uns noch einmal die Tabelle der Abbildung 12.7 an. Da gibt es immer wieder aufeinanderfolgende Zahlen, die sich um nur 2 unterscheiden. Näher können sie nicht zusammenrücken, denn von zwei Zahlen, die sich nur um 1 unterscheiden, ist eine gerade. Wenn sie nicht die 2 selbst ist, dann ist sie keine Primzahl. Ist der Abstand zwischen zwei Primzahlen gleich 2, so nennt man sie *Primzahlenzwillinge*. In der Tabelle der Abbildung 12.7 erkennen wir 2\3, 5\7, 11\13, 17\19. Man könnte glauben, daß es sich hierbei um eine Erscheinung handelt, die nur bei niedrigen Zahlen auftritt, dort folgen die Primzahlen ja dichter aufeinander. Doch schon unsere Tabelle zeigt im Bereich zwischen 800 und 900 die Zwillingspaare 821\823, 827\829, 857\859 sowie 881\883. Selbst im Bereich von Millionen treten Zwillingspaare auf. In dem kurzen Stück, das ich Lehmers Tabelle entnommen habe (Abbildung 12.9), gibt es das Paar 9900641\9900643. Kürzlich fand man ein Zwillingspaar, von dem jede Zahl 11 713 Dezimalstellen besitzt. Auch der Folge der Zwillingspaare scheint kein Ende gesetzt zu sein.

Was noch nicht erforscht ist

Ich bin immer wieder Menschen begegnet, die zwar verstehen, daß man auf den Gebieten der Naturwissenschaft, sei es Biologie oder Astrophysik, durch Forschen ständig neues Wissen schöpfen kann, sich aber nur schwer vorstellen können, daß die Mathematik keineswegs abgeschlossen ist, daß vielmehr täglich neue Erkenntnisse dazukommen. Selbst die ganzen Zahlen haben wir noch nicht in allen ihren Eigenschaften verstanden. Hier ein Beispiel:

Am 7. Juni 1742 teilte der Konferenzsekretär der Sankt Petersburger Akademie, Christian von Goldbach, dem Mathematiker Leonhard Euler in einem Brief einen mathematischen Lehrsatz über Primzahlen mit. Allerdings konnte er dessen Richtigkeit nicht beweisen, und es ist bis heute niemandem gelungen, den Beweis zu finden. Deshalb spricht man von der *Goldbachschen Vermutung*. Sie besagt, daß jede gerade Zahl, die größer ist als 2, die Summe zweier Primzahlen ist. Einfache Beispiele: 20 = 3 + 17, 24 = 5 + 19 und 872 = 199 + 673. Welche gerade Zahl man auch nimmt, bisher fand niemand auch nur eine einzige, die nicht Summe zweier Primzahlen ist. Es ist aber auch nicht auszuschließen, daß irgendwann einmal doch jemand mit einer geraden Zahl daherkommt, auf die die Goldbachsche Vermutung nicht zutrifft, und sie damit widerlegt.

Ein anderes mit Primzahlen zusammenhängendes Problem betrifft ihre Multiplikation. Es ist leicht, zwei Primzahlen zu multiplizieren. Wenn aber die Zahlen groß sind, sieht man dem Ergebnis nicht mehr an, aus welchen Bestandteilen es gebildet wurde. Bei kleinen Zahlen ist das einfach. Daß die 85 gleich 5 mal 17 ist, erkennt jeder. Doch wie soll man der Zahl 1 009 961 ansehen, daß sie durch die Multiplikation der Primzahlen 997 und 1013 entstanden ist? Auch die Zahlen 991 847 und 49 048 499 sind durch Multiplikation zweier Primzahlen entstanden. Können Sie erraten, durch welche? Die Multiplikation zweier Primzahlen ist leicht, die Zerlegung des Ergebnisses in die Ausgangszahlen hingegen schwer. Darauf, daß niemand auf die in einem großen N versteckten Primzahlen kommt, beruht die Verschlüsselung des Briefwechsels zwischen Herrn Weiß und Frau Schwarz mit Hilfe der drei magischen Zahlen.

Es ist bislang praktisch unmöglich, bei einer zweihundertstelligen Zahl, die durch Multiplikation zweier Primzahlen gebildet worden ist, diese zu rekonstruieren. Doch niemand weiß, ob nicht irgendwann ein Mathematiker ein Verfahren entdeckt, mit dem die Zerlegung großer Zahlen in Primzahlen in wesentlich kürzerer Zeit gelingt, als dies heute möglich ist. Gedacht ist auch an eine neue Art von Computern, die nach ganz anderen Prinzipien arbeiten sollen, man spricht von *Quantencomputern*, mit denen große Zahlen schnell zerlegt werden können. Sollte es jemals so weit kommen, würde das beschriebene Verfahren der öffentlichen Schlüssel schlagartig an Wert verlieren.

Die Primzahlen-Geheimschrift

Das Verfahren ist erst seit 1978 bekannt. Im Februarheft einer angesehenen amerikanischen Fachzeitschrift erschien in jenem Jahr ein Aufsatz* dreier Wissenschaftler des Laboratoriums für Computer-

---

* Ronald L. Rivest, Adi Shamir und Leonard Adleman, «A Method for Ob-

wissenschaften am Massachusetts Institute of Technology (MIT) in Cambridge, Massachusetts. Er behandelte zwei Probleme.

Das erste betraf die Frage, wie man ein über eine Datenleitung zu versendendes Dokument so unterschreiben kann, daß der Empfänger sicher weiß, daß die Unterschrift authentisch ist. Im normalen Verkehr unterschreibt man mit der Hand, und jeder Empfänger, sei es eine Privatperson oder das Finanzamt, kann anhand früher geleisteter Unterschriften erkennen, ob die Unterschrift echt ist oder nicht. Zur Not, vor Gericht etwa, muß ein Experte darüber entscheiden. Doch unterschreiben Sie einmal ein Dokument mit der Schreibmaschine. Der Empfänger weiß nicht, ob Sie Ihren Namen selbst getippt haben. Das gleiche Problem tritt bei Dokumenten auf, die Sie über Telex oder über das Internet verschicken. Wie die drei Autoren dieses Problem lösten, werden wir noch sehen.

Zum zweiten zeigten sie aber auch, wie man chiffrierte Nachrichten austauschen kann, ohne den geheimen Schlüssel aus der Hand geben zu müssen. Mit dieser Frage werden wir uns zuerst befassen, denn darauf beruht das Chiffriersystem, das Herr Weiß und Frau Schwarz benutzten. Die Autoren dieser epochemachenden Arbeit sind die Mathematiker Ronald L. Rivest, Adi Shamir und Leonard Adleman, und dementsprechend heißt dieses Chiffrierverfahren heute nach den Anfangsbuchstaben ihrer Namen RSA.

Es beruht darauf, daß man sich drei Zahlen beschafft, die ich oben als magische Zahlen N, D und E bezeichnet habe. Das RSA-Team empfiehlt, sie so zu bestimmen, wie ich es in Anhang C beschreibe. Die Autoren nehmen zwei Primzahlen, $p = 47$ und $q = 59$, und multiplizieren sie miteinander. Damit erhalten sie den «großen Schlüssel» $N = 2773$.* Nun wählen sie $E = 17$ und finden nach der in Anhang C angegebenen Weise $D = 157$. Zur Illustration benutzen

taining Digital Signatures and Public-Key Cryptosystems», *Communications of the ACM*, vol. 21, Nr. 2 (1978), S. 120.

    * In der Praxis der RSA-Verschlüsselung werden nur E und D als Schlüssel bezeichnet, nicht aber N. Ich will im Buch aber auch N einen Schlüssel nennen, schließlich heißt nun einmal ein Hilfsmittel, das nötig ist, um ein Schloß (eine

sie als Klartext das Zitat, das Shakespeare dem Julius Caesar in den Mund legt:

its all greek to me

Sie wandeln ihn mit Hilfe der Stellungen der Buchstaben im Alphabet in eine Klartextzahl um, wobei sie für die Zwischenräume jeweils zwei Nullen setzen. Damit erhalten sie, in Viererblöcken geschrieben:

0920 1900 0112 1200 0718 0505 1100 2015 0013 0500

Daraufhin verschlüsseln sie die Viererblöcke. Die Zahl des ersten Blocks nehmen sie zur Eten, also zur siebzehnten Potenz. Sie müssen somit 920^{17} bilden. Nach jeder einzelnen Multiplikation behalten sie nur den Rest modulo 2773. Das Endergebnis ist 948. Damit ist der erste Block verschlüsselt. Aus 0920 ist 0948 geworden. So fahren sie Block für Block fort, bis sie alle Blöcke verschlüsselt haben:

0948 2342 1084 1444 2663 2390 0778 0774 0219 1655

Das ist der Geheimtext. Man beachte, daß die RSA-Verschlüßler die Zahl D nicht benutzt haben. Doch für den Empfänger ist sie unerläßlich.

Er entschlüsselt, indem er die einzelnen Viererblöcke des Geheimtextes zur Dten Potenz (also zur hundertsiebenundfünfzigsten Potenz) nimmt. Damit gelangt er zum Klartext. Das ist genau die Ver- und Entschlüsselung, die Frau Schwarz und Herr Weiß auf Seite 279 in ihrem Briefwechsel benutzt haben.

In Anhang C ist gezeigt, daß das Geheimnis der Verschlüsselung in erster Linie in den beiden Primzahlen p und q liegt, aus denen N

Verschlüsselung) zu öffnen, Schlüssel. Wer E und D kennt, N aber nicht, steht hilflos vor der verschlossenen Tür.

gebildet wurde. Wenn Herr Grau die Zahl N, die ja öffentlich ist, in zwei Primzahlen zerlegen kann, hat er die Chiffrierung geknackt. Aber es gibt eben kein einfaches Rezept, das uns sagt, wie man eine etwa hundertstellige Zahl in ihre Teiler zerlegt. So bleibt nichts anderes übrig als stures Probieren: Man teilt N durch 2, 3, 5, 7, 11..., also durch alle Primzahlen, die kleiner sind als N.* Sobald eine solche Division aufgeht, hat man eine Primzahl als Teiler erkannt. Doch das ist bei großem N ein langwieriges Verfahren.

In dem RSA-Artikel schätzen die drei Autoren ab, daß man etwa vierzehn Milliarden Rechenschritte ausführen müßte, um ein fünfzigstelliges N in Primzahlen zu zerlegen. Bei einem zweihundertstelligen N hätte man mit einem Rechner von 1978 eine Zeit benötigt, die dem Alter des Weltalls entspräche. Inzwischen sind die Computer zwar schneller geworden, doch ein fünfhundertstelliges N benötigt eine vierzigstellige Zahl von Rechenoperationen – da können auch die heutigen Computer nicht mithalten.

Es gibt aber einzelne Zahlen, die sich leichter zerlegen lassen. So gelang es 1992, eine hundertsiebenundfünfzigstellige Zahl zu zerlegen.** Von solchen Ausnahmezahlen müssen RSA-Benutzer natürlich die Finger lassen.

Wer auf RSA schwor, wurde Anfang der neunziger Jahre aufgeschreckt. Schon im August 1977 hatten Rivest, Shamir und Adleman in der Wissenschaftszeitschrift *Scientific American* eine hundertneunundzwanzigstellige Zahl abdrucken lassen und einen Preis von einhundert US-Dollar ausgesetzt. Wer ihn gewinnen wollte,

---

* Man braucht nicht alle Primzahlen kleiner als N zu nehmen. Es genügt, die Primzahlen durchzuprobieren, die kleiner sind als die Quadratwurzel von N. Sind die Primzahlen zwischen 0 und der Quadratwurzel von N nicht in N enthalten, dann sind es auch die größeren nicht.

** Zahlen, die knapp unterhalb einer hohen Potenz der 2 liegen, lassen sich leichter zerlegen. So haben 1992 Arjen Lester und Dan Bernstein die Zahl $2^{523} - 1$ in Primzahlen zerlegt. Sie benötigten dazu drei Wochen Rechenzeit eines Computers, der mehr als sechzehntausend Prozessoren enthielt. Als besonders geeignet für die Bildung von N gelten Primzahlen p, wenn $(p - 1)/2$ wieder eine Primzahl ist.

mußte die beiden Primzahlen finden, aus denen diese Zahl bestand. Sie lautet:

$$N = 1143816257578888676692357799761466120102182967212423625625618429357069352457338978305971235639587050589890751475992900026879543541$$

Natürlich müssen Sie sich all die Ziffern hintereinandergeschrieben denken. Wenn jemand also mit N und E verschlüsselte Nachrichten empfängt, wobei N die oben angegebene hundertneunundzwanzigstellige Zahl ist, dann bleiben die Geheimtexte nur geheim, solange die Primzahlen, aus denen N besteht, nicht bekannt sind. Die hundert Dollar blieben sechzehn Jahre lang unberührt.

1992 nahmen sich vier Mathematiker des Problems an. Sie spalteten die Aufgabe, das Zahlenmonster zu zerlegen, in Teilschritte und verteilten diese auf viele kleine Rechner. Insgesamt heuerten sie sechshundert Freiwillige aus fünfundzwanzig Ländern aller fünf Kontinente an, mit denen sie via Internet verkehrten. Das Ergebnis der Gemeinschaftsarbeit war eine vierundsechzigstellige Zahl p:

$$4905295108476509491478496199038981334177646384933878439908200577$$

Daraus folgt q durch Division von N durch p. Bei sechshundert Mitarbeitern und hundert Dollar kam auf jeden ein Preisanteil von siebzehn Cent.

Mit wachsender Stellenzahl nimmt die Zeit, die man zur Zerlegung einer großen Zahl benötigt, enorm zu. Geht man von einer hundertneunundzwanzigstelligen Zahl über zu einer dreihundertstelligen, so ist die benötigte Rechenzeit hunderttausendmal länger. Das macht die RSA-Verschlüsselung so attraktiv. Es kommt nicht so sehr darauf an, ob eine Verschlüsselung überhaupt, sondern ob sie *schnell* gebrochen werden kann. Wenn Herr Weiß sich mit Frau Schwarz über einen Geheimtext für Donnerstag zu einem Rendezvous verabredet, so hilft es dem eifersüchtigen Herrn Grau nicht, wenn ihm sein PC erst nach dreißig Jahren die entschlüsselte Nachricht auf dem Bildschirm anzeigt.

Asymmetrisch und doch schnell

Dem Vorteil der öffentlichen Schlüssel steht entgegen, daß das Rechnen mit großen Zahlen selbst auf schnellen Computern viel Zeit benötigt, obwohl man nur im Bereich der Reste der großen Zahl N arbeitet und daher die auftretenden Zahlen nie größer werden können als N. Wenn aber die Verschlüsselung sicher sein soll, muß N groß sein. Dann sind auch die bei der Ver- wie bei der Entschlüsselung auftretenden Zahlen groß, und das Rechnen mit ihnen wird zu einer langwierigen Prozedur. Doch es gibt eine Alternative, welche die Schnelligkeit des symmetrischen Verfahrens mit der Sicherheit des asymmetrischen verbindet.

Nehmen wir für die symmetrische Verschlüsselung als Beispiel den Schlüsselwurm von Zufallsziffern, wie wir ihn auf Seite 174 benutzt haben. Um sich verständigen zu können, müssen Sender und Empfänger vorher die Samenzahl für ihre Zufallsgeneratoren austauschen. Diese aber können sie mit einem RSA-Verfahren übermitteln. Das geht so:

Frau Schwarz hat auf ihrem PC ein RSA-Programm und hat ihr N und ihren öffentlichen Schlüssel E aller Welt bekanntgegeben. Herr Weiß will ihr eine verschlüsselte Nachricht schicken. Er schreibt den Klartext, ersetzt die Buchstaben durch ihre Nummern im Alphabet und erhält einen numerischen Klartext. Dann wählt er eine Samenzahl, mit der er seinen Zufallszahlengenerator startet, um einen langen Schlüsselwurm zu erzeugen, und stellt daraufhin, wie auf Seite 174 beschrieben, durch Addition von numerischem Klartext und Schlüsselwurm einen numerischen Geheimtext her. Damit könnte Frau Schwarz noch nichts anfangen, ihr fehlt ja die Samenzahl, mit der sie den gleichen Schlüsselwurm erzeugen kann. Herr Weiß benutzt nun sein RSA-Programm, um mit N und dem öffentlichen Schlüssel E von Frau Schwarz die Samenzahl zu chiffrieren. Daraufhin schickt er ihr als erstes die mit RSA verschlüsselte Samenzahl und als zweites den mit einer symmetrischen Chiffrierung gewonnenen numerischen Geheimtext.

Frau Schwarz entschlüsselt mit ihrem geheimen D die Samenzahl, startet damit ihren Zufallsgenerator und erhält den gleichen Schlüsselwurm, den Herr Weiß benutzt hat. Diesen zieht sie vom Geheimtext ab und bekommt so den numerischen Klartext, den sie leicht in einen Buchstabentext umwandeln kann. Bei dem Vorgang ist die geheime Schlüsselzahl D überhaupt nicht und der Schlüssel des symmetrischen Verfahrens, die Samenzahl, nur verschlüsselt übermittelt worden.

Herr Weiß kann für jede Nachricht eine neue Samenzahl wählen. Die Übermittlung geht dann in zwei Schritten vor sich. Er verschlüsselt die Samenzahl, mit der er sein Schlüsselwort gebildet hat, mit den öffentlichen Zahlen N und E der Frau Schwarz und setzt die so gewonnene Zahl an den Anfang des zu übermittelnden Textes. Sie möge die ersten zehn Zeichen der Mitteilung an Frau Schwarz bilden. Dann läßt er die mit dem Schlüsselwurm chiffrierte numerische Geheimbotschaft folgen. Frau Schwarz entschlüsselt die ersten zehn Zeichen der Nachricht mit ihrem geheimen D. Sie erhält so die Samenzahl, mit der sie ihren Zufallsgenerator einen Schlüsselwurm erzeugen läßt. Diesen zieht sie vom Geheimtext ab und erhält den numerischen Klartext, aus dem sie den Klartext in Buchstabenform gewinnen kann.

In der Praxis werden heute gerade solche Verfahren verwendet. Das Chiffrierprogramm PGP (Pretty Good Privacy, siehe Anhang D) überträgt den Schlüssel mit RSA, verschlüsselt aber mit einer symmetrischen Methode.

Die Banken der Welt verkehren untereinander nach einem Chiffrierverfahren, das den Namen SWIFT trägt, ein Kürzel für Society for Worldwide Interbank Telecommunication. Auch hier wird der Schlüssel eines symmetrischen Verfahrens mit RSA übertragen. Die Chiffrierung der eigentlichen Nachricht erfolgt dann mit dem so übertragenen Schlüssel im DES-Verfahren.

Bisher haben wir Herrn Weiß mit N und dem öffentlichen Schlüssel E und Frau Schwarz mit N und ihrem geheimen D verschlüsseln lassen. In Wahrheit sind E und D völlig gleichwertig. Was mit E verschlüsselt ist, kann nur mit D entschlüsselt werden, und umgekehrt. Auch kann Frau Schwarz mit ihrem geheimen D (und ihrem öffentlichen N) nicht nur eingehende Nachrichten entschlüsseln, sondern auch mit D chiffrierte Nachrichten in die Welt senden. Nicht nur Herr Weiß, jedermann kann diese dann mit dem allgemein bekannten öffentlichen Schlüssel E (und dem N) entschlüsseln. Wozu soll das gut sein? Was mit dem öffentlichen E der Frau Schwarz dechiffriert werden kann, muß mit ihrem geheimen D chiffriert worden sein. Da nur sie das geheime D kennt, muß der Geheimtext, der mit E entschlüsselt werden kann, von ihr stammen. Das ist so sicher, wie wenn sie eigenhändig unterschrieben hätte.

1 1 1
2 2 2
3 3 3
4 4 4
5 5 5
6 6 6
7 7 7
8 8 8
9 9 9

Asymmetrisch und doch schnell   0 0 0

13 Chipkarten, Einwegfunktionen und Mausefallen

Wer die Internet-Seite der Stadtsparkassse in ***** aufruft, wird in eine virtuelle Filiale geführt. Dort kann der Kunde an imaginären Schaltern sein Konto führen und Wertpapiergeschäfte tätigen... So gelangen die Kauf- und Verkaufsorders mit Lichtgeschwindigkeit zum Rechner der Sparkasse, werden aber dort per Hand weiterverarbeitet.

Christoph Seeger ★

Als Kinder haben wir von dem tragischen Ereignis gehört, das die Brüder Grimm unter dem Titel «Der Wolf und die sieben jungen Geißlein» aufgezeichnet haben. Ich habe mich immer gefragt, warum in dieser Geschichte nicht vom Familienvater die Rede ist. Hat vielleicht der Bock die alte Geiß mit ihren sieben Kindern einer jungen Ziege wegen sitzenlassen? Wie auch immer, die Handlung erreicht ihren Höhepunkt, als der böse Wolf mit durch Kreide verfeinerter Stimme und mit frischem Teig bestrichener Pfote an die Haustür klopft und ruft: «‹Liebe Kinder, laßt mich ein, ich bin eure Mutter, jedes von euch soll etwas geschenkt kriegen.› Die sieben Geiserchen wollten erst die Pfote sehen, und wie sie sahen, daß sie schneeweiß war, und weil sie den Wolf so fein sprechen hörten, glaubten sie, es wäre ihre Mutter, und machten die Thüre auf, und der Wolf kam herein.»

Wir wissen, wie die Geschichte weitergeht. Sie wäre anders verlaufen, wenn die Geiß ihre Kinder nicht nur vor der rauhen Stimme und den schwarzen Pfoten des Wolfes gewarnt, sondern ihnen auch eindeutigere Erkennungszeichen genannt hätte.

Am besten wäre es gewesen, die Geiß und ihre Geißlein hätten lesen und schreiben können. Dann hätte die Mutter etwa gesagt:

★ *Wirtschaftswoche* 48, 21. November 1996, S. 194.

«Wenn ich zurückkomme, schiebe ich durch den Türschlitz einen Zettel mit meiner Unterschrift, dann könnt ihr erkennen, ob es eure Mutter ist oder nicht.» Auf den Zettel hätten die Geißlein schon eher vertrauen können, so wie wir uns und selbst Gerichte sich auf handschriftlich signierte Dokumente verlassen, gegebenenfalls erst, wenn Gutachter die Echtheit einer Unterschrift nach Vergleich mit anderen Schriftproben verbürgen.

Die alte Geiß hätte auch vereinbaren können, daß sie ihr Taschentuch mit Monogramm durch den Türschlitz schiebt. Auch das wäre ein Erkennungszeichen gewesen, denn der Wolf hätte es schwer gehabt, rasch ein geeignetes Taschentuch zu beschaffen.

Sie hätte natürlich auch ein Losungswort mit ihren Kindern vereinbaren können, eine Zahlenkombination, die der Wolf nicht kennen kann, etwa das Geburtsdatum des verschwundenen Vaters ihrer Kinder.

Heute würden wir sagen, sie hätte ein elektronisches Türschloß anbringen sollen, in das jeder, der ins Haus will, eine bestimmte Ziffernfolge eintippen muß. In vielen Ländern, ich habe es besonders häufig in Paris gesehen, gibt es solche Türsicherungen. Nur dem Eingeweihten öffnet sich die Tür. Der Wolf hätte ohne Kenntnis des Schlüssels schon bei einer dreistelligen Ziffernkombination wahrscheinlich viele hundert Male probieren müssen, bis er die richtigen drei Ziffern in der richtigen Reihenfolge gefunden hätte.

Wir haben damit bereits drei Möglichkeiten, sich zu erkennen zu geben. Entweder die Mutter identifiziert sich durch ihren *Körper*, etwa durch ihre Pfote, oder durch den *Besitz* einer Sache, zum Beispiel eines Taschentuches mit Monogramm, oder durch ihr *Wissen*, etwa ein Losungswort. Es kommt also darauf an, wie sie aussieht oder was sie hat oder was sie weiß.

Wer bin ich?

Im täglichen Leben müssen wir immer wieder unsere Identität nachweisen. Solange die Kontrollen von Personen durchgeführt werden, mögen bei persönlicher Bekanntschaft das Aussehen, sonst fälschungssichere Ausweispapiere mit Lichtbild ausreichen. Der Automat meiner Bank, der meine letzten Kontobewegungen ausdrukken soll, verlangt eine Plastikkarte. Solange sie nicht in unrechte Hände kommt, bin ich sicher, daß kein anderer erfährt, wie traurig es auf meinem Konto aussieht. Dem Automaten, der mir Bargeld geben soll, genügt die Plastikkarte nicht. Ich muß ihm auch noch meine Geheimzahl eintippen, um ihn davon zu überzeugen, daß die Karte wirklich von mir in seinen Schlitz geschoben worden ist.

Wenn ich im Göttinger Rechenzentrum einen Computer benutzen will, werde ich am Bildschirm zuerst gefragt, wer ich denn überhaupt bin. Ich tippe eine abgekürzte Form meines Namens ein. Daran kann der Computer feststellen, ob ich berechtigt bin, die Leistungen des Rechenzentrums in Anspruch zu nehmen. Doch mein Namenskürzel könnte jeder eintippen, deshalb fragt mich jetzt der Computer nach meinem *Password**. Das ist sozusagen mein Schlüssel. Er wurde mir vom Rechenzentrum zugewiesen, als ich vor Jahren beantragte, mit dessen Computern arbeiten zu dürfen. Das Password ist eine Aneinanderreihung von Zeichen, etwa g7″kky=). Wenn ich vermeiden will, daß sich jemand anders unter meinem Namen in das Computersystem des Rechenzentrums einschleicht, muß ich es geheimhalten. Es ist unwahrscheinlich, daß es jemand errät und damit Unfug treibt.

Mein Password besteht aus acht Zeichen, von denen jedes ein Buchstabe, eine Ziffer oder ein Sonderzeichen, etwa \$, & oder =, sein kann. Es gibt viele Billionen Möglichkeiten. Selbst wenn ein Hacker alle durchzuspielen versucht, wird er innerhalb seiner Lebenszeit durch Probieren kaum auf mein Password stoßen. Im Re-

---

* Im Computerdeutsch hat sich für «Kennwort» oder «Losungswort» das englische *password* eingebürgert.

chenzentrum ist das Password, nachdem es mir zugeteilt worden ist, nirgends mehr aufgezeichnet. Wie mich der Computer trotzdem an ihm erkennt, werden wir noch sehen. Das Password stellt eine Identifizierung durch Wissen dar. Nur ich kenne es, und wenn ich es eingetippt habe, weiß der Computer, daß ich es wirklich bin.

Doch Computer, die brisanteres Wissen gespeichert haben, wie auch Gebäude, die der Allgemeinheit nicht zugänglich sein sollten, müssen vor unbefugten Eindringlingen besser geschützt werden als nur durch Plastikkarte oder Ausweis mit Bild oder durch Password. Das ist zum Beispiel bei Gefängnissen der Fall oder bei Laboratorien, die gegen Industriespionage abgesichert werden müssen, und es gilt erst recht für die Zwischenlager, in denen das im Rahmen der nuklearen Abrüstung frei werdende Plutonium aufbewahrt wird.

Deshalb werden auch körperliche Merkmale in die elektronische Identifizierung einbezogen. Das sicherste Kennzeichen eines Menschen ist das Muster der Äderchen auf seiner Netzhaut. Es gibt spezielle Geräte, die mit einem Infrarotstrahl das Auge ausleuchten. Der angeschlossene Computer vergleicht das aufgenommene Netzhautmuster mit den in seinem Speicher aufbewahrten Mustern der Personen, die passieren dürfen. Wenn es keine Übereinstimmung gibt, darf der Untersuchte nicht ans Plutonium.

Das Netzhautverfahren rangiert, was die Sicherheit betrifft, noch vor dem Fingerabdruck. Bei diesem legt die zu prüfende Person den Finger auf eine Glasplatte. Das Bild der Hautlinien wird mit im Computer gespeicherten Fingerabdrücken verglichen. Bessere Geräte messen auch den Pulsschlag im Finger. Daran erkennt der Computer, daß ihm der Finger einer lebendigen Person vorgelegt wird und nicht etwa ein Hacker sein Hobby zu wörtlich genommen hat. Fingerabdrücke lassen sich nicht so sicher wie das Muster in der Netzhaut verwenden. Wenn der Untersuchte sich irgendwo die Finger verbrannt hat, erkennt ihn der Computer eventuell nicht wieder.

Der Stimmenvergleich, wie ihn schon die alte Geiß benutzte, ist heute bei kriminaltechnischen Ermittlungen üblich. Da meldet sich der Erpresser am Telefon und wird durch Stimmenvergleich identifiziert. Mit der Stimme kann man sich auch vor einem Computer zu erkennen geben. Er stellt ein Stimmuster her und vergleicht es mit den gespeicherten Mustern der Personen, denen der Zugang erlaubt ist. Das Verfahren ist störanfällig. Wer Schnupfen hat oder eine Halsentzündung, wer ins Mikrofon spricht, während ein Flugzeug über das Gebäude fliegt, den erkennt der Computer möglicherweise nicht wieder.

Jeder Funker hat beim Morsen seine eigene «Handschrift». Ein bestimmter Rhythmus, mit dem er etwa das D (lang, kurz, kurz) oder das U (kurz, kurz, lang) tastet, und der Zeitabstand zum nächsten Buchstaben sind charakteristisch für den Mann an der Morsetaste. Das war zum Beispiel während der beiden Weltkriege wichtig, weil der erfahrene Empfänger am Rhythmus merkte, wenn plötzlich ein anderer Funker an der Taste saß. Auf diese Weise konnte er erkennen, wenn etwa ein Spion, der bisher ungehindert in Feindesland gelebt und brav seine Spionagenachrichten gesandt hatte, enttarnt worden war. Sobald dann ein gegnerischer Funker mit dem beschlagnahmten Sender irreführende Falschmeldungen schickte, war dies an der anderen «Handschrift» zu erkennen. Selbst wenn man den enttarnten Spion «umdrehte» und zwang, eigenhändig falsche Meldungen zu schicken, konnte dieser seinen Rhythmus ändern und so den Leuten zu Hause signalisieren, daß sie der Nachricht nicht trauen dürfen.

Diese Eigenschaft wird heute in abgewandelter Form bei der Identifikation vor dem Computer benutzt, denn nicht nur das Tasten von Morsezeichen, auch der Rhythmus des Tippens auf der Schreibmaschinentastatur ist charakteristisch für den jeweiligen Schreiber. So sind in einem Computer die typischen Schreibrhythmen der befugten Personen gespeichert. Der zu Überprüfende muß nun einen Text eintippen. Der Computer mißt Geschwindigkeit und Zeitdifferenzen und vergleicht wiederum mit den gespeicherten Mustern.

Genauso könnte ein Computer natürlich mit Unterschriften verfahren. Da zwei Unterschriften einer Person niemals genau gleich sind, bedarf es eines Programms, das wichtige und unwichtige Differenzen auseinanderhält. Wichtig ist etwa, an welchen Stellen der Schreiber absetzt und wie rasch er die Unterschrift vollzieht.

Wir wollen nicht mit Hilfe des Computers ein fremdes Konto plündern, wir benötigen auch kein Plutonium. Trotzdem müssen wir uns immer wieder identifizieren, damit sichergestellt wird, ob wir berechtigt sind, unser Auto auf den Parkplatz der Firma zu stellen oder im Geschäft bargeldlos einzukaufen.

Die Plastikkarte

Früher zahlten wir fast alles mit Bargeld. Heute sind unsere Brieftaschen mit Plastikkarten angefüllt.

Am Anfang war die einfache Plastikkarte mit ihren hochgeprägten Zeichen, der Kartennummer, an der man Ausgeber und Karteninhaber erkannte, vielleicht auch seine Adresse. Um die Karte maschinell lesen zu können, benötigte man keinen elektrischen Anschluß. So hat sich die Karte sehr schnell in der ganzen Welt verbreitet. Kreditkarten dieses Typs führten zu einer Flut von Belegen und Überweisungsaufträgen auf Papier. Deshalb waren ihre Handhabung und die sich daran anschließende Auswertung nicht billig, und so wurde die Karte mit einem Magnetstreifen von etwa zwölf Millimeter Breite versehen, auf dem normalerweise die Daten der Hochprägung nochmals magnetisch gespeichert waren. Bei der Euroscheck-Karte ist die Hochprägung durch einen Aufdruck ersetzt. Der Magnetstreifen kann maschinell gelesen werden. Er kann auch noch weitere Informationen enthalten, zum Beispiel wann die Karte zum letztenmal benutzt worden ist. Wollen wir damit unseren Kontostand prüfen, stecken wir die Karte in ein Lesegerät bei der Bank. Es liest den Magnetstreifen, erkennt, ob die Karte zu einem Konto der Bank gehört, und druckt die letzten Kontobewegungen aus. Doch nicht nur die Drucker der Kontoauszüge begnügen sich mit der einfachen Karte, auch viele Geschäfte geben allein auf die Karte hin

Ware aus, wenn ihr Lesegerät die Daten auf dem Magnetstreifen lesen kann; allerdings muß der Kunde dann noch eine Unterschrift leisten.

Solange es sich nur um Kontoauszüge handelt, ist nichts dagegen einzuwenden. Anders wird es beim Einkaufen mit Kreditkarte. Den Magnetstreifen kann nicht nur der Kartenleser im Geschäft, sondern im Prinzip jeder lesen, denn es gibt Geräte, die das Magnetfeld längs des Streifens messen. Der unbefugte Leser meiner Kreditkarte kann diese Information dann auf den Magnetstreifen einer anderen Karte übertragen und in Gourmet-Restaurants auf meine Rechnung vornehm speisen. Insgesamt betrachtet bietet mir die einfache Magnetstreifenkarte keine große Sicherheit. Wenn sie vorübergehend in falsche Hände gerät oder wenn ich sie gar verliere und sie nicht rechtzeitig sperren lasse, kann ich vielleicht erschreckende Bewegungen auf meinem Konto beobachten.

Wenn es ernst wird, verläßt sich daher meine Bank nicht allein auf die Magnetstreifenkarte. Der Geldautomat kann zwar erkennen, ob diese Karte den Zugriff auf ein Konto erlaubt, er möchte aber außerdem noch wissen, ob auch der rechtmäßige Eigentümer sie ihm zugeführt hat. Dazu muß ich mich zusätzlich durch Wissen identifizieren, und dafür hat mir die Bank eine Geheimzahl zugeteilt.

Die Geheimzahl – einfache Version

Ich will im folgenden zeigen, wie der Kunde geschützt werden kann. Ich beschreibe nicht im einzelnen, wie unsere Banken dies heute bewerkstelligen, sondern führe an einem einfachen Modell vor, wie man im Prinzip mit Hilfe einer Geheimzahl Sicherheit vor dem Zugriff Unbefugter herstellen kann. Meiner einfachen Modellbank würde ich kein Geld anvertrauen. Glücklicherweise sind die in den wirklichen Banken benutzten Verfahren viel komplizierter.

Der englische Name für die Geheimzahl ist *P*ersonal *I*dentification *N*umber, abgekürzt PIN. Neben der Magnetstreifenkarte erwartet der Automat, daß ich meine PIN fehlerlos eintippe. Natürlich wäre es unsinnig, wenn die PIN auf meiner Magnetstreifenkarte gespeichert wäre. Dann könnte sie ja der Unbefugte, der meine Karte kopiert hat, mit seinem illegalen Lesegerät ablesen und sich mit diesem Wissen vor dem Geldautomaten für mich ausgeben.

Speicher des Bankcomputers

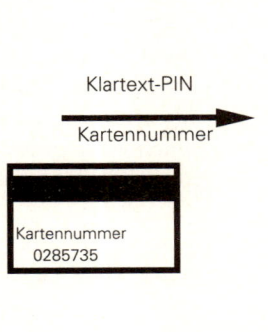

Kontonummer	Klartext-PIN
0235283	4382
0233222	5612
0317388	6526
0285734	7514
0285247	4700
0222802	3966
0241923	7674
0244350	6286
0256552	8154
0264325	5006
.....	...
.....	...

Abb. 13.1: Der einfache Zugang zur Bank mit Magnetstreifenkarte und Geheimzahl. Im Bankcomputer sind die Kartennummern und die Geheimzahlen aller Kunden gespeichert. Der Computer vergleicht die am Lesegerät eingelesene Kartennummer und die vom Kunden eingetippte Geheimzahl, die Klartext-PIN, mit den bei ihm gespeicherten Werten. Paßt die getippte PIN zur Kartennummer, kann der Automat das gewünschte Geld ausgeben.

Eine Möglichkeit wäre, im Computer der Bank die PINs für alle Konten zu speichern (Abbildung 13.1). Wenn der Automat an meiner Karte meine Kontonummer erkennt, könnte er prüfen, ob die von mir eingetippte PIN mit der gespeicherten übereinstimmt. Wenn ja, spuckt er Geld aus, andernfalls gibt er mir vielleicht noch ein- oder zweimal die Chance, die richtige PIN zu tippen. Wenn ich das nicht schaffe, kann er Alarm schlagen oder die Karte einbehalten. Was auch immer er tut, Geld rückt er nicht heraus. Ein einfaches und sicheres Verfahren?

Ganz so sicher ist es nicht. Irgendwo in der Bank wären die PINs aller Konten gespeichert. Da gibt es viele Angestellte, die Zugang zum Bankcomputer haben, und einige wenige haben auch Zugang zu den PINs der Kunden. In einer wirklichen Bank hat das keine Bedeutung, denn da sind, wie wir wissen, alle Angestellten ehrlich. In meiner imaginären Modellbank gibt es aber einen Bankangestellten, der gefeuert wurde, weil er beim letzten Betriebsfest zu sehr mit der Frau des Direktors geflirtet hat. Was, wenn er sich noch schnell die Liste der PINs hat ausdrucken lassen, um sie später zu benutzen?

Die im Bankcomputer gespeicherten PINs schützen die Kunden nicht. Kommt der ungetreue Angestellte an meine Karte, so kann er mit einer Kopie und der Kenntnis meiner PIN mein Konto bis weit in den Bereich der roten Zahlen plündern.

Wie halte ich meine Geheimzahlen geheim?

Zu meiner Scheckkarte gehört eine Geheimnummer. Dann habe ich noch zwei verschiedene Kreditkarten, von denen jede auch wieder eine Geheimnummer hat. Um mit Hilfe meiner Kreditkarten im Ausland ohne zusätzliche Hotelgebühren nach Hause telefonieren zu können, haben mir die Kreditkarteninstitute noch je eine Geheimnummer für die Benutzung ihres speziellen Telefonservice mitgegeben. Das macht insgesamt fünf Geheimnummern, die ich nach Möglichkeit im Kopf behalten soll. Man hat mir eingeschärft, ich dürfe sie nicht auf einem Zettel in derselben Brieftasche aufbewahren. Das tue ich auch nicht. Doch da ich mir meine Geheimnummern nicht merken kann, trage ich sie in verschlüsselter Form in der Brieftasche, sogar im selben Fach.

Das Verschlüsseln geht ganz einfach. Nehmen wir an, die Geheimnummern wären 3810, 5741, 6739, 8422 und 6284. Ich denke mir jetzt eine vierstellige Schlüsselzahl, die ich mir merken muß. Wir werden noch sehen, wie man eine Zahl so wählen kann, daß sie sich jederzeit aus dem Gedächtnis rekonstruieren läßt. Sagen wir, ich wähle als Schlüsselzahl

6921. Dann nehme ich meine fünf Geheimzahlen her und zähle bei jeder meine Schlüsselzahl dazu, ohne Zehnerübertragung:

3810	5741	6739	8422	6284
6921	*6921*	*6921*	*6921*	*6921*

9731 1662 2650 4343 2105

In der untersten Zeile stehen meine Geheimzahlen in verschlüsselter Form, die ich nun getrost auf einem Blatt Papier in der Brieftasche tragen kann. Ich kann sogar bei jeder anmerken, zu welcher Karte sie gehört.

Beim Abziehen der Schlüsselzahl erwachen meine Geheimzahlen zu neuem Leben:

9731	1662	2650	4343	2105
6921	*6921*	*6921*	*6921*	*6921*

3810	5741	6739	8422	6284

Statt der fünf Zahlen muß ich mir nur eine, meine Schlüsselzahl, merken. Doch es geht noch einfacher. Es genügt, wenn ich nur irgendein Wort im Kopf behalte, um mir eine Schlüsselzahl herzustellen und zu merken. Ich schreibe es buchstabenweise in eine Zeile:

R E C K L I N G H A U S E N

Nun schreibe ich Ziffern entsprechend der alphabetischen Reihenfolge der Buchstaben darunter, also die 1 unter das A, die 2 unter das C, 3 und 4 unter die beiden E und so weiter. Bei Nummern höher als 9 lasse ich die Zehner weg, schreibe also statt 10, 11 einfach 0 und 1.

R E C K L I N G H A U S E N
2 3 2 8 9 7 0 5 6 1 4 3 4 1

Damit haben wir aus Recklinghausen die Zahl 23289705614341 bekommen, deren erste vier Ziffern unsere geheime Schlüsselzahl bilden: *2328.* Wenn Sie sich also Ihre Schlüsselzahl nicht merken können, so merken Sie sich «Recklinghausen» oder ein anderes längeres Wort. Sie können daraus jederzeit ihre Schlüsselzahl rekonstruieren.

Der Nachteil des Verfahrens: Wenn jemand eine Ihrer wirklichen Geheimzahlen kennt, so kann er von ihr Ihre verschlüsselte Geheimzahl abziehen und erhält Ihre Schlüsselzahl, die ihm den Weg zu allen Ihren Geheimzahlen öffnet.

Die Geheimzahl – verschlüsselt

Hier kann die Kryptologie helfen. Wenn die Bank mir meine PIN zuteilt, chiffriert sie diese auch gleichzeitig und erzeugt so aus meiner *Klartext-PIN* eine *Geheimtext-PIN*. Ich erhalte die Klartext-PIN, die Bank speichert im Computer meine Geheimtext-PIN.

Ich gebe ein ganz einfaches Beispiel, wiederum weitab vom wirklichen Geschehen in einer modernen Bank, und nehme ein einfaches Chiffrierverfahren: die Addition einer Schlüsselzahl zur PIN. Das ist eine so primitive Methode, daß sie keiner Bank zu empfehlen wäre. Aber an ihr erkennen wir bereits das Prinzip.

Die Bank teilt mir die Klartext-PIN zu, etwa 2163. Sie hat eine einzige, für alle Kunden geltende, aber streng geheime Schlüsselzahl, sagen wir *4637*. Jetzt zählt sie diese Schlüsselzahl zu meiner PIN, ohne Übertragung der Zehner:

Klartext-PIN	2163
Schlüsselzahl	*4637*
Geheimtext-PIN	6790

Nachdem mir die Bank meine Klartext-PIN mitgeteilt hat, vernichtet ihr Computer diese automatisch. Niemand in der Bank kennt jetzt meine Klartext-PIN. Nur meine Geheimtext-PIN ist dort gespeichert. Nur wer die Schlüsselzahl kennt, kann nun meine Klartext-PIN finden, indem er von meiner in der Bank gespeicherten Geheimtext-PIN die Schlüsselzahl abzieht, wieder ohne Zehnerübertragung. Diese Schlüsselzahl muß in der Bank der höchsten Geheimhaltung unterliegen.

Nun gehe ich mit der Karte und der mir zugeteilten Klartext-PIN zum Geldautomaten (Abbildung 13.2). Ich stecke die Karte ein und tippe meine Klartext-PIN. Der Bankcomputer zählt zur eingetippten PIN die Schlüsselzahl hinzu, wieder ohne Zehnerübertragung. Er kommt wie oben auf 6790 und vergleicht das Ergebnis mit mei-

Speicher des Bankcomputers

	Kontonummer	Geheimtext-PIN
Umrechnung	0235283	6526
Klartext-PIN	0233222	7514
in	0317388	4794
Geheimtext-	0285734	3966
PIN	0285247	7674
	0222802	6286
	0241923	8234
	0244350	9914
	0256552	5194
	0264325	9566
	.....	....
	.....	....

Klartext-PIN
Kartennummer

Kartennummer
0285735

Abb. 13.2: Abheben mit Magnetstreifenkarte und Klartext-PIN auf höherer Sicherheitsstufe. Der Bankcomputer besitzt ein Verschlüsselungsverfahren, mit dem er die Klartext-PIN in eine Geheimtext-PIN umwandeln kann. Beim Ausgeben der Karte teilt er dem Kunden eine Klartext-PIN zu, verschlüsselt sie und löscht die Klartext-PIN in seinem eigenen Speicher. Nun sind für jeden Kunden nur noch Kartennummer und Geheimtext-PIN gespeichert. Wer vom Automaten Geld erhalten will, gibt seine Magnetkarte ein und tippt die Klartext-PIN. Der Computer verschlüsselt diese und vergleicht die so erhaltene Geheimtext-PIN mit der gespeicherten Geheimtext-PIN. Wenn Kartennummer und Geheimtext-PIN zusammenpassen, kann der Automat Geld ausspucken.

ner Geheimtext-PIN. Stimmen beide überein, spuckt der Automat Geld aus.

Der ungetreue Bankangestellte hat es jetzt schwer. Zwar sind die Geheimtext-PINs aller Kunden gespeichert, aber ohne Kenntnis der Schlüsselzahl kann er mit ihnen nichts anfangen. Natürlich darf er keinesfalls die Schlüsselzahl erfahren. Die muß an einem Ort gespeichert sein, zu dem vielleicht nur der Herr Direktor Zugang hat, und der verrät die Zahl nicht einmal seiner Frau. Aber noch immer existiert irgendwo die Zahl, mit der die Klartext-PINs aller Kunden berechnet werden können.

Um das zu vermeiden, werden die sogenannten Einwegfunktionen benutzt. Doch ehe wir diese näher ins Visier nehmen, folgt eine kleine Abschweifung in die Mathematik.

Mathematische Mausefallen

Die Maus kommt leicht an den Käse in der Falle. Ist sie einmal drin, kommt sie nicht wieder raus. Herrn Weiß fällt es leicht, im RSA-Verfahren einen Klartext mit dem öffentlichen Schlüssel von Frau Schwarz zu chiffrieren. Sollte er den Klartext verloren haben, hat er keine Möglichkeit mehr, ihn noch einmal zu lesen. Was er verschlüsselt hat, kann er selbst nicht wieder entschlüsseln. Es ist wie bei der Maus in der Falle: In die eine Richtung ist es einfach, in die entgegengesetzte unmöglich.

Da Klar- und Geheimtext mühelos in Zahlen umgesetzt werden können, kann man auch sagen: Aus einer Klartextzahl eine Geheimtextzahl zu machen ist kein Problem, daraus aber die ursprüngliche Klartextzahl zurückzugewinnen ist schwer. Übergänge von einer Zahl zu einer anderen, die in einer Richtung leicht sind, in der entgegengesetzten aber schwer, nennt man *Einwegfunktionen*. Sie treten bei vielerlei Gelegenheiten auf.

Wenn Galilei aus einem Satz, der eine wissenschaftliche Entdeckung enthielt, ein Anagramm machte, so war der Übergang vom Klartext zum Geheimtext eine Einwegfunktion. Man kann ein Gedicht leicht in ein Anagramm verwandeln, dazu müssen nur die Buchstaben in alphabetische Reihenfolge gebracht werden. Aber machen Sie mal aus einem Anagramm ein Gedicht. Der Übergang zum Anagramm ist eine Einwegfunktion. Beim RSA-Verfahren ist der Geheimtext eine Einwegfunktion des Klartextes. Zwei große Primzahlen miteinander zu multiplizieren ist verhältnismäßig einfach, es ist aber praktisch nicht möglich, eine so gewonnene Zahl in ihre Teiler zu zerlegen. Wieder ein Fall, wo es in die eine Richtung leicht geht, schwer aber in die andere. Wir wissen bereits, daß die Sicherheit des RSA-Verfahrens genau darauf beruht. Da wir im folgenden das RSA-Verfahren auf verschiedene Weise verwenden werden, habe ich im Kasten noch einmal das Verfahren in Kurzform beschrieben.

RSA mit den magischen Zahlen N, D und E in Kurzform

1. Verschlüsseln eines numerischen Klartextes K mit den magischen Zahlen N, E (oder mit N und D): Man reihe K × K × K × K × K... so lange aneinander, bis K insgesamt Emal (oder Dmal) hingeschrieben ist. Man multipliziere und ziehe vom Ergebnis die Zahl N so oft ab, bis das Ergebnis kleiner ist als N. Die so erhaltene Zahl ist der numerische Geheimtext G.

2. Entschlüsseln mit N und D (oder mit N und E): Ist G durch Verschlüsselung mit N und E entstanden, so verschlüsselt man ihn noch einmal mit N und D nach der obigen Vorschrift. Es entsteht wieder der numerische Klartext K. Wenn G durch Verschlüsselung mit N und D entstanden ist, verschlüsselt man ihn noch einmal mit N und E.

3. Einwegfunktion mit RSA: Macht man aus einer Zahl K mit N und E eine Geheimzahl G, so kann niemand, der nicht im Besitz von D ist, aus G wieder K zurückgewinnen.

Wozu sind Einwegfunktionen gut? Was kümmert es mich, wenn Herr Weiß die von ihm verschlüsselten Briefe selbst nicht mehr lesen kann? Es kümmert mich aber sehr wohl, wenn die Geheimnummer, die ich benötige, um Geld aus dem Automaten zu ziehen, außer mir noch jemand anders bekannt ist. Und nicht nur das – ich will nicht einmal, daß die Bank sie kennt. Nachdem sie mir mitgeteilt worden ist, sollte sie im Bankcomputer gelöscht sein. Trotzdem will ich, daß mich der Bankautomat an ihr erkennt, und all das ist wirklich möglich – dank einer Einwegfunktion. Zu diesem Ziel werden wir aber erst in mehreren Etappen kommen.

1 1 1
2 2 2
3 3 3
4 4 4
5 5 5
6 6 6
7 7 7
8 8 8
9 9 9
0 0 0

Eine Einwegfunktion schützt mein Bankkonto

Ich habe eben die Bank meine PIN mit einem sehr einfachen Verfahren verschlüsseln lassen. Sie könnte meine Klartext-PIN statt dessen auch mit einem RSA-Verfahren chiffrieren, wie wir es in Kapitel 12 kennengelernt haben.

Erinnern wir uns: Beim RSA-Verfahren gibt es drei magische Zahlen, eine große (N) und zwei kleine (E und D). Was mit N und E verschlüsselt ist, kann nicht wieder mit N und E entschlüsselt werden. Bisher haben wir das RSA-Verfahren nur für Nachrichten benutzt, die chiffriert und vom Empfänger wieder dechiffriert werden sollen. Jetzt wollen wir es nur «halb» verwenden. Wir werden verschlüsseln, haben aber nicht die Absicht, wieder zu entschlüsseln. Wir werden von einer Klartextzahl mit Hilfe der Schlüssel N und E zu einer Geheimtextzahl gelangen. Dieser Übergang ist eine Einwegfunktion – mehr brauchen wir nicht. Deshalb wird im folgenden vom Schlüssel D nicht mehr die Rede sein.

Die Bank ist im Besitz von N und E. Damit verschlüsselt sie meine Klartext-PIN und erhält damit meine Geheimtext-PIN, die sie aufbewahrt. Die Klartext-PIN teilt sie mir mit und löscht sie anschließend in ihrem Computer. Jetzt gibt es außer mir niemanden auf der Welt, der meine Klartext-PIN kennt. Ein Bankangestellter stößt höchstens auf meine Geheimtext-PIN. Damit wird er nichts anfangen können, denn der Weg von der Geheimtext-PIN zur Klartext-PIN ist versperrt. Das gerade ist ja der Sinn einer Einwegfunktion.

Jetzt zu mir. Wenn ich dem Automaten meine Klartext-PIN nenne, berechnet er daraus mit der Einwegfunktion der Bank meine Geheimtext-PIN und vergleicht sie mit der in der Bank gespeicherten. Stimmen beide überein, gibt mir der Automat das Geld – selbstverständlich nicht ohne es sofort von meinem Konto abzubuchen.

Ist dieses Verfahren wirklich perfekt? Über die Arbeitsweise meiner vereinfachten Modellbank wären die Sicherheitsexperten gar nicht glücklich. Es gibt nämlich eine elektrische Leitung von der Tastatur des Geldautomaten zum Computer der Bank. Wenn jemand die Leitung anzapft, erfährt er meine Klartext-PIN. Das ist gar nicht so schwer. Die elektrischen Pulse, die meine PIN durch die Leitung tragen, erzeugen elektromagnetische Wellen, ähnlich unseren Rundfunkwellen. Die Verbindungskabel wirken als Antennen und strahlen sie nach allen Richtungen ab. Die Wellen lassen sich noch Hunderte von Metern weit entfernt auffangen. Mit Hilfe einer geeigneten Empfangsapparatur kann sich jeder meine Klartext-PIN aneignen. Wer dazu noch meine Scheckkarte in die Hände bekommt, hat nun von jedem Geldautomaten aus Zugriff auf mein Konto. Dieser Mangel der einfachen Magnetkarten läßt sich überwinden, wenn über die Leitungen Klartext-PINs nur in verschlüsselter Form übertragen werden. So geschieht es bei wirklichen Banken. Doch in Kürze wird man andere Wege beschreiten.

Der magnetische Streifen auf der Karte besteht aus Eisenoxid. Irgend jemand hat einmal gesagt: Deshalb sind Magnetstreifenkarten auch etwa so intelligent wie Eisenoxid.

Der Computer in der Scheckkarte

Als ich Mitte der fünfziger Jahre zum erstenmal Gelegenheit hatte, mit einer elektronischen Rechenmaschine zu arbeiten, füllte dieses Gerät ein ganzes Zimmer. Sie speicherte die Zahlen auf einer großen Trommel, die eine magnetische Schicht trug. Schreib- und Leseköpfe tasteten die sich drehende Trommel ab. Heute haben unsere Telefonkarten eingebaute Computer, deren Speicherkapazität die der Trommel jenes Sauriers aus der Computersteinzeit um ein vielfaches übertrifft. Der ganze Chip, wie die winzigen Dinger heute heißen, nimmt auf der Karte nicht mehr als zwanzig Quadratmillimeter ein. Größer darf er nicht sein, sonst bricht er, wenn die Karte gebogen wird. Von außen sehen wir mehrere voneinander getrennte goldfarbene Metallflächen, die Kontakte. Das sind die Verbindungen des Computers nach außen. Über sie erhält er vom Automaten seinen Betriebsstrom, über sie erhält er vom Automaten Daten, über sie liefert er Daten an den Geldautomaten. Der eigentliche Computerchip sitzt in der Mitte unterhalb der metallischen Oberfläche in einer in das Kartenmaterial gefrästen Vertiefung. Wenn wir die Karte in den Telefonautomaten schieben, wird sie über die Kontaktflächen mit Strom versorgt. Die Scheckkarten unserer Banken haben zur Zeit noch den einfachen Magnetstreifen, doch auch sie werden bald solch einen Mikrochip bekommen. Ihr Speicher kann gelesen und beschrieben werden. Statt eines Magnetstreifens werden winzige Kondensatoren mit ihren elektrischen Ladungen festhalten, was ihnen in Form von Dualzahlen eingegeben wurde. Ein geladener Kondensator ist die Eins, ein ungeladener die Null. Eine Reihe winziger Kondensatoren kann Daten wie Kartennummer und die Namen der Bank und des Kontoinhabers in Form von Zahlen im Zweiersystem speichern. Sie verlieren die ihnen einmal zugeteilten Ladungen auch über Jahre nicht. Der Computer kann ihren Ladungszustand verändern, und gespeicherte Zahlen können durch neue ersetzt werden. Doch der Computer in der Chipkarte kann nicht nur speichern, sondern auch rechnen.

In meiner einfachen Modellbank wird das dann etwa so vor sich gehen: Wenn sie mir meine Scheckkarte mit Chip ausstellt, teilt sie mir auch meine PIN mit. Diese verschlüsselt sie mit einer Einwegfunktion, sagen wir mit einer RSA-Chiffrierung. Sie nimmt also eine Zahl N, so wie sie für das RSA-Verfahren benötigt wird. N muß also das Produkt zweier sehr großer Primzahlen sein. In meiner Modellbank soll dieses N für alle Kunden identisch sein, doch berechnet sie für jeden einzelnen eine individuelle Schlüsselzahl E, wie wir es im Anhang C bei der Bestimmung der drei magischen Zahlen gemacht haben. So hat sie auch für mich eine Zahl E bereitgestellt. Das ist meine Schlüsselzahl. Mit ihr verschlüsselt der Bankcomputer meine Klartext-PIN und erhält meine Geheimtext-PIN. Das N, meine Geheimtext-PIN und mein E schreibt er in den Speicher meiner Karte. Danach werden in der Bank meine Klartext-PIN und meine Geheimtext-PIN gelöscht. Die Bank behält nur meine Schlüsselzahl E im Speicher.

Ich gehe nun an den Geldautomaten, schiebe meine Karte in den Schlitz und tippe meine Klartext-PIN ein. Dann verschlüsselt der

Chip meiner Karte, der nun unter Strom steht und arbeiten kann, nach dem RSA-Verfahren mit dem für alle Kunden geltenden N und meinem persönlichen E meine Klartext-PIN und vergleicht das Ergebnis mit meiner Geheimtext-PIN, die in ihm gespeichert ist (Abbildung 13.3). Stimmen beide Zahlen überein, habe ich den ersten Schritt getan. Es ist jetzt sichergestellt, daß ich der rechtmäßige Eigentümer der Karte bin.

Nun kommt die nächste Frage: Verschafft mir meine Chipkarte berechtigten Zugang zu einem Konto der Bank? Jetzt testet der Bankcomputer meine Karte. Ganz so wie bei einem Examen wird ihr eine Frage gestellt, und sie muß sie richtig beantworten. Der Bankcomputer gibt ihr eine Zufallszahl. Mein Chip verschlüsselt daraufhin diese Zahl mit N und mit meiner Schlüsselzahl E und gibt das Ergebnis, also die chiffrierte Zufallszahl, an den Bankcomputer zurück. Auch dieser hat inzwischen die Zufallszahl mit N und mit meiner Schlüsselzahl E, die ihm ja bekannt ist, chiffriert, und er prüft jetzt, ob meine Karte zum gleichen Ergebnis gekommen ist. Wenn ja, dann weiß er, daß die Karte Zugang zu meinem Konto gewährt.

Fassen wir noch einmal zusammen: Ich kenne meine Klartext-PIN, meine Karte dagegen nur das allgemein bekannte N, meine mit N und E verschlüsselte Geheimtext-PIN und meine Schlüsselzahl E. Beachten wir, daß jetzt ein Bankangestellter, der sich die Liste der gespeicherten Schlüsselzahlen E verschafft hat, keine Karte herstellen kann, die eine Kopie der meinen ist. Er kennt ja meine Klartext-PIN nicht, nicht einmal meine Geheimtext-PIN ist in der Bank gespeichert. Außerdem wird beim Geldabheben meine Klartext-PIN nicht zwischen mir und dem Bankcomputer übermittelt. Natürlich darf der Geldautomat nicht manipuliert sein und beim Eintippen meiner PIN diese nicht nur an meinen Chip, sondern auch noch einen fremden PC schicken. Und was wird nun eigentlich zwischen mir und dem Bankcomputer auf elektrischen Leitungen übermittelt? Lediglich immer neue Zufallszahlen und ihre Verschlüsselungen.

1 **1** 1
2 2 2
3 3 3
4 4 4
5 5 5
6 6 **6**
7 7 7
8 8 8
9 9 9
0 0 0

Chipkarten, Einwegfunktionen und Mausefallen

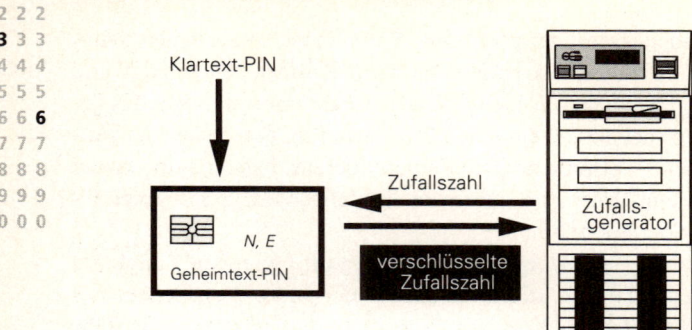

Klartext-PIN

N, E

Geheimtext-PIN

Zufallszahl

Zufalls-generator

verschlüsselte Zufallszahl

Speicher des Bankcomputers

Kontonummer	*E*
0235283	*540254482*
0233222	*493716048*
0317388	*601825925*
0285734	*615948260*
0285247	*604826048*
0222802	*259269369*
0241923	*371604937*
0244350	*159370482*
0256552	*592693692*
0264325	*581369247*
.....	.....
.....	.....

Abb. 13.3: Abheben am Geldautomaten mit einer Chipkarte. Bei der Ausgabe hat die Bank auf die Chipkarte des Kunden die Schlüsselzahlen N und E geschrieben, mit denen nach dem RSA-Verfahren verschlüsselt werden kann. Die Bank teilt dem Kunden auch eine Klartext-PIN zu, die sie mit N und E verschlüsselt. Damit erhält sie die Geheimtext-PIN des Kunden, die sie gleichfalls auf seine Karte schreibt, aber in ihrem eigenen Speicher wieder löscht. Im Bankcomputer sind also nur die Kontonummer und der individuelle Schlüssel E jedes Kunden gespeichert.

Wenn der Kunde nun zum Bankautomaten geht, schiebt er seine Chipkarte ein und tippt seine Klartext-PIN. Der Chip auf der Karte verschlüsselt die Klartext-PIN mit N und E. So erhält er die Geheimtext-PIN des Kunden und vergleicht sie mit der von der Bank in seinen Speicher eingegebenen Geheimtext-PIN. Stimmen beide überein, steht fest, daß Kunde und Karte zusammengehören. Nun beginnt ein Zufallsgenerator im Bankcomputer zu arbeiten. Er liefert dem Chip auf der Karte eine Zufallszahl. Dieser verschlüsselt sie mit N und E und gibt das Ergebnis zurück an den Bankcomputer, der inzwischen gleichfalls die Zufallszahl mit dem N und der Schlüsselzahl E des Kunden verschlüsselt hat und nun vergleichen kann. Wenn Chip und Bankcomputer bei der Verschlüsselung der Zufallszahl zum gleichen Ergebnis gekommen sind, steht der Auszahlung nichts mehr im Wege.

Der Computer in der Scheckkarte

1 1 1
2 2 2
3 3 3
4 4 4
5 5 5
6 6 6
7 7 7
8 8 8
9 9 9
0 0 0

Die Geldbörse auf der Plastikkarte

Der Bankangestellte Meyer liebt seinen Job, die Arbeit in der Bank ist so abwechslungsreich, vor allem in Momenten wie gerade jetzt. Ein Kunde sitzt ihm gegenüber, der offenbar sein Konto aufzulösen wünscht, denn er will den gesamten Betrag abheben, immerhin fast hunderttausend Mark. Im Hinterzimmer läßt er sich das Geld in kleinen Scheinen von Meyer vorzählen. Will er es danach einfach einstecken oder in einer Plastiktüte davontragen? Er hat keinen Aktenkoffer bei sich. Beim Zählen merkt Meyer, daß sich die Miene des Kunden, der anfangs etwas bedrückt schien, zusehends aufhellt. Als auch der letzte Zehnmarkschein auf dem Tisch liegt, strahlt der Besucher. «Da bin ich aber froh», sagt er. «Jetzt können Sie das Geld wieder auf mein Konto geben, ich wollte nur sehen, ob noch alles da ist.»

Wo auch immer sich die Geldscheine jetzt befinden, die ein Kunde eingezahlt hat, bei der Bank sind sie jedenfalls längst nicht mehr. Wir sind es gewohnt, bargeldlos zu bezahlen. Wir haben unser Geld nicht in Banknoten und Münzen im Sparstrumpf. Solange wir uns im Bereich des Legalen bewegen, müssen wir es nicht im Aktenkoffer über die Grenze tragen, wir können es von unserer Bank in jede Ecke der Welt überweisen, sei es nach Honolulu oder Sidney. Wenn ich eine Überweisung über zehntausend Mark an Herrn Kung Fu in Hongkong schreibe, schickt meine Bank nicht etwa ein Paket mit Geldscheinen dorthin, denn in Wahrheit habe ich gar kein Geld in der Bank. Nur eine Zahl in einem Buch oder in einem Computer hält fest, wieviel sie mir schuldet. Meine Überweisung besteht darin, daß meine Bank dem Geldinstitut in Hongkong mitteilt: «Zahlen Sie Ihrem Kunden Kung Fu zehntausend Mark in Hongkongdollar aus, dafür schulden wir Ihnen jetzt diesen Betrag.» Gleichzeitig belastet sie mein Konto mit diesen zehntausend Mark, selbstredend.

Neben dem bargeldlosen Verkehr begleichen wir unsere Rechnungen aber auch mit Bargeld. Jeder trägt es in seinem Portemonnaie bei sich, denn wir bezahlen weder an der Kinokasse noch beim Lösen des Busfahrkarte durch Überweisung oder mit Kreditkarte.

Der Bargeldverkehr bestimmt nach wie vor den Alltag. Außerdem ist das Bargeld anonym. Einer Banknote sieht man nicht an, wer sie vor mir in der Hand gehalten hat. Diese Anonymität schützt meine Persönlichkeitssphäre.

Mit Hilfe kryptologischer Verfahren ist es möglich geworden, einen elektronischen Tausendmarkschein bei sich zu tragen. Wie mein Kontostand bei der Bank ist er jetzt eine Zahl auf einer Chipkarte. Wenn sich der Umgang mit elektronischem Geld durchsetzen soll, muß er für den Benutzer so einfach wie möglich sein. Der Bankkunde bekommt auf Wunsch von seiner Bank eine geladene Geldkarte, das heißt, sie ist mit einem bestimmten Geldbetrag gefüllt, so wie eine neue Telefonkarte mit Einheiten gefüllt ist. Der Kunde geht damit zum Händler, kauft und steckt zum Bezahlen die Karte in das dortige Lesegerät. Der Preis der erstandenen Ware wird automatisch von dem auf der Karte gespeicherten Geldbetrag abgezogen. Der Händler wiederum ist mit einer Bank verbunden, die dann den entsprechenden Betrag auf seinem Konto gutschreibt. Ist der auf der Karte gespeicherte Betrag aufgebraucht, läßt sie sich der Kunde bei seiner Bank wieder «auftanken», natürlich auf Kosten seines Kontos.

Um verständlich zu machen, wie solch ein Verfahren im Prinzip funktionieren kann, will ich die Rechenvorgänge im Computer auf der Chipkarte, im Lesegerät des Händlers und im Computer der Bank am Beispiel meiner imaginären Modellbank erläutern. Früher ging ich an den Kassenschalter und holte mir Bargeld. Jetzt schreibt mir die Bank statt dessen eine Zahl auf die Karte, das ist mein elektronisches Bargeld, ebenso gut wie ein Tausendmarkschein. Will ich damit etwas kaufen, gebe ich die Zahl einem Händler. Dieser muß prüfen, ob die Zahl, die er bekommen hat, wirklich ihr Geld wert ist. Wenn er sie bei der Bank abliefert, sollte ihm diese nämlich den Betrag von eintausend Mark auf seinem Konto gutschreiben.

Wie soll das funktionieren? Schließlich gibt es unendlich viele Zahlen. Wenn Zahlen als Währung gelten sollen, hat doch jeder beliebig viel Geld zur Verfügung. So ähnlich hätte man auch bei der Einführung des Papiergeldes argumentieren können. Wenn Papier

Geld sein soll, dann wäre jeder reich, denn Papierstücke gibt es beliebig viele. Wir wissen, daß nicht jeder Papierwisch einen Geldwert hat. Nur Papier, das mit besonderen Eigenschaften ausgestattet worden ist, etwa mit einem fälschungssicheren Aufdruck, ist sein Geld wert. So ist es auch mit dem elektronischen Geld, bei dem mit Zahlen bezahlt wird. Nur besonders präparierte Zahlen sind fälschungssicher und können an Stelle von Geld verwendet werden.

Sehen wir uns das in einem einfachen Modell an. In der Abbildung 13.4 ist es schematisch erläutert. Die Bank benutzt ein RSA-Verfahren. Sie hat drei magische Zahlen, N, E und D. Was sie mit N und D verschlüsselt, kann nur mit N und E entschlüsselt werden. Ich will nun von meiner Bank einen elektronischen Tausendmarkschein haben. Als erstes wird sie von meinem Konto den Betrag von eintausend Mark abbuchen. Dann wählt sie für mich eine willkürliche Zahl, zum Beispiel 1997. In Wahrheit wird sie eine sehr viel größere Zahl nehmen, eine mit zehn oder zwanzig Stellen oder mehr. Diese schreibt sie zweimal hintereinander hin und erhält so eine neue Zahl, in meinem Beispiel 19971997. Diese Doppelzahl verschlüsselt sie mit ihrer geheimen Zahl D. Das Ergebnis, nehmen wir an, es wäre 59274100698, ist mein elektronischer Tausendmarkschein. Der Bankcomputer schreibt sie in den Speicher meiner Geldkarte.

Die Zahl ist fälschungssicher. Davon kann sich jeder Händler, dem ich sie zum Bezahlen präsentiere, überzeugen. Ich gehe zum Elektronikhändler und kaufe ein Fernsehgerät zum Preis von genau eintausend Mark. Zum Bezahlen stecke ich meine Karte in das Lesegerät an der Kasse. Dieses findet auf ihr die Zahl 59274100698, die ich von der Bank bekommen habe. Erinnern wir uns: Sie entstand dadurch, daß die Bank mit N und mit ihrem geheimen Schlüssel D eine Doppelzahl chiffriert hat. Jetzt dechiffriert das Lesegerät des Händlers die Zahl mit N und mit dem öffentlichen Schlüssel E der Bank. Es sollte wieder meine Doppelzahl 19971997 erhalten. Wenn das Ergebnis aus zwei hintereinandergeschriebenen Zahlen besteht, löscht das Lesegerät den elektronischen Tausender auf der Karte. Ich darf den Laden mit dem Gerät verlassen, denn jetzt weiß der

Händler, daß mein elektronisches Geld «echt» ist. Stünde nämlich im Speicher meiner Karte irgendeine aus der Luft gegriffene Zahl, würde sie bei der Entschlüsselung keine Doppelzahl ergeben.

Nun schickt der Händler meinen elektronischen Tausender, also die Zahl 59274100698, zur Bank. Auch sie möchte wissen, ob das Geld echt ist, und prüft wie der Händler, ob beim Entschlüsseln mit E eine Doppelzahl entsteht. Wenn ja, schreibt sie dem Händler die eintausend Mark auf seinem Konto gut. Es hat jetzt alles seine Ordnung – ich habe den Fernseher, mein Konto ist um eintausend Mark erleichtert, und dem Konto des Händlers wurden eintausend Mark gutgeschrieben.

Nun muß nur noch die Bank sicher sein, daß der Händler nicht mehrmals mit meiner Zahl zum Kassieren kommt. Dazu führt sie eine Liste der ausgegebenen Geldscheine, also der entsprechenden Zahlen. Beim Einlösen sieht sie nach, ob diese Zahl nicht schon verbraucht worden ist.

Und von all der Rechnerei merken Sie, lieber Bankkunde, in der Praxis nichts, denn dort sieht das alles anders aus. Nur etwas merken Sie: Die eintausend Mark sind weg.

Ich habe das Verfahren vereinfacht dargestellt. Als Beispiel habe ich eine Geldkarte genommen, die genau eintausend Mark enthält, und beschrieben, wie mit ihr genau dieser Betrag bezahlt wird. In Wahrheit wird man die elektronische Karte in mehreren kleinen Schritten leeren, beim Einkaufen, beim Tanken und so fort. Auch weiß die Bank in unserem Modell noch, daß der eingelöste Tausender an mich ausgegeben worden ist, denn die Doppelzahl hatte sie speziell für mich angefertigt. Das erläuterte Verfahren wahrt also, anders als der Papiertausender, meine Anonymität nicht. Ich habe eben nur Grundzüge skizziert. Auf weitere Verbesserungen will ich hier nicht eingehen. Ich wollte nur zeigen, wie man prinzipiell elektronisches Geld von seinem Konto fälschungssicher in Umlauf bringen kann.

Heute sind elektronische Geldbörsen allgemein in Gebrauch. Die Banken und Sparkassen geben Karten mit einem eingebauten Chip aus (Abbildung 13.5), der anfangs einen Betrag von vierhundert Mark gespeichert hat. Im Laden steckt der Kunde die Karte beim

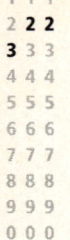

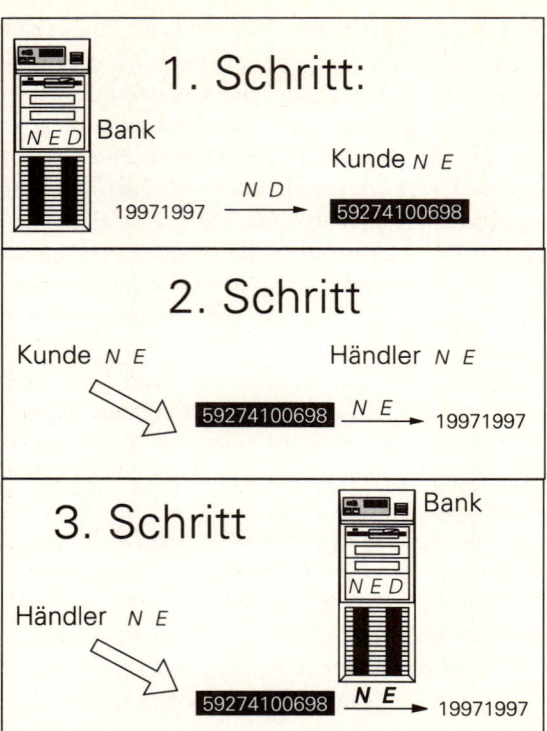

Abb. 13.4: Der Lebenslauf einer elektronischen Banknote im Wert von eintausend Mark. Die Bank besitzt drei Schlüssel: den großen Schlüssel *N* und einen Schlüssel *E* für Tausendmarkscheine – beide sind öffentlich – sowie den geheimen Schlüssel *D* für Tausendmarkscheine.

Erster Schritt: Die Bank erzeugt eine «fälschungssichere» Zahl. Sie besteht aus zwei hintereinandergeschriebenen identischen Zahlen. Wir nennen sie *Doppelzahl,* zum Beispiel 19971997. Die Doppelzahl verschlüsselt sie mit dem Schlüssel *N* und dem geheimen Schlüssel *D* der Bank. Das Ergebnis sei 59274100698. Die Bank notiert die Zahl auf ihrer Liste ausgegebener elektronischer Tausendmarkscheine, bucht vom Konto des Kunden eintausend Mark ab und überreicht ihm die Zahl. Sie ist ein elektronischer Tausendmarkschein.

Zweiter Schritt: Der Kunde geht damit zum Händler. Dessen Lesegerät überprüft, ob die ihm vorgelegte Zahl wirklich ein Tausender ist, indem es sie mit *N* und *E* entschlüsselt. Wenn es eine Doppelzahl erhält, weiß es, daß der Schein echt ist, und löscht die Zahl auf der Geldkarte des Kunden. Die Zahl ist jetzt im Lesegerät des Händlers gespeichert. Die Geldübertragung ist abgeschlossen, der Händler kann dem Kunden die Ware übergeben.

Dritter Schritt: Der Händler bringt den elektronischen Geldschein zur Bank. Diese prüft, wie zuvor durch Entschlüsseln mit *N* und *E*, ob der Schein echt ist, und schaut in ihrer Liste nach, ob er nicht bereits eingelöst wurde. Dann schreibt sie dem Händler die eintausend Mark gut und streicht die Doppelzahl von der Liste ausgegebener und noch nicht eingelöster elektronischer Geldscheine.

1 1 1
2 **2** 2
3 3 3
4 4 **4**
5 5 5
6 6 6
7 7 7
8 8 8
9 9 9
0 0 0

Chipkarten, Einwegfunktionen und Mausefallen

Abb. 13.5: Eine GeldKarte der Deutschen Bank.

Zahlen in ein Lesegerät, das den entsprechenden Betrag auf ihr löscht und dem Ladeninhaber gutschreibt. Der Kunde benötigt keine Geheimzahl und muß nichts unterschreiben. Der Händler braucht nicht erst bei der Bank nachzufragen, ob der Kunde sein Konto überzogen hat, denn bei Ausgabe der Karte hat die Bank den Kunden schon um vierhundert Mark erleichtert. Die Karte ist so gut wie Bargeld. Wenn der Kunde sie verliert, dann hat er so gut wie Bargeld verloren, und wer sie findet, hat so gut wie Bargeld gefunden.

«So leicht», lese ich in einem Prospekt der Deutschen Bank, «füllen Sie Ihre Deutsche Bank GeldKarte auf: An Terminals bzw. Geldautomaten, die mit dem Symbol ‹GeldKarte› gekennzeichnet sind, geben Sie erst Ihre GeldKarte ein. Sie erhalten danach das Restguthaben in Ihrer ‹elektronischen Geldbörse› und den Betrag angezeigt, den Sie maximal laden können. Geben Sie dann den gewünschten Ladebetrag und Ihre Geheimzahl ein (identisch mit Ihrer EC-Karten- oder Kundenkarten-Geheimzahl). Der Ladebetrag wird anschließend automatisch von Ihrem persönlichen Konto abgebucht.» Bei Bankgeschäften muß man stets auf die anfallenden Gebühren achten. Hierzu lese ich: «Das Aufladen an Deutsche-Bank-Geräten ist für Sie kostenlos, bei Fremdgeräten fällt ein Entgelt von grundsätzlich 2 DM an.»

Sind die elektronischen Geldbörsen wie auch die Scheck- und Kreditkarten mit ihren neuen Computerchips wirklich sicher? Oder kann sich jemand mit ihnen auf meine Kosten ein schönes Leben machen? So wie Geldschrankknacker bei jedem neu konzipierten Safe nach Methoden suchen, wie sie das angeblich sichere System überlisten können, sind stets auch elektronische Geldschrankknacker damit beschäftigt, in die Geheimnisse des Kartenchips einzudringen, um an fremdes Geld heranzukommen. Wir erfahren davon immer wieder in den Medien, denn der Nachrichtenwert der Meldung, unser Geld sei in Gefahr, ist ungleich größer als der beruhigender Beteuerungen, daß unser elektronisches Geld doch recht gut geschützt sei.

Es bestehen aber keine Zweifel – der Umgang mit dem elektronischen Geld stellt uns vor neue Probleme. Die Berechnung von Schlüsselzahlen kostet Computerzeit. Die großen Kreditkartengesellschaften der Welt haben insgesamt an die achthundert Millionen Karten ausgegeben. Eine Maschine kann heute alle anderthalb Sekunden eine Karte herstellen. Will man die Karten alle zwei Jahre erneuern, müssen zwanzig Maschinen rund um die Uhr in Betrieb sein. Sollen die Karten auf das RSA-Verfahren umgestellt und zur Erzeugung der Schlüsselzahl N hundertfünfundfünfzigstellige Primzahlen verwendet werden, dann müssen vielleicht zweihundert Maschinen jahraus, jahrein Schlüsselzahlen und Karten produzieren. Deshalb wird erwogen, mehreren um den Erdball verstreuten Kunden dieselben Schlüssel zuzuteilen* – ein beunruhigender Gedanke.

* *New Scientist*, 12. Oktober 1996, S. 21.

Elektronische Geldbörsen sind zur Zeit im Aufschwung. Bis Ende 1997 sollen in Deutschland sechzig Millionen EC- und Bankkarten mit einem wiederaufladbaren Chip ausgegeben werden und an die hunderttausend Ladestationen aufgestellt sein.* Möglicherweise wird der Bundesbürger dann mit seiner elektronischen Geldbörse etwas hilflos vor verschiedenen Lesegeräten stehen. Neben der von den deutschen Kreditinstituten ausgegebenen *Geldkarte* planen die deutsche Telekom und die Bundesbahn zusammen mit dem Verbund deutscher Verkehrsunternehmen die *Paycard*, die an Kartentelefonen geladen werden kann (für zwei Telefoneinheiten Gebühr). Dazu wird sich die *P-Karte* gesellen, lanciert vom Electronic Banking System (EBS). Welche Karte von welchem Lesegerät entschlüsselt wird oder ob man dann mit der Geldkarte auch telefonieren kann, werden wir sehen. Deutsche Karten funktionieren zur Zeit weder in Belgien noch in Österreich.

Die Zukunft wird zeigen, ob die Kunden die Plastik-Geldbörse annehmen werden.

Die elektronische Unterschrift

Was unterschrieben ist, gilt. Zwar gibt es Verträge, von denen ich, obwohl ich unterschrieben habe, innerhalb einer gewissen Frist wieder zurücktreten kann. Doch im allgemeinen muß ich mich an das halten, was ich einmal durch meine Unterschrift bestätigt habe. In wichtigen Fällen, wie beim Ankauf von Immobilien, verlangt das Gesetz, daß ein Notar zugegen ist. Er achtet darauf, daß wirklich ich es bin, der mit meinem Namen unterzeichnet. Auch seine Unterschrift steht dann irgendwo auf dem Dokument. Daß alles mit rechten Dingen zuging, wird auch dann noch anerkannt, wenn die Unterzeichner nicht mehr leben. Kommen Zweifel auf, entscheiden Gutachter durch Vergleich mit anderen Schriftstücken, ob die Unterschriften echt sind oder nicht.

---

* *Wirtschaftswoche* 48, 21. November 1996, S. 188 ff.

Die geleistete Unterschrift hat den Nachteil, daß zur Prüfung ihrer Echtheit das Original vorliegen muß. Mit etwas Aufwand kann jeder eine Kopie anfertigen, bei der er die Unterschrift aus einem anderen Dokument einsetzt. Ganz ohne Mühe geht das, wenn man mit dem Computer ein Fax verschickt. Da lassen sich Unterschriften von einem Dokument in den Computer einscannen und unter ein anderes setzen. Nur ein Fachmann kann dann vielleicht dem Fax ansehen, ob gemogelt worden ist. Die Unterschrift ist ja echt, sie steht nur unter dem falschen Dokument. So läßt sich ein Text durch Telegramm oder Faxgerät über Leitungen in alle Erdteile übertragen, doch der Empfänger kann nicht entscheiden, ob die elektrisch übermittelte Unterschrift echt ist oder nicht. Auch bei diesem Problem bietet sich die Kryptologie als Hilfsmittel an.

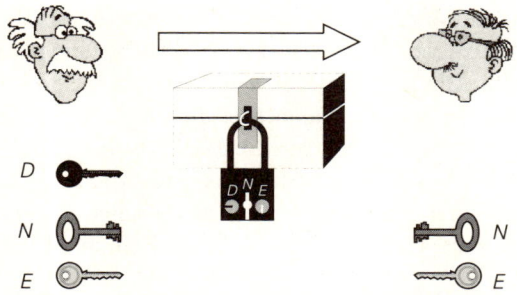

Abb. 13.6: Die elektronische Unterschrift, am Beispiel einer Truhe mit Doppelschloß veranschaulicht. Herr Alt schreibt mit Maschine an Notar Mayerhofer, unterschreibt aber nicht eigenhändig. Dann legt er das Papier in die Truhe und verschließt das Schloß mit dem großen Schlüssel *N* und seinem geheimen Schlüssel *D*. Der Empfänger öffnet mit den öffentlichen Schlüsseln *N* und *E* des Herrn Alt. Da mit *N* und *E* nur geöffnet werden kann, was mit *N* und *D* verschlossen worden ist, weiß Herr Mayerhofer, daß die Nachricht ausschließlich von Herrn Alt kommen kann. Das ist so sicher, als hätte Herr Alt eigenhändig unterschrieben.

In Abbildung 13.6 ist das Prinzip wieder am Schema einer Truhe mit Doppelschloß gezeigt. Herr Alt besitzt die drei Schlüssel *N*, *E* und *D*. Da *N* und *E* öffentlich sind, besitzt sie auch der Empfänger.

Dieser kann beim Empfang der Truhe erkennen, daß das Papier von Herrn Alt in die Kiste gelegt worden ist und von niemandem sonst, denn das Schloß läßt sich nur mit dem Schlüssel E des Herrn Alt öffnen. Nun zu einem realistischeren Fall.

Herr Alt verbringt seinen Urlaub in Thailand. Eines Abends ruft ihn sein Anwalt und Notar, Herr Dr. Mayerhofer in München, an und erinnert ihn daran, daß die Zinsfestschreibung für ein Darlehen, das er zum Erwerb seines Mietshauses aufgenommen hat, in den nächsten Tagen endet. Wenn er nicht sofort einen neuen Darlehensvertrag unterzeichnet, werden die hundertfünfzigtausend Mark demnächst fällig. Deshalb schickt er per Fax einen neuen Darlehensvertrag. Er hat zwar die Vollmacht, für Herrn Alt zu unterzeichnen, doch er hätte gern dessen Zustimmung, und zwar binnen vierundzwanzig Stunden. Erst dann kann er den neuen Vertrag für seinen Mandanten abschließen. Herr Alt will nun seinem Anwalt grünes Licht geben. Doch dieser möchte auch sicher sein, daß die Vollmacht wirklich von Herrn Alt kommt und nicht von irgendeinem Herrn Grau, der sich in die Geschäfte des Herrn Alt einmischt. Für solche Fälle verfügt Herr Alt über eine RSA-Verschlüsselung. Der öffentliche Schlüssel sind die Zahlen N und E, die natürlich auch der Notar kennt, das geheime D aber hat nur Herr Alt. Damit schreitet er ans Werk. Er schreibt nun folgenden Text:

hierm itbea uftra geich herrn drmayerhof erwoh nhaft inmue
nchen unger erstr assef uermi chein endar lehen svert rague
berdm hunde rtfue nfzig tause ndabz uschl iesse nleop oldal
txxxx

Natürlich würde dieser Text Herrn Mayerhofer noch nichts helfen, denn aus dem Telegramm ersieht er nicht, ob die Unterschrift echt ist und damit das Telegramm wirklich von Herrn Alt stammt. Wenn Herr Alt beim Baden im Golf von Siam eine Begegnung mit einem Hai hat, könnten die Erben den Notar beschuldigen, ohne Vollmacht einen Vertrag geschlossen zu haben, denn eine telegrafische

Unterschrift ist nichts wert. Deshalb verschlüsselt Herr Alt jetzt den ganzen Text mit N und der geheimen Schlüsselzahl D und sendet das Ergebnis an Dr. Mayerhofer. Und was ist dadurch gewonnen? Beachten wir, daß die Schlüssel E und D gleichwertig sind. Normalerweise wird mit N und E ver- und mit N und D entschlüsselt. Doch auch das Umgekehrte gilt. Die Nachricht, die Herr Alt mit N und seinem geheimen Schlüssel D chiffriert hat, kann jeder, natürlich auch der Notar, mit N und dem öffentlichen Schlüssel E des Herrn Alt dechiffrieren. Es geht ja nicht um Geheimhaltung, sondern um die Prüfung der Unterschrift. Wenn bei der Entschlüsselung ein sinnvoller Text entsteht, sieht der Notar, daß das Telegramm von Herrn Alt stammen muß, denn was mit N und E entschlüsselbar ist, kann nur mit N und D verschlüsselt worden sein. Das D aber hat außer Herrn Alt niemand, auch Herr Grau nicht, und deshalb kann er keinen Klartext in einen Geheimtext verwandeln, der beim Entschlüsseln mit N und E wieder einen sinnvollen Text ergibt.

Auf diese Weise kann man elektronisch mit einer RSA-Verschlüsselung ein Dokument so übertragen, daß der Empfänger sicher weiß, von wem es kommt – so sicher, wie wenn die eigenhändige Unterschrift des Absenders darunterstünde.

Im Bankgewerbe, vor allem im Verkehr mit großen Firmen, wird die elektronische Unterschrift seit Jahren verwendet. Hier haben jeweils Bank und Unternehmen vertraglich vereinbart, daß sie die elektronische Unterschrift anerkennen.

Der elektronische Personalausweis

Der Notar Mayerhofer mag mit der elektronischen Unterschrift zufrieden sein. Er kennt Herrn Alt seit Jahren, und er hat die Schlüsselzahlen N und E von ihm selbst erhalten. Doch auch unsere persönliche Unterschrift genügt einem Notar nicht immer. Wollen Sie eine Eigentumswohnung kaufen oder verkaufen, so verlangt er, wenn er Sie nicht persönlich kennt, Ihren Reisepaß oder Personalausweis. Das Dokument ist das Zertifikat darüber, daß Sie auch wirklich Sie sind. Es garantiert dem Notar, daß die richtige Person mit dem richtigen Namen unterschreibt. Wie läßt sich diese Sicherheit bei einer elektronischen Unterschrift erreichen?

Es ist ähnlich wie bei einem Personalausweis. Ihn hat eine Behörde ausgestellt. Sie hatte sich vorher davon überzeugt, daß Sie es sind, der den Antrag auf Ihren Ausweis gestellt hat, daß Sie an Ihrem Wohnort gemeldet sind und daß das eingereichte Paßbild ein Foto von Ihnen ist. Dies alles bestätigt die Behörde auf Ihrem Ausweis. Auch für einen elektronischen Personalausweis muß eine Behörde eingerichtet werden, eine *Zertifizierungsstelle*.

Spielen wir den Nachrichtenaustausch des Herrn Alt in Thailand mit dem Notar Dr. Mayerhofer in München noch einmal für folgenden Fall durch: Die beiden sind einander noch nie begegnet, Herr Alt möchte aber, daß der ihm von Freunden empfohlene Notar für ihn tätig wird, und zwar umgehend. Dafür benötigt Dr. Mayerhofer eine Vollmacht von Herrn Alt. Dieser hatte schon früher bei der Zertifizierungsstelle ein Signaturschlüssel-Zertifikat beantragt. Er war zum Amt gegangen, hatte sich ausgewiesen und seine RSA-Zahlen N und E mitgeteilt. Das Amt hatte geprüft, ob es wirklich Herr Alt war, der das Zertifikat haben wollte, und bestätigt, daß es sich bei Herrn Alt um Herrn Alt handle, daß er den öffentlichen Schlüssel E besitze und seine Verschlüsselung ein RSA-Verfahren sei, das auf der Zahl N beruhe. Das ist jetzt der Personalausweis des Herrn Alt. Er kann vom Amt auf ein Blatt Papier gedruckt und über Fax oder per Telegramm übermittelt werden. Doch vorläufig ist der Ausweis noch nicht viel wert. Denn solch eine Bestätigung kann auch Herr Grau anfertigen und sich für Herrn Alt ausgeben. Der Notar braucht die Gewißheit, daß der Ausweis tatsächlich von der Zertifizierungsstelle ausgestellt worden ist.

Wir wissen schon, wie dem Abhilfe geschaffen werden kann. Das Amt muß den Ausweis elektronisch unterschreiben. Dazu hat die Behörde selbst ein RSA-Verfahren. Sein N und sein öffentlicher Schlüssel E seien allgemein bekannt. Das Amt chiffriert alle Personalausweise, die es ausgibt, mit seinem geheimen Schlüssel. Herr

Alt sendet dem Notar jetzt per Telegramm oder Internet eine mit seinem geheimen Schlüssel chiffrierte Nachricht mitsamt seinem elektronischen Personalausweis. Der Notar entschlüsselt zuerst den Personalausweis mit Hilfe des öffentlichen Schlüssels des Amtes. Wenn ihm das gelingt, weiß er, daß der Ausweis echt ist. Gleichzeitig erfährt er auch den öffentlichen Schlüssel des Herrn Alt. Mit diesem kann er die Nachricht entschlüsseln. Er ist dann sicher, daß die Nachricht von Herrn Alt stammt.

Mit diesem Beispiel bin ich schon etwas in die Zukunft geeilt. Am 12. August 1996 wurde in der Bundesrepublik ein Gesetzentwurf über die Anerkennung der elektronischen Unterschrift ausgearbeitet. Darin sind die Aufgaben der Zertifizierungsstelle beschrieben. Die endgültige Verabschiedung soll noch im Jahre 1997 erfolgen. Aber unsere Banken benutzen im internationalen Zahlungsverkehr schon längst ein ähnliches Verfahren, mit dem sie sich gegenseitig voreinander ausweisen. Ihre Zertifizierungsstelle SWIFT (siehe Seite 296) sitzt in Belgien.

Die Theorie der Zahlen, ein Zweig der reinen Mathematik, galt bis vor kurzem als ein Gebiet, das zwar diejenigen faszinieren kann, die sich darin einarbeiten, aber keinerlei praktische Anwendung hat. Das hat sich geändert. Wir steuern auf die Informationsgesellschaft zu, in der die Übertragung von Nachrichten um den ganzen Erdball immer wichtiger wird. Schon heute hilft das RSA-Verfahren, unser Geld zu sichern. Mit ihm werden bald auf der ganzen Welt verschlüsselte Unterschriften vor Gericht anerkannt werden. – Und das alles wird auf großen Zahlen beruhen, die kein Mensch in ihre Teiler zerlegen kann.

Die kleinste Zahl, die bis heute noch niemand zerlegen konnte, hat hundertvierzig Dezimalstellen. Die Firma, die in den USA das RSA-Verfahren vertreibt, zahlt jährlich siebentausend Dollar in einen Preistopf, aus dem jeder belohnt wird, dem es gelingt, die Teiler der jeweils kleinsten bis dahin noch nicht zerlegten Zahl zu finden. Seit dem letzten Gewinn haben sich etwa siebzehntausend Dollar angesammelt, und jährlich werden es mehr. Der nächste Gewinner wird vier Siebtel der im Topf enthaltenen Summe einstreichen. Dann wird der Betrag im Laufe der Jahre wieder aufgestockt, bis sich ein neuer Gewinner meldet.

Doch nicht nur wegen dieses Preisgeldes suchen überall in der Welt Mathematiker nach Methoden zur Zerlegung großer Zahlen in ihre Teiler. Da gibt es schon seit mehr als zehn Jahren das Verfahren der *elliptischen Kurven*, das zum Erfolg führt, wenn einer der in der großen Zahl enthaltenen Teiler nicht zu groß ist. Der größte auf diese Weise gefundene Teiler einer Zahl ist eine Primzahl von siebenundvierzig Dezimalstellen. Viel ist das vorläufig noch nicht. Die Mathematiker haben auch noch eine andere Methode entwickelt, die sie das *quadratische Sieb* nennen, in Anlehnung an das Sieb des Eratosthenes von Seite 246. Damit gelang es im April 1996, eine hundertdreißigstellige Zahl zu zerlegen.

Aber auch von ganz anderer Seite droht all denjenigen Gefahr, die sich auf RSA verlassen. Physiker versuchen in ihren Laboratorien, Eigenschaften der Atome auszunutzen, die nicht durch die klassische Physik, sondern durch die Quantenmechanik bestimmt werden. Damit ist eine völlig neue Art von Computern im Entstehen begriffen. Geplant ist, in ihnen wie bei den bisherigen Rechnern die Zahlen in binärer Form zu speichern und zu verarbeiten, doch während bisher die Nullen und Einsen des binären Systems durch geöffnete und geschlossene elektronische Schalter, durch geladene und ungeladene Kondensatoren, gebildet werden oder durch verschieden starke Magnetfelder auf einer Festplatte, sollen jetzt verschiedene Quantenzustände der Moleküle diese Funktion erfüllen. Das wäre dann der Quantencomputer, in dem Radiopulse Moleküle von einem Zustand in den anderen kippen lassen. Er wäre sehr viel schneller als die Rechner, die uns heute zur Verfügung stehen. Teams an mehreren amerikanischen Instituten arbeiten daran, den Quantencomputer zu bauen. Wenn es ihnen gelingt, hätte das unmittelbare Bedeutung für die Kryptologie, denn vor etwa vier Jahren hat ein Wissenschaftler bei den Bell-Laboratorien in den USA ein Verfahren erfunden, mit dem man auf einem Quantencomputer große Zahlen in Windeseile in ihre Teiler zerlegen könnte.

Müssen wir also um unser Geld fürchten, das wir auf der Bank haben? Wäre es möglich, daß uns in Zukunft jemand mit einer gefälschten elektronischen Unterschrift um Haus und Hof bringt? Noch gibt es keinen Quantencomputer – und wenn es ihn je geben sollte, wird man mit ihm nicht nur leichter die Teiler großer Zahlen finden, sondern auch durch längere Schlüsselzahlen die Dechiffrierung erschweren können.

Eine große Zahl in ihre Teiler zu zerlegen und so eine RSA-Verschlüsselung zu brechen wird ein mathematisches Problem bleiben, dem man sich nur in großem Stil in Teamarbeit zuwenden kann und nicht im stillen Kämmerlein. Deshalb wird auch in Zukunft unser mit RSA geschütztes Vermögen vor Dieben so sicher sein wie das Gold der USA in Fort Knox – hoffentlich.

1 1 1
2 2 2
3 3 3
4 4 4
5 5 5
6 6 6
7 7 7
8 8 8
9 9 9
Der elektronische Personalausweis 0 0 0

Anhang A

Die selbstgebastelte Verschlüsselungsmaschine

Der Londoner Journalist Robert Matthews, wir kennen ihn schon von Seite 175, veröffentlichte im Jahre 1989 eine Bau- und Benutzeranleitung für ein einfaches Verschlüsselungsgerät.* Es besteht aus zwei Papierstreifen, die am oberen und am unteren Rand zu einer Schleife zusammengeklebt werden und auf einem Zylinder gegeneinander verdreht werden können. Matthews schlägt vor, als Walze die Dose eines Kleinbildfilms zu benutzen; ich habe das Gehäuse eines Bleistiftspitzers genommen (Abbildung A.1). Die beiden Streifen sind in der Abbildung A.2 wiedergegeben.

Was auch immer Sie als Walze benutzen, Sie müssen sich die Abbildung A.2 mit einem Kopiergerät auf ein Blatt Papier kopieren. Je nachdem, wie groß Ihre Walze ist, werden Sie beim Kopieren vergrößern beziehungsweise verkleinern müssen. Dann schneiden Sie das rechteckige Feld entlang der vertikalen Linie durch. Sie haben nun zwei Teile, von denen der eine zwei, der andere vier Spalten besitzt. Wenn Sie die Kopien im richtigen Maßstab hergestellt haben, wird es nicht schwierig sein, die beiden zurechtgeschnittenen Streifen so um die Walze zu legen, daß sie genau passen und gegeneinander gedreht werden können. Kleben Sie nun ihre Enden mit Tesafilm zusammen. Im folgenden werde ich vom linken und vom rechten Streifen sprechen, der linke ist der mit zwei, der rechte der mit vier Spalten. Der linke trägt das Alphabet (zwischen I und J wird nicht unterschieden, unser Alphabet hat also nur fünfundzwanzig Buchstaben), der rechte trägt Zahlen und an einer Stelle einen nach links weisenden Pfeil. Am linken Streifen ist jedem Buchstaben auch eine Zahl zugeordnet.

Wir können nun nach Art von Vigenère mit einem endlichen

---

* «A Rotor Device for Periodic and Random-Key Encryption», *Cryptologia*, Juli 1989, S. 266.

111
222
333
444
555
666
777
888
999
000

Anhang A

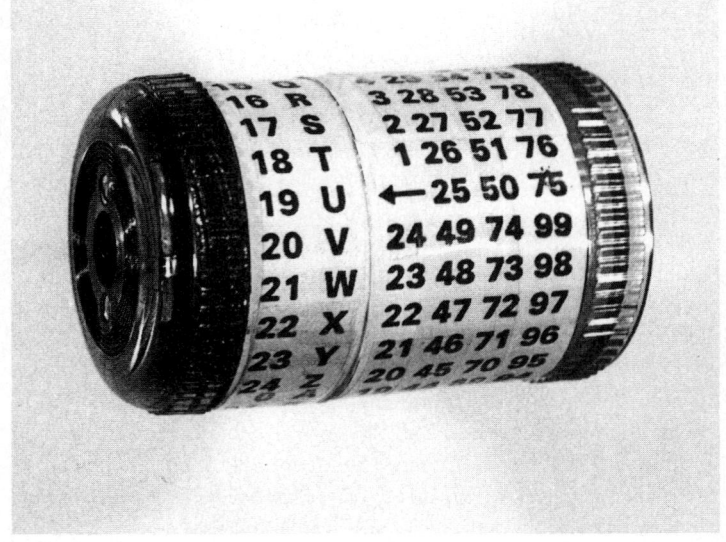

Abb. A.1: Die selbstgebastelte Chiffriermaschine. Die gemäß Abbildung A.2 gewonnenen Papierstreifen sind auf einen Bleistiftspitzer gewickelt. Sie lassen sich gegeneinander verdrehen. Im Text ist angegeben, wie damit verschlüsselt wird.

Schlüsselwort arbeiten, wir können aber auch nach Art des *one-time pad* (siehe Seite 166) eine beliebig lange Reihe von Zufallszahlen benutzen.

Beginnen wir mit einem Schlüsselwort und nehmen der Einfachheit halber *HUND*. Mit Hilfe des linken Streifens können wir daraus eine Schlüsselzahl machen, die aus den Zahlen *07 19 12 03* besteht, den vier Buchstaben des Schlüsselwortes entsprechend. Jetzt verschlüsseln wir als Klartextwort rose. Dazu drehen wir den rechten Streifen so, daß die Zeile mit der Schlüsselzahl *07* mit der Zeile des ersten Klarbuchstabens, also dem r, übereinstimmt. Der Pfeil auf dem rechten Streifen zeigt dann auf den ersten Geheimbuchsta-

0	A	1	26	51	76
1	B	←	25	50	75
2	C	24	49	74	99
3	D	23	48	73	98
4	E	22	47	72	97
5	F	21	46	71	96
6	G	20	45	70	95
7	H	19	44	69	94
8	I	18	43	68	93
9	K	17	42	67	92
10	L	16	41	66	91
11	M	15	40	65	90
12	N	14	39	64	89
13	O	13	38	63	88
14	P	12	37	62	87
15	Q	11	36	61	86
16	R	10	35	60	85
17	S	9	34	59	84
18	T	8	33	58	83
19	U	7	32	57	82
20	V	6	31	56	81
21	W	5	30	55	80
22	X	4	29	54	79
23	Y	3	28	53	78
24	Z	2	27	52	77

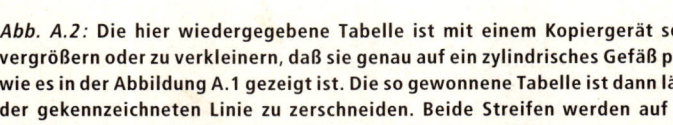

Abb. A.2: Die hier wiedergegebene Tabelle ist mit einem Kopiergerät so zu vergrößern oder zu verkleinern, daß sie genau auf ein zylindrisches Gefäß paßt, wie es in der Abbildung A.1 gezeigt ist. Die so gewonnene Tabelle ist dann längs der gekennzeichneten Linie zu zerschneiden. Beide Streifen werden auf den Zylinder gelegt und zusammengeklebt. Danach müssen sie gegeneinander verdrehbar sein.

ben, auf das █. Jetzt drehen wir die zweite Schlüsselzahl, die *19*, auf den zweiten Klarbuchstaben, das o. Der Pfeil zeigt auf █. Wenn wir so fortfahren, erhalten wir aus rose den Geheimtext █████. Allgemein lautet also die Regel für das Verschlüsseln: Klarbuchstabe und Schlüsselzahl in eine Zeile bringen, dann weist der Pfeil auf den Geheimbuchstaben.

Das Dechiffrieren geht nun entsprechend. Der Entschlüßler kennt den Schlüssel, also die Zahlenfolge *07 19 12 03*, und hat den Geheimtext █████ vor sich. Er dreht den Pfeil auf den ersten Geheimbuchstaben, auf das █, dann liefert uns die erste Schlüsselzahl, die *07*, das r. So fahren wir fort, und aus █████ entsteht wieder die rose. Allgemeine Regel für das Entschlüsseln: Pfeil auf den Geheimbuchstaben drehen, dann ergibt die Schlüsselzahl den Klarbuchstaben.

Wenn man mit einem beliebig langen Schlüsselwort oder einer Schlüsselzahl arbeitet – etwa einer Folge von Ziffernpaaren aus der Abbildung 7.6 auf Seite 173 –, ist es nicht anders. Wenn wir wieder als Schlüsselwurm den Anfang von *Sofies Welt* nehmen wie in Kapitel 7, dann müssen wir dem Klartext Schlüsselbuchstaben mit Hilfe des linken Streifens zuordnen.

Anhang B

Mein Computer als Enigma

Der Informatiker Marian Kassovic von der Universität Hamburg hat ein Programm geschrieben, mit dem Sie Ihren Computer zur Enigma machen können. Für Ihren privaten Gebrauch können Sie es sich aus dem Internet holen. Sie brauchen also Zugang zum Internet. Eine Freundin oder ein Freund mit Zugang zum Internet genügt auch.* Sie müssen das Programm enigma22.exe in Ihren Computer holen. Tippen Sie dann

enigma22

Daraufhin entstehen mehrere neue Dateien. Zwei davon enden mit .doc. Die Datei swissen.doc erklärt Ihnen, wie die Enigma funktionierte, senigma.doc ist die Gebrauchsanweisung für das Enigma-Programm senigma.exe. Das sollten Sie sorgfältig lesen. Dann können Sie zur Tat schreiten und

senigma

eintippen, woraufhin sich vor Ihren Augen auf dem Bildschirm das Schema einer Enigma aufbaut. Die Tastatur der Maschine ist die Ihres PC. Am Bildschirm leuchten sechsundzwanzig Felder auf, sie entsprechen den Lämpchen der Enigma. Darüber sehen Sie in Fenstern die Buchstaben der Rotoren. Nun müssen Sie Ihre Enigma einstellen. Dazu geben Sie das Zeichen / ein. Falls Sie schon wieder vergessen haben, was in der Anleitung senigma.doc stand, wird Ihnen dieser Vorgang noch einmal erklärt. Sie können sich für eine

* Die Adresse ist:
ftp://ftp.informatik.uni-hamburg.de/pub/virus/crypt/enigma/simulators/
enigma22.exe

Dreiwalzen- oder für die Vierwalzenenigma entscheiden. Dann setzen Sie drei der acht möglichen Walzen in die Maschine ein und wählen die Walzenlage. Haben Sie sich für die Vierrotorenenigma entschieden, können Sie noch eine der Griechenwalzen (B, C für die Beta- und die Gammawalze) einsetzen und die entsprechende dünne Umkehrwalze. Sie können die Ringstellung und die Steckerverbindungen wählen und bringen dann die Rotoren in die Grundstellung. Wenn Sie eine 1 eintippen, zeigen Ihnen zwei Felder im linken Teil des Bildschirms an, wie Sie Ihre Enigma eingestellt haben. Damit können Sie verschlüsseln.

Schreiben Sie Ihren Klartext. Sie werden sehen, wie sich mit jedem Buchstaben die rechte Walze und diese wiederum von Zeit zu Zeit die mittlere Walze um einen Schritt weiterbewegt. Gleichzeitig entstehen in zwei Zeilen unten am Bildschirm Ihr Klartext und der Geheimtext. Sie können sich davon überzeugen, daß Sie nach Eintippen des Klartextes einen Geheimtext erhalten, der wieder den Klartext liefert, wenn er mit gleicher Anfangsstellung der Walzen eingegeben wird. Sie können auch die auf Seite 246 beschriebene Eigenschaft der Vierwalzenenigma nachprüfen: Wenn die Griechenwalze Beta, die im Programm mit B bezeichnet ist, im Fenster den Buchstaben A zeigt und wenn die im Programm mit B bezeichnete Umkehrwalze eingesetzt ist, dann chiffriert die Vierwalzenmaschine wie eine Dreiwalzenmaschine, deren Rotoren die gleiche Anfangsstellung haben wie die drei beweglichen Walzen der Vierwalzenmaschine.

Anhang C

Wie man die drei magischen Schlüsselzahlen bestimmt

Man nehme zwei Primzahlen, nennen wir sie p und q. Im Beispiel der Verschlüsselung auf Seite 277 waren es die Zahlen 5 und 17. Im Fall auf Seite 282 war p = 48611 und q = 1009. Sind diese beiden Zahlen gewählt, so multipliziert man sie miteinander und erhält die erste magische Zahl N. Im ersten Fall war N = 85, im zweiten N = 49048499. Jetzt berechnen wir noch eine Hilfszahl, ich will sie z nennen. Man erhält sie, wenn man sowohl p als auch q um 1 verringert und die Ergebnisse miteinander multipliziert. Im ersten Fall ist z = (p − 1) (q − 1) = 64, im zweiten ist z = 48610 × 1008 = 48998880. Die Zahl z wird uns helfen, die beiden Schlüsselzahlen, E und D, zu bestimmen. Bei einer der Zahlen, sagen wir bei E, ist es einfach, sie muß nur die Eigenschaft haben, daß sie zu z teilerfremd ist. Die Zahl z ist durch 4 teilbar, denn p und q sollten ungerade sein (niemand wird auf die Idee kommen, eine der beiden gleich der Primzahl 2 zu setzen, da dann das Geheimnis sofort auffliegen würde, wie wir gleich sehen werden). Wenn aber p und q ungerade sind, dann sind p − 1 und q − 1 gerade, und z hat den Teiler 4. Daraus folgt schon, daß E eine ungerade Zahl sein muß, denn sonst hätte sie mit z den gemeinsamen Teiler 2.

Wer es sich leichtmachen will, wählt sich einfach eine Primzahl, die kleiner ist als z, und prüft durch eine Division, ob sie in z enthalten ist. Wenn ja, probiert er es mit einer anderen Primzahl, wenn nicht, dann kann er sie für E verwenden. Wir hatten im ersten Fall E = 5, im zweiten E = 61 gewählt, beides Primzahlen, die im zugehörigen z nicht enthalten sind.

Jetzt haben wir schon die beiden öffentlichen Schlüsselzahlen N und E. Das Wichtigste ist natürlich noch die dritte, die geheime Schlüsselzahl D, und für sie müssen wir uns schon etwas mehr anstrengen. Die Zahl D muß die folgende Eigenschaft haben: Mit E multipliziert, muß sie bei der Division durch z den Rest 1 lassen, also $E \times D \equiv 1$ (mod z). Die Berechnung von D führe ich erst einmal an dem einfachen Fall z = 64 vor.

Man nehme z und E, dividiere die größere durch die kleinere Zahl und bestimme den Rest. In unserem Fall ist z = $12E + 4$. Der Rest ist 4. Dann dividiere ich E durch den Rest 4: $E = 1 \times 4 + 1$. Der Rest ist 1. Wenn der Rest 1 ist, bin ich fertig. Wenn ich E teilerfremd zu z gewählt habe, komme ich früher oder später einmal zu einem Rest 1. Nun kommt der zweite Teil: Ich beginne mit der letzten Gleichung und schreibe sie so, daß die 1 links steht: $1 = E - 1 \times 4$. Die 4 ersetze ich durch den Rest der vorangegangenen Gleichung, also $1 = E - (z - 12E)$ und ordne $1 = -z + 13E$. Unsere Forderung, daß $E \times D$ im Bereich der Reste von z gleich 1 liegt, ist schon erfüllt. Gehen wir nämlich zu den Resten über, addieren also auf beiden Seiten z = 64, dann erhalten wir im Bereich der Reste $1 \equiv 13E$ (mod z). Also ist $D = 13$.

Wie kann ich nun den Zahlenzauber in eine einfache Regel fassen, nach der wir in anderen Fällen das geheime D ermitteln? Am besten läßt sich die Regel formulieren, wenn ich z den «ersten Rest» und E den «zweiten Rest» nenne. Das klingt ein bißchen schwachsinnig, denn warum sollen sie Reste sein, ich habe ja noch gar nicht dividiert. Doch wir werden sehen, daß man damit die Rechenregel am besten formulieren kann. Wir haben oben den ersten Rest, also das z, durch den zweiten Rest, das E, dividiert und den dritten Rest, die 4, erhalten. Dann haben wir den zweiten Rest E durch den dritten Rest 4 dividiert und als vierten Rest die 1 erhalten. Daraus folgt, daß wir als Kochrezept die folgende Regel aufstellen können:

Man dividiere den ersten Rest durch den zweiten, um den dritten zu erhalten. Dann den zweiten durch den dritten, um den vierten zu erhalten, und so weiter. Vom dritten an wird jeder Rest durch die Division des vorletzten durch den letzten Rest bestimmt, bis man zum Rest 1 gelangt. Dann beginnt man mit der letzten Gleichung, schreibt die 1 auf die linke Seite, alles andere auf die rechte und ersetze alle auftretenden Reste durch die vorangegangenen Gleichungen, bis schließlich die 1 durch den ersten und den zweiten Rest ausgedrückt ist, also durch z und E. Wenn man dann in den Bereich der Reste in bezug auf z übergeht, verschwindet der Summand, der das z als Faktor besitzt. D ist dann der Faktor von E.

Ich will das noch einmal an dem Fall vorführen, wo z = 48998880 war und E = 61. Der erste Rest ist z, der zweite E. Die Division des ersten Restes durch den zweiten: z = 803260E + 20 ergibt den dritten Rest 20. Die Division des zweiten Restes durch den dritten E = 3 × 20 + 1 ergibt die 1 als dritten Rest, wir sind fertig. Von rückwärts her einsetzen:

$$1 = E - 3 \times 20 = E - 3(z - 803260E) = -3z + 2409781E,$$ also $1 = -3z + 2409781E$ oder $1 \equiv 2409781E$ (mod z); somit ist das geheime D = 2409781.

Falls sich für D eine negative Zahl ergibt, ersetzen wir D durch D + z, denn im Bereich der Reste von z ist D ≡ (D + z) (mod z).

Auf diese Weise bestimmen wir ein magisches Zahlentripel. Ich habe nicht bewiesen, daß die Chiffrierung mit den so bestimmten Zahlen wirklich funktioniert, das heißt, daß eine Chiffrierung mit N und E auf die in Kapitel 12 beschriebene Weise mit Hilfe von N und E aus jeder Klartextzahl eine Geheimtextzahl macht, die mit Hilfe von N und D wieder in die Klartextzahl zurückverwandelt werden kann. Das bedarf eines mathematischen Beweises, den der Leser in den zitierten Büchern von Friedrich L. Bauer und Albrecht Beutelspacher finden kann.

Die Bestimmung der geheimen Schlüsselzahl D bereitet neben ein bißchen Rechnerei keine weiteren Schwierigkeiten. Sollte man da nicht schließen, daß Herr Grau mit der Kenntnis der öffentlichen Schlüsselzahlen N und E auch das geheime D finden kann? Keineswegs, denn wir haben zur Berechnung von z nicht N und E benutzt, sondern die beiden Primzahlen p und q, aus denen N besteht. Die Hilfszahl z erhielten wir ja durch Multiplikation der beiden um 1 verminderten Primzahlen. Die kennt Herr Grau nicht, denn sie sind streng geheim. Tatsächlich liegt das Geheimnis der Verschlüsselung in der Zerlegung der Zahl N in das Produkt zweier Primzahlen. Im Fall von N = 85 ist die Zerlegung leicht – jeder Schüler sieht der 85 an, daß sie durch 5 teilbar ist; dividiert er, bekommt er die zweite Primzahl, die 17. Mit der Kenntnis der beiden Primzahlen kann er z berechnen und aus dem öffentlich bekannten E auf die gleiche Weise wie wir oben das D bestimmen – die Chiffrierung ist gebrochen. Wir halten fest: Der Code ist geknackt, wenn die zwei in N verborgenen Primzahlen gefunden worden sind. Bei der 85 ist das leicht, bei $N = 49048499$ ist es schwieriger, und praktisch unmöglich ist es bei Zahlen von mehr als hundert Stellen.

Noch eine Bemerkung: Ich habe hier erläutert, wie man, nachdem p und q und damit auch N feststehen, die Zahl E wählt und daraus D berechnet. Ich hätte statt dessen auch D wählen und dann E berechnen können. E und D sind völlig gleichwertig. Wenn wir im Text stets E als den öffentlichen und D als den geheimen Schlüssel verwenden, so ist dies rein willkürlich. Wir könnten auch D als öffentlichen und E als geheimen Schlüssel wählen.

Anhang D

PGP, das Chiffrierprogramm aus dem Internet

... kostet nichts. Sie müssen kein Computergenie sein, Sie brauchen auch keinen besonders raffinierten PC. Auf meinem 386er aus dem Jahre 1990 läuft das Programm hervorragend. Ich habe es sogar auf meinem älteren IBM-PC PS/2 – 30, der bei mir im Keller steht und den keiner meiner Bekannten auch nur geschenkt haben möchte, zum Laufen gebracht.

Es gibt viele Stellen im Internet, von denen man sich PGP-Programme holen kann. Ich habe meines von den Studenten der Universität Mannheim. Die Adresse im World Wide Web:

http://www.uni-mannheim.de/studorg/gahg/PGP/

Dort finden Sie mehrere Programme, gekennzeichnet durch pgp, und mehrere sich daran anschließende Zeichen. Am Schluß steht .zip. Ich habe pgp263i.zip von dort auf meine Diskette kopiert, besitze aber auch eine Fassung pgp262ii.zip, die mir ein Bekannter gegeben hat.

Das Anhängsel zip bedeutet, daß es sich um ein komprimiertes Programm handelt, das Sie erst entkomprimieren müssen. Dazu gibt es ein kleines Programm namens pkunzip.exe, das Sie entweder schon in Ihrem Computer haben oder das Sie sich im Bekanntenkreis besorgen lassen können. Geben Sie pgp263i.zip in ein Verzeichnis in Ihrem Computer, das Sie sich für PGP angelegt haben. Es trage den Namen PGP. Das Programm pkunzip.exe sollte ebenfalls in diesem Verzeichnis sein, es sei denn, Sie haben Ihren Computer so eingerichtet, daß Hilfsprogramme grundsätzlich zur Verfügung stehen, in welchem Verzeichnis Sie auch arbeiten. Jetzt geben Sie den Befehl

pkunzip pgp263i.zip

Nun rührt sich etwas auf Ihrem Bildschirm. Eine ganze Anzahl von Namen taucht auf und schiebt sich nach oben, um neuen Namen Platz zu machen. Aus meinem komprimierten Programm sind mehr als zwanzig neue Dateien entstanden. Nur eine davon soll uns jetzt interessieren: pgp.exe. Das ist das Programm für PGP (Pretty Good Privacy).

Sie finden Programmfassungen von PGP auch auf den CDs, die den Büchern von Claus Schönleber und Philipp Zimmermann (siehe das Verzeichnis weiterführender Literatur) beigegeben sind. Das Buch von Simson Garfinkel enthält eine 3.5-Zoll-Diskette mit zwei Programmfassungen für die Betriebssysteme DOS und UNIX.

Einrichten von PGP

Eine englische Bedienungsanleitung finden Sie in den Dateien pgpdoc1.txt und pgpdoc2.txt. Für die Leser, die nur das Prinzip kennenlernen wollen, beschreibe ich hier einige einfache Anwendungen des Programms.

Wie jedes RSA-Programm benötigt auch PGP die drei magischen Schlüsselzahlen: das für alle Benutzer geltende N, Ihr öffentliches E und Ihr geheimes D. Erst dann ist das Programm in der Lage, zu ver- und zu entschlüsseln. Natürlich müssen Sie nicht selbst Ihre Schlüsselzahlen nach der Methode von Anhang C eigenhändig bestimmen. Das besorgt das Programm für Sie. Dazu geben Sie

pgp -kg

ein. Vor dem Bindestrich muß ein Leerzeichen stehen. Nach einer längeren Erklärung, die Sie vorläufig nicht weiter zu interessieren braucht, stellt Sie das Programm vor eine Entscheidung. Sie können kurze Schlüsselzahlen wählen, längere und ganz lange.* Dement-

---

* Im Fall meines alten Keller-PC verlangte das Programm erst noch, daß ich im Hauptverzeichnis ein Unterverzeichnis mit Namen temp anlege. Das braucht es wohl, um Zwischendaten zu speichern.

sprechend sind die Verschlüsselungen schwer, noch schwerer und ganz schwer zu knacken. Entscheiden Sie sich für eine Geheimhaltungsstufe. Nun sollen Sie ein Kennzeichen, die *User-ID*, eingeben, an der Sie der Computer wiedererkennt. Geben Sie eine Abkürzung Ihres Namens ein. Frau Schwarz würde einfach «schwarz» wählen. Die User-ID ist noch nichts Geheimes, das kommt erst jetzt, denn der Computer verlangt, daß Sie ein Password festlegen. Das ist das geheime Zeichen, das keiner erfahren darf. Tippen Sie eine Kombination aus Buchstaben und Ziffern ein, die keiner erraten kann, so etwas wie xyzoed78. Sie müssen sich aber das Password merken. Zur Kontrolle läßt der Computer Sie das gleiche Password ein zweites Mal eintippen.

Nun zu den drei magischen Schlüsseln. Sie brauchen noch ein öffentliches E und ein geheimes D. Dazu läßt Sie der Computer einen längeren Text eintippen. Aus dem Rhythmus des Eingebens bestimmt er ein E und dann das zugehörige D. Tippen Sie los, etwa ein Gedicht aus Ihrer Schulzeit. Nach einiger Zeit sagt das Programm, daß es nun reicht. Es beginnt zu rechnen. Punkte und Sterne füllen auf dem Bildschirm eine oder mehrere Zeilen. Dann ist das Programm fertig, Ihre beiden Schlüsselzahlen sind bestimmt. Ihre öffentliche Schlüsselzahl steht in einer Datei, die den Namen pubring.pgp trägt. Um sie zu lesen, müssen Sie

pgp -kv

eintippen. Dann finden Sie auf dem Bildschirm eine Buchstabenkombination, etwa

pub 512/59184C2D 1996/09/22 schwarz

Der mit 512/59184C2D bezeichnete öffentliche Schlüssel, am 22. 9. 1996 erzeugt, gehört zu schwarz.

Doch um mit Ihrer Umwelt chiffrierte Nachrichten austauschen zu können, müssen Sie noch mehr tun: Ihren öffentlichen Schlüssel anderen bekanntgeben und möglichst viele öffentliche Schlüssel anderer in Erfahrung bringen. Dazu dient eine Liste. Kopieren Sie sich Ihre Datei pubring.pgp auf eine Diskette, und geben Sie dieser Datei dort einen anderen Namen, zum Beispiel liste.pgp. Diese müssen Sie mit Ihren Briefpartnern, die mit dem gleichen PGP-Programm arbeiten, austauschen.

Doch vorerst haben wir PGP nur für einen Benutzer eingerichtet. Wie mehrere Personen mit PGP Nachrichten austauschen können, nachdem sie auf ihren Computern in der eben beschriebenen Weise PGP installiert haben, will ich an den zwei Computern beschreiben, die in meinem Arbeitszimmer stehen.

Ich installiere auf jedem je ein PGP-Programm. Bei dem einen schlüpfe ich in die Rolle von Frau Schwarz, gebe als User-ID «schwarz» ein und wähle für sie ein Password (der Einfachheit halber s0s0s0s0). Am anderen Computer mache ich das Entsprechende in der Rolle des Herrn Weiß: User-ID «weiss», Password w0w0w0w0. Für beide wähle ich die gleiche Geheimhaltungsstufe. Nachdem ich in beiden Fällen auf Aufforderung einen längeren Text eingetippt habe, hat das Programm für die Benutzer weiss und schwarz die jeweiligen Schlüssel E und D bestimmt. Die Es stehen jeweils im Verzeichnis pubring.pgp. Nun muß ich jedem Computer nur noch den öffentlichen Schlüssel des jeweils anderen mitteilen. Vorläufig hat jeder nur seinen eigenen öffentlichen Schlüssel in seiner Datei pubring.pgp, hat diese Liste aber unter dem Namen liste.pgp auf einer Diskette. Nun tauschen Weiß und Schwarz ihre Diskette aus und kopieren die Datei liste.pgp in ihr Verzeichnis PGP. Dann tippt jeder

pgp -ka liste.pgp pubring.pgp

Die Programme suchen nun in der Datei liste.pgp nach öffentlichen Schlüsseln, die sie noch nicht haben. Das Programm des Herrn Weiß findet den öffentlichen Schlüssel von Frau Schwarz und fügt ihn seiner Datei pubring.pgp hinzu. Das Programm Schwarz verfährt entsprechend. Jetzt hat jeder den öffentlichen Schlüssel des anderen.

Verschlüsseln mit PGP

Herr Weiß will die Nachricht «morgen um acht am bahnhof» verschlüsselt an Frau Schwarz schicken. Er tippt in seinem Computer mit einem Textprogramm, am besten mit dem Editor von DOS, die Nachricht, benennt die Datei, zum Beispiel brief1.txt, und bringt sie in sein Verzeichnis PGP. Dann tippt er

pgp -e brief1.txt schwarz

Das Wort schwarz sagt dem Computer, daß er den öffentlichen Schlüssel von Frau Schwarz verwenden soll. Im Verzeichnis entsteht der verschlüsselte Brief, der nunmehr den Namen brief1.pgp trägt. Diese Geheimnachricht kopiert Herr Weiß auf eine Diskette und schickt sie an Frau Schwarz.

Entschlüsseln mit PGP

Diese schiebt sie in ihren Computer und kopiert die verschlüsselte Nachricht in ihr Verzeichnis PGP. Daraufhin tippt sie

pgp brief1.pgp

Da zum Entschlüsseln der geheime Schlüssel der Frau Schwarz benutzt wird, versichert sich das Programm, ob auch wirklich Frau Schwarz am Computer sitzt. Es fragt nach ihrem Password. Sie gibt es ein, und es entsteht wieder brief1.txt im Klartext.

Unterschreiben mit PGP

Der Brief, den Herr Alt an Dr. Mayerhofer geschickt hatte, bedurfte einer elektronischen Unterschrift. Mit PGP ginge das folgendermaßen: Herr Alt schreibt eine Nachricht mit einem Texteditor, gibt ihr den Namen nachr.txt und überträgt sie in das Verzeichnis PGP. Dann tippt er

pgp -s nachr.txt alt

ein. Wir wissen, «alt» ist seine User-ID. Da zur elektronischen Unterschrift seine geheime Schlüsselzahl benötigt wird (siehe Seite 325), fragt das Programm ihn nach seinem Password. Das gibt er ein, und es wird eine Datei nachr.pgp erzeugt, die mit dem geheimen Schlüssel von Herrn Alt verschlüsselt ist.

Wenn der Empfänger den öffentlichem Schlüssel von Herrn Alt im Verzeichnis pubring.pgp hat, teilt ihm der Computer mit, daß das Dokument nur von Herrn Alt stammen kann, denn die Dechiffrierung ist mit dessen öffentlichem Schlüssel gelungen. Zum anderen erzeugt es eine Datei namens nachr.pgp, die den Klartext enthält und die Herr Mayerhofer auf seinem Computer mit einem Texteditor lesen kann.

Weiterführende Literatur

Aus der Fülle der Literatur kann ich nur einige Werke, geordnet nach ihrem Schwierigkeitsgrad, anführen. Ich beginne mit dem Buch, das am wenigsten Mathematik voraussetzt.

David Kahn, *The Codebreakers*, New York 1967.
Dieses Standardwerk in englischer Sprache beschreibt die Geschichte der Kryptologie bis etwa 1967. Es ist zu einem Klassiker geworden.

Herbert W. Franke, *Die geheime Nachricht*, Frankfurt a. M. 1982.
Dieses leider vergriffene Buch behandelt die klassischen Chiffriermethoden, geht aber nicht ausführlicher auf die durch das RSA-Verfahren eingeleitete Entwicklung ein.

Andrew Hodges, *Alan Turing, Enigma*, Berlin 1989, 2. Auflage, Wien, New York 1994.
Diese Biographie geht ausführlich auf die Arbeiten in Bletchley Park während des Zweiten Weltkriegs ein.

Wladislaw Kozaczuk, *Geheimoperation Wicher*, Koblenz 1989.
Eine Schilderung der Geschichte der polnischen Enigma-Entschlüßler von 1929 bis zum Kriegsende.

Albrecht Beutelspacher, *Kryptologie*, 3. Auflage, Braunschweig 1993.
Dieses in immer neuen Auflagen erscheinende Büchlein gibt eine Einführung, verlangt aber schon etwas mehr mathematisches Verständnis.

Friedrich L. Bauer, *Entzifferte Geheimnisse*, Berlin/Heidelberg 1995.
David Kahn, der «Papst» der Kryptologiegeschichte, nannte dieses

Buch in einer Besprechung das beste, das er über Kryptologie gelesen hat. Der Autor streut zwischen den mathematischen Formulierungen, mit denen er die verschiedenen Chiffrierverfahren klassifiziert und erläutert, immer wieder Geschichten und Anekdoten ein.

Claus Schönleber, *Verschlüsselungsverfahren für PC-Daten*, Poing 1995.
Eine sachliche Einführung in die Kryptologie. Diesem Buch ist eine CD-ROM mit insgesamt 123 Megabyte Dateien beigegeben, teilweise aus dem Internet gesammelte Texte über Kryptologie und Programme. Der Autor des Vorwortes spricht von einem «bunten Basar an Programmen und Mitteln des täglichen Gebrauches». Tatsächlich kann der Benutzer in den verschiedenen Verzeichnissen stöbern und wühlen. Er ist dabei ziemlich auf sich selbst gestellt, denn der Autor geht im Buch kaum auf den Inhalt der CD ein. Ein Teil der Dateien ist direkt zu verwenden, die meisten sind allerdings aus Platzgründen komprimiert. Die mit .zip endenden Dateien werden mit dem Programm pkunzip so behandelt, wie es in Anhang D beschrieben ist. Mit .gz enden mit einem anderen Verfahren komprimierte Dateien. Ich habe mir nicht alle Dateien angesehen, fand aber das Programm PGP (Anhang D).

Albrecht Beutelspacher, Jörg Schwenk, Klaus-Dieter Wolfenstetter, *Moderne Verfahren der Kryptologie*, Braunschweig / Wiesbaden 1995.
Hier werden die in meinem Buch in Kapitel 13 angeschnittenen Probleme erläutert. Zum Beispiel wie man seine Anonymität wahrt und mit Hilfe von RSA-Verfahren Nachrichten und unterschriebene Dokumente austauscht. Es wird einiges mathematisches Verständnis vorausgesetzt.

Während sich die oben genannten Bücher mit allgemeinen Fragen der Kryptologie befassen, sind die folgenden beiden Werke speziell dem Programm PGP gewidmet:

Simson Garfinkel, *PGP: Pretty Good Privacy*, Bonn 1996.
Eine sehr ausführliche und liebevoll geschriebene deutsche Anleitung zum Benutzen des PGP-Programms, das auf einer Diskette beiliegt.

Philipp Zimmermann, *Pretty Good Privacy: Das Verschlüsselungsprogramm für Ihre private elektronische Post*, 3. Auflage, Bielefeld 1997.
Neben einer Übersetzung von Zimmermanns englischer Betriebsanleitung finden sich noch zahlreiche Ergänzungen der Übersetzer.
Die beigefügte CD enthält das für fast alle Betriebssysteme aufbereitete Programm PGP sowie eine Reihe nützlicher Werkzeuge.

Schließlich möchte ich dem Leser noch den Besuch der ständigen Ausstellung «Informatik und Automation» im Deutschen Museum in München empfehlen, die in der Abteilung «Kodierung» eine Fülle an Exponaten zeigt, darunter eine Marine-Enigma, einen Schlüsselzusatz Lorenz (S. 258) und eine moderne Ausführung der Jeffersonschen Chiffriermaschine.

Register
(römische Ziffern beziehen sich auf die Farbtafeln)

1 1 1
2 2 2
3 3 3
4 4 4
5 **5** 5
6 6 6
7 7 **7**
8 8 8
9 9 9
Register 0 0 0

Ausflüge in die Welt der
Gehirn- und Bewußtseins-
forschung:

Francis Crick
Was die Seele wirklich ist *Die
naturwissenschaftliche
Erforschung des
Bewußtseins*
(rororo science 60257)
«Sie, Ihre Freuden und Lei-
den, Ihre Erinnerungen, Ihre
Ziele, Ihr Sinn für Ihre eigene
Identität und Willensfreiheit
– bei alledem handelt es sich
in Wirklichkeit nur um das
Verhalten einer riesigen An-
sammlung von Nervenzellen
und dazugehörigen Molekü-
len.» *Francis Crick*

Detlef B. Linke
Hirnverpflanzung *Die erste
Unsterblichkeit auf Erden*
(rororo science 60135)
Kunst und Gehirn *Eine
Einführung*
(rororo science 60258)

Alexander R. Lurija
Das Gehirn in Aktion *Einführung in die Neuro-
psychologie*
(rororo science 19322)

Gabi Miketta
Netzwerk Mensch *Den
Verbindungen von Körper
und Seele auf der Spur*
(rororo science 19662)

Tor Nørretranders
Spüre die Welt *Die Wissenschaft des Bewußtseins*
(rororo science 60251)

Massimo Piattelli-Palmarini
Die Illusion zu wissen *Was
hinter unseren
Irrtümern steckt*
(rororo science 60136)

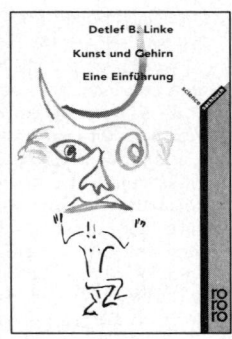

Detlef B. Linke
Kunst und Gehirn
Eine Einführung

William Poundstone
Im Labyrinth des Denkens
*Wenn Logik nicht weiter-
kommt: Paradoxien,
Zwickmühlen und die
Hinfälligkeit unseres
Denkens*
(rororo science 19745)

Jacques-Michel Robert
Nervenkitzel *Den grauen
Zellen auf der Spur*
(rororo science 60253)
«Jacques-Michel Robert
informiert den Leser amü-
sant und leicht verständlich
über ein komplettes wissen-
schaftliches Sachgebiet.»
Badische Zeitung

Ulrich Schnabel /
Andreas Sentker
**Wie kommt die Welt in den
Kopf?** *Reise durch die
Werkstätten der
Bewußtseinsforscher*
(rororo science 60256)

Weitere Informationen in er
Rowohlt Revue, kostenlos im
Buchhandel, oder im **Internet:
www.rowohlt.de**

Pierre Basieux
Die Welt als Roulette
Denken in Erwartungen
(rororo sachbuch 19707)

Sie planen einen Casino-Coup – ohne krumme Tricks, versteht sich. Was sollten sie beachten? Nichts, weil ohnehin alles nur Zufall ist? – Weit gefehlt! Es gibt beim Roulette Erkenntnisse über Abweichungen vom reinen Zufall, und einige von ihnen konnten zu wissenschaftlich fundierten Methoden mit positiver Gewinnerwartung ausgebaut werden.

Aber das gilt nicht nur für den Spieltisch, sondern auch für die Welt und das tägliche Leben – der Zufall läßt sich zähmen. Dazu ist neben dem Denken in Wahrscheinlichkeiten das Denken in Erwartungen notwendig, das die Probabilistik umfaßt und ergänzt.